云南省建设
我国民族团结进步
示范区 蓝皮书
2015-2022

主编 云南省民族宗教事务委员会

学苑出版社

图书在版编目（CIP）数据

云南省建设我国民族团结进步示范区蓝皮书：2015—2022 / 云南省民族宗教事务委员会编 .—北京：学苑出版社，2023.12
ISBN 978-7-5077-6843-5

Ⅰ.①云… Ⅱ.①云… Ⅲ.①民族团结-工作经验-研究报告-云南-2015-2022 Ⅳ.① D633

中国国家版本馆 CIP 数据核字 (2023) 第 253261 号

责任编辑：战葆红
出版发行：学苑出版社
社　　址：北京市丰台区南方庄 2 号院 1 号楼
邮政编码：100079
网　　址：www.book001.com
电子邮箱：xueyuanpress@163.com
联系电话：010-67601101（营销部） 010-67603091（总编室）
印　刷　厂：北京建宏印刷有限公司
开本尺寸：787 mm×1092 mm　1/16
印　　张：27.5
字　　数：540 千字
版　　次：2023 年 12 月北京第 1 版
印　　次：2023 年 12 月北京第 1 次印刷
定　　价：200.00 元

编委会

主　任　吴世雄
副主任　丹　业
主　编　关　凯　孙云霞
编　委　李晓斌　王凤岐　李志农
　　　　马居里

目 录

序 /1
团结奋斗，开创新时代云南民族工作新局面 云南省民族宗教事务委员会 /1

总报告 /1
解开云南民族团结进步的密码……………………………………关 凯 /3

理论荟萃 /21
以中国式现代化引领中华民族共同体建设………………………李培林 /23
跨主体性与文明冲突的超越………………………………………赵汀阳 /25
中国作为"跨体系社会"的特点……………………………………汪 晖 /27
文明中国作为"超社会体系"的特点………………………………王铭铭 /29
中华文明统一性……………………………………………………马 戎 /31
中西比较视野下的现代国家建设之路……………………………杨圣敏 /33

工作调研 /35
云南民族团结进步示范区建设可复制经验研究
……………………………………………云南省民族宗教事务委员会 /37
推进云南民族团结进步示范区建设标准化规范化研究
……………………………………………云南省民族宗教事务委员会 /49
云南"十四五"民族团结进步示范区建设思路和举措研究
……………………………………………云南省民族宗教事务委员会 /59
"十三五"时期示范区规划实施效果及经验研究
……………………………………………云南省民族宗教事务委员会 /70

专家视角 /81
云南民族团结进步示范区建设实践………………郭思思 郭家骥 /83
云南民族团结进步示范区建设经验研究……李若青 胡曼云 赵 敏 /103
从生计经济到文化经济：云南民族地区经济跨越式发展模式……郑 宇 /125
连接、流动与融合：道路基础设施建设与民族团结进步………朱凌飞 /145
文化创新发展促进示范区建设……………………云南大学文化发展研究院 /167
城乡融合发展下的乡村振兴………………………………李小云 唐丽霞 /185

动态社会均衡促进和谐民族关系……………………………………罗明军 /199
云南边境地区社会治理共同体建设实践……………………………王志辉 /216
云南积极推动全方位民族互嵌之经验…………………………………王行健 /228
民族地区"四个特别"好干部标准………………………刘　荣　吴　鹏　张　琦 /249

案例研究 /265
阿佤山的总书记回信……………………………………………………李绪阳 /267
独龙江社会的蝶变……………………………………郭建斌　念鹏帆　张　乐 /276

州市风采 /285
昆明市民族团结进步示范区建设情况……………………………………………/287
昭通市民族团结进步示范区建设情况……………………………………………/291
曲靖市民族团结进步示范区建设情况……………………………………………/295
玉溪市民族团结进步示范区建设情况……………………………………………/299
保山市民族团结进步示范区建设情况……………………………………………/303
楚雄州民族团结进步示范区建设情况……………………………………………/307
红河州民族团结进步示范区建设情况……………………………………………/311
文山州民族团结进步示范区建设情况……………………………………………/315
普洱市民族团结进步示范区建设情况……………………………………………/319
西双版纳州民族团结进步示范区建设情况………………………………………/323
大理州民族团结进步示范区建设情况……………………………………………/327
德宏州民族团结进步示范区建设情况……………………………………………/331
怒江州民族团结进步示范区建设情况……………………………………………/335
迪庆州民族团结进步示范区建设情况……………………………………………/339
丽江市民族团结进步示范区建设情况……………………………………………/343
临沧市民族团结进步示范区建设情况……………………………………………/347

云南省建设我国民族团结进步示范区规划 /351
云南省建设我国民族团结进步示范区规划（2016—2020年）…………/353
云南省建设我国民族团结进步示范区规划（2021—2025年）…………/366

云南民族团结进步示范区建设大事记 /399
后记 /429

序
团结奋斗，开创新时代云南民族工作新局面

云南省民族宗教事务委员会

党的二十大全面回顾总结了过去五年的工作和新时代十年的伟大变革，对以中国式现代化全面推进中华民族伟大复兴作出系统谋划和战略部署，锚定了新时代新征程上中国共产党的使命任务，对新时代加强和改进党的民族工作也提出了新的明确要求。这为云南省做好新时代民族工作指明了前进方向，提供了根本遵循。省民族宗教事务委员会深入学习宣传贯彻党的二十大精神，并同贯彻落实中央民族工作会议精神结合起来，在全面总结新时代民族工作成就和经验的基础上，强化"民族工作涉及方方面面，方方面面都有民族工作"的认识，主动服务和融入推进中国式现代化建设的一系列重大决策部署，不断拓展工作的广度和深度，体现担当和作为。

过去十年民族工作新进展

云南是多民族的边疆省份，少数民族种类全国最多，在全国民族团结进步事业中具有特殊重要地位。习近平总书记高度关心重视云南民族工作，党的十八大以来两次考察云南，三次给云南各族干部群众回信，充分肯定"云南民族关系亲密融洽、云南民族工作成绩突出"，指出云南"民族问题、宗教问题、边境问题相互交织"，要求云南"努力成为我国民族团结进步示范区"。省委、省政府认真学习贯彻习近平总书记重要讲话指示精神，将示范区建设作为铸牢中华民族共同体意识的实践载体，作为推动民族团结进步事业创新发展的具体路径，作为全省经济社会发展重点的定位，集全省之智、举全省之力不断推动示范区建设取得新进展。特别是近几年，省委、省政府全面贯彻习近平总书记关于加强和改进民族工作的重要思想以及关于宗教工作的重要论述，把民族宗教工作作为全局性和战略性工作全力推进，坚持共筑思想根基、共建美丽家园、共守民族团结、共创善治良序、共护边疆安宁，着力作出铸牢中华民族共同体意识和坚持我国宗教中国化方向的云南示范。

十年来，云南11个"直过民族"和人口较少民族实现整族脱贫、全面小康。全省民族自治地方生产总值年均增长9.5%，高于全省平均水平，2021年经济总量

达到 1.12 万亿元，农村居民人均可支配收入 1.42 万元，分别是 2012 年的 2.8 倍和 2.85 倍，11 个州市 84 个单位成功创建成为全国民族团结进步示范区州（市）和示范单位，数量位居全国前列。党对民族工作的领导更加有力、中华民族共有精神家园建设全面推进、各族群众共同迈向现代化步伐不断加快、各民族交往交流交融持续深化、边疆民族地区治理能力不断增强。

十年来，云南民族工作取得巨大成就，根本在于：一是省委、省政府坚定维护习近平总书记党中央的核心、全党的核心地位，坚定不移在思想上政治上行动上同以习近平同志为核心的党中央保持高度一致，全面贯彻落实党的民族政策，把党中央顶层设计与云南实际紧密结合，不断丰富拓展铸牢中华民族共同体意识的云南实践；二是省委、省政府对民族宗教问题的长期性、特殊性、复杂性有清醒认识，高度重视民族宗教工作，牢牢掌握构建民族宗教关系主动权，形成了"强化"民族宗教工作的"云南现象"；三是省委、省政府妥善处理各民族共同性与差异性、中华文化与各民族文化的关系，形成维护国家统一、铸牢中华民族共同体意识的正能量；四是省委、省政府坚决把发展作为解决民族地区各种问题的总钥匙，推进民族地区高质量跨越式发展，不断满足各族群众对美好生活的向往，增强各族群众的获得感、幸福感、安全感；五是省委、省政府自觉担负起维护国家安全和边疆安宁的重大政治责任，不断增强边疆民族地区治理能力，采取有力举措推进强边固防、兴边富民，坚决守牢祖国西南安全稳定屏障。

开启新时代民族工作新征程

党的二十大吹响了全面建设社会主义现代化国家的号角，令人鼓舞，催人奋进。我们将坚决按照二十大的部署要求，紧密结合云南实际全面学习把握落实，扎实推进建设我国民族团结进步示范区、推进民族工作高质量发展。

对标"高质量发展是全面建设社会主义现代化国家的首要任务"的要求，丰富推动民族地区高质量发展的路径举措。坚守"各民族都是一家人，一家人都要过上好日子"的信念，加快民族地区现代化建设和共同富裕步伐。

突出一个"融"字，将民族地区发展融入全国全省发展大局，融入"一带一路"、西部大开发、长江经济带等国家重大发展战略，找准融入新发展格局的切入点、结合点、发力点，把民族地区的资源优势、区位优势、生态优势转化为推动高质量发展的动力。

突出一个"快"字，抓住党的二十大报告提出的"支持革命老区、民族地区加快发展，加强边疆地区建设，推进兴边富民、稳边固边"的重大机遇，制定完善差别化区域性政策，加大政策、资金支持力度，完善转移支付和对口支援机制。统筹民族自治地方与散居民族地区发展，资金向边境地区、滇东北地区、高寒山区和人口较少民族聚居区倾斜。促进民族地区保持十年来快速发展的态势，力争年均GDP增速高于全省平均水平。

突出一个"补"字，推动巩固拓展脱贫攻坚成果同乡村振兴有效衔接，持续实施民族团结进步"十县百乡千村万户"示范引领建设工程，加快补齐民族地区基础设施短板，推动公共服务均等化，破解民族地区产业发展瓶颈，增强民族地区内生发展动力。

突出一个"边"字，云南省16个民族与境外同一民族毗邻而居，民族同宗、文化同源，民族工作在融入国家开发开放大局、服务经济周边战略方面具有重要作用。以民族团结进步示范区建设为统领，不断在"边疆""民族"的治理能力上重点发力，推进兴边富边稳边固边，突出沿边开放开发，不断拓展开放开发的深度和广度，大力实施兴边富民行动、现代化边境幸福村建设，为中华民族伟大复兴营造良好周边环境做出云南民族工作贡献。

对标实现"人民精神文化生活更加丰富，中华民族凝聚力和中华文化影响力不断增强"的要求，丰富构筑中华民族共有精神家园路径举措。中华文化是主干，各民族文化是枝叶，只有根深干壮才能枝繁叶茂。全面建设中华民族共有精神家园，既要"壮干"，用社会主义核心价值观引领，用中华优秀传统文化浸润，用红色文化铸魂，不断增进文化认同；又要"繁枝"，保护传承各民族优秀传统文化，推进各民族文化创造性转化、创新性发展，不断丰富中华文化基因库。

实施"枝繁干壮"工程，在构筑中华民族共有精神家园上作出示范。弘扬"牢固树立休戚与共、荣辱与共、生死与共、命运与共的中华民族共同体理念，坚定不移跟党走，爱国奉献守边疆，团结奋斗建家园，同心共筑中国梦"的新时代民族团结誓词碑精神内涵，赓续民族团结精神血脉。常态化开展铸牢中华民族共同体意识宣传教育，创建一批教育实践基地，建设一批中华民族共同体体验馆。深化铸牢中华民族共同体意识研究，推出一批有质量的理论研究成果。抓好中华民族视觉形象工程，推进少数民族文化精品工程。鼓励各民族文化相互学习借鉴、融合发展，开展跨区域的民族文化演出、展览等活动，促进形成全方位、多层次、宽领域的民族文化交融格局。全面加强民族地区国家通用语言文字推广普及，实施《云南省建设现代化边境小康村国家通用语言推广普及三年行动计划》，确保国家通用语言文字在25个边境县（市）基本普及，把374个沿边行政村（社区）全部建成国家通用语言应用示范带。

对标"不断巩固全国各族人民大团结"的要求，丰富推动各族人民共同团结奋斗的路径举措。团结就是力量，团结才能胜利。全面建设社会主义现代化国家，必须充分发挥亿万人民的创造伟力。围绕铸牢中华民族共同体意识主线，思路政策要由此着眼，工作举措要由此着力，教育和引导全省各族群众积极融入以中国式现代化全面推进中华民族伟大复兴的中心任务，为新目标奋斗。

在"融"字上下功夫，大力开展"结对子""手拉手""心连心""一家亲"等多层次、多领域、多样化的交流联谊活动，做好《中华民族交往交流交融史料汇编·云南卷》编纂工作，实施好"石榴红工程"，推进各族青少年交流、各族群众互嵌式发展、旅游促进各民族交往交流交融"三项计划"，不断拓展各民族交往交流交融的广度和深度。

在"嵌"字上下功夫，构建互嵌式就业模式、居住模式、教育模式等，开展各类学校混班混宿办学模式，建立少数民族流动人口服务管理跨区域协作机制，完善少数民族流动人口服务管理体系，让各族群众工作在一起、学习在一起、生活在一起，像石榴籽一样紧紧抱在一起。

在"创"字上下功夫，打造民族团结进步创建工作升级版，把铸牢中华民族共同体意识贯彻创建工作始终，推动创建工作标准优化、范围扩大、内涵深化、形式拓展、效果提升，开展省州市县乡村五级联创，积极建设边境民族地区民族团结进步示范带，形成全域创建格局。

在"导"字上下功夫，认真组织"心向北京 拥护核心"学习教育、"党的光辉照边疆 边疆人民心向党"实践活动、"感党恩 听党话 跟党走"主题活动，坚持用中华优秀传统文化浸润宗教，培育和践行社会主义核心价值观，构建积极健康的宗教关系，推动各族群众更加坚定感党恩、听党话、跟党走的信念，不断增进"五个认同"，铸牢中华民族共同体意识，形成同心共圆中国梦的强大合力。

对标"国家安全是民族复兴的根基，社会稳定是国家强盛的前提"的要求，丰富防范风险隐患的路径举措。 必须坚定不移贯彻总体国家安全观，把维护国家安全贯穿党和国家工作各方面全过程。加强法治建设，健全有利于铸牢中华民族共同体意识的制度措施，依法治理民族事务，加大法治宣传教育力度，不断增强各族群众的法治意识。加强基层治理，把党建引领作为构建治理格局的主导力量，着力抓党建促民族团结进步创建、促农村宗教治理。防范重大风险隐患，建立健全风险研判机制、决策评估机制、防控协同机制，有效化解历史遗留的存量问题，着力管控新形势下出现的增量问题，坚决遏制各类矛盾问题碰头叠加产生的变量问题，守住不发生系统性、区域性风险的底线。

蓝图已绘就，奋进正当时。我们将深刻领悟"两个确立"的决定性意义，增强"四个意识"、坚定"四个自信"、做到"两个维护"，坚定不移沿着习近平总书记指引的方向奋勇前进，推动党的二十大精神在全省民族工作系统落地生根，为谱写好中华民族伟大复兴中国梦的云南篇章做出更大贡献。

总报告

总报告

解开云南民族团结进步的密码

关 凯[*]

2021年,在中央民族工作会议上,习近平总书记强调以铸牢中华民族共同体意识为主线加强和改进民族工作,这标志着党的民族工作进入一个新的历史阶段。

党的十八大以来,以习近平同志为核心的党中央高度重视民族工作,要求全党必须完整、准确、全面把握党的民族工作理论,以务实创新方式做好新时代党的民族工作。2015年1月,习近平总书记考察云南并做出重要指示,要求云南"主动服务和融入国家发展战略,闯出一条跨越式发展的路子来,努力成为我国民族团结进步示范区、生态文明建设排头兵、面向南亚东南亚辐射中心,谱写好中国梦的云南篇章"。

为落实总书记的重要指示,云南省委、省政府高度重视,全面动员,积极探索,做了大量工作。民族团结进步示范区建设继承和发扬了20世纪50年代以来云南民族工作因地制宜、因势利导的优良工作传统,积极回应各族群众对美好生活的向往,注重基层的人心归聚,以较低的经济、社会和政治成本,进一步巩固了民族团结的大好局面,深化了各族群众对党和国家的精神依赖。

在新时代以铸牢中华民族共同体意识为主线加强和改进民族工作的宏观背景下,要讲好中国民族团结进步故事,首先需要讲好云南故事。

一、示范区建设背景:面对百年未有之大变局

在新中国国家建立的历史过程中,党的民族理论与民族政策发挥了重要作用。党的民族理论是马克思主义基本原则与中国具体实际相结合的产物,以民族区域自治制度为核心,成功开辟了现代统一多民族国家建设的中国特色社会主义道路,以极低的经济与社会成本,完整恢复国家主权,基本恢复晚清疆域,建立起完整的国民教育与传媒体系,全方位推进少数民族与民族地区的经济与社会现代化发展,民族平等与民族团结理念深入人心,广大少数民族群众牢固树立起社会主义价值观与国家认同。

---

[*] 关凯,中央民族大学民族学与社会学学院院长,教授,曾任云南大学民族学与社会学学院院长。

改革开放之后，1987年党的民族工作逐渐转向以经济建设为中心，国家制定和采取了一系列特殊的优惠政策和措施，加大对民族地区的投资力度，帮助、扶持少数民族和民族地区发展经济，并动员和组织东部发达地区支援西部民族地区，西部大开发、兴边富民行动和扶持人口较少民族发展，显著提升了民族地区的现代化发展水平。在此期间，1988年费孝通提出"中华民族多元一体格局"理论，促进少数民族群众在保持自身族群认同的同时，在更高层次上共享对国家的强烈认同感。

新中国成立以来的实践证明，中国的民族政策是成功的，中国共产党带领各族人民走出了一条符合国情的实现各民族共同发展、共同繁荣的正确道路。然而，伴随着经济高速增长与社会变迁的深化，我国的民族团结进步事业在新的社会环境下开始表现出新的特点。

事实上，并不存在单纯的民族工作，民族工作永远是治国理政全局工作的一部分。由此，理解中国当下所处的历史大背景，是新时代以铸牢中华民族共同体意识为主线，加强和改进党的民族工作的首要任务。

从新时代所处的历史方位来看，中国在近代以来的历史进程中从未像今天这样处于世界的中心位置，在美国的刻意推动下，中美之间的竞争与博弈正成为全球主要矛盾。而当中国日益成为未来世界格局的关键性塑造力量时，西方资本主义世界体系遭受到了前所未有的挑战。中美之间的矛盾已经跳出了单纯的国家竞争，成为两种"文明形态"的竞争。由此，在这种百年未有之大变局的新形势下，党的民族工作面临三个重要的转折，即历史任务的转折、国际形势的转折和国内情境的转折。

历史任务的转折。当前，我们已经实现第一个百年奋斗目标，正朝着第二个百年奋斗目标迈进，中华民族伟大复兴有着前所未有的光明前景。在我国全面建成小康社会之后，民族工作面临的首要问题已经由经济发展转向社会建设。因此，习总书记在2021年召开的中央民族工作会议上反复强调精神层面民族工作的重要性，必须以铸牢中华民族共同体意识为主线，推动各民族坚定对伟大祖国、中华民族、中华文化、中国共产党、中国特色社会主义的高度认同，不断推进中华民族共同体建设。也正如习总书记在2014年召开的中央民族工作会议上精辟指出的那样，民族工作的关键是人心。对于党的民族工作来说，只有牢固把握人心，才能牢固把握长治久安的未来，这是新时代民族工作历史任务的核心定位，是一个具有重大历史意义的转折点。

国际形势的转折。冷战结束后的30多年可视为"文明冲突时代"。在此时期，以美国为首的基督教文明和伊斯兰文明之间存在不对等的博弈，加之历史上的积怨，伊斯兰世界作为弱势一方逐渐生成了宗教极端主义运动和恐怖主义袭击事件，也波及了中国。恐怖主义和极端主义不仅覆盖了冷战结束后的整个新自由主义全球化时代，也在疫情助力之下助推了今日逆全球化进程。然而，从整体上看，伊斯兰极端主义和恐怖主义正从全球主要矛盾退居次位，西方已经将主要矛头指向了中国。当下的美国疲于"后疫情时代"的各种问题，因此亟须将中国树立为假想敌，通过诿过栽赃，由中国承担、分散美国内部、外部治理不力的压力与风险。为此，借助民族宗教问题打击压制中国是其工具库中的现成抓手，其手段必将变本加厉。显然，民族工作承受的外部压力会越来越大。

国内情境的转折。党的十八大以后，随着中国特色社会主义进入新时代，以习近平同志为核心的党中央统揽伟大斗争、伟大工程、伟大事业、伟大梦想，解决了许多长期难题，办成了许多过去未能完成的大事。新时代十年的伟大变革，推动了中华民族交往交流交融的深化。在政治上，中国特色社会主义政治建设的不断发展，使中华民族在政治上更加团结统一；在经济上，消除绝对贫困、全面建成小康社会，实现第一个百年奋斗目标，是中华民族伟大复兴之路上的里程碑事件；在文化上，中国特色社会主义文化建设进入新阶段，中华民族文化共同性不断增强，中华民族共有精神家园建设深入推进，各民族共享的中华文化符号和中华民族形象更加凸显；在社会层面，人口大流动促进各民族交往交流交融，各民族杂居、混居、融居的现象日益显著，更加互嵌共融。

中国政府一直以帮助少数民族和民族地区发展为己任，长期向少数民族提供系统性优惠政策，促进少数民族社会的现代化发展。这种政策在少数民族仍处于前现代社会条件下不仅非常合理，而且具有极高的道德性，是社会主义制度优越性的体现。在新中国成立后70年时间里，云南的"直过民族"从落后到跟上时代，具有世界性意义，这就是费孝通于世纪之交所说的"小民族大问题"。但民族优惠政策也已经到了转折点。如今，即使当年处于原始社会的"直过民族"也已经成功进入现代社会。如果继续保持按照民族身份享受优惠政策的做法，就会在客观上使少数民族成为"特殊公民"，在相反的维度破坏社会公平，因而在一定程度上有违社会主义基本原则。新时代民族工作从关注民族转向关注区域，正是因应了这种变化。

2021年中央民族工作会议清晰指明了新时代党的民族工作的原则与方向。如果说实现第二个百年奋斗目标是全局，党的民族工作就是支撑全局最重要的顶梁柱之一。当下民族工作正面临一种格局之变，以铸牢中华民族共同体意识为主线加强和改进民族工作的重要思想的提出，巩固了中华民族伟大复兴的共同思想政治基础，拓宽了中国特色解决民族问题的正确道路，为新时代党的民族工作的高质量发展开创了全新局面。

二、示范区建设成效："扎根边疆，心向中央"成为云南共识

当前中国特色社会主义进入了新时代，民族工作的加强和改进，首先需要改进对现实社会条件的认知。经过这些年的发展，绝大多数少数民族已经不再是新中国成立初期的社会样态，无论是人口构成、居住地域还是生活方式，中国式现代化深刻塑造了新的"民族"形态。特别是接受了统一的国民义务教育之后，各民族间的共同性大大增强。

在传统的西方民族理论看来，民族与宗教都是一种近乎"天然的"社会组织，经由长期历史演变而来，是社会自组织的一种形态。这种看法忽略了社会成员都是动态地处理自身保有的群体归属与身份认同，国家认同与族群认同并非对立的两极。对于国家治理来说，民族和宗教并非必然"有害"，相反，它们都在日常生活中具有一定的维护社会秩序、维持道德规范的功能。之所以民族能够成为"问题"，实质上是在特定条件下，这种社会性组织会表现出强烈的政治性，从社会性组织突变成强调某种特定集体诉求的政治性组织，同时如果那种诉求本身指向反国家或反现行体制，就成了严格意义上的"民族宗教问题"。因此，识别与民族宗教因素相关的社会问题的关键，并非仅仅关注民族宗教本身，而是更要关注民族和宗教社会动员的性质。

人类社会的文化差异和多样性不容易消除，如果可能，那必然需要一个相对较长的历史过程。在文化类型上，云南包含了除草原游牧民族之外所有在中国境内分布的民族和宗教类型，包括15个本地独有少数民族和国内唯一的南传佛教分布地区。一个民族宗教结构如此复杂的社会，正是观察边疆社会治理经验的最佳样本。

云南社会民族关系和睦，并不是云南少数民族的身份认同较弱，事实可能恰恰相反，很多云南少数民族至今仍然保有相当强烈的民族意识。不同少数民族群体之间，也有利益竞争或可能相互怀有不同程度的负面刻板印象。因此，究云南民族团结之本相，其根本在于，云南的少数民族几乎从不利用民族和宗教动员某种反国家的社会情绪。云南各民族和宗教在日常生活世界里是服从国家的，与各项国家制度相辅相成，甚至浑然一体，从而呈现出民族团结的社会图景。

对比云南，有些边疆民族地区，社会稳定有时受到民族宗教问题的影响。云南社会固然有自身的特点，但社会剧烈变迁的新形势各地皆需面对，国家政策在原则上亦是统一的。面对各地差异，各级政府要积极发挥主观能动性。具体来说，要在国家统一制度框架下，积极贯彻习近平新时代中国特色社会主义思想，要更好地"因地而治""因俗而治"，精准看清问题，妥善解决问题。从而将民族宗教工作中遇

到的因素约束在日常生活范畴之内，不上升到政治层面，不形成潜在的民族分裂主义或宗教极端意识，做到防患于未然。

在云南，"扎根边疆，心向中央"是各个少数民族群体共同保有的坚定的社会共识。而这一点，正是云南经验最为夺目之处。

在历史上，云南有着"山高皇帝远"的传统，民族众多，宗教多样。部分地区虽经历过明清两季的改土归流，但大部分地区还是王朝羁縻制度下中央间接管理的社会。新中国成立之后，中国共产党通过中央民族访问团开启了云南民族工作的全新篇章。对少数民族经济社会文化进行全面的调查研究，进行民族识别，制定了符合云南民族地区实际情况的"和平协商土地改革"政策和"直接过渡"的创举。通过实施民族区域自治制度，确立了民族平等和民族团结的政治原则。同时，通过上述政策，以"团结、生产、进步"的方针，打击一小撮、改造一部分、团结一大片，使党的统战政策维护了民族内部和各阶级的团结。妥善处理了少数民族旧社会秩序与新政权的关系，奠定了云南和谐民族关系的基础，从根本上推动了民族地区的社会改革，解放了生产力，加快了经济社会发展。

从20世纪50年代开始，云南民族工作取得了巨大成就，云南少数民族社会发生了翻天覆地的变化，政治上人心凝聚，心向北京；从传统的自然生计经济一步步走向现代化经济；公共服务和国民教育水平大幅提升；各民族文化在传承传统的同时，出现了空前的国家化特征。经过70多年的发展，云南社会民族关系和新中国刚成立时相比呈现出完全不同的图景，具备了深厚的中华民族共同体意识基础。这一奇迹般成就的取得，主要是将党的理论话语与国家意识融入民族情感之中，在精神领域形成了以党和国家为依靠、以人民为中心的社会凝聚力。

党的十八大以来，特别是2015年习总书记视察云南之后，全省各级党委、政府大力推进"全国民族团结进步示范区"建设工作。2017年2月4日，云南省委、省政府印发《云南省建设我国民族团结进步示范区规划（2016—2020年）》。规划明确了云南省建设我国民族团结进步示范区的总体思路、主要任务、保障措施。这些工作，特别是脱贫攻坚取得全面胜利之后，各族群众实实在在感受到党和政府对人民的真切关爱，从遍布各族村寨门户正中的"天地国亲师"悬幅，到日常生活中"扎根边疆、心向中央"的朴素表达，国家至上是云南深入人心的社会共识。

不过，以往云南省建设全国民族团结进步示范区的工作，注重本省的团结进步事业有余，对全国示范性、观照国际意义的理论概括挖掘不足，本研究试图补齐这一短板。简而言之，示范区建设破题，不仅在云南之空间，更在未来之时间。

三、示范区建设经验：在包容差异基础上创造共同性

（一）中华文明传统创造共同性

主体间性（intersubjectivity）是德国哲学家胡塞尔（Edmund Husserl）提出的概念。主体间性是指主观经验的共享性，主要关注的是如何在认识论层面上建立起一个稳定的客观世界。在胡塞尔看来，主体间性是通过共享和反思经验，建立起一种共同的理解和意义。这种共享的经验和理解为我们提供了一个公认的、稳定的参照框架，使我们能够在日常生活中交流和理解客观世界。主体间性强调的是，我们对世界的理解和认知不仅仅是个体的主观经验，而是在社会互动中共同构建的。由"主体间性"这一概念来看，我们建设中华民族共同体，本质是在建设一种超民族的中国国情认识框架，而云南则是其中极具典型性的区域。

地处祖国西南的云南，历史上一直是中华文明作为政治实体直接统治的最远边疆之一。然而，云南却具有一种非常特殊的"中心"地位——这里是儒家文明的区域性中心，其影响辐射南亚、东南亚相邻地带，即中华文化圈与印度教文化圈的交界地带。其原因之一在于中国第二大文庙建在红河哈尼族彝族自治州建水县城，始建于元代的建水文庙，恰应了孔子"远人不服，修文德以来之"的古训。

处于这样一个文化地理位置，云南的地方文化很早就呈现一种有本地特色的"多元一体"形态，即在保持各民族文化特点的同时，对儒家文明怀有高度认同。经由云南，儒家文明化育而非征服的影响辐射到广袤域外。

历史上，汉族相对聚居的市镇遍布云南的交通要道，而山区则依不同海拔立体分布着众多的少数民族。不同民族在居住空间上彼此交错，大杂居、小聚居，既有文化差异，又有共同的区域市场，长期以来形成了各民族交往交流交融的历史传统。更重要的是，云南少数民族文化深受中华主流文化影响，元代建省之后，虽仍存有众多羁縻之地，政治上却始终是大一统王朝不可分割之一部分。

以语言和宗教为例。云南少数民族语言包含汉藏语系的藏缅语族和壮侗语族以及南亚语系的孟高棉语族。至今在云南境内25个少数民族中，除回族、满族通用汉语外，其余23个少数民族共有28种语言；在宗教方面，云南25个少数民族都有宗教或传统信仰，除回族主要信仰伊斯兰教外，其余24个少数民族，既有同一个民族信仰几种宗教，也有几个民族信仰同一种宗教的情况，不同民族的传统信仰体系至今仍然在社会生活中发挥一定作用。总而言之，历史、语言、宗教信仰的多样性特征，构成了云南多民族社会的文化底色，是云南"多元"面向的体现。

可见，与北方草原、沙漠绿洲和青藏高原腹地迥然不同的是，在云南无法形成占据区域文化主导地位的单一大民族。然而，这并不意味着云南传统上缺乏"一体"之面向，相反，这种面向以两种形态同时存在。

一是民族关系的和谐共生形态。独特的地理生态环境，孕育了云南民族文化传统的兼容性特点——各群体既保持自己的语言和风俗，亦在相互之间形成和谐共生的民族关系；通过茶马古道式的传统贸易网络，以马帮为主要运输工具，千百年来形成古老的贸易通道，将内地货物与川滇盐茶等输入南亚东南亚市场，形成"南方丝绸之路"，由此加深了不同民族、文化之间的交流。

二是各民族高度认同华夏文明。云南长期受儒家文化浸染，各少数民族皆有仰慕儒家思想、学习汉文化的深厚传统。元明清之际，大量移民进入云南，府、州、县及卫所逐渐立儒学、建学堂，儒家文士阶层开始出现。儒学思想广为普及，其文化逐渐为各民族共享，也使云南在政治社会制度上与中原一体化的程度不断加深。

中华文明传统为云南多民族社会创造共同性提供了深厚的文明根基，而新中国成立以来，党和政府在国民教育、公共服务以及交通通讯基础设施建设的成就，都使得这种根基在现代化条件下不断完善进步，从而使得云南多民族社会的共同性不断加强。从这个意义上说，云南所有的工作都是民族工作。

（二）现代化发展创造共同性

习近平总书记指出，"民族工作的关键是团结，民族地区的重点是发展"。从示范区建设的经验中可以发现：对于党的民族宗教工作而言，团结是基础，进步是关键。云南和谐的民族关系与其特殊的经济发展模式有着深刻的联系。

70多年前，云南的经济仍然处于前现代阶段。在党和政府的帮助下，云南的经济建设开始进入现代化阶段，但发展仍然滞后。而1978年到2020年间，云南省的GDP总量迅速增长。党的十八大之后，特别是在"十三五"期间，全省经济总量年均增速高于全国平均水平2个百分点以上，增速位居全国前列[1]，经济结构也快速进入优化发展阶段。2020年，在全国31个省（直辖市、自治区）中，云南GDP排名全国18位，第三产业占比达到51.5%，[2] 产业结构调整实现历史性突破。

特别值得注意的是，按照一般的经济发展规律，随着经济和国民收入水平的提升，劳动力首先从第一产业向第二产业流动，最后向第三产业流动。然而，云南的状况并不符合这一规律，劳动力的转移方向主要是第三产业而非第二产业，这形成

---

[1] 数据来源：云南省人民政府：《云南省国民经济和社会发展第十四个五年规划和二○三五年远景目标纲要》，2021年2月9日。

[2] 数据来源："奋斗百年路 启航新征程"云南省庆祝中国共产党成立100周年系列新闻发布会·经济社会发展专题发布会图文实录，云南省人民政府门户网站，2021年6月25日。

了云南独特的"绿水青山式"发展模式。

"绿水青山式"发展模式的特点是从前现代经济形态渐进地进入了现代经济形态。进入新时代以前，云南虽然经历了一定的工业化、市场化过程，但绝大部分农村地区还处于以满足生计为主的自然经济形态中，工业化只发生在少数城镇地区。且由于地理环境、交通不便和对外开放滞后等诸多条件的制约，重化工业没有得到充分发展，由此云南的工业化水平一直显著落后于东部，只能以烟草、矿产冶金、生物和旅游业等作为支柱产业。然而，正是这种情况，在新技术出现后为云南走出资源开发型、重化工业型的传统产业结构创造了历史机遇。

进入新时代以后，随着国家大力推动基础设施建设，云南的交通、通信基础得到极大改善。与此相伴的是产业经营模式的转变，运用信息化技术等手段，云南的茶叶、咖啡、烟草、药材等农业产品迅速进入国际国内市场，农业自然经济跨过重化工业阶段，直接转化为文化经济和信息经济。我们在普洱漫崖咖啡实业有限公司调研时发现，这家由少数民族女企业家创办的企业，采取"公司+农户"的经营模式，根据市场需求与农户签订生产协议，通过建立咖啡博物馆、开设咖啡生产加工培训班等方式打造特色咖啡文化，提升产品附加值。

民族文化是云南旅游业的核心资源之一。因为经济发展不足而保留的特色民居、古建筑，以及未经工业化生产破坏的古茶园、原始森林，经过整修维护后，变成了都市人群外出休闲的理想之所。位于基诺山的亚诺村拥有7万余株树龄百年以上的古茶树，通过合作社和电商精准售茶，茶价按其生长山头、品种、树龄不同作区分，成功开发出"龙帕古茶山"的高端品牌。古茶山每年还吸引大批游客来参观，村民收入大幅提升。

在这样一种经济发展模式下，人与自然、人与社会、人与市场的关系相互协调，产品的地方性、文化性、生态性特色浑然一体、魅力独特。农村经济在这个过程中得到大幅增长，少数民族社会逐渐实现了从前现代社会向现代社会的平稳过渡。与内地相比，云南乡村少数民族青年外出打工的比例相对较低，并且目前这一代少数民族青年农民没有丧失传统的种植业生产技能。当交通与通讯基础设施条件显著改善之后，高速公路和互联网成为第一产业经营模式得到跨越式发展的重要助力，这些因素使得云南的经济发展真正做到了"绿水青山就是金山银山"。在相当大的程度上，民族团结也是云南这种"绿水青山式"发展模式的积极社会效应之一。

（三）民族工作创造共同性

党的民族政策在云南的成功实践是云南民族团结进步事业最重要的基石之一。

马曜将云南的地理生态特点总结为"三个立体"。所谓"三个立体"，一是从海拔67米的谷底到海拔6700米的高原，立体地貌形成垂直的民族分布；二是因全省大部分地区寒温热三带俱备的立体气候形成了立体农业；三是不同民族甚至同一民族在新中国成立之前同时并存着几种不同的前现代经济形态。云南地形以元江谷地和云岭山脉南段的宽谷为界，地势自西北向东南呈倾斜阶梯式递降。从青藏高原边缘，经滇西、滇中高原向丘陵谷地下降。苗、傈僳、藏、独龙等民族居住于高原高山之上；哈尼、瑶、拉祜、佤、景颇、基诺等民族生息繁衍于半山区；夹杂在高山河谷之间有1400多个碎片盆地，白、纳西、壮、傣等民族世居于此，汉、回人口也多聚居于此地。

云南多样地形和气候形成的多元生产生活方式，造成历史上各民族生产水平悬殊，发展极为不平衡。在20世纪50年代民主改革之前，云南各地少数民族同时存在着原始公社制、奴隶制、封建领主制以及地主制等多种生产关系。同时，一个民族内部，因为分布于不同地区而处于不同的历史发展阶段，呈现出多层次的立体的社会经济形态。云南民族工作的核心经验之一，就是不去过分关注这些民族差异本身，而是包容和尊重各民族之间的差异，将工作重心放在缩小各民族生存处境的差距上。特别是经过脱贫攻坚，云南社会的民族关系之所以更为和谐，其关键在于发展带来了处境差距的显著弥合。

新中国成立初期，云南的民族工作在政策上区别于内地汉族和其他民族地区，但往后的政策发展趋势逐渐与全国一致。20世纪50年代全国开展土地改革时，云南省向中央提出，在德宏、西双版纳等傣族地区采取和平协商土改，在景颇族、傈僳族、佤族、怒族、独龙族等地区采取"直接过渡"。这一从云南实际出发创造性地落实中央部署的举措，奠定了云南民族团结和边疆稳定的重要基础，并被推广到凉山彝族地区等地。

云南民族工作的传统是既坚持中央制定的战略方针，又根据本地实际慎重稳进推动各项工作的进展。"不谋民族工作不足以谋全局"成为历届云南省委、省政府的治滇理念。云南民族众多，不同地区之间的环境条件、经济发展水平差异巨大，因此，深刻领会中央的精神实质，结合本地实际主动探索有效的实施路径，切实达成党的方针、政策的战略目标的实现，实事求是、因地制宜地开展民族工作成为云南经验的重要组成部分。

多年来，云南的民族工作方向明确、积极作为、不急于求成，把加强民族团结作为战略性、基础性、长远性、日常性的工作来抓。不把复杂的问题简单化，不把长期的问题短期化，一以贯之地遵循慎重稳进的工作思路，循序渐进地开展工作，和风细雨地解决问题，维护云南长期的民族和谐和边疆稳定。

然而，尊重差异不等于放任不管。1992年发生平远街事件，少数贩毒团伙打着民族、宗教的幌子，煽动群众闹事，武力抗拒执法。云南省调派武警部队快速反应，坚决予以严打，善后工作也相当稳妥。30年之后，今日的平远街社会早已恢复如常。在调查中我们发现，当地社会关于平远街事件的历史记忆没有任何对于国家的怨恨。

尊重包容又恪守底线的云南民族工作方法，既坚持了党的一元化领导，又适应了多民族社会的本地特点。少数民族的语言、风俗习惯与信仰得到了尊重，各民族群众感受到自己是家园的主人，进而形成了深厚的国家认同和爱国情感。

（四）民族干部创造共同性

新中国成立以后，新政权在云南的确立，主要通过民族区域自治制度和选拔培养民族干部两种方式实现。

正如习近平总书记在中央民族工作会议上所强调的那样，"必须坚持和完善民族区域自治制度"。设立民族区域自治制度，是中国共产党超民族性的一种体现，是对历史传统的尊重。民族区域自治制度的实施，体现了国家对少数民族身份的政治承认，提高了少数民族的地位，不仅使历史遗留下来的民族隔阂逐步消除，也为国家帮助民族地区实现现代化发展开辟了制度道路。从这个意义上说，作为国家基本政治制度之一的民族区域自治制度，是符合中国国情的科学合理的制度建设。

正确的政治路线确定后，干部是关键。民族区域自治制度的核心之一是选拔培养民族干部。新中国成立以后，党和政府通过大量培养少数民族干部，有效维护了新政权和少数民族之间相互信任、相互支持的血肉关系，将党组织的毛细血管深入边疆地区的每一个角落。在基层社会，对党忠诚的少数民族干部替代了传统权威，成为国家和少数民族社会的联系纽带。在各族干部的积极动员之下，边疆社会积极配合国家展开社会主义改造，从而成功实现了边疆社会的国家化。

少数民族干部无疑是党和政府联系少数民族群众、做好民族工作的桥梁纽带和骨干力量，是保障民族团结重要的"软件"之一。随着现代化的推进和社会条件的变化，新时代怎么选、怎么用、怎么培养民族干部成为一个至关重要的战略问题。在新形势下，部分少数民族干部与知识分子开始出现一种越来越脱离群众，过度精英化、学历化、技术化的倾向，对本民族广大群众的代表性弱化，甚至逐渐形成拥有自己特殊利益的精英圈层。面对这种情况，云南省委组织部门与统战部门加强顶层设计，努力建立健全少数民族干部工作的体制机制，考察民族干部的标准是"维护党的集中统一领导态度特别坚决、明辨大是大非立场特别清醒、铸牢中华民族共同体意识行动特别坚定、热爱各族群众感情特别真挚"。

培养选拔民族干部，首要标准是政治站位。政治站位的核心是民族干部的双重代表性，必须在代表党和国家根本利益的前提下，在本民族群众中享有较高的威望，因而具有人民代表性。国家代表性与人民代表性的叠合，是民族干部的立身之本。缺失或弱化任何一个面向，都不符合新时代对于民族干部的要求，也无法在铸牢中华民族共同体意识、促进少数民族和民族地区发展、调节民族关系、把握社会舆情等方面发挥应有的关键作用。

其次，民族干部主要是在工作实践中增长才干的，而不是唯学历、资历的教条标准。脱离群众是当前民族干部最大的潜在风险。如果脱离了群众，民族干部就只是干部，而不是民族干部，这是民族干部的特殊性决定的。选拔和培养民族干部不能单纯走一般干部培养的路径，其重点在于需要在少数民族基层社会的工作实践中，发现一大批能够展现出自身领导力和感召力的年轻人，如此才能使各层级民族干部群体后继有人，党的民族工作才能永葆活力。

对少数民族干部的培养与任用，不仅体现出党切实维护民族平等、促进民族团结的政策原则，而且也是为了更好地做好涉及各民族群众切身利益的各项工作。因此，对于民族干部的培养，关键是保证民族干部群体能够忠诚于党的事业，切实感受人民冷暖，忠实代表人民的利益。

四、示范区建设内涵：民族团结进步的中国模式

（一）动员群众，引领群众：强化党的领导与道德模范

中国共产党人的政治领导力是建立在人民中心观的理论基础上，党的初心和使命就是为中国人民谋幸福、为中华民族谋复兴。坚持人民主体地位，全心全意为人民服务，把人民对美好生活的向往作为奋斗目标，依靠人民创造历史伟业，这是包括民族工作在内的党的一切工作的理念指针。

1950年，云南普洱地区的34名少数民族头人及其代表到北京参加了国庆一周年观礼，受到了毛泽东等党和国家领导人的亲切接见，内心深受震撼。当年底，中共宁洱地委召开"普洱专区第一届兄弟民族代表会议"，地方党政军领导人与全区26个民族的代表在举行了剽牛仪式后宣誓立碑："我们二十六种民族的代表，代表全普洱区各族同胞慎重地于此举行了剽牛，喝了咒水，从此我们一心一德，团结到底，在中国共产党的领导下，誓为建设平等自由幸福的大家庭而奋斗！此誓。"盟誓之后，即使付出生命代价，这些民族兄弟也没有背叛党和国家。

中国共产党人，尤其是从事党的民族宗教工作的同志，必须认识到：人民并非必然是党的群众。只有人民切实受到党的感召，心甘情愿跟党走，人民才能被很好地组织起来，最终成为党领导下的群众。

现代中国的国家秩序重建在1949年之后由中国共产党人完成。新中国成立之后，云南社会之所以能长期保持和谐稳定的民族关系，核心在于中国共产党成功地将曾经山头林立、政治上一盘散沙的云南少数民族社会重新组织起来，由共产党人作为各族人民群众根本利益的具象代表，从而使少数民族成为党领导下的群众。中国共产党的组织形态是全面嵌入社会，党和人民群众的根本利益始终是一致的，作为国家主人的少数民族群众和作为人民公仆的共产党人有机结合在一起，共同构成了一种以党的组织为中心的新的社会结构。从而提供了一个凝聚力强、行动力强、稳定的整体秩序。这样的社会结构是历史之上、普天之下从来没有过的。

云南民族工作的成功经验表明，只要以超越狭隘民族主义的价值高度和务实求真的政策实践处理民族问题，充分发挥中国共产党作为超民族组织的凝聚作用，建立起党领导下的强有力的组织化工作机制，就能够在多民族社会中确立起党的道德模范和领导力，巩固党和群众的血肉联系。党有力地向群众提供全方位的保护与保障，群众心甘情愿跟党走，坚定支持和服从党的领导。

云南民族工作的成功经验表明，没有单纯的"民族问题"，"民族问题"往往是社会问题的一种转化。只要"民族问题"不涉及政治分裂、大规模群体行为和社会运动，都可以将其置于日常社会治理的框架下进行处理。因此，精准区分民族因素和社会因素，鼓励正向的社会沟通，切实解决人民群众重大利益关切。将普通的社会问题放回到具体的社会语境中去，由社会力量彼此理性博弈，党和政府使用人民赋予的权力扶持正面力量、和谐力量，创造并维系能够最大限度促进社会共识的政策。由此，便能够降低民族宗教因素的社会影响，消解民族宗教势力所可能具有的社会动员潜力。在这一点上，需要注意的是，必须坚决反对两种民族主义，即极端的大汉族主义和狭隘民族主义。

十八大以来，国强民富是党的方略之纲。在以人民为中心的发展思路指引下，党的方略短时期内迅速汇集了人民群众的广泛支持，党动员群众的能力得以重新强化。其主要经验一方面是加强党的建设，提升了党的组织效能，加强了党的自我革新；另一方面走群众路线，准确回应人民群众的重大利益关切，提升了群众对党的信任和精神依赖。动员各民族群众本质上是将国家和少数民族的关系置放于党群关系的框架之内，把"民族"变成群众。由此，党能够带领群众创造美好生活，有了美好生活就有了团结稳定，有了团结稳定就有了群众对党的认同与忠诚以及中华民族共同体意识。

（二）尊重差异，弥合差距：动态维护社会均衡

铸牢中华民族共同体意识针对的是中华民族整体，包含整个中国社会，指涉的

是国家与社会的关系，而非仅仅国家与民族的关系。社会是所有人生活方式的总和。民族作为一种社会分类，是社会结构的一部分，从属于社会，而非社会从属于民族。因而社会整体凝聚力强，反映在民族关系上必然是和谐交融；当社会整体凝聚力弱，民族的社会重要性就可能提高，甚至可能酿成冲突。

在社会系统中，当所有各方都认为自身实现了最优选择时，意味着社会均衡。换句话说，如果一个社会中的行动者都认为其已采用的行动策略是最好的选择，社会均衡就实现了。社会均衡是社会制度、社会秩序存在的必要条件，实现过程是反复破缺、反复均衡的，增加社会成员的利益有利于维护社会均衡。社会行动者在约束条件下做出"效用最大化选择"，不是指单方面的欲望满足。在社会均衡条件下，没有任何一方可以通过单方面改变行动来增加效用。

我们在这里之所以试图借用"社会均衡"这一社会学概念，恰是因为云南经验验证了这个理论在实践上是成立的。云南民族工作经验的一个重要方面，就是始终保持一种动态的社会均衡，从而长期保持了和谐稳定的民族关系。通俗地说，就是在云南这样的多民族社会中，各个民族对民族关系都感觉不错，这不仅是民族团结的精神体验，也是社会均衡的主观反映。

新中国成立之前，现代国家建构并没有在真正意义上展开，国家力量尚不足以在云南创造出一种整体性社会均衡。云南各个民族的山官、头人、土司等"相互争长"，民族之间关系不平等，等级森严，隔阂很深。20世纪50年代新政权在云南确立后，党的民族工作成功地创建出一种新的社会均衡，云南社会平稳地发生了一场以民族平等为价值坐标的、国家化的、根本性的"整合式革命"。

在研究中我们发现，早期的云南民族工作有一种"近乎完美"的实践策略，即在国家化社会改造的过程中始终能够维护一种动态的社会均衡。以土地改革为例，针对当时云南少数民族极为复杂多样的社会形态，各地的社会主义改造工程采取了分类别、多样化及缓和的方式进行，既坚持了原则，又体现出灵活性。主要有三种方式：

第一，在边疆和山区少数民族中采取和平协商方式。与内地的土改过程相比，这些地区的土地改革政策更为温和圆融，一方面群众对民族上层实行"背靠背"诉苦，另一方面群众与民族上层"面对面"协商，既照顾了民族上层的情感，又满足了群众的土地要求。

第二，在"直接过渡"区不进行任何形式的土地改革。这种有原则的灵活性包含着深刻的文化敏感，极大地降低了土地改革的政治与社会风险，为少数民族社会保留了转型和调适的时间，真正使"直接过渡"成为可能。

第三，鉴于坝子地区的社会整合度较高，传统社会结构与一体化国家行政体系匹配度较高。因而在经济较为发达的坝区少数民族社会，土地改革政策相对刚性而彻底，对村寨社会结构展开全面的社会主义改造，村寨传统的权威结构逐渐被国家权力体系替代。

由此可见，国家在推进云南少数民族社会转型的过程中，针对不同地区的不同特点采取差异化政策。除土地私有制和阶级分化较明显的坝区以外，党和政府对边疆、山区的大部分少数民族社会，因地制宜，留出足够的政策空间和时间稳定了区域社会的社会均衡。从而以一种缓和有效的方式，通过发展生产、改善生活条件、创办国民教育体系等手段，逐步推进国家一体化，达到新的社会均衡。在此过程中将国家意识逐渐融入少数民族的情感认知中，成功地在精神领域创建出以中国共产党为核心的、新的、牢固的社会凝聚力。

云南民族工作动态保持社会均衡的做法，为后来的跨越式发展奠定了坚实的基础。进入新时代，云南各少数民族已经全面、深度参与以中国共产党为领导的中国特色社会主义建设进程之中。无论是经济上统一市场、劳动力人口流动，还是文化上接受现代生活方式，与70多年前相比，云南沧桑巨变，换了人间。

云南民族工作的成功经验表明，民族差异不能强行弥合，真正可以人为弥合的是各民族生存处境的差异。长期以来，通过兴边富民、扶持人口较少民族、脱贫攻坚等工程，云南少数民族地区的经济社会发展进步明显。各民族之间的生存处境差异缩小，民族团结的大好局面得以从根本上稳固。由此可见，包容尊重差异，弥合缩小差距，动态维护社会均衡，是做好民族工作的不二法则。

各民族自身虽不断流变，但民族间差异在短期内却不可能人为彻底消除。民族工作涉及深层次心理认同，若措置不当，形式粗暴，反倒容易强化"民族"内部的团结。因此需要直接干预的，不是差异本身，而是民族间在生产生活水平上的差距。弥合了这种差距，民族差异就失去了物质性基础，"民族"也就难以再成为挑战国家建构与社会秩序的"民族问题"。这是民族工作最基本的规律。

事实上，与东部相比，云南少数民族有更多的社会资本，有比较强的社会认同，在保持民族意识的同时，也保有很高的对党和国家的认同。我们在实地调查过程中发现，即使在发生过群体性事件的个别民族聚居地区，理性认知仍然是社会意识的主流，当地民众爱国情感十分真切。

在我们看来，一个地区的社会均衡化程度，应该成为民族团结进步示范区建设的判断标准。从这个意义上说，理解动态均衡观是云南民族团结密码的一把钥匙，也是理解新时代民族工作开创新局面的一把钥匙。

(三)共建家园,共享家园:建设共有精神家园

文明的发展以实体政治单位为载体,历史上所有的文明,只要其政治实体消失,文明就会消亡。而中华文明的政治体系,传统上"亡国(王朝)而不亡天下",政治载体接续不灭,因而文明延绵不绝。中国共产党领导下的现代中国是统一的多民族国家,国家统一、民族团结是实现中华文明延续发展、实现中华民族伟大复兴的压舱之石。

作为多民族统一国家,中国内部的文化多样性是客观存在的。但多样性也是有限度的,多样并不必然意味着本质差异,将文化多样性扭曲为民族差异,是对多样性限度的悖反。文化多样性的限度并不在于其广延的边界,而在于多样性文化具有共同性与共在性。中华文明内部一直有着极为丰富的多样性,但这些多样性的根系始终凝聚在一起,形成了以中华文明为依托的中华民族共同体。

不论什么民族的文化,都是人类文明的样态,因此都具有文明的共通性。在中国,这一共通性因中华文明的悠久历史而具有更强大的基础,历史愈发展、中国愈强盛,中华文明的包容性和吸纳力就愈为广博深厚,对中华文化的认同就愈为坚实,这是构筑中华民族共有精神家园的最深层的文化认同基础。同理,对世界而言,中华民族共同体愈牢固,中华民族自立于世界民族之林的形象愈高大,中华民族参与构建人类命运共同体的感召力就愈强。

中华民族拥有的这个强大的文明基础,既得益于悠久的历史,也得益于中国共产党成功建设现代化国家。在党的领导下,云南民族工作实践的根本在于构建各族人民的美好生活。美好生活的含义不仅是物质上的富足,更是精神上的价值感、安全感和幸福感,二者结合即为中华民族共有精神家园的物质基础与精神体验。

从新中国成立开始,在云南社会的现代化变迁过程中,物质层面的建设成就始终与精神体验紧密结合在一起,国家意识融入民族感情之中,从"天地君亲师"到"天地国亲师","君"变成"国"就是现代性文化和国家意识进入云南少数民族基层社会大众意识的观念流变过程,从而形成以国家为中心的、强大的社会凝聚力,塑造出中华民族共有精神家园。

云南各民族共享的基本生活伦理,是在数百年中由儒家文化和多民族文化相互交流、融会贯通而形成的。新中国成立后,在党的领导下,云南实现民族平等,打破了旧时代压迫性的等级制,释放了被旧制度阻隔的共通的社会价值与情感,原本存在于少数民族观念中的"天地君亲师"道德秩序,得以在新形势下转换成"天地国亲师"的爱党爱国朴素情感。

"天地国亲师"牌位今天依然随处可见于云南诸多少数民族家庭中,与祖先牌位并列而立。这种朴素的情感,成了各民族交往交流交融的道德基础,成了国家意

识在基层群众心中的价值坐标，最终凝结为云南各族人民保有的一种"国家至上"的价值取向，构成中华民族共有精神家园在云南的图景。

这种图景来源于云南自身的诸多特点。

首先，云南多民族杂居，族群因地势而立体分布，彼此之间一方面保有文化差异，另一方面拥有共同市场。这表明在民族文化差异之下，隐藏着一个更大的生活世界。这个生活世界离不开国家的整体政治秩序，而其经济生活逻辑至关重要。70多年来，在少数民族群众的日常生活中，国家不断投入经济、教育、文化和公共服务资源。长期以来，少数民族逐渐高度适应各种国家化的制度安排，也由此普遍对党和国家怀有深厚情感。

其次，现代化发展带来物质生产能力提高和物质生活条件的改善，但过于激进的现代化过程也往往容易导致社会文化危机的出现，如伦理失败、社会溃败等。这个问题对于后发国家来说尤为严重。在这一点上，渐进发展的云南没有经历激进现代化过程，民族文化优良传统与现代性文化相互融合，彼此观照。社会主义思想与朴素的传统观念融合，各族群众不以经济目标为最高价值追求，而是以互相承认——这种更高的价值情感追求作为规范，民族关系因而和谐。

再次，云南独特的地理环境、文化多样性以及各族人民共同的历史经历与历史记忆，造就了"云南人"这个特殊的群体概念。这一概念对内囊括云南所有民族，对外型塑统一的地域认同。"云南人"既是身份的认同，亦是文化的认同，如独特的地理特征、气候、饮食、服饰、历史记忆等。甚至"文化多样性"本身也成为"云南人"认同的一个重要方面。"云南人"观念与认同的生成，是云南各族人民数百年共有的历史的整合性观念。这一观念亦构成云南各民族之间相互交往交流交融的经验与实践，成为中华民族共有精神家园的一个特色鲜明的地方样本。

（四）构建人类命运共同体：云南之于中国，中国之于世界

冷战结束后，世界秩序走向"文明的冲突"，其本质是认同政治上升。在当今世界上的绝大多数地方，不同类型的文化区隔是不同程度社会冲突的主要渊薮。目前西方国家已经深陷认同政治的泥潭，无论是左翼操纵的社会议题，如宗教、少数族裔、移民、难民、女性、大麻合法化等，还是右翼试图保卫传统价值观的努力，都在撕裂西方社会。

从这个角度来说，尽管今日中国也面临一些复杂的挑战，但在中国共产党强有力的领导之下，国家发挥体制优势，相当成功地抑制了全球泛滥的认同政治问题，避免了极端主义对国家整体秩序可能造成的更大伤害，由此成为"文明冲突"时代一个具有全球示范意义的积极性范例。

然而，不容忽视的是，在未来相当长的一段历史时期内，在与民族因素相关的

领域，中国仍然面临三个主要的风险：一是世界仍处于民族国家时代，国内的极端民族主义运动具有分裂国家的潜力，如何妥善处理始终是世界性难题；二是随着中国崛起，西方霸权力量必然利用民族问题遏制中国，持续支持中国内部具有分裂国家潜力的异己力量，从而导致国内问题国际化，为外部干涉预留空间；三是中国妥善处理"文明冲突"的智慧、实践和经验，被西方戴着的"人权高于主权"的有色眼镜过滤，难以摆脱被扭曲化的处境。因而亟须建构更具国际说服力的理论与话语体系，最大限度地构建国际统一战线。

如果放弃意识形态偏见，解决民族问题的中国模式具有强烈的世界性意义。实际上，任何社会都有其自身的社会问题，每一个多民族国家都要面临不同样态的多元身份认同与极端民族主义问题。但是，并不是所有国家都能够始终做到成功遏制民族分裂主义运动。在这一点上，中国共产党坚决维护中国的领土主权，不断采取有效措施寻求解决包括民族分裂主义在内的各种社会问题，国际社会本是能够理解的，今天的问题主要出在西方的意识形态霸权。这种霸权自欧洲启蒙之后一直存在，所有非西方国家在这个问题上都处于弱势，其回应亦无非两种方式：一是顺从西方，奉西方价值观为圭臬；另一种是用事实说话，挑战西方的成见与偏见。

从战略意义上来说，一味顺从西方的道路也许其他国家可以走，但中国绝对走不通。中国不能全盘西化，且只有中国具备挑战西方的潜力和实力，这是中外人尽皆知的常识。正因此，在民族团结进步事业上的云南经验具有空前的重要意义，它不止是国内的典范，更是中国在意识形态领域与西方竞争的事实。

国际学界关于西南地区，特别是云南的族群宗教研究成果汗牛充栋，其知识的多样性和视角的丰富性远高于国内任何其他民族地区。西方学界的主流对于中国政府新疆、西藏政策几乎众口一词地批判，但对于西南族群的研究却包含很多同情式理解。这也是由云南社会的现实特点决定的。从这个意义上说，深入研究云南民族团结的经验，将之社会科学理论化，强化中国特色民族学知识生产，对于树立中国正面形象，反驳西方对中国的妖魔化，具有特殊的重要意义。

正如习近平总书记在考察云南时所要求的那样，云南在建设民族团结进步示范区上需要发挥云南民族工作的"试验田"和"窗口"作用，宣传云南民族工作的好经验、好做法，深入揭示中国特色解决民族问题的正确道路越走越宽广，为我国民族工作贡献"云南智慧""云南经验"，为世界解决民族问题提供"中国方案"。

五、结语：云南民族工作的全国示范性

在2021年的中央民族工作会议上，习近平总书记强调，要加强党对民族工作

的领导，以铸牢中华民族共同体意识为主线，既一脉相承又与时俱进地加强和改进民族工作。

从历史上看，新中国成立以来，云南民族工作一直走在全国前列。

1981年，云南省委组成由省委书记安平生牵头的"五人小组"专程赴北京向中央汇报民族工作，会后形成了根据胡耀邦同志讲话整理的，并由中央书记处批准的《云南民族工作汇报会纪要》，正式印发云南省委贯彻执行，同时发各省、市、自治区党委参考。这是为了回应当时在民族工作领域出现的一些问题与争论，中央基于云南经验做出的决定。

长期以来，云南民族工作的关键经验在于：以保护多样性的方式实现一体化，强化了云南各族人民的中华民族共同体意识。在国家有效管理下的多样性存在，恰是云南一体化的基础。

云南无疑是创建国家级民族团结进步示范基地的最优选择之一。民族工作是国家建设重要的政治实践，而政治实践必然需要一个积极性范例。云南民族宗教工作并非一种地方性经验，而是具有深刻的全局性启发意义。

正是在这个宏观背景之下，云南省全国民族团结进步示范区建设进一步彰显出不可替代的价值。云南民族工作浓缩了中国共产党成功创建多民族统一国家的丰富经验，直接指向铸牢中华民族共同体意识的实践和新时代中国民族工作的迭代创新，直接指向构建人类命运共同体的中国智慧与中国方案。

经过70多年的发展，云南各族人民已经具备了深厚的中华民族共同体意识。因此，云南创建民族团结进步示范区的意义，并非局限于这种"示范区创建"本身，而是直接为在中国共产党领导的统一多民族国家内，民族团结进步事业升级迭代提供实践与经验。对云南经验展开有深度的总结和概括，使其对全国的民族工作发挥示范意义，目的是保证第二个百年奋斗目标的实现和中华民族伟大复兴。

进入新时代，云南民族工作聚焦铸牢中华民族共同体意识。不仅要继续巩固当下云南民族关系的大好局面，而且要能使其长期可持续发展，更能适应不断变化的国际国内政治、经济和文化环境。也就是说，示范区建设，不仅要着眼当下，更要面对未来，经得起历史的考验。正因如此，云南经验具有全国意义上的示范意义。

理论荟萃

云南作为整体中国社会的一个缩影,其历史演变与现实发展蕴含着极为丰富的社会科学理论内涵。无论是中国式现代化、中国现代国家建设,还是作为"跨体系社会"或"跨社会体系"的中华文明统一性,在云南都有生动鲜明的体现。为此,本蓝皮书编委会特邀请六位著名学者,从不同的理论维度探讨相关问题,从而深化对于民族团结进步示范区建设的理论思考。

以中国式现代化引领中华民族共同体建设

李培林 [*]

以中国式现代化全面推进中华民族伟大复兴，是我国21世纪上半叶的时代主题，是党的二十大提出的奋斗目标；不断推进中华民族共同体建设是我们党民族工作的主线。深刻理解中国式现代化和中华民族共同体建设之间的关系具有重要的理论和实践意义。

一、中国式现代化是全国各族人民共建共享的现代化

我国是一个统一的多民族国家，推进中国式现代化，要把握好"多民族"的基本国情。中国式现代化重要特征之一，是56个民族作为一个整体、作为中华民族共同体，共建共享、共同走向社会主义现代化。没有各民族共同的团结奋斗、繁荣发展，就不可能实现我们想要的社会主义现代化。中国式现代化历史性地更新了古老文明，也创造出新时代中华民族新的特点，即分布上的交错杂居、文化上的兼收并蓄、经济上的相互依存、情感上的相互亲近，形成了你中有我、我中有你、谁也离不开谁的多元一体格局。

二、中华民族"多元一体"是中国式现代化的发展优势

费孝通提出"中华民族多元一体格局"理论，"多元"是指中华民族包含的56个民族单元，"一体"是指中华民族。习近平总书记阐述了多元与一体的辩证关系："一体包含多元，多元组成一体，一体离不开多元，多元也离不开一体，一体是主线和方向，多元是要素和动力，两者辩证统一。中华民族和各民族的关系，形象地说，是一个大家庭和家庭成员的关系。"中华民族多元一体是中国式现代化的有利条件，历史上每一次民族大交融、文化大交流都会带来社会的大发展，民族文化的多样性为中华文明带来鲜活的生命力。长期以来，我国各民族共同培育、继承和弘扬了伟

---

[*] 李培林，中国社会科学院学部委员。曾任第十三届全国人大常委会委员、社会建设委员会副主任委员，中国社会科学院副院长。

大的民族精神，成为推动中国发展进步的强大精神动力。因此，必须坚持把维护民族团结和国家统一作为各民族最高利益，充分发挥中华民族多元一体的巨大优势，推动中华民族形成包容性更强、凝聚力更大的民族共同体。

三、以中国式现代化的"文化自觉"形成凝聚中华民族共同体的强大力量

中国式现代化道路是中华民族共同体在"文化自觉"过程中的选择。中华文明蕴含的天下为公、民为邦本、为政以德、革故鼎新、天人合一、自强不息、厚德载物、讲信修睦、亲仁善邻等基本理念，是中华民族长期生产生活中形成的宇宙观、天下观、社会观、道德观的重要体现，同科学社会主义价值观高度契合。中国的传统文化看似形成某种断裂，但实际上，这一文化基因融于中国人的血脉，体现在中国人的生活态度及价值观里，是抹不去也断裂不了的。中国人民为实现现代化不懈奋斗，进入新时代，中国特色社会主义实践推动中华民族从文明高度重新审视中国式现代化道路的世界性意义，这是我们中华民族共同体的"文化自觉"。共同性是中华民族共同体的底色，必须坚持以铸牢中华民族共同体意识为主线，将推动各民族为实现中国式现代化共同奋斗作为新时代党的民族工作的重要任务。

四、以国家治理现代化引领民族地区社会治理现代化

国家治理体系和治理能力的现代化是中国式现代化的重要内容，以国家治理现代化引领民族地区社会治理现代化，是我国长治久安的重要保证。第一，国家治理和民族地区社会治理都要坚持和加强党的全面领导，努力实现各民族共同发展、共同富裕、共同繁荣。第二，中华民族共同体是推进中国式现代化的主体力量，确保少数民族和民族地区同全国一道实现现代化。第三，坚持把民生建设作为民族地区社会治理的基础。进一步缩小民族之间、区域之间的发展差距，在教育、就业、收入、医疗健康、社会保障、公共服务等民生领域，保障其平等发展机会。第四，把加强中华文化认同作为民族地区社会治理的精神支撑。以社会主义核心价值观为引领，树立正确的祖国观、民族观、文化观、历史观，增强各族群众对中华文化的认同。第五，依法治理民族事务，依法处理各种涉民族因素的社会矛盾和冲突，严密防范和坚决打击各种渗透颠覆分裂活动，确保民族事务治理在法治轨道上运行。

跨主体性与文明冲突的超越

赵汀阳[*]

现代性理论本质是主体性哲学。"主体性"（subjectivity）指的是一个对自身的一切拥有主权和自我意识的思想行为主体。这个主体可以是一个人，也可以是一个宗教团体、社群、国家甚至是文明。由于现代性建立了对"自我"（ego）拥有完全精神主权的主体性，不同主体之间互为"他者"（the others）的遭遇于是就可能成为精神对抗的无解难题。精神对抗与经济和政治上的利益对抗不同，利益对抗属于显而易见的基本冲突，而精神对抗属于复杂冲突，具有形而上的哲学深度。因此，即便在以冷战为代表的国际领域意识形态对峙结束之后，文明冲突还会成为新的矛盾。

与之相对，"跨主体性"（trans-subjectivity）则是意在解决多个异质性主体之间的共在关系问题。显然，任何直面现实的人都无法回避一个存在论事实：他者的存在超越于自我，他者的意志无法被自我的意志所还原，"我"和他者之间互为自由和创造性的超越存在。也许人类整体的主观性可以给世界立法，但个体的主观性却没有权力也没有能力给他者立法，即使以普遍理性之名或者诉诸暴力为他者立法也不可靠，因为他者也可同样以普遍理性之名或暴力而反其道而行之。因此，一个稳定良好的政治秩序必须以主体间的异质性共在为前提，共在是每个个体存在的给定条件。

一神论式的思维方式使得西方文明塑造出具有着排他性和独断性的宗教主体意识。其中由主体性带来的问题在古代表现为一神教对异教徒和异端的不宽容，在现代则演变为个人、社群、民族国家、文明等主体因互不相容而导致的冲突甚至战争。

脱胎于基督教的启蒙哲学虽然将人从神的支配中解放出来，为每个人赋予了不容侵犯、不可剥夺的个人权利，但这只不过是将神的独断权分配给了每一个人，主体性蕴含的问题依然存在，并从传统的宗教问题扩展为现代社会的政治与伦理问题。一般认为，现代意义上的"主体性"概念奠定于笛卡儿的"我思"（cogito），而康德又进一步建构了主体性概念的完整结构。康德曾经试图从"主体性"实践哲学推导出多主体之间的永久和平秩序。然而在康德的实践哲学中，他者的意愿依然是缺

---

[*] 赵汀阳：中国社会科学院学部委员，哲学所研究员。

席的。康德之后，胡塞尔试图通过"主体间性"（intersubjectivity）的概念来建立对他者的理解和承认。不过，企图在自我主体性的内部建立一个"他我"（alter ego）结构来移情地理解他者，在实践上同样是可疑的。"他者"难题在西方理论框架内的无解性，使得许多现代哲学家走向偏激，比如萨特把他者说成是地狱，而列维纳斯则相反地把他者看作"我"的造物主。

跨主体性既然是一种共在关系，其基础必须为在互相平等条件下形成的对称主体性，也就是"互惠主体性"（reciprocal subjectivity），如此才能为最优化的主体间性提供定位。跨主体性与共识（consensus）和共通（communion）有关，但并非任何主体间的关系都能达成共识和共通，也就是说，共识和共通并非源自"我思"的意向性，不是一厢情愿，而是必须在社会实践的实在关系中获得经验证明。

与西方文明不同，中华文明具有悠久的跨主体性传统。在中华文明的初创时期，"跨主体性"在文明层面已经体现为"跨文化"。作为主体的中原文明并非源自某个地区的单一传统，而是融汇整合了"满天星斗"格局下现代中国区域内各个地区的文化和历史，这为周朝创制兼容并包的"天下体系"奠定了充分的历史准备。

在一神论的阴影笼罩之下的西方现代社会已经无力解决主体性冲突造成的问题，而中华文明"天下体系"的价值观与制度实践或许可以成为未来世界跨主体性秩序的最优方案。"天下体系"同时具有当代性与未来性，基于中国传统政治哲学定义了一种能够化敌为友的新政治方案，同时也蕴含了饱含相互善意的经济互动方式、对称公正的法律制度以及超越民粹主义的智慧民主。天下观的跨主体性思维方式，使得中华文明善于寻找和构建各种文化的共同"聚点"（focal points）。所谓"聚点"，即是双方能够互相理解对方怎么想，并且理解对方怎么想"我"之想法，由此构成一种循环的互相理解与意识相会点。创造文化聚点就是创造跨主体性，由此，跨主体性中国文明走出了不同于西方的具有开放性、多元性、和平性的历史发展路径。

在未来，世界政治亟须在不同文明之间寻找跨主体性的天下之聚点。这意味着，世界可能需要从单纯的西方现代性方案转向融汇中国智慧的新方案。唯有如此，主体性之间的隔阂才可能得以超越，文明的冲突才可能得以化解，命运与共的人类才能引向更加美好的未来。

中国作为"跨体系社会"的特点

汪 晖[*]

中国是一个"跨体系社会"、一个跨文明的文明，而不是一个"民族国家"。"跨体系社会"，是包含着不同文明、宗教、族群和其他体系的人类共同体（社会网络）。它可以是一个家庭，一个村庄，一个区域或一个国家。例如，中国西南民族混居地区的家庭和村庄常常包含着不同的社会体系（族群的、宗教的、语言的等），并与这些"体系"之间存在着联系，但同时，这些社会体系又内在于一个具体的家庭和村庄、一个具体的社会。"跨体系社会"这一范畴包含着独特的混杂性、流动性和整合性，可以帮助我们超越民族主义的知识框架，重新理解中国及其历史演变。

西方进入民族主义时代以后，人们习惯于以族群、宗教或语言共同体作为历史叙述单位。但如果族群、宗教和语言错杂地存在于同一个区域、村庄乃至家庭中，这种基于单一体系的叙述方式就可能删减、夸大或扭曲复杂的社会关系。经典的民族主义论述经常将政治边界与文化边界的统一视为民族国家的特征。然而，当代世界的绝大部分国家都是跨体系社会，政治边界与文化边界的统一实际上是"跨体系社会"及其对文化的界定导致的。在这个意义上，"国家"不仅涉及地理、宗教、仪式、政治结构、伦理和宇宙观及想象性世界等各种文化要素，还将不同体系的各种文化要素分别以各种复杂的结构联结起来。

"跨体系社会"不同于在全球化条件下现代资本主义的跨国家、跨民族、跨区域活动。后者以全球化的经济活动为核心；而前者是以文化、习俗、政治、礼仪的力量为中心，经济关系只是镶嵌在上述复杂的社会关联中的交往活动之一。与经济全球化带来经济不平等、社会分化恰恰相反，"跨体系社会"关注不同群体的融通和协调，强调共同发展和共同繁荣，它提供基于社会团结的共同感和以此为基础的持续的社会化进程。

"跨体系社会"也不同于"多元一体"。作为"元"的体系被弱化了，体系间运动的动态性则更受关注。体系是相互渗透的，而非孤立存在的；体系是社会网络持续运动的内在要素和动力。跨体系社会的基础在于日常生活世界的相互关联，但也依赖于一种不断生成的政治文化。在不断变动的有机关联中，这种政治文化将各

---

[*] 汪晖，清华大学资深教授。

体系的要素不断综合，同时并不否定这些要素的独特性和能动性。

中国作为一个跨体系社会，持续生成、发展。"中国"范畴较之"民族"范畴更为丰富、更具弹性、更能包容多样性。历史上，在重建少数民族统治王朝合法性、重构王朝内部不同族群间的平等关系，以及塑造不同政治共同体之间的朝贡或外交关系等方面，"中国"这一范畴都曾展现出独特的弹性、适应性和稳定性。其中，弹性与适应性意味着一个持续的中国化过程，意味着一个将各种新要素（包括外来要素）持续纳入自身内部的、生生不息的有机体。而稳定性则主要表现为在复杂多变的历史进程中创造中国文明连续性的能力。这种弹性、适应性和稳定性正是中国持久生命力的基础。

中国作为一个跨体系社会，生成、发展的过程就是"中国化"。中国化的核心要义是：作为一个跨体系社会，中国是一个生生不息的"跨文明的文明"，不断地将他者的痕迹内化为自身要素，同时又保持自身的独特生机。近代以来，曾有过"汉化""华化"概念。华化与中国化存在许多重叠的方面，但华化更强调移民和交往中的文化融合及承认关系，而中国化同时包含着制度、法规、政治价值方面的内涵。"汉化"源自晚清民族主义的思想，将中国历史上民族融合的复杂、多面的过程凝聚在"汉"这一概念中。但在现代民族主义的浪潮中，"汉"这一文化、政治概念经历了种族化的过程，弱化了"中国"的历史变迁及内部多样性。在当代，"华化""汉化"已被"中国化"取代。

历史可以提供我们理解现实、构思未来的灵感，但历史叙述也会限制我们对问题的思考。重新构思新的概念，以描述和呈现那些经常突破既定叙述框架的现象，是非常必要的。这样的努力蕴含着超越民族主义知识并重新回答"何为中国"这一问题的可能性。

文明中国作为"超社会体系"的特点

王铭铭[*]

所谓"超社会体系"（supra-societal systems），对应的是以"民族国家"和"世界"为两极的固化时空观和世界观。它介于社会共同体与世界之间，是一种被冠以"文明"称号的地区性体系和人文空间，这一空间凌驾于我们通常所说的"社会"之上，但也以社会性为内涵，意指广大区域内不同社会（包括近代国族）共享的历史性形成的处理人与人、人与物、人与神之间关系的知识、制度与风俗习惯。

超社会体系的文明超越了一般民族志和社会学通常圈定的社会共同体界限的人文空间。这一人文空间具有向四周扩展的实力，却不以世界唯一化为目的。与政治经济学意义上的世界不同，文明是大地的局部而非全部，历史上"超社会体系"更接近于"地区性关系体系"，这些体系在其局限内有"世界化"的倾向，但其构成方式与所谓"社会"大体一致。

"超社会体系"主要特点是，它们常涵盖一些小于自己的"社会"或大于自己但作为局部被它们"包括"的"因素"。因此，"超社会体系"关注小规模社会如何将自身纳入一个地区性的体系及大规模的社会如何从小规模社会汲取养分的历史过程，也即规模不一的社会或文化之间的相互依赖与互动。"超社会体系"或"秩序的跨文化政治"，包含如下几类[1]：

作为其他社会或文化之一部分或涵盖其他社会或文化的社会或文化体系；

作为"世界宗教"一部分或涵盖"世界宗教"的社会或文化体系；

作为自然界的一部分或涵盖自然界的社会或文化体系。

基于"超社会体系"这个概念，可以更好地理解中国。从吴文藻、费孝通到弗里德曼、施坚雅等，中外前辈学者对中国的地区、民族多元性进行了充分的阐释，而"超社会体系"正是从跨文明互动的角度对之做出补充。

中国自古是个难以以单一社会说明的"世界"，而是一个"超社会的体系"，

---

[*] 王铭铭，北京大学教授。
[1] 能涵盖其他社会或文化、涵盖"世界宗教"及自然界的社会，是"超社会体系"的高级形态，这些形态以其庞大为特征，时而有"帝国"的面貌，时而有"文明天下"的面貌，时而延续了狩猎—采集人的"自然主义世界观"，时而沦为人类中心论的牺牲品，内涵至为复杂。研究这类"超社会体系"，不是为了复兴它们，而是为了使我们对自己的时代有更为清晰的认识。

突出特点是文明体系内在的文化复合性和"文明杂糅"现象。在中国文明板块中，不仅有"儒教"，还有其他"世界宗教"，是什么使这种"杂糅"成为可能？中国古代的家国天下一体观是"超社会体系"概念的基础。周代建立起了纵横（上下）交错的家国天下模式，这一模式经过社会科学的"消化"，可以用来理解今日世界的结构。作为"中国问题"的"超社会体系论"，是对作为文明体的"国家"的某种历史回归，这一回归使得生活在国族时代的社会科学研究者得以重新体会社会的多层次化，避免概念的混淆，进而克服社会科学"中国化"中整体与区域、东部与西部、"社会"与"民族"之间的关系方面出现的一些学术与现实难题。同时，针对日益增多的内外上下关系的复合和杂糅现象，通过采取向跨区域开放的"超社会体系"的视野，能够比现代性概念更好地描述和解释我们所遭遇的变迁。

"超社会体系"作为方法论，可以从宏观、中观、微观三个层次探讨"超社会的社会"的存在方式和结合程度。

在宏观层面，关注各大文明板块之间互动的复杂局面：多种大宗教文明体系之间在政治上曾经存在过什么样的关系？这些关系的主次如何，儒家是否自汉代以来就成为中国整体的核心施政纲领和意识形态？在某些阶段是否出现过以非儒家的宗教为政治主导意识形态的状况？从中观上看，在包括民族地区在内的宏观区域的范围里研究跨文明互动方式。首先应该着重考察技术、知识和神话的传播、转化、变形过程，此外还应关注贸易和通婚、旅行史、战争、竞争和冲突及宗教之间的互动。从微观的层次，有待推进文明互动的研究，以丰富、修正传统人类学中对大小传统的区分，使之适用于互动频繁地区之研究。

中华文明统一性

马 戎[*]

2023年6月，习近平总书记归纳了中华文明的突出特性，即连续性、创新性、统一性、包容性、和平性。当前铸牢中华民族共同体意识工作，正是在回应如何基于中华文明优秀内涵，建设中华民族现代文明的重要理论命题。

在中华文明传统中，政治、社会与文化的统一性是"一体容纳多元，多元互动演化成一体"。中华文明统一性植根于"天下观""大同观"等传统哲学思想，得益于中华大地得天独厚的地理空间环境，来源于中华民族发展历史中独特的族群交往格局，不同社会群体在长期交往交流交融中构建了"四海之内皆兄弟也"中华传统观念。因而，"一体中容纳多元"，成为中华民族内部几千年交往交流交融的历史取向。

中华传统的"天下观""大同观"认为，世界上所有人都生活在同一个"天下"体系中，是这个体系的组成部分。天下之人在本源上具有共性，而且在共同面对天地间的洪涝、干旱、地震、时疫等，人们的长远利益和根本利益也是相同的，只是各自在血缘、语言、生计、习俗、观念等方面存在不同程度的差异。这种世界观完全不同于其他文明的"丛林法则"。

东亚大陆中原地区优越的地理环境，历史地打造出中华民族的族群交往格局：一方面中原群体对于那些存在差异的群体具有很强的包容力；另一方面周边群体在与中原群体交往中也深受中原文化的吸引，显示出很强的向心力。这些群体各自都是由来自这个东亚大陆生态区内不同地域和不同族源的群体所组成。以中原地区经济和人口为核心，在几千年的彼此交流与竞争互动的基础上，一个彼此熟悉、血缘交混、知根知底，分享各自历史和许多价值伦理共性的族群联合体逐步浮现出来，这些群体最终在清代被纳入一个庞大的政治与文明共同体中。在这一历史过程中，形成了淡化各族间的差异，强调不同人群在基本伦理和互动规则方面存在重要共性并完全能够和睦共处的最基本层面的社会认同，即"四海之内皆兄弟也"的中华传统观念。

另一方面，"一体是主线和方向，多元是要素和动力"，中华民族共同体是一

---

[*] 马戎，北京大学博雅讲席教授。

个在多群体互动过程中逐步演化形成的以"多元"为基础的"一体"。它决定了中华民族具有强大的包容性和凝聚力。

中国历史上，无论中原汉人还是边缘"蛮夷"族群主政，都毫无例外地延续中华文化体系和朝代传承，并在近代形成一个拥有几亿人口和繁荣经济的政治实体，这既是以多元一体为结构特征的中华民族共同体，也是中华文明"统一性"的形成过程和集中体现。中华民族共同体在几千年的发展和演变中，通过交往交流交融过程吸收了周边许多群体的人口及其创造的文化，在史书上曾留有记载的许多族群在这一漫长过程中都融合在中华民族共同体之中，而这些群体的传统文化也演化为中华文化体系中的营养和元素。"和而不同""兼收并蓄"是中华文明的重要特色。这样的"统一性"，决定了中华民族"国土不可分、国家不可乱、民族不可散、文明不可断的共同信念，决定了国家统一永远是中国核心利益的核心，决定了一个坚强统一的国家是各族人民的命运所系"。

中华文明的"统一性"，可以为今天中国应如何处理不同民族间的关系、如何看待各民族的发展权益提供许多启示。中华民族之所以能够发展成为一个政治实体，这是与历史上中华民族共同体的内在特质和处理族际关系的传统智慧分不开的。中国近年的"脱贫攻坚""一个民族都不能少"的发展思路，都体现了中华文明传统对"大同世界"的追求。

理论荟萃

中西比较视野下的现代国家建设之路

杨圣敏[*]

铸牢中华民族共同体意识，实现中华民族的伟大复兴，需要有充分的文化自信，需要看到中西方现代化国家建设的不同路径。

近代以来，中国与西方国家都历经长期努力逐渐建设起了现代国家。在这个过程中，无论是中国还是西方社会，都有一些相似的历史任务必须完成，如推翻旧的封建制度，建设权力集中的国家政权（集中的司法、行政、税收、外交、军事等制度），建立民主制度，统一语言文字、统一国民教育体系，建立全国统一的市场，反对宗教对国家事务的干涉等。在这个历史发展过程之中，中西方社会走出了不同的发展道路。

欧洲是用民族主义为旗帜，用建设民族国家的口号来完成这场革命的。自从公元5世纪西罗马帝国灭亡以后，欧洲就进入了千年黑暗的中世纪。中世纪的欧洲一直处于四分五裂之状态，主要是有三种势力阻碍国家统一、经济发展与社会进步：第一是基督教势力，分为大大小小半独立的教会（主教领地）辖区；第二是封建领主势力，分为数不清的武装割据政权（公国、侯国）；第三是独立的城市辖区。人民只知自己是某位领主、教主或某个城市的属民，不知有国家、民族。15世纪，新兴的资产阶级以"民族"（nation）为旗号，逐渐瓦解了封建领主、教会和独立城市的地方分割势力，建立起以民族语文、民族地域、民族文化为标志的地域较大且统一的民族国家。他们宣称：每个民族都需要有一个独立自主的国家保护自己的利益和生存，民族的利益是创建国家和国家存在的理由和目的。于是，以"民族"为单位建立起的这些国家与民族合为一体，称为"民族国家"(nation-state)。18世纪以后，欧洲逐渐建立起了多个单一民族的资产阶级国家。各民族国家为了对内凝聚力量和对外扩大势力范围，掀起各种民族中心主义的运动，如泛日耳曼主义、泛斯拉夫主义、大俄罗斯主义等。各国政府在国际上以"民族"为单位竞争势力范围，造成欧洲"一个民族、一个国家"的局面。但以民族中心主义为旗帜的这些国家，对内同化少数民族，对外大肆扩张和争夺殖民地，并发动了两次给人类带来巨大灾难的世界大战。

反观中国，其建设现代国家的过程与欧洲走的是完全不同的道路，原因在于中

---

[*] 杨圣敏，中央民族大学资深教授。

国始终存在一种趋于统一的力量。从政治传统来看，中国自古就是多民族的统一国家，历史上虽然也有分裂的时期，但自秦统一以后的2000多年中，大部分时间是统一的，没有如中世纪的欧洲那样分裂成无数碎片式的地方政权；从地理环境来看，中国地域辽阔，且具有内向型、半封闭的特点，较少受外来影响并保证了这区域内各地各民族之间经济文化的密切交往；从经济特点来看，各边疆地区经济比较单一，而中原物产最为丰富，造成各边疆地区向中原的内向型发展。从而自古以来中华大地上各民族、各地区之间保持着密切而又互相依存的经济联系，形成了一种自然的经济与社会凝聚力；从政治文化来看，中央集权为主，边疆地方半自治为辅的多元一体、大一统是中华民族一种核心的政治和文化传统，这种传统是欧洲国家所没有的；从文化传统与价值观来看，中国强调的是整体论，主张"和"而不主张"分"，解决矛盾、差异的办法是"中庸"，即互相妥协（不是互相消灭）以达到和谐；从民族政策来看，中国具有"和而不同"的治世观，和"夷夏一体"的思想与相应的施政措施。因此，中国历史上不搞民族同化，大趋势是各民族交往交流交融。

由此可见，西方的民族国家模式不是建设现代国家的普世真理。他们在国际关系上主张森林法则、零和博弈、霸权主义，造成无数惨烈的民族冲突，至今没有止息。在建设民主国家的道路上，中国人民经过一百多年的努力，推翻"三座大山"，完成了建设现代的、民主的、多民族统一国家的任务。在国内建立统一的多民族国家，实现各民族共同发展繁荣，共同团结进步；在国际上与各国各民族共容共存，反对民族中心主义，反对霸权主义，倡议建设人类命运共同体。不同的历史和今天的社会主义性质和国情导致中国必然走与西方不同的道路。今天，两条不同的道路哪个更有生命力？更适合人类多元的社会？事实的对比将让我们越来越清楚地看到答案。

工作调研

  注重总结经验、提炼亮点、选树典型,充分发挥示范引领的作用,是民族团结进步示范区建设的题中应有之义,省委、省政府领导始终十分关注,多次作出指示要求,省民族宗教委一直以来也将其作为重点工作积极推进,形成了一批关于示范区建设的理论与实践研究成果,得到国家民委和省委、省政府的充分肯定。

  "工作调研"所收录的调研报告系近年来省民族宗教委围绕示范区建设开展调查研究的优秀成果,均获得国家民委社会科学研究成果奖(调研报告类)。其中,《云南民族团结进步示范区建设可复制经验研究》获2018年度一等奖;《推进云南民族团结进步示范区建设标准化规范化研究》(原标题为《明晰目标路径 健全指标体系——推进云南民族团结进步示范区建设标准化规范化研究》)获2019年度一等奖;《云南"十四五"民族团结进步示范区建设思路和举措研究》获2020年度二等奖;《"十三五"时期示范区规划实施效果及经验研究》(原标题为《〈云南省建设我国民族团结进步示范区规划(2016—2020年)〉实施效果及经验研究》)获2021年度优秀奖。

云南民族团结进步示范区建设可复制经验研究

云南省民族宗教事务委员会

把云南建设成为我国民族团结进步示范区，是以习近平同志为核心的党中央站在全国民族工作大局作出的重要战略部署，担负着实践和丰富中国特色解决民族问题正确道路的重大历史使命。总结推广可复制经验是民族团结进步示范区建设的重要内容和目标之一。加强对示范区建设可复制经验的调查研究，对于扎实推进示范区建设，发挥示范引领作用，促进全国民族团结进步事业创新发展具有重要意义。示范区建设启动以来，云南秉承民族工作优良传统，在实践中积累了一些可复制、能推广的经验做法，但在如何进一步挖掘总结、如何推广复制等方面仍然存在许多难题。为此，省民族宗教事务委员会组成"民族团结进步示范区建设可复制经验研究"课题组，深入昆明、玉溪、文山、楚雄、德宏等州市开展实地调研，广泛征求各州市、多部门意见建议，经过认真分析研究，形成如下研究报告。

一、经验复制推广的现实需要与可行性分析

（一）云南民族工作的典型性

1. 我国统一多民族大家庭的缩影。云南是一个多民族的边疆省份，2016年末，少数民族人口1590万人，占全省总人口的1/3以上；有8个自治州、29个自治县，民族自治地方共78个县市，国土面积占全省总面积的70%以上；有26个世居民族、16个跨境少数民族、15个特有少数民族、11个直过民族和人口较少民族，是全国世居民族最多、跨境少数民族最多、特有少数民族最多、人口较少民族最多、实行民族区域自治的民族最多的省份。多民族大家庭的缩影，决定了云南民族工作在全国民族工作大局中的典型性和重要性。

2. 我国民族政策实践与展示的窗口。云南历届省委、省政府牢牢把握各民族"共同团结奋斗、共同繁荣发展"的民族工作主题，创造性地贯彻落实党和国家民族工作大政方针，努力探索和实践了一条符合中央精神、具有中国特色、富有时代特征、

体现云南特点的民族工作道路。早在2011年7月，习近平同志就曾作出重要批示：云南省委、省政府从多民族和各民族发展不平衡的省情出发，因地制宜，团结带领全省各族干部群众创造性地贯彻落实中央关于民族工作的决策部署，创造了民族团结和谐的"云南现象"。宣传云南省民族工作的好经验、好做法，有利于推动各级党委和政府围绕促进民族团结、支持民族发展、繁荣民族文化，进一步加强和改进民族工作，使各族人民同呼吸、共命运、心连心的理念深入人心，不断巩固和发展我国各民族共同团结奋斗、共同繁荣发展的良好局面。体现云南民族工作的"窗口"性质，是示范区建设的要义所在，经验的总结、复制与推广既作为目标，也作为手段，必然要求同辙共轨，体现出云南民族团结进步事业鲜明的时代特征和中国特色。

3. 我国民族工作任务最重的省份之一。云南少数民族和民族地区贫困面大、贫困人口多、贫困程度深，脱贫攻坚任务艰巨，是云南与全国同步全面建成小康社会的短板，是全国实现第一个百年奋斗目标的薄弱区域。全国14个集中连片特殊困难地区云南有4个，涉及全省91个县（市、区），其中64个是民族自治地方县，22个是边境县，58个是直过民族和人口较少民族聚居县。2017年末，全省有331.9万建档立卡贫困人口，少数民族贫困人口约占全省贫困人口的46.45%。11个直过民族和人口较少民族有建档立卡贫困人口23.7万人，聚居区农村常住居民人均可支配收入为5507元，分别占全国和全省的44.5%、61.1%，是全省脱贫攻坚最难啃的"硬骨头"；全省25个边境县中有21个是贫困县，贫困人口有65.7万，占全省贫困人口的18%，110个沿边乡镇中有建档立卡贫困人口34万，边境地区脱贫攻坚任务艰巨。另外，历史形成的民族之间、地区之间的发展不平衡现状短时间内难以消除，因土地、山林、水源、矿产等资源权属引发的矛盾纠纷时有发生，境外敌对势力利用民族问题、宗教问题对我进行渗透，边境地区禁毒防艾形势十分严峻，影响民族团结的因素更加复杂。面对民族工作的新形势新情况新问题，面对同步全面建成小康社会的艰巨任务，示范区建设使命重大。加快经验的总结、复制与推广，是示范区建设更好地助推脱贫攻坚，更好地应对和处理民族工作新情况新问题新矛盾的有效路径选择。

（二）示范区建设的示范性

云南建设我国民族团结进步示范区的核心要义是示范引领。这种示范引领作用一方面体现于因地域、民族等相似因素而进行政策措施的推广与复制，同时也体现于除地域、民族等特殊因素而具有的普适性，包括社会共认共享的普遍价值、大众遵守的基本行为规范，以及被实践所证明的行之有效的工作方法。

在云南经济社会发展大局中，示范区建设在与脱贫攻坚、城镇化建设、少数民族文化保护发展、生态文明建设等工作结合推进过程中，承担着载体、平台的角色和作用，而从示范区建设自身来看，示范区建设更是包含"经济发展、民族团结、边疆稳定、宗教和顺"四个方面的立体结构，把民族团结进步示范区作为一个结构而不仅仅是一个平台来看待的意义，在于示范区建设的综合性、系统性和全面性，在于推进示范区建设不能顾此失彼，在于更好体现经济发展、民族团结、边疆稳定、宗教和顺之间的互动关系。示范区建设的丰富内涵，使之在提出之初就具有了示范全国的良好基础，也是示范区建设的基本定位之一，而随着示范区建设的全面铺开和深入推进，各项政策措施持续发力，示范区的示范引领效应已经初步显现。

（三）示范区建设经验的可推广性

集边疆、民族、山区、贫困于一体的特殊省情，决定了云南具有民族工作"试验田"的天然基础。民族政策制定与实施，以问题为导向，坚持试点先行、典型引路，从点到线、从线到面，从边境一线到片区，从散杂居民族工作到城市民族工作，民族种类的多样性和行政区域空间的广阔性，使选择更为多元，路径更加丰富。在云南民族工作发展史上，很多办法举措就是来源于基层实践，被证明行之有效后上升为全省或中央的政策，然后被一步步复制推广到全省、全国各地。比如，云南率先在边境一线实行的"三免费"义务教育，逐步发展为国家对农村义务教育阶段贫困家庭学生实施的"两免一补"政策；率先制定实施扶持人口较少民族发展的特殊政策，逐步发展为国家支持民族地区和人口较少民族发展专项规划；民族团结目标责任制最早探索实施于曲靖市，后来逐步成为全省民族工作一项常态化、长效化制度。近年来，以示范区建设为平台，实施"十县百乡千村万户"示范创建工程、开展整族帮扶、整乡推进、以政府购买公共服务的方式实施人口较少民族综合保险和人口较少民族学生助学补助，人身意外伤害保险逐步覆盖到沿边一线行政村，等等，一系列举措继续推动云南民族工作创新发展，取得了显著成效，为经验的复制推广奠定了坚实基础。

二、示范区建设的主要做法

（一）强化组织领导，形成强势推进格局

省委、省政府高度重视，成立了省委书记任组长、省长任常务副组长的示范区建设领导小组，省委、省政府分管领导任副组长，29个省级部门为成员单位，实行领导小组成员单位年度任务承诺制和示范区建设目标任务考核奖惩制，成员单位每年向领导小组签署支持示范区建设年度任务承诺书，将示范区建设情况列入省对州市党政领导班子、县委书记和省级部门省管领导班子和领导干部年度综合考评内容。

2016年12月，省第十次党代会把"民族团结进步示范区建设扎实推进"列为云南"十三五"期间五大奋斗目标之一；2018年1月，中共云南省第十届委员会第四次全体会议审议通过了《中共云南省委关于深入学习贯彻党的十九大精神促进云南跨越式发展的决定》，《决定》明确提出，到2035年实现把云南建设成为我国民族团结进步示范区、生态文明建设排头兵、面向南亚东南亚辐射中心的目标。

（二）加强顶层设计，构建委省合作机制

一是国家民委领导高度重视。国家民委分别于2011年7月和2016年12月两次与云南省政府签署示范区建设《合作协议》，支持云南在重点领域和关键环节大胆探索、先行先试，协调国家有关部委对示范区建设给予倾斜帮助。多次召开委省联席会或工作推进会，促成了国家相关部委支持云南民族地区加快发展的9个方面、14项政策措施。二是在政策上给予大力支持。国家民委多次到云南开展调研并形成调研报告，对《云南省建设我国民族团结进步示范区建设规划（2016—2020年）》的编制多次提出修改意见建议，与国家发改委共同出台了关于支持云南怒江、四川凉山、甘肃临夏等3个民族自治州加快建设小康社会进程的若干意见。三是在项目资金上给予倾斜安排。2016年、2017年安排云南中央少数民族发展资金分别较上年增长14.6%和18.6%，持续创历史新高。2016年又协调交通运输部给予云南特殊支持，投入62.5亿元对直过民族、人口较少民族和边境沿线9049个自然村的2.5万公里道路实施硬化建设。国家民委的关心帮助，为示范区建设扎实推进注入了强大动力与活力。

（三）坚持规划引领，明确创建目标任务

一是加强系统谋划。2015年3月和2015年8月，省委、省政府先后制定出台了《关于加强和改进新形势下民族工作的实施意见》《关于加快建设民族团结进步示范区的实施意见》两个重要文件，明确了示范区建设的总体要求、重点任务和保障措施。二是推动示范区建设实体化、工程化、项目化。制定出台了《云南省建设我国民族团结进步示范区规划（2016—2020年）》，确定实施6大工程30个项目，设置了33个量化指标，涵盖了云南民族工作的方方面面。三是落实差别化政策。编制实施了《云南省全面打赢"直过民族"脱贫攻坚战行动计划（2016—2020年）》《云南省少数民族特色村镇保护与发展规划（2016—2020年）》，启动实施了《云南省深入实施兴边富民工程改善沿边群众生产生活条件三年行动计划（2015—2017年）》《云南省"直过民族"地区、沿边地区较大人口规模自然村通硬化路建设规划》等，一系列专项实施意见和规划，从制度和政策层面上为示范区建设提供了有力保障。

（四）聚焦中心任务，助推脱贫攻坚工作大局

统筹推进示范区建设和扶贫开发工作，坚持"双推动、双融合、双促进"。实施兴边富民工程，完善边境沿线群众守土固边专项补助政策，提高补助标准。加快推进迪庆藏族聚居区、怒江州、"镇彝威"革命老区脱贫攻坚3个专项行动计划，协调三峡集团等5个国有大型企业对口帮扶8个直过民族和人口较少民族聚居区精准脱贫。省级部门和相关州市密切协同，积极稳妥推进高黎贡山移民安置工作。通过各方共同努力，民族地区贫困人口由2012年的426万人减少至2017年的165万人，减少261万人。

（五）创新工作抓手，推动示范区建设向纵深发展

一是实施"十县百乡千村万户"示范创建工程。2013年以来，先后实施两轮"十县百乡千村万户"示范创建工程三年行动计划，累计投入和整合资金200多亿元，打造了一批民居有特色、产业强、环境好、民富村美人和谐的民族团结进步示范村镇，推动形成了以点串线、以线连片、以片带面的示范创建格局。二是实施改善沿边群众生产生活条件三年行动计划。2015年以来，累计投入资金150亿元，使373个沿边行政村（社区）实现了"五通八有三达到"的目标，受益边境各族群众达111.7万人。三是深入推进民族团结进步创建"6+N进"活动。积极支持全省各地争创全国民族团结进步创建示范单位，大理州、西双版纳州、楚雄州被国家民委命名为"全国民族团结进步创建示范州"，昆明市金星社区等37家单位被命名为"全国民族团结进步创建示范单位"。四是实施民族文化"双百工程"和少数民族特色村寨建设。省级每年安排2000万元世居少数民族文化抢救保护经费、1500万元世居少数民族文化精品工程专项经费，开展民族文化抢救保护和传承弘扬，实施民族文化"百项精品"和"百名人才"工程，推动优秀传统文化有效保护。五是开展"和谐寺观教堂"创建，把开展和谐寺观教堂创建作为一项长期性、系统性的工作。

（六）提高治理能力，着力守好民族团结生命线

多措并举推进民族宗教工作法治化，加快推进《云南省民族团结进步示范区条例（草案）》立法工作，积极推进《云南省城市民族工作条例》《云南省民族乡工作条例》调研修订工作。出台《云南省宗教事务规定》《云南省关于加强和改进新形势下宗教工作的实施意见》等系列文件，推动实施宗教工作网络化管理问题清单交办责任清单落实制度（"一网两单"制度），稳妥处理了宗教领域一些热点难点问题。健全完善省州县三级同步监测监管民族关系和联动响应处置突发事件的工作机制，强化多部门信息情报共享和联动研判处置，从源头上预防和化解各类矛盾纠

纷，持续维护和巩固全省民族团结、边疆稳定、宗教和顺的良好局面。

（七）培养民族干部，夯实民族团结进步事业组织保障

坚持把建设一支高素质少数民族干部队伍作为管根本、管全局、管长远的大事来抓，按照新时代好干部标准，坚持"六个优先"原则，不断加大少数民族干部培养选拔任用力度。对艰苦边远地区公务员招录实行倾斜政策，把少数民族干部教育培训纳入全省干部教育培训总体规划，把民族团结进步教育列入各级党校、干部学院主体班次必修课，组织各种类型的少数民族干部培训班。坚持通过开展上下互派、对口帮扶、基层任职、交流轮岗和挂职锻炼，多渠道加强少数民族干部的实践锻炼。

（八）抓好理论宣传，讲好民族团结进步"云南故事"

加强示范区建设理论研究机制和机构建设，成立高层次的示范区建设专家咨询委员会和民族团结教育专家委员会，一批民族宗教研究基地建设稳步推进，各研究机构协同配合、积极工作，多次召开示范区建设理论研讨会议，陆续推出了一批研究成果。与国家民委联合拍摄了《一家人 过日子——云南故事》电视专题纪录片，在央视和全省电视台播放。加强与《人民日报》、新华社、《中国民族》、《民族画报》等国家级媒体合作，每年组织中央、省级主流媒体对示范区建设进行深度采访报道，营造了全社会共同关心、支持和参与示范区建设的好氛围。

三、示范区建设取得的初步经验

（一）始终把民族团结进步作为民族工作的永恒追求

1. 坚持"在云南，不谋民族工作就不足以谋全局"的指导思想。始终把党的领导贯穿民族工作全过程。省委、省政府坚持把民族工作放到全省和全国工作大局中来思考、谋划，主动研究民族工作，主动解决民族问题，做好民族工作的顶层设计。各级党委、政府成立高规格的示范区建设领导机构，确保压实各级党委一把手责任人责任，确保示范区建设高位推动、上下联动、全面推进，使党始终牢牢把握民族工作主动权，使示范区建设始终沿着正确方向前进。

2. 坚持"各民族都是一家人，一家人都要过上好日子"的理念。始终把"一家人"的理念作为处理民族关系的基本立场，促进各民族相知相亲相惜、交往交流交融，构建同呼吸、共命运、心连心的中华民族共同体；把"一家人都要过上好日子"作为实现民族团结进步的根本途径，立足"把云南建设成为我国民族团结进步示范区"这一当前云南民族工作的主要任务，把民族地区发展融入全省发展大局，聚焦"民

族""团结""进步"等关键词,重点在少数民族和民族地区发展的关键环节破题,促进民族地区跨越式发展,促进民族团结进步事业创新发展,推动各族人民和睦相处、和衷共济、和谐发展。

3. 坚持"促进各民族像石榴籽一样紧紧抱在一起"的方向。正确处理各民族差异性和共同性的关系,尊重差异、包容多样,努力创造各民族共居共学共事共乐的社会条件。倡导"各美其美、美人之美、美美与共"的民族文化观,繁荣和发展少数民族文化,使之成为各民族文化融合发展的外在表现,成为促进各民族交往交流交融的有效载体,成为促进民族团结的润滑剂、催化剂、黏合剂,有力增强了各族人民的自信心自豪感,为促进各民族像石榴籽一样紧紧抱在一起提供了强大的文化与精神动力。

4. 坚持"构建各民族共有精神家园"的文化取向。广泛深入开展全社会的民族团结进步教育,坚持开展"由上到下、不留死角、深入持久"的民族团结进步宣传教育,推动民族团结进步宣传教育大众化;坚持"用民族干部宣传、用民族语言讲解、用民族文字阐释、用民族节庆展示、用民族文化体现"的"五用"工作法,推动民族团结进步宣传教育特色化;大力发掘和培育一批模范单位和典型人物,夯实全国民族团结进步教育基地,持续加大宣传力度,推动民族团结进步宣传教育实体化。全方位的宣传态势,营造了民族团结好氛围,聚集了民族团结正能量,"两个共同""三个离不开""五个认同"的意识不断强化,民族团结进步信念深入人心,成为社会主流意识。

(二)始终把发展作为解决民族地区各种问题的总钥匙

1. 坚持"决不让一个民族掉队,决不让一个民族地区落伍"的发展目标。把共享经济社会发展成果作为维护和巩固民族团结进步的根本路径,立足惠及"大多数"、保障"大多数"、服务"大多数",办好改善民生实事和各项惠民工程,构建中华民族共享的物质田园。着力补齐民族地区基础设施与公共服务的短板,优先安排与各族群众生产生活密切相关的"毛细血管"公益性项目,提升文化、医疗、社会保障、教育等公共服务水平,解决好"最后一公里"问题。扶贫与扶志、扶智、扶制相结合,"立足当前改变一代人",大力开展实用技术培训,提高群众自身素质,增强自我发展能力。"着眼长远培养一代人",坚持民族教育优先发展,推进民族教育现代化,积极开展双语教育,全面提升教育质量,促进教育公平,彻底阻断贫困的代际传递。

2. 坚持"以共同发展促进民族团结,以边疆繁荣促进边疆稳定"的发展思路。始终正视民族地区发展不平衡的客观现实,准确把握发展与团结、繁荣与稳定的辩证关系,把新时期民族问题的本质主要归结为发展问题,把各民族干部群众的力量与智慧凝聚在发展上，切实改善少数民族和民族地区生产生活条件，转变生产生活方式，增强发展内生动力，形成各民族利益关系的一致性。

3. 坚持"实体化、工程化、项目化"的发展路径。紧紧围绕少数民族和民族地区同步全面建成小康社会的目标，积极应对民族地区发展普遍滞后的最大挑战，编制实施《云南省建设我国民族团结进步示范区规划（2016—2020年）》《云南省深入实施兴边富民工程改善沿边群众生产生活条件三年行动计划（2015—2017年）》、"十县百乡千村万户"示范创建工程三年行动计划、怒江州脱贫攻坚全面小康行动计划、迪庆藏族聚居区脱贫攻坚三年行动计划等促进少数民族和民族地区跨越发展的规划，通过系列专项规划，实施一批民心工程，带动一批民生项目，落实一批差别化政策，确保民族地区如期实现全面脱贫、全面小康。

（三）始终把差别化政策作为推动民族团结进步事业创新发展的工作方法

1. 坚持因地制宜、因族施策。统筹考虑民族因素、区域因素和贫困因素，基础设施、产业发展、基本公共服务等方面的政策、资金和项目更多向民族地区、边境地区和集中连片特困片区倾斜，对"直过民族"和人口较少民族、边境地区民族给予更多支持帮助。以整村、整乡、整县、整州推进帮扶为平台，系统连片改善到乡到村到户的基础设施和农村人居环境，加强教育、医疗、文化等社会基本公共服务供给，培育壮大富民产业，增强发展信心和能力，让各族群众有事干、有钱赚、有盼头，为各民族融入时代发展和社会进步创造机会、提供条件。

2. 坚持典型带动、示范引领。在全国率先开展国有大型企业对口帮扶直过民族和人口较少民族脱贫发展，创新形成了"一个民族、一个行动计划、一个集团帮扶"的扶贫开发模式；在全国率先以政府购买公共服务的方式实施人口较少民族综合保险和人口较少民族学生助学补助，人身意外伤害保险逐步覆盖到沿边一线行政村；创新实行示范区建设领导小组成员单位年度任务承诺制度，创新按照"率先发展、全面小康""精准脱贫、跨越发展"和"突出特色、融合发展"三种类型开展示范创建工程，通过差别化政策的实施和整合资金的集中投放，极大地促进了当地经济社会的健康发展；通过激发干部群众投身示范创建工作的积极性和主动性，在全省掀起了共建共创示范区的热潮；通过借力助力，示范点落地开花，呈现出显著的"蒲公英效应"，推动形成了以点串线、以线连片、以片带面的示范创建格局。一系列创新性具体措施，有力地促进了民族地区的经济社会发展，示范区"试验田"效应初步显现。

3. 坚持干部标准，强化队伍建设。一方面大力培养、大胆选拔、充分信任、放手使用少数民族干部，不断提高他们的能力和水平，一大批把自己的前途、民族的希望与党的事业紧密联系在一起的优秀少数民族干部成为民族团结进步事业的中坚力量。另一方面，着力培养一大批懂得民族政策、了解民族情况、熟悉民族工作，且"明辨大是大非立场特别清醒，维护民族团结行动特别坚定，热爱各族群众感情特别真挚"的汉族干部和各类人才，为民族团结进步事业的持续发展打下坚实的干部基础。

（四）始终把法治化作为维护民族团结进步的根本保障

1. 坚持用法律法规保障民族团结进步。全面贯彻落实民族区域自治制度，不断建立健全民族法律法规，逐步夯实民族关系更加有序和可持续地行进在法治轨道上的制度基础。全省制定和修订的自治条例、单行条例数量占全国总数的 1/4 以上，形成了民族区域自治法实施办法、城市民族工作条例、民族乡工作条例、非物质文化遗产保护条例、少数民族语言文字工作条例、藏传佛教寺院管理条例等比较完善配套的地方性法规规章体系。制定《云南省民族宗教事务法治建设规划（2015—2020 年）》，全面提高民族宗教事务部门依法治理民族宗教事务的水平。

2. 坚持用法治方式促进民族团结进步。依法协调民族关系，保障民族团结和各民族合法权益，开展民族宗教法治宣传教育，推动形成各族干部群众自觉守法、遇事找法、解决问题靠法的良好法治环境。提出并长期坚持"五用＋两个带头"工作法，即"利用民族节庆活动、民族团结月、民族团结周、民族团结乡村评比、少数民族语言文字进行法治宣传教育和少数民族代表人士、宗教界代表人士带头学法"，切实加强民族宗教法治宣传教育。注重法治文化载体创新，打造内容丰富、形式新颖、民族色彩突出的法治文化教育阵地，建成了一批"法治文化公园""法治文化长廊""法治宣传一条街"等普法阵地，有力促进了民族地区法治建设。

3. 坚持用长效机制巩固民族团结进步。激励与约束并重，不断建立健全维护和促进民族团结进步的制度化长效机制。以示范区建设目标责任制为抓手，每年签订 1.3 万份以上覆盖各州市、县区、乡镇、村委会和宗教活动场所的责任书，健全完善省州县三级同步监测监管民族关系和联动响应处置突发事件的工作机制，定期开展民族团结稳定形势分析研判，强化信息专报和联动处置，从源头上预防和化解各类矛盾纠纷，持续维护和巩固全省民族团结、边疆稳定、宗教和顺的良好局面。

四、存在问题及对策建议

（一）存在问题

1. 思想认识程度不够统一。一些地区和部门对示范区建设的重大意义和深刻内涵认识不深、不广、不到位。在推进示范区建设中，缺乏系统研究谋划，与脱贫攻坚、产业发展等地区或部门重点工作紧密联系、相互促进不够。调查研究不深，问题导向不够，工作抓得不实，按部就班，方法单一，仅仅满足于简单完成任务，缺乏创新性的举措和突破。

2. 合力推进格局有待加强。一方面，部分省级示范区建设领导小组成员单位站在示范区建设的角度向国家对口部委汇报衔接不够，示范区建设工作获得国家层面的关心指导和政策支持力度需要进一步加强。另一方面，落实到基层具体项目，工作缺乏有效统筹协调，资金和项目较为分散，各自为政、各自为战的现象时有发生，难以集中力量对重点、难点问题进行攻关，推进工作的合力还有待加强。

3. 经验复制推广存在客观制约因素。云南多民族、多宗教、区域之间自然条件差别化大、发展不平衡的实际省情，为示范区建设试点探索和民族工作创新发展提供了有利条件，但对经验的总结升华和复制推广也带来了难度。除了具有普遍价值意义的经验以外，各地探索形成的有效举措，在民族之间、区域之间进行复制推广，存在与当地实际相适应的问题。

4. 成效经验总结宣传不足。对示范区建设的经验研究不深、总结提炼不够，缺乏"着眼于为全国民族团结进步事业作出探索和示范"的意识和理念。即便有所总结提炼，相关经验成果在全国、全省层面宣传和推广的力度也很不够。同时，对经验复制推广存在的制约因素、难点问题及方式方法也没有系统深入的分析研究。

5. 缺乏有效的学习交流机制和平台。建设成为全国的民族团结进步示范区，是党中央交给云南的一项特殊政治任务，没有既定模式可以复制。在国家层面，当前推进民族团结进步事业创新发展的重要载体是国家民委组织开展的全国民族团结进步创建活动，民族团结进步示范区建设的宏观性、系统性和重大意义，对云南而言，创建活动只是作为示范区建设的一项重要支撑内容，在全国和省市区之间没有形成就示范区建设开展对话的条件。在省级层面，示范区建设领导小组作为领导机构，每年召开小组会议，但主要进行工作部署。作为示范区建设的先锋工程，"十县百乡千村万户"示范创建工程也没有形成常态化的交流机制。同时，当前脱贫攻坚任务艰巨，一些地区和部门不能正确处理决战脱贫攻坚和民族团结进步示范区建设之间的关系，地区之间、部门之间的沟通交流不够，相互学习、比学赶超的良好氛围还没有形成。

（二）对策建议

1. 以示范区建设《规划》为抓手，确保示范区建设各项工作任务落到实处。经验源于实践。没有示范区建设的丰富实践，经验复制推广便无从谈起。《云南省建设我国民族团结进步示范区规划（2016—2020年）》明确了示范区建设的主要目标、主要任务及保障措施，确定了各项工作任务的牵头单位和责任单位，具有很强的指导性和操作性。建议加大"统一战线和民族团结进步示范区建设"这一指标在全省年度综合考核评价中的权重，以考核促进示范区建设《规划》及相关配套措施落实。

2. 以示范引领为核心，推动全省民族团结进步事业创新发展。为全国民族工作不断创造新经验，必须把创新摆在民族团结进步事业全局的核心位置，让创新贯穿于示范区建设的全过程。建议以省委、省政府名义，结合脱贫攻坚和乡村振兴战略，明确实施新一轮示范区建设"十县百乡千村万户"示范创建工程三年行动计划（2019—2021年），继续打造亮点，以点带面，不断丰富拓展示范区建设格局；由省领导带队定期或不定期向国家民委就示范创建活动作专题汇报，按人均设置"民族团结进步创建活动专项经费"，大力支持各地各部门争创全国民族团结进步示范州、市、县、乡、村、社区和单位，打造一批有价值、有特色、有影响的示范典型，为全国民族团结进步示范区建设的定位提供重要支撑；在省级层面，明确各级财政应在民族机动金外单列民族团结进步示范区建设专项经费及工作经费，强化示范区建设的重要意义和实践价值，同时调动基层广大干部主动探索、大胆创新，以"敢为天下先"的精神把示范区建设持续推向深入。

3. 以系统联动为重点，加大示范区建设经验总结和提炼升华。立足云南，面向全国，是示范区建设的基本导向，所以在经验总结过程中，必须具有国家视野。建议请求协调国家民委等国家部委经常性到云南开展民族团结进步示范区建设调研指导，从国家层面、以国家视角总结示范区建设成效和做法，提炼工作经验，帮助分析存在困难和问题，提出推进工作的意见和建议，使示范区真正发挥示范全国的作用。

4. 以构建机制平台为关键，增强示范区建设宣传和交流学习力度。加强对典型经验和良好成效的宣传，是营造全社会共同关心、重视、支持和参与示范区建设良好氛围的必要条件，使示范区建设经验得以复制推广，要求各地区、各部门之间加强交流学习。建议构建民族团结进步成效经验研究机制，每年发布专题研究项目，集中力量组织开展专项研究和经验提炼，及时将示范区建设成效与经验进行总结，为宣传和推广提供支撑；进一步完善中央主流媒体的合作机制，定期策划重大主题宣传，增强示范区建设宣传的高度和广度，借助中央主流媒体的平台和技术支撑，使示范区建设的新举措、新成效、新亮点、新经验得到及时高效的传播，发出"云南声音"，讲好"云南故事"；广泛开展结对共建活动，探索实施与省示范区建设领导小组成员单位挂钩联系指导民族团结进步示范乡镇建设制度。在省级层面探索示范区建设交流机制，为州市、县市区之间相互学习提供平台。

5. 以务求实效为目标，坚持好经验复制的科学原则与方法。示范区建设经验复制的根本目的是推动民族工作取得实效。经验复制必须考虑区域差别、民族差别等客观因素，坚持问题导向，增强经验的可复制性、适应性和操作性，并进行适时调整，而不能进行简单的复制粘贴。建议省级层面，在坚持和宣传好"在云南，不谋民族工作就不足以谋全局"等具有普遍价值的经验外，按照"从基层来，到基层去"的路径，提炼升华各地创新性的举措，将措施外化为制度或政策，成熟一条，推广一条，并加大跟踪问效力度，确保经验复制取得实效。

6. 以示范区建设《条例》颁布为契机，深化示范区建设经验复制推广的实践。《云南省民族团结进步示范区建设条例（草案）》（送审稿）于2018年9月10日经省政府第18次常务会议审议通过，于2019年初省人大常委会审议通过后实施。《条例》的颁布实施将赋予示范区建设以新的内涵，推动示范区建设进入一个新的发展层次。建议《条例》颁布后，在全省范围大力推动《条例》的宣传贯彻。同时，通过对示范区建设初步经验所取得的初步成效进行跟踪和观察，得出历时性研究结论，并加强对示范区建设主要做法的类比性研究，得出进一步的实证性研究结论，为做好新时代的民族工作提供更多借鉴和参考。

（调研组成员：马开能、丹业、沈亮均、陆萍、刀芳、徐睿、杨晓鹏）

推进云南民族团结进步示范区建设标准化规范化研究

云南省民族宗教事务委员会

把云南建设成为我国民族团结进步示范区（以下简称"示范区"），是习近平总书记和党中央交给云南的一项光荣的政治任务，是新时代云南发展的三大战略定位之一。新时代要有新气象，更要有新作为，进一步明晰示范区建设的目标和路径，建立健全示范区建设的指标体系，对于推进示范区建设标准化规范化，在全国发挥示范引领作用，促进全国民族团结进步事业创新发展具有重要意义。

一、示范区建设指标体系研究的必要性和可行性

（一）示范区建设取得阶段性明显成效

自习近平总书记2015年1月考察云南以来，在党中央的关心和指导下，云南省委、省政府高度重视示范区建设，提高政治站位，强化使命担当，在习近平新时代中国特色社会主义思想指引下，坚持把示范区建设作为全省经济社会发展的重大定位，作为决战脱贫攻坚、决胜全面小康的重要抓手，作为铸牢中华民族共同体意识的实践载体，出台示范区建设的意见、规划和条例，集全省之智、举全省之力扎实推进。2015—2018年，全省民族自治地方生产总值年均增长9.7%，农村常住居民人均可支配收入年均增长9.9%，经济社会发展主要指标年均增幅均高于全省平均水平；民族地区贫困人口由2014年底的293.8万减少至2018年底的86.5万，独龙族、基诺族、德昂族3个"直过民族"和人口较少民族实现整族脱贫；"中华民族一家亲，同心共筑中国梦"成为各族人民的共同心愿，民族地区步入经济增长动力更足、发展质量效益更高、群众得到实惠最多的时期。示范区建设取得阶段性明显成效。

（二）示范区建设面临更大的机遇和挑战

当今世界正经历百年未有之大变局，我国正处于实现中华民族伟大复兴的关键时期。云南省委根据党的十九大提出的"在2020年全面建成小康社会的基础上，到2035年基本实现社会主义现代化"的目标要求，明确了到2035年把云南建设成

为我国民族团结进步示范区的目标。新形势下，云南推进示范区建设面临更大的机遇与挑战。从机遇来看，习近平总书记关于民族工作的重要论述和对云南工作的重要指示精神，为示范区建设指明了前进方向、提供了根本遵循；全面脱贫全面小康进程的加快和西部大开发、乡村振兴等战略的深化实施，使西部地区、民族地区成为建设的重点；"一带一路"倡议、长江经济带等国家战略的推进和中国东盟自由贸易区的建设，使民族地区成为扩大开放的前沿。另一方面，挑战和困难也不少，主要是少数民族和民族地区如期实现全面脱贫、全面小康的任务仍然艰巨，各民族深化交往交流交融过程中出现不少新情况新问题新矛盾，依法治理民族宗教事务的能力和水平仍然有待提高，"着眼于为全国民族团结进步事业创新发展作出探索和示范"的意识还需增强。

（三）新的形势和任务要求示范区建设进一步标准化规范化

党的十九届四中全会提出，坚持和完善中国特色社会主义制度，推进国家治理体系和治理能力现代化，提高社会治理能力。示范区建设是一项在全国无现成经验可循的全新事业，面对新的形势和任务，要紧紧围绕2035年把云南建设成为我国民族团结进步示范区的目标，着眼于提高社会治理能力，强化顶层设计，持续高位推进，立足示范全国，突出创新引领，进一步明晰示范区建设的总体目标和实现路径，健全完善可衡量可比较的指标体系，推进示范区建设标准化规范化。

（四）示范区建设为已有指标体系提供了良好的实践支撑和研究基础

示范区建设是一项系统工程，涉及方方面面。为使示范区建设看得见、摸得着、可量化，"十三五"期间，云南对明晰示范区建设阶段目标和具体指标作了有益探索。省委、省政府编制实施了《云南省建设我国民族团结进步示范区规划（2016—2020年）》，实施6大工程30个项目，设置了33个量化指标，同时制定实施兴边富民工程、直过民族脱贫攻坚、改善沿边群众生产生活条件等专项规划或行动计划，确保示范区建设实体化、工程化、项目化。此外，省统计局制定了《云南省建设我国民族团结进步示范区统计监测工作方案》，包括经济发展、民主法治、文化建设、人民生活、资源环境、脱贫攻坚等6个方面59项指标，对全国8个民族省（区）2014—2017年的数据进行统计监测，于2018年12月形成了《云南建设我国民族团结进步示范区统计监测报告》。上述已有的指标体系在实际工作中发挥了作用、取得了成效，为课题组健全完善示范区建设指标体系提供了重要依据和参考。

二、健全完善示范区建设的总体目标和指标体系

为推进示范区建设标准化规范化，经课题组认真研究，提出了示范区建设的 7 个一级指标、40 个二级指标和 139 个三级指标。一级指标体系宏观体现"五位一体"总体布局和"四个全面"战略布局要求，二级、三级指标体系突出示范区建设的重点内容，涵盖政治、经济、文化、社会及民族团结、宗教和顺等诸多方面。既坚持定性与定量相结合，明确具体建设标准，明确具体政策措施，指导各地区各部门结合实际明晰示范区建设的目标、任务和路径；又总体保持稳定，与全省国民经济和社会发展五年规划纲要有机衔接，以五年为一个阶段设定具体指标值，结合实际作动态调整。

（一）健全完善示范区建设指标体系的基本原则

1. 全面系统，突出重点。一级指标体现"五位一体"总体布局和"四个全面"战略布局要求，二级和三级指标体现核心领域和关键要素，涵盖政治建设、经济发展、社会建设、法治建设、民族文化与民族团结、宗教和顺等方面，突出示范区建设中的重点内容。

2. 科学实用，指导实践。坚持理论与实践相结合，明确建设的总体方向，明确具体政策措施，明确具体建设标准，指导各地区、各部门精准发力，确保示范区建设各项工作落细落小并取得实效。

3. 整体推进，分段实施。指标体系总体保持稳定，"绵绵用力，久久为功"；同时，与国家和全省国民经济和社会发展五年规划纲要有机衔接，以五年为一个阶段设定具体指标值，结合实际作动态调整。

4. 创新引领，示范带动。树立"为全国民族团结进步事业作出探索和示范"的意识和理念，积极鼓励和支持各地区各部门探索前行、创新示范。

（二）示范区建设的总体目标

系统推进示范区建设，在"党的领导坚强有力、高质量跨越式发展、民生保障日益改善、民族文化欣欣向荣、教育科技全面振兴、法治建设深入推进、民族团结宗教和顺"等七个方面作出示范，到 2035 年把云南建设成为我国民族团结进步示范区。

1. 到 2020 年，实施完成《云南省建设我国民族团结进步示范区规划（2016—2020 年）》，着力补齐少数民族和民族地区全面建成小康社会的短板、着力增强少数民族和民族地区跨越发展的动力、着力促进民族团结和宗教和顺，实现全面小康

同步、公共服务同质、法治保障同权、精神家园同建、社会和谐同创；指标体系中30%左右的定量指标在民族八省区中排名前三，20%左右的定量指标在全国排名前十，3%的定量指标在全国排名前五。在脱贫攻坚、民生持续改善、法治体系完善、民族文化繁荣、民族团结进步创建等方面作出示范。

2. 到2025年，打牢民族团结进步的思想基础、物质基础、制度基础、社会基础和文化基础，牢固树立创新、协调、绿色、开放、共享的发展理念，促进云南省经济保持中高速增长，民族团结和谐局面更加巩固；指标体系中35%左右的定量指标在民族八省区中排名前三，25%左右的定量指标在全国排名前十，5%的定量指标在全国排名前五。示范区建设成效更加显著，示范效应进一步凸显。

3. 到2030年，经济、政治、文化、社会建设取得更大成就，法治体系更加健全，各民族交往交流交融达到更高层次，民族团结和谐局面更加巩固，各民族生活更加美好，示范区建设进一步向纵深发展；指标体系中40%左右的定量指标在民族八省区中排名前三，30%左右的定量指标在全国排名前十，7%的定量指标在全国排名前五。示范引领作用得到充分发挥。

4. 到2035年，在贯彻党的民族政策、保障和改善民生、增强发展动力、促进民族教育、繁荣民族文化、铸牢中华民族共同体意识和提升民族宗教事务治理水平等方面走在全国前列；在全国民族八省区中，指标体系中45%左右的定量指标在民族八省区中排名前三，35%左右的定量指标在全国排名前十，10%的定量指标在全国排名前五。为丰富中国特色解决民族问题正确道路的理论与实践作出示范，成为我国民族团结进步示范区。

（三）示范区建设的指标体系

示范区建设指标体系共设置7个一级指标、40个二级指标、139个三级指标。鉴于示范区建设的全面性、系统性、长期性，指标的设置、特别是三级指标的设置扩大了外延，尽可能多地覆盖了示范区建设工作的方方面面，各地区各部门在具体应用中可结合实际加以取舍并作动态调整。

一级指标和二级指标具体如下：

一是党的领导坚强有力。

1. 全面加强党对民族宗教工作的领导；2. 健全民族宗教工作部门机构；3. 培养壮大民族干部人才队伍；4. 加大财政投入力度。

二是高质量跨越式发展。

5. 综合经济实力显著增强；6. 现代化经济体系逐步建立；7. 基础设施明显改善；8. 特色产业提质增效；9. 民族地区发展差距逐步缩小；10. 城镇化水平显著提高。

三是民生保障日益改善。

11. 如期实现全面脱贫；12. 人民生活水平显著提高；13. 社会救助体系不断健全；14. 就业创业质量稳步提升；15. 医疗卫生条件持续改善；16. 养老保障体系健全完善。

四是民族文化欣欣向荣。

17. 公共文化设施和服务体系更加完备；18. 少数民族优秀传统文化得到保护和传承；19. 文化产业融合发展；20. 民族民间文艺繁荣发展；21. 少数民族传统体育推广普及。

五是教育科技全面振兴。

22. 努力办好学前教育；23. 优质均衡发展义务教育；24. 大力发展高中和职业教育；25. 积极发展高等教育；26. 着力开展民汉双语教学、普及普通话和规范汉字27. 创新推动科技发展；28. 全面提高劳动者素质。

六是法治建设深入推进。

29. 坚持和完善民族区域自治制度；30. 健全完善民族法律法规体系；31. 加强民族法律法规的宣传普及；32. 强化对民族法律法规执行情况的监督检查。

七是民族团结宗教和顺。

33. 全面深入持久推进民族团结进步创建；34. 深化民族团结进步宣传教育；35. 建立城市少数民族流动人口服务管理机制；36. 创新推进民族理论与政策研究；37. 全面贯彻落实党的宗教政策；38. 坚持我国宗教中国化方向；39. 依法管理宗教事务；40. 建立健全化解矛盾纠纷长效机制。

三、实现示范区建设总体目标的主要路径

推进示范区建设，既要着眼长远，做好顶层设计，又要立足当前，明晰建设路径。要紧紧围绕总体目标和阶段性目标，以5年为周期，以指标体系为支撑，以示范区建设《条例》为依据，接茬编制实施好示范区建设5年规划，一轮接一轮不懈努力，确保到2035年，云南实现示范区建设总体目标，在贯彻党的民族政策、保障和改善民生、增强发展动力、促进民族教育、繁荣民族文化、铸牢中华民族共同体意识和提升民族宗教事务治理水平等方面走在全国前列，为丰富中国特色解决民族问题正确道路的理论与实践作出示范，成为我国民族团结进步示范区。

（一）坚持和加强党的全面领导

一是坚持党对示范区建设的领导。各级党委政府认真贯彻落实党的民族宗教政策，成立民族团结进步示范区建设暨民族宗教工作领导小组，定期研究部署民族宗

教工作，贯彻落实中央关于推动少数民族和民族地区科学发展的决策部署；定期对贯彻落实党的民族政策法规情况开展监督检查，组织对州市领导班子和领导干部进行示范区建设督查和考核。二是建立健全民族宗教工作部门机构。有必要的编制、人员和经费保障；民族宗教工作任务较重的乡（镇、街道）、村（社区）要明确1名领导负责民族宗教工作，明确专人做好民族宗教工作；加强城市民族宗教工作，根据需要在街道社区等设立少数民族服务窗口。三是培养壮大民族宗教干部人才队伍。加强少数民族党政人才培养力度，注重选拔使用熟悉民族宗教工作的干部，加大基层少数民族干部、村干部培训和挂职锻炼工作力度。四是加大财政投入力度。省级财政加大对民族地区财政转移支付力度，县级以上人民政府保障示范区建设经费，纳入本级财政预算。

（二）推进经济高质量跨越式发展

一是进一步增强综合经济实力。坚持新发展理念，发挥政府作用，促进新型工业化、信息化、城镇化、农业现代化同步发展。二是扎实推进供给侧结构性改革。深化供给侧结构性改革，保持民族自治地方经济保持中高速增长，增幅超过全省平均水平。三是不断改善基础设施。加快民族地区路网、航空网、能源保障网、水网、互联网等基础设施重大项目建设，优先安排与少数民族群众生产生活密切相关的中小企业公益性项目。在民族地区安排省级公益性建设项目，取消民族地区县级及以下配套资金。创新投融资体制机制，推动社会资本参与基础设施投资、建设和运营。四是特色产业提质增效。做大做强特色优势产业，发展壮大民族地区旅游产业、民族医药产业、高原特色现代农业；实施民贸民品"十强百企"工程，加快培育战略性新兴产业；放宽市场准入、加快财政资金投入、加大金融支持力度等措施，加快民族地区服务业发展。五是逐步缩小民族地区发展差距。加大民族地区财政经费投入转移力度，加大力度支持革命老区、民族地区、边疆地区、贫困地区加快发展，缩小民族地区与发达地区的发展差距。六是进一步提高城镇化水平。大力推进民族地区城乡一体化发展，强化中心城市建设，打造一批特色鲜明内涵丰富的民族特色村镇、旅游城镇、特色农产品加工城镇、重要口岸城镇、重要通道节点城镇。

（三）着力保障和改善民生

一是如期实现全面脱贫全面小康。坚持民族因素、区域因素和贫困因素相结合，深入实施"直过民族"和人口较少民族脱贫攻坚行动计划、兴边富民工程改善沿边群众生产生活条件三年行动计划、迪庆州怒江州深度贫困脱贫攻坚实施方案等，确保民族地区和全省全国同步全面脱贫全面小康。二是人民生活水平显著提高。以整村、整县、整州推进和整族帮扶为平台，系统连片地改善到乡到村到户的基础设施和公共服务，实施特色产业培育、劳务输出、异地搬迁、交通、生态保护、水利、旅游、科技、健康等重要工程，使各族群众获得更加持续稳定的持续致富能力。三是社会救助体系不断健全。加强对特困村、特困户的帮扶，综合采取最低生活保障、五保户供养、救灾、医疗救助、临时救助、慈善救助等帮扶手段，保基本，兜底线，保障民族地区贫困群众的基本生活。四是就业创业质量稳步提升。坚持就业优先战略和积极就业政策，实现更高质量和更充分就业，不断提高就业质量和人民收入水平。全面落实支持小微企业发展的各项优惠政策，支持小微企业发展，鼓励各类企业吸纳当地少数民族员工。加大农村劳动力转移力度，鼓励创业带动就业。五是医疗卫生条件持续改善。实施全民健康提升工程，加快"医防结合""医养结合"，切实提高优质医疗卫生服务资源的覆盖率和利用率。加强农村、社区医护队伍建设，加强基层卫生基础设施建设，加大对民族地区公共卫生服务体系建设的倾斜力度，建立公共财政对基层卫生的补偿机制；将重特大疾病纳入国家医疗保险救助范围，降低民族地区贫困人口大病费用实际支出。六是养老保障体系健全完善。全面实施全民参保计划，坚持政府主导、社会参与、家庭支撑的养老原则，构建满足老年人多层次、多元化、多选择服务需求的覆盖城乡的社会化养老服务体系。

（四）繁荣发展民族文化

一是公共文化设施和服务体系更加完备。完善民族地区公共文化设施和服务体系，加快推进公共文化设施免费开放，增加保障运转经费投入力度。二是少数民族优秀传统文化得到保护和传承。支持开展民族节庆、文化和体育活动，大力培育乡土民族文化能人和民族民间文化传承人开展公益性民族文化活动。编制实施少数民族传统文化保护目录和规划，深入实施少数民族传统文化抢救保护和世居少数民族文化精品工程；扶持民族文学、艺术、歌舞、影视、戏剧和新媒体的创作传播，建好世居少数民族博物馆、云南民族文化宫、云南少数民族语言文字资源库和世居少数民族文化资源数据库，加大少数民族传统村镇建设和民族传统文化生态保护区建设力度，加大对少数民族语言文字出版物的开发、编写和出版支持力度。三是民族文化产业不断发展。坚持创造性转化和创新性发展，扶持民族文化产业，扩大和引导民族文化消费。支持跨区域文艺演出、展览。四是民族民间文艺繁荣发展。定期举办文艺会演和民族民间歌舞乐展演。鼓励和支持民族文学艺术创作。五是少数民族传统体育推广普及。积极参加全国少数民族传统体育运动会，定期举办全省少数民族传统体育运动会。

（五）推进教育科技全面发展

一是努力办好学前教育。加快推进民族地区普及学前教育的步伐，全面实施"一村一幼"工程，实现辖区行政村幼儿园全覆盖。支持民族贫困地区乡村建设幼儿园或在小学内增设学前班。二是优先发展义务教育。落实《国家中期教育改革和发展规划纲要》，落实教育法律法规和民族教育政策，依法建立和全面落实"控辍保学"机制，义务教育阶段适龄儿童入学率、完学率、毕业率达到国家要求指标，全面落实国家义务教育"两免一补"政策。因地制宜办好必要的村小学和教育点。提升基础教育质量，实施学前教育校舍建设工程、中小学校舍建设、农村义务教育经费补助。三是大力发展高中教育和职业教育。普及高中阶段教育，完善职业教育和培训体系，职业教育补短板。在民族地区逐步实现初高中毕业未能升学的学生职业技术教育全覆盖全免费，建立覆盖农村的远程职业教育网，支持民族地区职业技术学校基础设施、实训基地和教师队伍建设。四是积极发展高等教育。坚持和完善少数民族和民族地区高考加分录取政策，在省内高等院校划定比例定向录取、定向培养少数民族学生。推动高等教育实现内涵式发展。五是着力开展双语教学、普及国家通用语言。在不通汉语地区小学低年级推行双语教育；在直过民族聚居区州市级以上建设语言文字规范化示范学校（园）；在民族地区建立健全有效衔接的双语教学体系。六是创新推动科技发展。加强创新体系建设，深化科技体制改革，建立以企业为主体、市场为导向、产学研深度融合的技术创新体系，加强对中小企业创新的支持，促进科技成果转化。七是不断提高劳动者素质。加强民族地区科普宣传服务体系和队伍建设，大力开展农村实用技术、新型农民、当家理财、妇幼保健、健康生活习惯等培训，积极推广电脑农业专家系统等农村实用科技，推进科普富民示范村和文明生活示范户建设，不断提高劳动者素质，增强群众自我发展能力。

（六）推进民族法治建设

一是坚持和完善民族区域自治制度。推进科学立法、严格执法、公正司法、全民守法。指导自治州、自治县通过修订自治条例、单行条例、变通规定等方式，进一步明确和完善自治地方行使自治权的主体、权限、程序；各级人民代表大会及其常务委员会加大对民族区域自治法及配套法规规章执行情况的监督检查，确保民族区域自治法及配套法规规章落到实处。二是健全完善民族法律法规体系。加强重点领域立法，突出地方特色，不断完备民族宗教法律法规体系。三是加强民族法律法规的宣传普及。利用各种资源、平台开展普法教育，积极开展民族法治宣传周、宣传月活动；加强对新闻媒体、窗口单位、服务行业的民族政策和法律法规培训。四是强化监督检查。定期对各地区各部门执行民族法律法规情况开展监督检查。

（七）推动民族宗教关系和谐

一是全面深入持久推进民族团结进步创建。落实好《云南省全面深入持久开展

民族团结进步创建 铸牢中华民族共同体意识的实施意见》，深入推进民族团结进步创建"十进"工作，拓展创建内涵和纵深度，推进创建工作规范化、常态化、精细化。推动民族团结进步先进典型评选表彰制度化、规范化，定期开展表彰活动。组织好少数民族参观团、基层干部群众参观考察等活动。二是深化民族团结进步宣传教育。坚持以社会主义核心价值观为引领，健全民族团结进步宣传教育常态化机制，改进载体和方式，加强青少年思想政治教育，加大基层群众思想政治工作力度，引导各族群众不断增强"五个认同"，铸牢中华民族共同体意识。充分运用各类媒体、文艺作品、公益广告和群众性文化体育活动开展"中华民族一家亲，同心共筑中国梦"主题宣传。三是推进建立相互嵌入式的社会结构和社区环境。积极营造各民族共居共学共事共乐的社会条件，构建相互嵌入式的城乡社区，做好少数民族流动人口服务管理工作，加强民族地区农村社区基本公共服务建设。四是创新推进民族理论与政策研究。推进研究机构与党政部门协调创新合作，发挥专家咨询作用，形成一批具有国际影响、国内一流的民族理论和民族学研究基地。支持民族理论、民族学和民族工作学科体系建设，建立一批硕士点、博士点和博士后科研流动站，培养学科带头人。对全省民族工作部门优秀调查研究成果实施奖励，支持研究成果出版，促进优秀成果转化应用。五是全面贯彻落实党的宗教政策。全面贯彻党的宗教工作基本方针，开展宗教政策法律法规宣传教育活动。坚持我国宗教的中国化方向，积极引导宗教与社会主义社会相适应，开展社会主义核心价值观主题教育、开展中国优秀传统文化宣传教育和讲经讲道解经等活动。开展和谐寺观教堂创建，加强宗教教职人员队伍建设。激发宗教界内生动力，引导宗教界深入挖掘教义教规中有利于社会和谐、时代进步、健康文明的内容。充分发挥宗教界在促进经济社会发展中的积极作用，鼓励宗教界广泛开展各类公益慈善活动。六是依法管理宗教事务。坚持底线思维，及时发现和解决苗头性问题，防止出现倾向性问题，依法处理利用宗教进行的违规违法活动，消除宗教领域重大隐患。注重用国法引领和规范教规制度，实现政府依法管理与宗教界自我管理的有机统一。七是建立健全化解矛盾纠纷长效机制。提高社会治理社会化、法治化、智能化、专业化水平。畅通各民族公民合法表达利益诉求渠道，依法保障各族群众的合法权益。定期召开专题会议研究部署维护民族团结和社会稳定工作。建立健全协调、处置涉及民族因素矛盾纠纷和突发事件应急预案，定期排查涉及民族宗教因素的矛盾纠纷，将问题处置在基层、化解在一线。加强网络舆情监测管理，及时有效处置化解网络舆情。

四、推进示范区建设指标体系转化应用的对策建议

（一）将指标体系贯穿示范区建设全方位、全过程。通过指标体系明确示范区建设的阶段性具体目标，使示范区建设更为精准化；通过与指标体系对应的主要路径为示范区建设提供切实可行的工作措施，使示范区建设更为科学化；通过指标体系适时考核与衡量示范区建设进展情况，督促示范区建设各项工作落到实处。

（二）分阶段制定规划推进示范区建设。根据示范区建设总体目标和指标体系，建议采取分阶段方式推进示范区建设：第一阶段为2016—2020年，第二阶段为2021—2025年，第三阶段为2026—2030年，第四阶段为2031—2035年，与云南省国民经济和社会发展五年规划纲要同步编制实施示范区建设五年规划，确定每个阶段的具体建设目标任务，通过持续不懈的努力，确保到2035年把云南建设成为我国民族团结进步示范区。

（三）将指标体系的研究成果体现在各项规划的编制中。为更好促进云南各项事业的发展，并将示范区建设有机融入全省经济社会发展大局，建议各级政府、各有关部门在编制相关规划时，充分采纳本指标体系研究成果，使各项规划更好地为示范区建设服务。

（四）加强相关指数的收集与整理工作。由统计部门牵头，系统全面地收集其他省区市特别是民族八省区的相关数据指标，以此作为对比研究的依据。同时，根据工作推进情况系统收集指标体系中的部分特色性、创新性指标，如中华优秀传统文化专题书籍出版数和互嵌式社区比率等，进一步丰富完善指标体系。

（五）聘请第三方研究机构运用指标体系开展相关评价和考核工作。为科学运用好指标体系，建议聘请第三方研究机构开展示范区建设成效的检查和评估等工作，以增强示范区建设成果的真实性、客观性、公正性。

（调研组成员：李四明、马开能、孙云霞、李　浩、李甫保）

云南"十四五"民族团结进步示范区建设思路和举措研究

云南省民族宗教事务委员会

2020年1月习近平总书记考察云南时，要求云南"努力在建设我国民族团结进步示范区上不断取得新进展"。开展"十四五"民族团结进步示范区建设思路和举措研究，是贯彻落实习近平总书记考察云南重要讲话精神的重要举措，对于全面总结"十三五"民族团结进步示范区建设情况、系统分析当前示范区建设面临的困难和挑战、提出"十四五"示范区建设的思路和具有针对性操作性的对策建议具有重要现实意义。

一、"十三五"期间示范区建设取得的主要成效

（一）民生保障持续改善

推进民族团结进步示范区建设与扶贫开发"双融合、双促进"，少数民族群众彻底告别绝对贫困，11个"直过民族"和人口较少民族实现整族脱贫。实施两轮兴边富民工程和改善沿边群众生产生活条件三年行动计划，沿边373个行政村实现了"五通八有三达到"的目标，生产生活条件得到较大改善。民族地区基础设施全面改善，通航运营机场达到10个，4个自治州进入高铁时代，8个自治州中有7个州35个县通高速公路，水利设施建设深入推进，农村电网供电可靠性和稳定性进一步提升，4G网络实现全覆盖，自然村农户全部通广播电视。民族地区基本公共服务保障水平大幅提升，农村劳动力培训和转移工作有序推进，贫困群众技能培训、岗位推荐全覆盖，全面建立基本医保、大病保险、医疗救助、医疗费用兜底"四重保障"，4类重点对象农村危房改造全部"清零"。生态文明建设持续推进，"蓝天、碧水、净土"三大攻坚战深入实施，建设了一批重点生态工程，农村人居环境大幅改善。

（二）发展动力持续增强

2015—2019年全省民族自治地方生产总值年均增长9.5%，经济社会发展主要指标年均增幅均高于全省平均水平。实施三轮示范区建设"十县百乡千村万户"示

范创建工程，建设 36 个示范县、264 个示范乡镇、3711 个示范村，有力支撑民族地区加快发展。产业特色优势逐步显现，全省"一县一业"示范县、特色县民族地区分别占 50%、60%，民族团结进步示范乡镇和示范村基本形成了"一村一品、一乡一业"的特色产业发展模式。深入推进新型城镇化综合试点，全省 20 个"美丽县城"中 10 个为民族自治县，15 个属于民族自治地方，21 个特色小镇中民族地区有 16 个。沿边开发开放深入推进，口岸建设提质增效，边境经济合作区、重点开发开放试验区、综合保税区高水平建设。

（三）民族教育持续提升

民族地区学前教育基本实现一县一示范，每个乡镇至少有 1 所公办中心幼儿园。"全面改薄"任务全部完成，所有义务教育学校"20 条底线"全部达标。中职教育惠民政策深入实施。特有少数民族大中专班招生顺利开展。职业教育、高等教育及少数民族高层次人才培养稳步推进，少数民族在校生人数逐步实现与人口占比基本相当。国家通用语言文字推广普及加强，创建普及普通话示范村 700 个，完成 2370 所学校语言文字规范化建设达标工作，实施"直过民族"和人口较少民族国家通用语言文字普及专项。

（四）民族文化持续繁荣

实施民族文化保护传承和"双百"工程，完成少数民族传统文化抢救保护项目 709 个，培养 100 名民族民间文化传承创新带头人，打造少数民族文化精品项目 102 个。创建 102 所云南省民族优秀文化教育示范学校。加强民族传统文化生态保护区、少数民族特色村镇等建设，建设 30 个少数民族特色乡镇、780 个特色村寨。参加第十届、第十一届全国少数民族传统体育运动会和第五届少数民族文艺会演取得优异成绩，成功举办云南省第十一届少数民族传统体育运动会，第十届、十一届民族民间歌舞乐展演，第一届、二届传统戏剧曲艺汇演，七彩云南民族赛装文化节等活动。

（五）民族团结创建持续推进

全面深入持久开展民族团结进步创建工作，以民族团结进步"十进"为主阵地，不断向基层延伸，涌现出"宾弄赛嗨"、郑家庄等示范典型。全省 6 个州（市）和 59 个单位被命名为全国民族团结进步示范州（市）和示范单位，10 个单位被命名为全国民族团结进步教育基地；2740 家单位被命名为第一批"云南省民族团结进步示范县示范单位"。39 个集体和 42 名个人被表彰为全国民族团结进步模范集体和模范个人，50 个集体和 100 名个人被表彰为全省民族团结进步模范集体和模范个人。宗教和谐和顺全面促进，全省 200 个宗教活动场所被命名为云南省和谐寺观教堂。

（六）民族事务治理持续加强

制定出台《云南省民族团结进步示范区建设条例》及实施细则，用法治手段处理民族问题，协调民族关系，全省没有发生一起因民族因素引发的重大群体性事件。少数民族流动人口服务管理进一步加强，实施网格化服务管理模式，建立跨区域协作机制。少数民族干部人才队伍不断成长壮大，各层级少数民族干部比例均占到相应层级干部总数的三分之一左右，与少数民族人口占总人口比例大体相当。民族宗教理论研究体系进一步健全，民族宗教理论、民族学和民族工作学科体系建设不断完善。

同时，对标"在全国做出示范"的要求还存在较大差距，云南省民族地区发展不平衡不充分的问题仍然较为突出，脱贫基础还不牢固，巩固脱贫攻坚成果和推进乡村振兴战略任务还很艰巨；民族团结进步示范区建设工作思路还不宽，创新举措还不多，示范引领效应还有待进一步发挥；民族宗教事务治理能力还不强，防范化解民族宗教领域风险还需精准施策、久久为功。

二、"十四五"期间示范区建设的发展形势

（一）全面建设社会主义现代化赋予示范区建设新的历史使命

我国已转向高质量发展阶段，开启全面建设社会主义现代化国家新征程，同时当今世界正处于百年未有之大变局，国际环境日趋复杂，包括民族领域在内的不稳定不确定性明显增加。民族团结进步示范区建设需要主动服务和融入国家发展战略，自觉在全国发展大局中研究、谋划、推进工作，不断提高边疆民族地区治理能力，增强中华民族凝聚力，沿着中国特色解决民族问题的正确道路深化实践和探索，更好地发挥示范引领效应，为全球民族事务治理提供中国智慧、中国理念、中国方案的"云南示范"。

（二）铸牢中华民族共同体意识赋予示范区建设新的工作主线

铸牢中华民族共同体意识是习近平总书记站在全局和战略高度作出的重大原创性论断，是民族工作的"纲"。民族团结进步示范区建设需要坚定不移地以铸牢中华民族共同体意识为主线，推动云南各民族共同团结奋斗、共同繁荣发展，增强参与中华民族伟大复兴的能力，共享中华民族伟大复兴的成果，形成各民族铸牢中华民族共同体意识的思想行动自觉，以及建设中华民族共同体的丰硕经验，为推动中华民族走向包容性更强、凝聚力更大的命运共同体作出云南应有的贡献。

（三）云南"民族"基本省情新内涵赋予示范区建设新的现实条件

"十三五"以来，云南各民族以习近平新时代中国特色社会主义思想为指导，手足相亲、同心筑梦，少数民族和民族地区的面貌发生了翻天覆地的历史性巨变，"边疆""民族"基本省情呈现各民族信念更坚定、思想更凝聚、发展更迅速、文化更繁荣、治理更有效的时代新内涵。民族团结进步示范区建设需要坚持"在继承中创新，在创新中发展"，建立健全各项建设机制，不断创新工作理念、思路、方法和措施，更加契合现实条件变化和时代发展的需求。

三、"十四五"期间示范区建设的思路和举措

牢牢把握铸牢中华民族共同体意识这条主线，聚焦民族团结进步示范区建设重点领域、重点环节，坚持补短板、强弱项，高质量推进我国民族团结进步示范区建设。

（一）夯实中华民族共同体政治基础，加强党对民族工作的领导

1. 加强各级党组织政治功能

坚持加强党对民族工作的领导，坚决贯彻落实党中央决策部署，不断增强党的思想政治工作领导力、意识形态引领力。在思想上政治上行动上同以习近平同志为核心的党中央保持高度一致，保持党和人民群众的血肉联系，把各族群众紧紧团结在党的周围。切实加强基层党组织建设，牢固树立铸牢中华民族共同体意识的民族工作主线，明确基层党组织的政治属性，不断强化基层党组织的政治功能。以持续提升基层党组织的组织能力为重点，推动民族团结进步事业创新发展。

2. 完善建设工作机制

建立公共突发事件的应急机制，健全相应的保障制度，积极推进多元主体协同治理管理体制改革，实现政府治理和社会自我调节、居民自治良性互动。发挥社会力量的积极主动性，坚持以党的领导为主线，以人民为中心，以自治为基础，创造性地贯彻落实好党的群众路线，突出人民在基层社会治理中的主体作用。创新组织群众、动员群众、发动群众的机制，推进不同民族间的情感交流和社会融合。

3. 加强干部人才队伍建设

贯彻落实习近平总书记关于新时代好干部标准和对民族地区好干部"三个特别"要求，培养和壮大各族领导干部和各类人才队伍。加大基层少数民族干部、村干部培训和挂职锻炼工作力度。加强少数民族地区特色人才和本土人才培养，鼓励吸引少数民族人才返乡就业创业。继续办好特有少数民族本科班、大中专班，开展"直过民族"和人口较少民族高层次人才资助培养试点。

（二）夯实中华民族共同体物质基础，推进民族地区高质量发展

1. 夯实民族地区基础设施

综合交通。推进民族地区铁路建设，全面完成民族地区县高速公路"能通全通"工程，实现沿边高速公路全线贯通，实施民族地区具有对外连接功能的重要干线公路提质升级工程，继续推进"四好农村路"建设。因地制宜建设支线机场和通用机场，稳步增强民族地区航运能力。

水利。以弥泸、洱海等大型灌区工程、瑞丽江灌区等为基础，以田间渠系及管网建设为补充，完善灌排设施体系。加强中小型农田水利、"五小水利"、抗旱提水、高效节水等工程建设。进一步提高农村集中供水率、自来水普及率、供水保证率、水质达标率。持续推进重要干支流堤防加固、河道治理建设。加快中小河流治理、山洪灾害防治、病险水库水闸除险加固。

能源。加快民族地区小城镇、中心村电网和农业生产供电设施改造升级，持续实施边境地区、"直过民族"和人口较少民族聚居区等农村电网改造升级。统筹推进民族地区油气管网建设。推进天然气区域管网和互联互通管网建设。实施以电代柴、燃气下乡行动，推行农村生产"电能替代"。

物流。大力推进大理、河口、瑞丽、磨憨、水富等地重点发展物流枢纽，积极推进民族地区商贸物流集散中心、物流中心、物流园区建设。加快多式联运设施建设，配备现代化的中转设施，提高货物换装的便捷性和兼容性，促进多种运输方式顺畅衔接和高效中转。

信息。完善宽带网络和4G网络向行政村和有条件的自然村覆盖，实现自然村和重要交通沿线通信信号全覆盖。实现民族地区自然村百兆宽带接入，实现民族地区自然村农户全部通广播电视，完善边防边控通信设施。提高沿边农村地区通信接入能力。

2. 壮大民族地区特色产业

围绕打造世界一流"三张牌"，深入推进民族地区山区综合开发，巩固民族地区传统支柱产业和特色优势产业，统筹"一县一业"与"百业兴旺"，加快信息技术与传统产业深度融合发展，增强民族地区自我发展能力。优化民族地区高原特色现代农业生产结构和区域布局，加快发展粮油、果蔬、茶叶、花卉、坚果、咖啡、肉牛等优势种植养殖产品，提升特色农产品精深加工水平。发展现代高效林业，做特做大以林药、林下香料、野生菌、野生药、竹笋为主的林下种植业和以家畜、家禽为主的林下养殖业。加强中药材基地建设，优化三七、重楼、滇黄精、白及、石斛、茯苓等中药材种植，加大新品种引进和良种培育力度，大力发展生物药业精深

加工，加快中药饮片、中药颗粒、民族传统药等综合开发和利用，发展以傣药、彝药、藏药等为重点的民族医药产业，支持民族医药研发、药材开发和药品注册，做大做强一批民族药龙头企业。以打造"健康生活目的地"为目标，全面融入大滇西旅游环线建设，大力发展民族文化旅游、乡村旅游，因地制宜建设半山酒店、特色民宿，打造一批集休闲度假、会展会议、文化娱乐等旅游综合体，推动旅游商品与农产品加工、传统民族手工艺等深度融合。依托产业园区大力发展现代制造业，加大园区基础设施、公共服务平台和产业项目支持力度，加强先进适用技术应用，推动民族地区形成一定的制造业规模。

3. 统筹民族地区城乡发展

加快民族地区新型城镇化建设。坚持以人的城镇化为引领，统筹规划引领，强化国土空间管控约束作用，提高城镇设计水平，突出民族特征和地域特色。强化滇中城市群民族地区的引领带动和辐射作用。全面提升沿边民族地区城镇开发开放水平，做大做强边境城镇。统筹推进民族地区城市、县城、特色小镇和村寨协调发展。

推进民族地区乡村全面振兴。加强村庄规划。因地制宜发展独具民族特色的乡村产业，推进"一县一业""一村一品"。打造独具特色民族乡村旅游。大力培养乡土民族文化能人和民族文化传承人，推动民族文化传承，加大农村生活垃圾治理力度，加强农村生活污水治理设施建设，全面实施乡村绿化亮化工程。全面推进边境小康村建设，建设展示国门形象的窗口、守土固边的堡垒。

4. 提升民族地区开放合作水平

推动与周边国家基础设施互联互通。提升口岸通关便利化水平，优化口岸营商环境。推进中国（云南）自由贸易试验区高质量发展，加快边境（跨境）经济合作区、重点开发开放试验区、综合保税区建成高水平沿边开放平台。鼓励边民开展互市产品落地精深加工，促进边境贸易与产业融合发展。推进服务贸易、服务外包发展。大力发展跨境物流和跨境电商。推动人文对外交流合作。加强与旅居国外少数民族侨胞的联谊交往、经贸合作、文化交流等工作。

（三）夯实中华民族共同体社会基础，促进各民族共创共享美好生活

1. 提高民族地区科技创新能力

继续培育形成农业科技示范园、星创天地等创新主体，促进民族地区的创新体系建设。推动产业技术创新与成果转换。继续推进科技成果转化中心及科技成果转化示范县（市、区）建设。支持云南中医药大学等民族医药研究机构和团队创新发展建设，积极对接引进中国中医科学院，推进云南建设民族医药研究所。提高教育对科技发展、科技人才培养的支撑，推进高等院校"双一流"建设、职工素质建设

工程，创新教育方法，形成有利于创新人才成长的育人环境。深入推行科技特派员制度，推动人才服务民族地区。

2. 保障各民族平等共享基本公共服务

强化教育全面发展。加强民族地区学前教育普及和普惠发展，鼓励有条件的"直过民族"聚居区实施学前免费教育。推进民族地区义务教育学校标准化建设。推进民族地区普通高中提质扩容，重点改造薄弱学校，鼓励举办综合高中。加快发展民族地区中等职业教育。推进云南民族大学等高校建设成为面向南亚东南亚、在国内外有一定影响力的区域性地方重点大学。办好民族团结进步示范高中班、大中专班、本科班，推行嵌入式学习模式，推动各民族学生共学共进。

完善公共卫生医疗体系建设。加强民族地区医院县级龙头学科及特色专科建设，提升中心镇医疗卫生服务能力，完善村卫生室功能，加强乡村医疗机构基本医疗（含中医）、公共卫生、远程医疗等服务能力建设。完善民族地区地方传染病及食品、药品、动植物安全联防联控机制。加快民族医药传承和发展，继续支持民族医药科技创新，加强傣、彝、藏、纳西、哈尼等民族医药文献抢救、整理与研究。加快民族医经典名方、医疗机构制剂研究，推动民族药材及饮片、民族医药质量标准提升。

加强民族地区公共就业创业服务。推进民族地区创业创新孵化服务平台建设，加强民族地区农业创业园区（孵化基地）、就业扶贫车间等建设，带动无法外出劳动力实现就近就地就业。鼓励高校毕业生和复退军人等群体到民族地区就业创业、各类技术人才到民族地区领办创办产业项目。加强民族地区人力资源市场建设。大力实施职业技能提升行动，加强创业就业培训，对相对贫困家庭子女、未升学初高中毕业生、农民工、失业人员等实行免费职业培训。

织牢社会保障网。加大民族地区养老服务设施建设和产品供给，大力发展居家社区养老和农村养老服务。保障少数民族妇女儿童合法权益，建立健全婴幼儿照护和妇幼保健服务网络，完善农村留守儿童和困境儿童关爱服务体系和救助保护机制。加强民族地区特困人员、残疾人、优抚对象等群体的兜底保障。

3. 推进民族地区生态文明建设

推进新一轮退耕还林还草，继续加强石漠化综合治理、水土流失治理以及生物多样性保护。加强自然保护区建设，推进以国家公园为主体的自然保护地体系建设。加强野生动植物保护，防治野生动物疫源疫病及林草有害生物。加强边境动植物防疫防控体系建设。增加湿地保护面积。加大民族地区重点生态功能区财政转移支付力度。加强农村面源污染防治，修复和改善乡村生态环境。实行环境治理和污染排放总量双约束管制，有效避免或减少污染物排放。严明生态环境保护责任制度，建立健全民族地区生态文明建设目标评价考核制度，严格落实企业主体责任和政府监管责任。推动生态环境保护综合行政执法，健全生态环境监测和评价制度，落实生态环境损害赔偿制度。

（四）夯实中华民族共同体文化基础，构筑共有精神家园

1. 弘扬和践行社会主义核心价值观

将社会主义核心价值观融入国民教育全过程，支持各级各类学校开展社会主义核心价值观教学活动、主题教育和社会实践活动。深入挖掘各民族优秀文化蕴含的思想观念、人文精神、道德规范，结合时代要求继承创新，创作生产传播契合社会主义核心价值观的精神文化产品。推进社会主义核心价值观主题公园、主题广场、主题街道建设，在省市主流媒体和县级及以上融媒体中心开设"弘扬社会主义核心价值观"专栏专题，把社会主义核心价值观融入各民族生产生活各方面。

2. 树立中华文化符号和中华民族形象

实施中华民族视觉形象建设工程，深入挖掘和培育各民族共建共享的中华文化符号，建设突出铸牢中华民族共同体意识、以中华文化符号为主要元素的文化广场，在公共文化场所树立和突出以领袖、英雄、楷模等为主题的视觉形象作品。创作和传播具有鲜明中华文化特征的优秀文化作品，积极开展由各民族文化构成的中华优秀文化展览、展演活动。依托各级主流媒体制作和播放展示中华民族形象的公益标语、公益广告和公益宣传片，加强户外公益广告的投放。举办少数民族传统体育运动会、少数民族文艺会演、民族民间歌舞乐展演、传统戏剧曲艺汇演等文化交流活动，每年举办"七彩云南民族赛装文化节"，打造各民族共建共享的中华文化活动品牌。

3. 推动各民族文化传承保护

深入实施少数民族优秀文化保护传承工程、地方戏和少数民族剧种振兴工程、非遗记录和数字化保护工程、历史文化名城（镇、村、街区）和传统村落保护工程、云南文物保护工程，对少数民族优秀传统文化进行科学、系统地挖掘、整理、记录、出版和研究。建设民族传统文化生态保护区、民族民间文化艺术之乡和优秀民族文化传承基地，广泛开展优秀传统文化进校园、进乡村、进社区等活动，大力培养乡土民族文化能人和民族民间文化传承人。传承和发展少数民族传统体育，将少数民族传统体育项目纳入全民健身计划，创新发展有群众基础的少数民族传统体育健身项目，建设少数民族传统体育基地。

4. 推动各民族文化创新交融

实施少数民族文化精品工程，支持出版反映各民族交往交流交融悠久历史和深厚情感的精品出版物，制作讲述各民族手足相亲、同心圆梦故事的影视剧、纪录片和系列微视频，打造弘扬主旋律、传播正能量、展现中华文化魅力的演艺作品，开

发凸显中华文化经典性元素和标志性符号的文化创意产品。促进民族文化产业发展，着力推动民族文化创意、文化旅游等深度融合发展，实施一批与科技、旅游、金融等融合互动发展的民族文化创意产业项目。推动民族文化互通互学互鉴，鼓励各民族文化相互学习、相互借鉴、融合创作，加强跨区域开展民族文化演出、展览等活动，支持参与省内外举办的各种文化节、文化周、艺术周、文物展、博览会等，促进形成全方位、多层次、宽领域的民族文化交融格局。

（五）夯实中华民族共同体思想基础，加强各民族交往交流交融

1. 加强中华民族共同体意识宣传教育

将铸牢中华民族共同体意识宣传教育纳入干部教育、国民教育和社会教育全过程，深化各民族铸牢中华民族共同体意识的思想和行动自觉。将铸牢中华民族共同体意识作为重要内容纳入干部任职培训、公务员培训，纳入各级党校（行政学院）、社会主义学院、干部学院等培训计划。推动全省各级各类学校把铸牢中华民族共同体意识教育有机融入思想政治课程和民族团结进步教育课程，广泛深入开展铸牢中华民族共同体意识主题教育和社会实践活动，创建一批铸牢中华民族共同体意识教育示范学校。建设或改建一批铸牢中华民族共同体意识主题教育馆、主题公园等，创建命名一批中华民族共同体意识主题教育基地；以各级民族类宣传媒体为主阵地，整合各地各类媒体资源，构建中华民族共同体意识宣传矩阵。

2. 全面持久深入开展民族团结进步创建

健全民族团结进步创建机制，突出边疆民族和区位特点，巩固和深化民族团结进步创建"十进"主阵地主渠道，不断提质扩面、创新载体，探索推进"行政接边地区创建联盟""边境地区创建联盟""高铁沿线创建联盟"等创新做法，形成一批类型多样、各具特色、具有标杆性的创建联盟。积极争创全国民族团结进步示范州市、示范单位和教育基地，努力实现16个州市、29个民族自治县、25个边境县创建命名全覆盖，打造边境民族团结进步示范带，形成全域创建格局。实行省、州（市）、县（市、区）、乡镇（街道）、村（社区）五级联创，加大重点行业、窗口单位、基层政法单位、旅游景区、新经济组织等创建力度，推动民族团结进步创建向纵深拓展。扎实推进"互联网＋民族团结进步"，讲述民族团结进步的生动故事，打造网上民族团结交流共享平台。

3. 建立相互嵌入式的社会结构和社会环境

鼓励各族群众在民族地区和非民族地区、城市和乡村双向流动，制定有利于构建互嵌式社会结构的政策举措。加强少数民族流动人口服务管理，推进少数民族聚居社区网格化管理，为少数民族流动人口提供均等化服务，引导各民族群众参与当

地社区管理和服务。深化"宾弄赛嗨"等多层次多领域多样化的民族联谊活动，广泛开展群众喜闻乐见、促进民族团结的文体活动，营造各民族共居共学共事共乐的社会条件。构建流出地和流入地跨区域协作合作工作格局，建立少数民族流动人口服务管理跨省（区、市）协作机制，强化省内各州（市）、各县（市、区）之间的协作机制。

4. 促进各民族语言相通心灵相通

坚定不移推广普及国家通用语言文字，推进国家统编教材全覆盖、全课堂使用，将推广普及普通话和语言文字规范化要求纳入教育教学和学生技能训练的基本内容；举办中华经典诵读会和规范汉字书写比赛，提升学生国家通用语言文字应用能力；推进"学前学会普通话"行动，实施"童语同音"项目。加大国家通用语言文字社会面推广普及力度，推进国家通用语言文字普及攻坚工程，扩大普通话示范村创建，加强少数民族务工人员培训，抓好语言扶贫 App 推广。

（六）夯实中华民族共同体治理基础，增强边疆民族地区治理能力

1. 加强边境民族地区安全建设

健全边境安全稳定工作协调机制和强边固防工作机制，建设边境立体化防控体系，严密防范和坚决打击各种渗透颠覆破坏活动、暴力恐怖活动、民族分裂活动、宗教极端活动。加快"智慧边境"建设，健全边境民族地区安全监测预警体系，强化不同领域监测预警系统的高效整合。加强社会治安综合治理，加大县、乡、村三级综治中心建设力度，强化网格化管理服务，推进突出治安问题常态化综合治理。创新基层社会治理新格局，推动社会治理和服务中心向基层下移，提高社区管理和服务水平。加快防灾减灾和应急管理体系建设，推进事故灾害综合风险评估和隐患排查治理。

2. 推进依法治理民族事务

坚持法律面前人人平等，依法保障各民族合法权益，依法处理涉民族因素的案事件。在各族群众中广泛开展法治宣传教育，开展形式多样的"民族宗教政策法规学习月"活动，推进中国宪法边疆行、云南法治宣传边关行活动，开展法治示范村、无毒村寨、平安社区、枫桥式边境司法所和派出所创建，开展"全国百家网站、微信公众号法律知识竞赛活动"和"民族政策法规知识有奖竞答活动"，引导各族干部群众自觉尊法学法守法用法。

3. 健全涉民族因素矛盾纠纷排查和调处机制

完善维护团结稳定长效机制，坚持"一周一分析、一月一排查、一事一化解"，加大风险研判和处置化解工作力度。完善省州县三级同步监测监管影响团结稳定问题、涉民族因素突发事件应急处置和网络舆情联动处置等机制，定期开展民族关系和团结稳定形势分析研判，实施"高、中、低"风险评估等级制，加强对重点区域、边境一线和中心城市团结稳定工作的指导协调，健全属地管理、受理接访和化解纠纷的联动机制。加大涉及民族因素网络舆情的监测研判和应对处置力度，加强网络评论员队伍建设，积极开展正面引导，及时化解负面舆情，打造铸牢中华民族共同体意识的网上平台。

4. 加强民族地区乡村治理

提升基层自治组织管理水平。健全村级议事协商制度。加强乡村法治建设，探索多元化的乡村纠纷解决机制。发挥乡村德治功能，营造良好乡村德治环境，以"党的光辉照边疆，边疆人民心向党""自强、诚信、感恩"为抓手，培育与社会主义核心价值观相契合的优良家风、文明乡风和村庄文化。

（调研组成员：马开能、孙云霞、王凤岐、刀芳、徐睿）

"十三五"时期示范区规划实施效果及经验研究

云南省民族宗教事务委员会

把云南建设成为我国民族团结进步示范区（以下简称示范区建设），是以习近平同志为核心的党中央着眼我国民族工作大局作出的重要部署，是新时期云南经济社会发展的三大战略定位之一。"十三五"期间，云南省委、省政府编制实施了《云南省建设我国民族团结进步示范区规划（2016—2020年）》（以下简称《规划》），按照"全面小康同步、公共服务同质、法治保障同权、精神家园同建、社会和谐同创"的思路，扎实推进民族团结进步示范区建设。为加强对《规划》实施效果的跟踪分析，客观评估规划提出的发展目标、重点任务和政策措施的实现情况，总结取得的成效经验，为"十四五"规划编制提供参考意见，云南组织开展了《规划》实施效果及经验研究调研，形成调研报告如下。

一、《规划》实施效果

（一）《规划》主要目标和具体指标实现情况

《规划》明确了"十三五"时期示范区建设实现的3项目标，即"少数民族和民族地区如期实现全面脱贫、全面小康""民族自治地方经济保持中高速增长"和"民族团结和谐局面更加巩固"，并设置了33项具体指标支撑。

1. 目标实现情况。截至2020年底，云南省8502个贫困村全部出列，88个贫困县全部脱贫摘帽，民族地区和少数民族贫困群众全部脱贫，11个"直过民族"和人口较少民族整族脱贫，顺利实现了"少数民族和民族地区如期实现全面脱贫、全面小康"的目标；2016—2020年，全省民族自治地方生产总值年均增长8.4%，比全省平均水平高0.6个百分点，顺利实现了"民族自治地方经济保持中高速增长"的目标（详见表1）；"十三五"期间，全省各民族广泛交往交流交融，边疆民族地区治理能力显著提升，平等团结互助和谐的社会主义民族关系进一步巩固，顺利实现了"民族团结和谐局面更加巩固"的目标。

表1 2016年至2020年经济社会发展部分指标对比表

指标	地区	2016年	2017年	2018年	2019年	2020年
地区生产总值增速	民族自治地方	9.80%	10.30%	9.20%	8.40%	4.60%
	云南省	8.70%	9.50%	8.90%	8.10%	4.00%
人均地区生产总值增速	民族自治地方	9.30%	9.70%	8.70%	7.90%	5.00%
	云南省	8.00%	8.80%	8.20%	7.80%	3.70%
城镇常住居民人均可支配收入增速	民族自治地方	8.80%	8.50%	8.00%	9.10%	3.68%
	云南省	8.50%	8.30%	8.00%	8.20%	3.50%
农村常住居民人均可支配收入增速	民族自治地方	9.80%	9.50%	9.30%	10.80%	8.17%
	云南省	9.40%	9.30%	9.20%	10.50%	7.90%
固定资产投资增速	民族自治地方	22.60%	20.60%	14.50%	8.50%	8.60%
	云南省	19.80%	18.00%	11.60%	8.50%	7.70%
全部工业增加值增速	民族自治地方	9.00%	11.70%	10.20%	9.60%	3.10%
	云南省	6.50%	10.30%	11.60%	7.70%	2.40%

2.指标实现情况。33项主要指标中，13项约束性指标全部达到规划设定目标值；20项预期性指标完成情况总体良好，其中7项指标实现规划预期目标值，5项指标（民族自治地方一般公共预算收入、民族自治地方户籍人口城镇化率、农村常住居民人均可支配收入、25个世居少数民族有1名以上干部担任省级机关厅级领导干部、涉及民族宗教因素矛盾纠纷化解处置率）未实现预期目标值，有8项指标（4项统计方式发生变化、3项无相关统计数据、1项已取消）因未取得数据无法评价预期目标的实现情况。（详见表2）

表2 规划主要指标完成情况表

指　标	2020年规划目标值〔累计数〕	2020年实现值〔累计数〕	属性	实现情况
民族自治地方地区生产总值（亿元）	8400	10090.8	预期性	实现
民族自治地方人均地区生产总值（元）	35000	45617	预期性	实现
民族自治地方地方一般公共预算收入（亿元）	800	613.11	预期性	未实现
民族自治地方固定资产投资（亿元）	14400	14.80%	预期性	统计方式变化
民族自治地方户籍人口城镇化率（%）	40左右	29.54	预期性	未实现

续表

指　标		2020年规划目标值〔累计数〕	2020年实现值〔累计数〕	属性	实现情况
民族自治地方农村贫困人口脱贫（万人）		〔240〕	〔434.16〕	约束性	实现
农村危房改造和抗震安居工程（万户）		〔200〕	〔204.07〕	约束性	实现
城乡居民医疗保险参保率（%）		99	4032.83万人	预期性	统计方式变化
基本养老保险参保率（%）		90	90	预期性	实现
民族自治地方居民人均可支配收入	城镇常住居民人均可支配收入（元）	33200	36241	预期性	实现
	农村常住居民人均可支配收入（元）	13200	12874	预期性	未实现
少数民族聚居行政村通数据网络率（%）		100	100	约束性	实现
少数民族聚居行政村通硬化路率（%）		100	100	约束性	实现
少数民族聚居村饮水集中供水率（%）		85	96.7	约束性	实现
九年义务教育巩固率（%）		95	96.15	约束性	实现
高中阶段教育毛入学率（%）		90	90.98	预期性	实现
对未能升学并有培训意愿的贫困家庭初高中毕业生实行免费职业技能培训（%）		100	572人	预期性	统计方式变化
民族文化"双百"工程	扶持全国知名的民族文化精品（个）	〔100〕	〔102〕	约束性	实现
	培养全国知名的民族民间文化传承创新带头人（名）	〔100〕	〔138〕	约束性	实现
少数民族干部（公务员）占总干部人数比例（%）		与少数民族人口占总人口比例大体相当	33.79	预期性	实现
省级机关、事业单位和群团组织领导班子至少配备1名少数民族干部（%）		100	—	预期性	无相关统计数据
25个世居少数民族有1名以上干部担任省级机关厅级领导干部（%）		100	80	预期性	未实现

续表

指　标		2020年规划目标值〔累计数〕	2020年实现值〔累计数〕	属性	实现情况
"十县百乡千村万户"示范创建	创建民族团结进步示范县（个）	〔10〕	〔26〕	约束性	实现
	创建民族团结进步示范乡镇、民族特色乡镇（个）	〔100〕	〔164〕	约束性	实现
	创建民族团结进步示范村、民族特色村、社区（个）	〔1000〕	〔2633〕	约束性	实现
	创建民族团结进步示范户（户）	〔10000〕	〔37116〕	约束性	实现
和谐寺观教堂创建（个）		〔200〕	〔250〕	约束性	实现
党政干部和宗教活动场所管理人员民族宗教政策法规培训（%）		95	—	预期性	无相关统计数据
民族宗教政策法规培训进媒体、窗口行业（%）		95	—	预期性	无相关统计数据
民族团结进步教育进学校（%）		100	100	预期性	实现
民族团结进步示范区建设目标责任制签订率（%）		100	—	预期性	已取消
涉及民族宗教因素矛盾纠纷和隐患排查率（%）		100	〔1106件〕	预期性	统计方式变化
涉及民族宗教因素矛盾纠纷化解处置率（%）		100	93.52	预期性	未实现

（二）《规划》主要任务完成情况

《规划》设置了"民生持续改善、发展动力增强、民族教育促进、民族文化繁荣、民族团结创建、民族事务治理"6项工程。经统计，各牵头单位和责任部门围绕6项工程，于"十三五"期间共投入资金逾4000亿元，工程项目总体实施情况良好、成效显著。

民族地区民生持续改善。编制实施迪庆藏区、怒江州、"直过民族"和人口较少民族聚居区脱贫攻坚行动计划，创新实施兴边富民工程改善沿边群众生产生活条件行动计划，深入推进集团结对帮扶，扎实推进民族地区易地扶贫搬迁工作，实现示范区建设与脱贫攻坚双融合、双促进，兑现了"决不让一个民族掉队、决不让一个民族地区落伍"的承诺。实施两轮改善沿边群众生产生活条件行动计划，推动110个沿边乡镇的878个行政村（社区）基本实现"五通八有三达到"任务目标。

建设30个"基础牢、产业兴、环境美、生活好、边疆稳、党建强"的边境小康示范村，进一步提升边民守土固边的自豪感、责任感和使命感。全面改善民族地区基础设施条件，截至2020年底，全省民族地区通航运营机场达到10个，4个民族自治州进入高铁时代，8个民族自治州有48个县通高速公路，水利、能源、信息、物流等基础设施条件大幅提升。为人口较少民族和沿边群众购买人身意外伤害保险，项目覆盖了44个县的727个行政村，受益各族群众达173.8万人。提升民族地区医疗卫生条件和服务水平，全面建立民族地区基本医保、大病保险、医疗救助等保障，民族地区贫困群众全部参加基本医疗保险和大病保险。统筹易地搬迁、危房改造与人居环境改善，"直过民族"聚居区完成32.6万人易地搬迁任务，民族地区4类重点对象农村危房改造全部"清零"。不断提高社会保障、养老、妇女儿童保护等公共服务水平，民族地区符合条件的困难群众全部享受最低生活保障待遇，建成城市公办养老机构69家、农村敬老院334家、城乡居家养老服务中心1284家，实现乡镇（街道）儿童督导员、村（居）儿童主任全覆盖。民族地区面貌发生新的变化，各族群众的幸福感、获得感、安全感显著增强。

民族地区发展动力不断增强。做大做强高原特色农业、生态旅游和文化旅游业，全力推进民族地区"一县一业"示范县创建、特色县培育，"绿色能源"产业加快在民族地区布局，云花、云茶、云蔬、云果、云畜等"绿色食品"高原特色优势产业提质增效，民族团结进步示范乡镇和示范村基本形成"一村一品、一乡一业"的特色产业发展模式。少数民族特色村镇多点开花，为"健康生活目的地"建设增色添彩。深入推进新型城镇化综合试点，红河州、大理市试点工作初见成效，楚雄市、瑞丽市、剑川县沙溪镇获批国家第三批新型城镇化综合试点。支持民族地区县域科技成果转化中心及示范县建设，推进农业科技成果在少数民族和民族地区的集成示范与产业化开发应用。云南自由贸易试验区红河片区、德宏片区建设深入推进，沿边重点开发开放试验区、边境经济合作区、跨境经济合作区布局不断优化，开发开放、跨境金融、跨境物流、保税物流等功能日趋完善。

民族教育全面发展。出台加快发展民族教育的实施意见、教育进藏区三年行动计划等系列政策举措，推进民族教育事业加速发展，民族地区学前教育基本实现一县一示范，义务教育"全面改薄"任务全部完成，"20条底线"全部达标，职业教育、高等教育及少数民族高层次人才培养成效明显，少数民族在校研究生由2016年的3769人增至2020年的7538人。在迪庆率先实施14年免费教育，在怒江实施学前和普通高中免保教费和学费，推行迪庆、怒江中等职业教育农村学生全覆盖试点，举办特有少数民族本科及大中专班，对"直过民族"和人口较少民族大专生、本科生给予每生每年5000元的学费奖励。大力推广普及国家通用语言文字，创建普通话示范村701个，完成7752所学校语言文字规范化建设达标工作。积极推动省政府、国家民委、教育部共建云南民族大学工作，支持学校建成"全国民族团结进步创建活动示范学校"，学校博物馆建成"全国民族团结进步教育基地"。实施培训就业工程，向民族地区贫困群众提供技能培训、岗位推荐等就业服务，推动向发达地区、城镇及二三产业转移就业。

民族文化繁荣发展。加快推进公共文化服务体系建设，大力实施"贫困地区民族自治县、边境县村级综合文化服务中心覆盖工程"，启动实施"国门文化"建设工程。加强民族文化传承保护和创新开发，大理文化生态保护实验区、迪庆民族文化生态保护区被列为国家级文化生态保护实验区，少数民族文化资源数据库启动运行，文物、非遗保护利用取得新成果。精心实施911项民族文化保护传承和"双百"工程项目（"百项精品""百名人才"工程），创建102所民族优秀文化教育示范学校，建设85个民族传统文化生态保护区、29个少数民族特色乡镇、780个少数民族特色村寨，着力推动各民族文化传承保护和创新交融。广泛开展民族文化体育活动，精心举办少数民族传统体育运动会、民族民间歌舞乐展演、传统戏剧曲艺汇演、"七彩云南（国际）民族赛装文化节"等，推动各民族文化互通互学互鉴、交往交流交融。

民族团结进步创建成绩突出。聚焦促进各民族交往交流交融，全面深入持久开展民族团结进步创建，突出边疆民族和区位特点，推进创建"十进"活动，探索"行政接边地区创建联盟""边境地区创建联盟""高铁沿线创建联盟"等创新做法，9个州（市）和70个单位被命名为全国民族团结进步示范州（市）和示范单位，3000个单位被命名为省级民族团结进步示范县示范单位，1065所学校被命名为云南省民族团结进步教育示范学校。深入实施民族团结进步"十县百乡千村万户"示范引领建设工程，2016—2020年，共计安排中央和省级资金34.92亿元，累计建设了26个示范县、164个示范乡镇、2633个示范村（社区）和一大批示范户，打造了一批民居有特色、产业强、环境好、民富村美人和谐的民族团结进步示范村镇。加强和改进少数民族流动人口服务管理，推进建立互嵌式的社会结构和社区环境，建设122个省级民族团结进步示范社区，广泛开展群众参与性强的民族团结主题活动，创造共居共学共事共乐的社会条件。加强民族团结进步宣传教育，广泛开展民族团结"宣传月、宣传周、宣传日"和"民族宗教政策法规学习月"活动，举办"铸牢中华民族共同体意识·建设全国民族团结进步示范区"专题展览，引导各族群众不断增强"五个认同"，铸牢中华民族共同体意识。

民族事务治理水平进一步提升。加强党对民族宗教工作的全面领导。省委、省政府成立了示范区建设领导小组，健全"党委领导、政府负责、各部门协同配合、全社会通力合作"的示范区建设格局，完善政策措施，压实各方责任，将党的民族政策全面落实落地。加强民族地区基层党组织建设，持续开展规范化、标准化建设，深入整顿软弱涣散基层党组织，深化抓党建促强边固防、抓党建促农村宗教治理。认真贯彻新时代党的组织路线，大力选拔任用"四个特别"的干部。截至2020年底，全省少数民族公务员共10.28万名，占全省公务员总数的33.78%，各级少数民族干部人数均占到相应层级干部总数的三分之一左右。坚持用法治保障民族团结、协调民族关系，初步形成比较完整、具有云南特点的民族法规体系，保证各族公民平等享有权利、平等履行义务。颁布《云南省民族团结进步示范区建设条例》，推动示范区建设在法治轨道上迈出坚实步伐。制定出台《关于进一步加强和改进少数民族流动人口服务管理工作的实施意见》，与四川、青海等10个省份建立少数民族流动人口服务管理跨区域联盟机制，与广东等5个省份建立协作机制。加强民族宗教理论和民族学研究基地建设，云南省民族政治与边疆治理智库等5个智库被列为重点培育新型智库。不断健全完善维护民族团结稳定的长效机制，加强形势分析研判和矛盾纠纷排查调处工作，确保全省民族宗教领域不出现重大风险隐患。健全完善省州县三级同步监测监管民族关系和联动响应处置机制，定期开展团结稳定形势分析研判，把各种矛盾和问题解决在基层、化解在萌芽状态。坚持我国宗教中国化方向，坚持在"导"字上下功夫，推进"五进"宗教活动场所活动，创建200个"和谐寺观教堂"，强化宗教工作督查整改，不断引导宗教与社会主义社会相适应。

（三）规划实施过程中存在的困难和问题

1. 经济发展不平衡不充分，发展瓶颈尚需进一步突破。云南少数民族地区经济社会发展起点低、发展动力弱，基础设施和公共服务发展相对滞后，发展不平衡问题突出。纵向比，各民族地区经济均取得快速发展，但横向比，与发达地区和全省平均水平尚存在一定差距，发展不平衡不充分，仍是制约民族地区跨越式发展的短板和瓶颈。民族自治地方的经济基础薄弱，财源税源相对匮乏，基础设施建设、脱贫攻坚、生态环境保护、义务教育、社会保障等刚性需求占比较高，财政自给能力不足。民族自治地方预算缺口由2016年的1550.51亿元增至2020年的2191.97亿元，财力不足，经济发展尚需国家和省级从政策、资金方面给予倾斜支持，对中央和省级扶持项目和资金依赖程度较大。

巩固脱贫成果、防范规模返贫任务艰巨。"十三五"期间，通过民族团结进步示范区建设与脱贫攻坚"双融双促"，脱贫攻坚取得全面胜利，但巩固脱贫成果、防范规模返贫任务艰巨。截至2021年3月底，尚有脱贫不稳定对象716户2229人和边缘易致贫对象800户2530人，总规模达1516户4759人，占全省总规模的15%、12.3%，返贫风险尚未完全消除。

维护团结稳定任务艰巨。云南民族地区发展不平衡、不充分的问题突出，加之民族问题与宗教问题、意识形态问题、边境问题相互交织，影响民族团结、宗教和谐、社会稳定的因素存在多样性和复杂性。虽然边疆长期保持稳定，但内外敌对势力利用民族问题制造分裂颠覆活动、以宗教名义进行非法渗透活动的风险并未完全消除，涉民族宗教因素的网络舆情问题不定期发生，目前有效监测、预防和应对网络舆情的手段单一，网络管控和治理能力还需进一步加强，维稳工作力度还需不断加强。

4."共创联动"合力不足，考核问效力度不够。示范区建设涉及各领域各部门各州（市），是一项涉及面极广的系统性工作，需全方位统筹、系统深入推进。但在实际建设工作中，统筹策划、系统推进还有待向纵深发展，对规划实施情况的跟踪问效力度也有待加强。虽然执行"示范区建设领导小组成员单位年度任务承诺制"，但对示范区建设的目标设定、任务分解、投入保障、工作进度与质量、实施效果等情况的监督问效主要以民宗部门的检查为主，省市级层面对成员单位的跟踪监督问效未落到实处，对各级各部门"共创联动"的激励、约束不够，"共创联动"合力有待提升。

二、取得的经验

在《规划》实施中，云南着眼于不断推动中国特色解决民族问题正确道路的云南实践、积累新时代民族团结进步事业的云南经验、作出铸牢中华民族共同体意识的云南示范，努力做到"立足云南创经验，面向全国做示范"，持之不懈推动民族工作高质量发展，取得了以下几项经验。

（一）坚决维护核心——"千村万寨一个太阳照"。坚持以习近平新时代中国特色社会主义思想为指导，将党的集中统一领导贯穿示范区建设始终，把党领导民族工作的制度优势有效转化为治理效能。坚持从政治上把握民族关系、看待民族问题、推动民族工作，团结带领各族人民在思想上政治上行动上同以习近平同志为核心的党中央保持高度一致，增强"四个意识"，坚定"四个自信"，做到"两个维护"，提升政治判断力、政治领悟力、政治执行力，自觉成为习近平新时代中国特色社会主义思想的坚定维护者、坚持和加强党的全面领导的忠诚践行者、全面从严治党的有力推动者。

（二）完善顶层设计——"在云南，不谋民族工作就不足以谋全局"。高度重视民族工作，做好示范区建设的顶层设计，把示范区建设作为"一把手"工程纳入各级党委重要议事日程，把民族团结进步事业作为党的基础性事业抓紧抓好。加强制度建设，以法治为支撑，以政策为指导，以规划为统领，构建了一套基本完备的制度体系。强化主责主业，把铸牢中华民族共同体意识这条主线作为示范区建设的核心要义，做到职能职责向主线优化、工作措施向主线发力、人员力量向主线加强。抓住关键少数，各地区各部门主要领导干部率先垂范，对标习近平总书记擘画的宏伟蓝图，主动担当作为，狠抓贯彻落实，引领带动广大干部群众同心同德、奋斗筑梦。

（三）坚持人民至上——"各民族都是一家人，一家人都要过上好日子"。始终把"各民族都是一家人"作为处理民族关系的基本立场；把"一家人都要过上好日子"作为为各族群众谋幸福、实现民族团结进步的根本途径，以各族人民对美好生活的向往为奋斗目标，着力解决各族群众最迫切、最直接的困难和问题，不断增进民生福祉，推动各民族共建美好家园、共创美好未来，增强参与中华民族伟大复兴的能力，共享中华民族伟大复兴的成果，不断提升获得感、幸福感、安全感，进一步增强"五个认同"。

（四）紧扣发展主题——"决不让一个民族掉队，决不让一个民族地区落伍"。始终把发展作为解决民族地区各种问题的总钥匙，紧扣云南"少数民族聚居地区普遍发展滞后，而且差距扩大趋势仍未缓解"的现状，把民族地区发展融入全国全省发展大局，坚持分类指导、因地制宜、精准施策，做到"输血"与"造血"并举，"富口袋"与"富脑袋"并重，不断破解发展瓶颈，增强发展动力，提振发展信心，着力解决发展不平衡不充分的问题，推动少数民族和民族地区高质量跨越式发展，同全国一道同步实现小康，开启全面建设社会主义现代化国家新征程。

（五）树立系统观念——"以共同发展促进民族团结，以边疆繁荣促进边疆稳定"。牢固树立"一盘棋"思想，主动服务和融入国家"治国先治边"战略部署，坚持用局部服务全局、保障全局的视角推进示范区建设，把握发展与安全、团结与进步、繁荣与稳定的关系，统筹推进边疆民族地区经济建设、政治建设、文化建设、社会建设和生态文明建设，把各民族的力量与智慧凝聚在发展上、凝集在安全上、凝结在稳定上，形成各民族利益关系的一致性，以共同繁荣发展筑牢民族团结、边疆稳定的物质基础和群众基础。

（六）增强文化认同——"各美其美、美美与共"。始终坚守中华文化立场，坚持社会主义核心价值观引领，坚定社会主义先进文化方向，倡导各美其美、美美与共的文化发展观，把保护传承各民族优秀文化与传承建设各民族共享的中华文化有机结合起来，不断增强各民族文化在中华文化发展进程中的共同性和一体性，构建各民族共有精神家园。坚持各民族文化互通互学互鉴、交往交流交融，使各民族文化繁荣发展的过程成为各民族相知、相亲、相惜的过程，成为民族团结的润滑剂、催化剂、黏合剂，促使各族群众人心归聚、精神相依，像石榴籽一样紧紧拥抱在一起。

（七）强化依法治理——"公有理婆有理，法治才是大道理"。坚定"法律是治国理政最大最重要的规矩",依法治理民族事务,用法治促进民族事务治理体系和治理能力现代化。全面贯彻落实宪法和民族区域自治法、民法典等法律法规,保证各族公民平等享有权利、平等履行义务,不断巩固各族群众的国家意识、公民意识和法治意识。坚持法律面前人人平等,在法治轨道上判断问题、处理问题,积极排查化解涉民族因素的矛盾纠纷,巩固和发展平等团结互助和谐的社会主义民族关系。

(八)秉持人才为本——"石做柱木做柱,干部人才是顶梁柱"。高度重视民族工作干部队伍建设,把培养使用少数民族干部和熟悉民族工作的干部作为民族地区经济社会发展的关键,把懂不懂民族工作、会不会搞民族团结作为考察领导干部的重要内容,大力选拔和使用"明辨大是大非立场特别清醒、维护民族团结行动特别坚定、热爱各族群众感情特别真挚"的好干部,大力培养"感党恩、听党话、跟党走"的各类人才,不断加强干部人才的思想淬炼、政治历练、实践锻炼、专业训练,使一大批各族领导干部和人才成为民族团结进步的中坚力量和坚强保证。

三、下步工作对策建议

(一)"十四五"时期推动示范区建设的总体思路建议。全面贯彻习近平加强和改进民族工作的重要思想,立足云南"民族问题、宗教问题、边境问题相互交织"的突出特点和"边疆、民族、山区、美丽"的新省情深入谋划,找准民族工作的历史脉络、时代要求和工作优势,敢于凸显特色、勇于探索创新、善于发挥优势,干在实处、走在前列、争创一流,努力作出铸牢中华民族共同体意识的云南示范。一是共塑政治信念,在加强党对民族工作的全面领导上作出示范,打牢中华民族共同体政治基础。二是共筑文化认同,在构筑中华民族共有精神家园上作出示范,打牢中华民族共同体文化基础。三是共创美好生活,在推动各族群众共同迈向现代化上作出示范,打牢中华民族共同体物质基础。四是共守民族团结,在促进各民族交往交流交融上作出示范,打牢中华民族共同体社会基础。五是共护边疆安宁,在提升民族宗教事务治理能力和水平上作出示范,打牢中华民族共同体法治基础。

(二)进一步突破经济发展瓶颈,不断缩小发展差距。立足现阶段经济发展现状,聚集发展主要矛盾,坚持"补短板、优结构、促融合、提质效"的发展思路,继续加大民族地区、沿边地区基础设施建设力度,进一步突破基础设施瓶颈制约,夯实民族地区、沿边地区发展基础。结合民族地区、沿边地区经济现状进一步优化投资环境,优化产业结构,合理布局产业,着力培育特色优势产业和支柱产业;推进科技创新建设,提升企业的科技创新能力和核心竞争力,提升造血功能,不断培育和增强自我发展能力，突出创新对现代化经济体系的战略支撑，同时坚持绿色发展理念，防止破坏生态环境，构建区域经济发展支撑体系，不断增强民族地区、沿边地区的经济发展动力，缩小发展差距。

（三）加强防止返贫动态监测和帮扶机制，巩固拓展脱贫攻坚成果。健全返贫监测、监测预警、返贫风险防控、巩固脱贫攻坚成果系列长效机制，完善对农村低收入人群的动态管理机制，提高精准识别质量，不断强化"扶志""扶智"，激发群众内生动力；完善保险、临时救助等综合保障和风险防控机制，全面落实脱贫后的巩固提升计划，依托"一平台、三机制"巩固拓展脱贫攻坚成果，实现与乡村振兴战略的深度融合、有效对接。聚焦散居民族地区和高寒山区，结合当地气候、温度、土壤、生态资源等因素，因地制宜加大特色产业发展力度，将生态资源与乡村振兴的产业优势相融合，进一步提升产业规模经济效益，提高地区抗返贫风险的能力，带动当地群众就业致富，进一步巩固脱贫攻坚成果。进一步深化地质等自然灾害风险调查评价，全面提升自然灾害监测预警水平和防治技术研究，提升加强应急救援技术支撑能力建设，防止因灾返贫。

（四）增强"共创联动"合力，不断健全维稳工作机制。进一步完善工作机制，充分发挥示范区建设领导小组统筹协调职能，进一步强化和压实地方党委、政府组织领导示范区建设的主体责任，增强统筹力度，健全联席会议制度，督促部门履行示范区建设工作的相关职能职责。精准落实各部门、各州市示范区建设规划年度具体目标、实施内容、投入保障等，健全落实跟踪问效问责机制，保障规划实施的进度及质量。聚焦示范区建设过程中的重点领域、短板问题和特殊困难，统筹资金、整合资源，增强"共创联动"合力，进一步推动示范区建设工作向纵深发展。进一步强化和谐稳定工作抓手，健全边境安全稳定工作协调机制和强边固防工作机制，以民族关系协调和宗教工作任务较重的地区为重点，加强对民族团结、宗教和谐及社会稳定形势的分析研判，健全边疆民族地区矛盾纠纷多元化解机制建设，强化多方协作联动，提升数据共享、业务协同和社会化服务水平。积极防范民族宗教领域出现影响和谐稳定的风险隐患，确保民族宗教领域团结稳定。

（调研组成员：孙云霞、王凤岐、查洁贵、刀芳、徐睿）

专家视角

民族团结进步示范区建设彰显了基于云南省情并具有一定普遍意义的实践经验。从不同学科的专业视角出发,对这种经验进行深入挖掘,也同样构成了示范区建设必不可少的一个环节。示范区建设是一个从科学规划到严谨实施的系统工程,也是对新时代云南社会变迁的积极回应,覆盖了政治、经济、社会、文化诸领域,每一个细节都包含着丰富的理论意涵。

云南民族团结进步示范区建设实践[*]

郭思思　郭家骥[**]

党的十八大以来，中国特色社会主义进入新时代。以习近平同志为核心的党中央高度重视民族工作，先后召开两次中央民族工作会议，提出以铸牢中华民族共同体意识为主线，坚定不移走中国特色解决民族问题正确道路，构筑中华民族共有精神家园，促进各民族交往交流交融，推动民族地区加快现代化建设步伐，提升民族事务治理法治化水平，防范化解民族领域风险隐患，推动新时代党的民族工作高质量发展。习近平总书记两次到云南考察，赋予云南建设"我国民族团结进步示范区"的国家使命，要求云南在建设我国民族团结进步示范区上不断取得新进展。云南牢记总书记嘱托，以铸牢中华民族共同体意识为主线，以民族团结进步示范区建设为抓手，开展了一系列创造性实践，取得了民族团结进步示范区（以下简称示范区）建设和铸牢中华民族共同体意识的显著成绩。

一、坚持政治引领，彰显党领导民族工作的制度优势

习近平同志高度重视民族问题，到中央工作后，就一直对多民族云南的民族关系和民族工作给予高度关注。2008年，时任中共中央政治局常委、中央书记处书记、国家副主席的习近平到云南调研，在充分肯定云南民族工作取得的成绩时指出，云南"以科学发展促进民族团结、以民族团结保证科学发展的经验值得推广总结"。2009年1月24日，习近平批示：

云南省委、省政府扎实开展民族工作，促进各民族和睦共处、和衷共济、和谐发展，积累了宝贵经验。希望牢牢把握各民族共同团结奋斗、共同繁荣发展主题，认真搞好深入学习实践科学发展观活动，切实加强少数民族干部队伍建设，全力巩固和发展云南经济繁荣、民族团结、社会稳定的良好局面。

2011年5月，国务院制定的《关于支持云南省加快建设面向西南开放重要桥头

---

[*] 本文是国家社科基金项目"改革开放四十年云南民族工作研究"（项目号XMZ00518XMZ005）的阶段性成果。

[**] 郭思思，云南师范大学法学与社会学学院讲师；郭家骥，云南省社会科学院研究员。

堡的意见》（国发〔2011〕11号）中，明确提出要通过桥头堡建设，"把云南建设成为我国民族团结进步、边疆繁荣稳定示范区"的战略目标，实际上已经把云南民族工作提升到向全国示范的高度。

2011年7月29日，习近平在《中央统战部、国家民委、求是杂志社联合调研组关于云南促进各民族共同团结奋斗、共同繁荣发展的经验与启示的调研报告》上批示：

> 云南省委、省政府从多民族和各民族发展不平衡的省情出发，因地制宜，团结带领全省各族干部群众创造性地贯彻落实中央关于民族工作的决策部署，创造了民族团结和谐的"云南现象"。宣传云南省民族工作的好经验、好做法，有利于推动各级党委和政府围绕促进民族团结、支持民族发展、繁荣民族文化，进一步加强和改进民族工作，使各族人民同呼吸、共命运、心连心的理念深入人心，不断巩固和发展我国各民族共同团结奋斗、共同繁荣发展的良好局面。

2011年9月9日，习近平给云南省委、省政府的批示说：

> 希望你们紧紧抓住中央支持云南建设面向西南开放重要桥头堡和继续实施兴边富民行动的历史机遇，按照实施"十大工程"、完善"十项保障"、完成"五大任务"的基本思路，继续扎实深入开展兴边富民工程，为把云南建设成为我国民族团结进步、边疆繁荣稳定示范区不懈奋斗。

2015年1月19—22日，习近平总书记在云南考察时，对云南民族工作给予了充分肯定："云南民族关系亲密融洽，云南民族工作成绩突出，这是云南最可宝贵的财富"，要求云南要"努力成为我国民族团结进步示范区"。特别强调：云南是全国民族工作任务最重的省份之一，努力成为我国民族团结进步示范区，仍然是云南民族工作的总任务。[1]

2020年1月，习近平总书记再次到云南考察，要求云南要在建设我国民族团结进步示范区上不断取得新进展。

因此，将云南建成我国民族团结进步示范区，是以习近平同志为核心的党中央作出的重大战略决策，既是对云南亲密融洽民族关系和民族工作取得突出成绩的充分肯定，又是对云南为解决民族问题这一世界性难题开拓探路的殷切期望，任务艰巨、责任重大、使命光荣。

回顾中华人民共和国成立70多年、改革开放40多年特别是云南民族团结进步示范区建设10年来的民族工作，我们深深感到，云南民族工作取得的突出成绩不是天上掉下来的，也不是历史发展的自然结果，而是中国共产党开创的中国特色解

---

[1] 参见云南省民族宗教事务委员会编：《云南民族团结进步示范区建设工作手册》，2017年3月编印，第193、194、195、206页。

决民族问题正确道路在云南的实践。在云南民族工作实践中，坚持政治引领，始终是关键一环。

坚持从政治上看待民族问题，加强党对民族工作的领导，这是20世纪50年代初就已经形成、改革开放40年不断加强的云南民族工作核心经验。新中国成立初期，面对"境内阶级斗争与境外帝国主义威胁同时存在，紧张的阶级关系与复杂的民族关系交织在一起"的局面，中共云南省委1950年初就成立了省委民族工作党组，在省委直接领导下负责指导全省的民族边疆工作。1952年10月，为加强对边疆民族工作的领导，成立中共云南省委边疆工作委员会（简称省边委），由时任省委书记兼任边委书记，负责统一领导边疆工作和全省民族工作，并形成省级各部门所涉及的边疆工作均需服从省边委指导的工作机制。"文化大革命"中党的领导受到冲击。1976年，省委成立民族边疆工作委员会领导民族工作。1979年撤销民族边疆工作委员会，成立省委民族工作部，后改设省委民族工作领导小组至今，省委一直有专门机构分管民族工作。多年来，凡是云南民族工作的重大决策，都要由省委民族工作领导小组讨论决定，有的还要由省委常委会讨论决定。坚决贯彻党的路线方针政策和党中央关于民族工作的各项决策部署，坚决同各种破坏、干扰民族团结进步的敌对势力和错误思潮作斗争，确保了云南民族工作沿着正确的政治方向前进。习近平总书记在中央民族工作会议上指出："民族工作是政治性、政策性都很强的工作。要坚持从政治上把握民族关系，看待民族问题。做好民族工作关键在党，中国共产党的领导是民族工作成功的根本保证，也是各民族大团结的根本保证。"[1] 正是因为中国共产党的坚强领导成为民族团结进步的主心骨，所以新中国成立以来特别是改革开放40年来云南民族工作取得了突出成绩，形成了亲密融洽的民族关系，云南各族人民在"汉族离不开少数民族、少数民族离不开汉族、各民族也相互离不开"的基础上，发自内心地形成了"各民族都离不开中国共产党领导"的认知，发自内心地形成了对中国共产党的情感认同，发自内心地喊出了"党的光辉照边疆，边疆人民心向党"的口号。因此，坚持从政治上看待民族问题，加强党对民族工作的领导，为民族团结进步事业持续发展打下了坚实的政治基础。

中国共产党从成立之日起，就把为中国人民谋幸福、为中华民族谋复兴，作为自己的初心和使命。在党的领导下，中华人民共和国从成立之日起，就把构建各民族平等团结、友爱合作的中华民族大家庭作为自己的一个重要目标。1949年《中国人民政治协商会议共同纲领》提出："使中华人民共和国成为各民族友爱合作的大家庭。"1951年，云南普洱专区各族人民立碑盟誓："从此我们一心一德、团结到

---

[1] 中共中央文献研究室编：《习近平关于社会主义政治建设论述摘编》，中央文献出版社，2017年，第161页。

底，在中国共产党的领导下，誓为建设平等自由幸福的大家庭而奋斗。"这个誓词，代表了全省各族人民的共同心愿。从那时起，中华民族大家庭中"各民族都是一家人，一家人都要过上好日子"的信念，就深深铭刻在云南各族人民的心里。成为全省各民族干部的执政理念，成为全省民族工作的根本目的和根本方法，成为全省各族群众共同团结奋斗的思想基础。习近平总书记指出："中华民族和各民族的关系，形象地说，是一个大家庭和家庭成员的关系，各民族的关系是一个大家庭里不同成员的关系。"[1]"中华民族是一个大家庭，一家人都要过上好日子。"[2]"各民族都是一家人"，是中华民族大家庭中各民族平等团结、亲如兄弟姐妹关系的真实写照，是处理民族关系的世界观和基本立场，是中国共产党民族理论政策的基石。"一家人都要过上好日子"，是中国共产党为各族人民谋幸福，为中华民族谋复兴的真诚追求，是做好民族工作的根本途径和根本方法，也是中国共产党民族理论政策的本质和核心。云南在多年民族工作实践中积淀形成的"各民族都是一家人，一家人都要过上好日子"的信念，就为云南民族团结进步持续发展，打下了坚实的思想基础。[3]成为中华民族伟大复兴中国梦云南篇章的重要内容，推动云南民族工作取得了突出成绩，形成了亲密融洽的民族关系。

云南民族众多、少数民族人口占全省三分之一且遍布全省所有地区，各民族发展极不平衡等基本省情和客观实际，使民族问题在云南不是某一地区、某一部门的问题，而是涉及全省所有地区、所有部门的全局性大问题。民族问题在云南除具备自身固有的长期性、复杂性、重要性等特点外，还具有全局性特点。这一特点就使民族问题对云南的政治、经济、文化、社会和生态各方面产生全面影响，自然成为关系全省发展和稳定的重大问题。因此，历届省委、省政府高度重视民族问题和民族工作，提出"在云南，不谋民族工作就不足以谋全局"的指导思想，构建起党委领导、政府负责、人大抓法制、政协抓监督，有关部门协同配合，全社会通力合作的民族工作机制，加强对民族工作的领导。县以上各级党委成立民族工作领导小组，各级政府的民族工作事务机构不断得到加强，全省各级党委、政府把民族工作置于全局工作的突出位置，列入重要议事日程。定期召开会议分析研判形势，主动研究民族工作，主动解决民族问题，搞好民族工作顶层设计，把握民族工作主动权。认真和充分倾听、了解和关心各族群众的需求，正确对待各族群众的合理诉求，不断

---

[1] 中共中央文献研究室编：《习近平关于社会主义政治建设论述摘编》，中央文献出版社，2017年，第150页。

[2] 习近平：《在全国民族团结进步表彰大会上的讲话》，载《人民日报》，2019年9月28日。

[3] 参见徐畅江：《从云南经验看如何走好中国特色解决民族问题的正确道路》，载《中国民族报》，2017年5月5日。

密切党和政府与各族群众的血肉联系，使党和政府及其各级组织成为各族群众信任和依靠的主心骨。[1] 坚持"团结、教育、疏导、化解"的方针，正确区分和处理两类不同性质的矛盾，始终坚持把团结信任依靠大多数作为处理矛盾问题的重要原则，把工作做在平时，把问题解决在基层，把矛盾纠纷化解在萌芽状态。为民族团结进步事业持续发展，打下了坚实的工作基础。

二、科学制定规划，强化示范区建设组织领导体系

示范区建设从国务院文件提出概念到开展实施，云南省委、省政府多次召开会议进行研讨部署，先后出台了一系列政策规划并付诸实施。2011年国务院国发11号文件出台后，云南省抓紧调研制定具体政策。2012年5月25日，中共云南省委九届三次全会通过了《中共云南省委云南省人民政府关于建设民族团结进步边疆繁荣稳定示范区的意见》（云发〔2012〕9号），首次对示范区建设作出系统规划。提出示范区建设要"以共同发展促进民族团结，以边疆繁荣促进边疆稳定"为指导思想，坚持"全面统筹，重点突破；立足跨越，先试先行；政策拉动，项目推进；群众至上，共建共享"四条基本原则。在民族经济发展、民生改善保障、民族文化繁荣、民族教育振兴、生态文明建设、民族干部培养、民族发展建设、民族理论研究、民族工作创新、民族关系和谐十个方面作出示范，实现少数民族和民族地区发展、民族团结进步事业、边疆繁荣开发三大跨越，2015年取得明显成效，2020年全面建成示范区。[2]

2014年中央民族工作会议召开和2015年1月习近平总书记考察云南后，为贯彻会议精神和总书记讲话精神，云南省委、省政府于2015年3月出台了《关于加强和改进新形势下民族工作的实施意见》（云发〔2015〕6号），从推进民族地区基础设施建设和城镇化进程、做大做强特色经济、推动民族地区开发发展、推进科学扶贫和精准扶贫、大力推进基本公共服务均等化、大力发展民族教育、大力繁荣民族文化、加快推进生态文明建设、加大金融和财政支持力度、建立健全维护民族团结长效机制、大力开展民族团结进步创建活动、构筑各民族共有精神家园、做好城市和散居民族工作、加强民族理论政策宣传研究、加强民族法制建设、依法妥善处理涉及民族因素问题、加强民族工作体制机制建设、加强少数民族人才队伍建设、加强民族地区基层组织和政权建设20个方面，提出了加强民族工作、推进示范区

---

[1] 参见徐畅江：《从云南经验看如何走好中国特色解决民族问题的正确道路》，载《中国民族报》，2017年5月5日。

[2] 参见徐畅江：《民族关系的国家建构——以云南为例》，知识产权出版社，2014年，第169页。

建设的具体政策并付诸实施。[1]

2015年8月，为加快推进示范区建设，云南省委、省政府又专门出台《关于加快建设民族团结进步示范区的实施意见》（云发〔2015〕20号），提出到2020年全面建成小康社会，全面建成民族团结进步示范区的目标，并从着力促进经济跨越式发展、着力保障和改善民生、着力提升民族文化软实力、着力振兴民族教育、着力加强少数民族干部人才队伍建设、着力推进民族宗教工作法治化、着力推动民族团结进步示范创建、着力推动民族宗教关系和谐、着力加强城市和散居民族工作、着力推动示范区建设理论研究创新10个方面，制定了专门推动示范区建设的政策措施。[2]

2016年12月，中国云南省第十次党代会把"民族团结进步示范区建设扎实推进"列为云南"十三五"期间五大奋斗目标之一。2017年2月，为配合"十三五"规划的实施，云南省委、省政府出台《云南省建设我国民族团结进步示范区规划（2016—2020年）》。规划以习近平总书记系列重要讲话和考察云南重要讲话精神为指导，牢牢把握"中华民族一家亲、同心共筑中国梦"的民族工作核心任务，提出"实现小康同步、公共服务同质、法治保障同权、精神家园同建、社会和谐同创"的建设思路，将目标从原来的10大示范凝练为民主持续改善、发展动力增强、民族教育促进、民族文化繁荣、民族团结创建、民族事务治理6大示范，具体分解为6大工程、30个项目、33项指标，一系列保障措施，使规划具备了很强的可操作性，[3]成为云南全省各级各部门落实示范区建设的具体行动纲领。

2018年1月，中共云南省委十届四次全会通过的《中共云南省委关于深入学习贯彻党的十九大精神促进云南跨越式发展的决定》，把云南建设成为我国民族团结进步示范区的目标时间，从原定的2020年，调整为2035年。

自上而下、顶层设计、高位推动是示范区建设最显著的特征。在以习近平同志为核心的党中央顶层设计和高位推动下，2013年云南省委、省政府成立了以省委书记为组长，省长任常务副组长的示范区建设领导小组，省委、省政府分管领导任副组长、29个省级部门为成员单位。2017年12月，示范区领导小组与省委民族宗教工作领导小组合并，成立省委民族团结进步示范区建设暨民族宗教工作领导小组，

---

[1] 参见云南省民族宗教事务委员会编：《云南民族团结进步示范区建设工作手册》，2017年3月编印，第38—62页。

[2] 参见云南省民族宗教事务委员会编：《云南民族团结进步示范区建设工作手册》，2017年3月编印，第12—37页。

[3] 参见云南省民族宗教事务委员会编：《云南民族团结进步示范区建设工作手册》，2017年3月编印，第64—80页。

成员单位扩展为41个。领导小组实行成员单位年度任务承诺制和示范区建设目标任务考核奖惩制。成员单位每年向领导小组签署支持示范区建设年度任务承诺书，将示范区建设情况列入省对州市党政领导班子、县委书记和省级部门省管干部班子、领导干部年度综合考评内容。2017年度，27个领导小组成员单位承诺任务140项，承诺投入资金771.8亿元，实际投入资金974.1亿元，完成承诺资金的126%。2018年度，27个领导小组成员单位共承诺具体工作任务127项，承诺投入资金698亿元。各州市、县（市、区）全部成立了示范区建设领导小组，除个别外均由党委一把手担任领导小组组长，把示范区建设作为一项重大而紧迫的政治任务列入"一把手"工程来统筹谋划。为确保领导小组运行通畅，部分州市如大理州和楚雄州及其所辖县市，还实行双组长制，由党政正职担任领导小组组长。各地还积极探索部门间沟通协调机制，例如，怒江州政府建立了民族团结进步示范州建设联席会议制度，设立了总召集人、召集人、18个州直部门主要负责人或分管领导为成员，明确了工作制度和要求，明确了联席会议和成员单位的主要职责，为扎实推进示范区建设提供了有力的组织保障。[1]

省级相关部门积极主动向国家对口部委汇报示范区建设情况争取支持。国家民委积极支持云南示范区建设，分别于2011年7月和2016年12月两次与云南省政府签署示范区建设《合作协议》，支持云南在重点领域和关键环节大胆探索、先行先试，协调国家有关部委对示范区建设给予倾斜帮助。国家民委安排云南省中央少数民族发展资金由2012年的4.16亿元增加到2019年的9.04亿元，年均增长11.7%。[2] 2014年10月，国家九部委联合就支持云南创建民族团结进步示范区形成9个方面14项政策措施。2016年，国家民委与发改委共同出台关于支持云南怒江、四川凉山、甘肃临夏3个民族自治州加快建设小康社会进程的若干意见，又协调交通运输部投入62.5亿元，对直过民族、人口较少民族和边境沿线9049个自然村的2.5万条公路道路实施硬化建设给予特殊支持。部省合作机制的建立，国家相关部委特别是国家民委的关心支持和帮助，使示范区建设真正成为全国的重要工作，为扎实推进示范区建设注入了强大动力。[3]

民族团结说到底是人和人的团结，要靠人来做人的工作，从事民族工作干部的

---

[1] 参见云南省民族宗教事务委员会：《民族团结进步示范区建设可复制经验研究综合报告》，2018年9月打印文稿，第11、12页。

[2] 参见《云南创新推动新时代民族团结进步事业发展——共同团结奋斗 共同繁荣进步》，载《云南日报》，2019年10月29日。

[3] 参见《讲好民族团结"云南故事"传递和谐发展"云南声音"——云南建设我国民族团结进步示范区访谈录》，载《民族画报》，2017年增刊。

特殊重要性由此就充分显示出来了。早在20世纪80年代，云南省委就提出"在云南工作，不重视民族工作，不研究民族问题，就是不称职的领导干部"的观点，要求在云南工作的所有干部特别是各级领导干部，都要主动研究民族问题，开展民族工作。省委、省政府始终坚持抓好"两支队伍"建设，把培养使用少数民族干部和熟悉民族工作的民族地区干部作为解决民族问题、做好民族工作的关键。一方面大力培养、大胆选拔、充分信任、放手使用少数民族干部，不断提高他们的能力和水平，保持25个世居少数民族都有1名以上干部担任省级机关厅局领导职务，一大批把自己的前途、民族的希望与党的事业紧密联系在一起的优秀少数民族干部奋斗在民族地区第一线，为推进民族团结进步事业发挥着不可替代的作用。另一方面培养一大批懂得民族政策、了解民族情况、熟悉民族工作的各族干部和各类人才，让他们互相尊重、互相学习、互相支持，以党和国家事业为重，以造福各族人民为念，齐心协力做好工作。使各民族干部成为民族团结进步的中坚力量和坚强保证。因此，坚持"不懂民族工作的领导干部不称职"的干部标准，为民族团结进步事业持续发展，打下了坚实的干部基础。

深入贯彻落实习近平总书记在中央民族工作会议上提出的民族地区好干部标准和省委提出的打造"云岭铁军"的要求，努力培养一支宏大的少数民族干部队伍和一支熟悉民族工作的干部队伍。省委、省政府紧紧围绕示范区建设大局谋划"两支队伍"的培养使用，明确提出，民族自治地方党委班子及少数民族人口较多的市、县（市、区）、乡（镇、街道）党政领导班子，要各配备1名以上少数民族干部；"十三五"末努力实现省级机关、事业单位和群团组织的领导班子中至少配备1名以上少数民族干部；保持25个世居少数民族都有1名以上干部担任省级机关厅级领导干部。到2017年8月，全省16个州市党委领导班子和政府领导班子全部配备了少数民族干部，129个县（市、区）党政领导班子中，95%的党委班子配备了少数民族干部，87%的政府班子配备了少数民族干部。[1] 要求汉族干部要对少数民族群众充满感情，认真学习马克思主义民族理论和党的民族政策，熟悉民族工作，增强做好民族工作的本领。两支队伍相互支持、同心发力，为示范区建设提供了强大支撑。

全面深入持久开展民族团结进步创建工作，实行省、市、县、乡、村五级联创，把创建工作融入各部门、各行业、各领域。按照省委、省政府部署，省民族宗教委于2013—2015年实施了示范区建设"十县百乡千村万户"示范创建工程三年行动计划，三年间累计投入各类资金约126亿元，实施了10个示范县、100个示范乡镇（特色乡镇）、1078个示范村（特色村、社区）和1万户民族团结进步示范户建设。按

---

[1] 参见云南省民族宗教事务委员会：《民族团结进步示范区建设可复制经验研究综合报告》，2018年9月打印稿，第18页。

照"有基础、有特色、有经验、能示范"的原则,在各州市县申报的基础上遴选,覆盖了全省16个州市的129个县市区,覆盖了25个世居少数民族。示范创建项目以实施乡镇以下民生项目为重点,以整村、整乡、整县为单元推进区域开发和精准扶贫相结合,连片改善到村到户的基础设施、基本公共服务和群众生产生活条件,培育壮大富民产业,通过整合资源、层层抓点、合力攻坚,打造了一批类型多样、各具特色、具有标杆性的示范典型,创建工程取得了良好效果,涌现出怒江州独龙江、大理州郑家庄、昆明市金星社区等一大批示范典型。[1]2016年又启动了实施第二轮"十县百乡千村万户"示范创建工程三年行动计划,再创建10个示范县、100个示范乡镇、1000个示范村、1万户示范户,推动示范区建设,形成以点串线、以线连片、以片带面的创建格局,以期真正创造出可复制、能推广的成功示范经验。

在省级层面开展示范创建工程的同时,积极参与全国民族团结进步创建活动。大理州、西双版纳州、楚雄州、普洱市、昆明市等6个州(市)被国家民委命名为"全国民族团结进步创建活动示范州(市)",昆明市金星社区等59个单位被命名为"全国民族团结进步创建活动示范单位",怒江州泸水县片马抗英纪念馆等10个单位被命名为"全国民族团结进步教育基地",命名数量位居全国前列。2019年,39个集体和42名个人被国务院表彰为全国民族团结进步模范集体和模范个人;2020年,50个集体和100名个人被省政府表彰为全省民族团结进步模范集体和模范个人。[2]

各州(市)、县也结合各自实际,确定州(市)、县层面的示范创建工程,各地各部门之间相互"取经送宝",各示范点之间"比学赶帮超",营造了"民族工作大家做,民族团结一家亲",人人争当民族团结进步模范的浓厚氛围。全国其他许多省(市、区)也先后到云南考察交流民族工作和示范创建工作,示范区建设的示范效应得以初步显现。[3]

三、坚持发展为要,以脱贫攻坚强力推进示范区建设

习近平总书记考察云南时指出,做好云南民族工作,最大的挑战是少数民族发展普遍比较滞后,而"发展是解决民族地区各种问题的总钥匙"。省委、省政府深

---

[1] 参见云南省民族宗教事务委员会示范创建处:《第一轮"十县百乡千村万户"示范创建工程(2013—2015)实施情况调研报告》,见云南省民族宗教事务委员会编:《云南民族工作调研报告集(2016)》,云南民族出版社,2017年,第5页。

[2] 参见云南省民族宗教事务委员会:《云南"十四五"民族团结进步示范区建设思路和举措研究》,2020年打印稿。

[3] 参见云南省民族宗教事务委员会:《民族团结进步示范区建设可复制经验研究综合报告》,2018年9月打印稿,第17页。

刻学习领会习近平总书记的指示精神，始终把解决发展不平衡和缩小发展差距作为民族工作的主要任务，把脱贫攻坚作为头等大事和第一民生工程，按照不愁吃、不愁穿，义务教育、基本医疗和住房安全有保障的"两不愁、三保障"目标，坚持"精准扶贫、精准脱贫"方略，采取"发展生产脱贫一批、易地搬迁脱贫一批、生态补偿脱贫一批、发展教育脱贫一批、社会保障兜底一批"的措施，构建起"党政领导负总责""五级书记抓扶贫、党政同责促攻坚"的工作格局。统筹推进示范区建设和脱贫攻坚工作，坚持"双推动、双融合、双促进"，探索符合时代特征、具有云南特点的脱贫攻坚之路和民族团结进步之路。加大民族地区产业扶贫力度，大力扶持发展农、林、牧特色产业和民族文化旅游业，促进民族特色旅游与城镇、文化、产业、生态、乡村建设等融合发展。

2015年《云南省深入实施兴边富民工程改善沿边群众生产生活条件三年行动计划（2015—2017）》启动实施，累计投入资金129.5亿元，使373个沿边行政村、111.7万人受益，进一步增强了沿边各族群众守土固边的责任心和自豪感，成为深受欢迎的国门工程。2018年，第二轮沿边三年行动计划又开始启动并积极推动实施。2016年启动实施《云南省全面打赢"直过民族"脱贫攻坚战行动计划（2016—2020）》，至2017年已完成项目资金投入82.5亿元，减少"直过民族"聚居区建档立卡贫困人口3万户11万人。加快推进迪庆藏族聚居区、怒江州、镇雄彝良威信革命老区脱贫攻坚3个专项行动计划，累计到位资金分别达到43.06亿元、126.7亿元和80.89亿元。加强东西部扶贫协作和对口支援，与上海市对口帮扶协作范围从4个州市26个贫困县扩大到12个州市71个贫困县。在全国率先开展国有大型企业帮扶直过民族和人口较少民族脱贫发展，探索形成"一个民族一个行动计划""一个民族一个企业帮扶"的具有云南特色的脱贫攻坚之路。长江三峡集团、中国华能集团、中国大唐集团、云南中烟工业公司、云南省烟草专卖局（公司）等中央和省级企业集团，"十三五"期间拟投资64.5亿元，集中帮扶布朗族、阿昌族、怒族、普米族、景颇族、拉祜族、佤族、傈僳族脱贫攻坚，涉及8个州市21个县区市，截至2017年已到位资金32.5亿元。组织实施人口较少民族综合保险和学生助学补助工作，以政府购买公共服务的方式，向8个人口较少民族群众聚居的395个行政村78万各族群众提供农房险、人身意外伤害险，对高中和大学在读学生给予生活补助，有效缓解了人口较少民族因残、因灾、因学致贫返贫。[1]

经过长期艰苦努力，云南民族地区贫困发生率大幅下降，建档立卡贫困户逐年脱贫，截至2018年底，全省346.9万少数民族建档立卡贫困人口中，75.8%已经摆

---

[1] 参见《讲好民族团结"云南故事"传递和谐发展"云南声音"——云南建设我国民族团结进步示范区访谈录》，载《民族画报》，2017年增刊。

脱贫困；24个贫困民族自治县中，14个摘除了贫困县"帽子"，11个"直过民族"和人口较少民族中，独龙、德昂、基诺三个民族率先实行整族脱贫。[1]2019年4月10日，习近平总书记给独龙族乡亲们回信，勉励实行整族脱贫的独龙族群众同心协力建设好家乡，守护好边疆，努力创造独龙族更加美好的明天。总书记的回信在全省各族干部群众中产生了强烈反响，大家纷纷表示，要在总书记的鼓舞、激励和鞭策下，以更强的信心、更实的举措、更大的干劲，坚决打赢脱贫攻坚战，与全国一道进入全面小康社会。[2]脱贫攻坚工作的强力推进，有力推动了云南少数民族和民族地区实现跨越式发展，2015—2019年，全省民族自治地方生产总值年均增长9.5%，经济社会发展主要指标年均增幅均高于全省平均水平。[3]

少数民族群众绝对贫困问题的解决，民族地区与全国发展差距的缩小，自然成为民族团结进步的巨大推动力，从而为民族团结进步示范区建设注入强大动力；而示范区建设中的经济发展和民生改善工作，反过来又促进了脱贫攻坚工作的深入开展。国家民委多次联合有关单位到云南调研，将云南推进扶贫开发与示范区建设"双推动、双融合、双促进"的成功经验报送中央。

云南省委、省政府坚持以民生改善支撑示范区建设，大力加强交通、水利、电力、网络建设。2019年，民族地区通航运营机场9个，4个自治州进入高铁时代，7个自治州中35个县通高速公路，58个县通高等级公路。民族地区所有乡镇和建制村都已实现100%通硬化路，100%通邮。全省农村集中供水率已达93%以上，自来水普及率达90%以上，水质合格率基本达到全国平均水平，行政村实现4G网络、宽带全覆盖，无电人口通电问题全部解决。

将教育作为阻断贫困代际传递和增强少数民族自我发展能力的重要工作，大力发展民族教育。率先在迪庆州、怒江州实施14年免费教育，开展迪庆州、怒江州中等职业教育全覆盖试点。对普通高中3年阶段家庭经济困难的在校生按照每生每年3000元的标准给予生活费补助，逐步在直过民族和人口较少民族聚居区、边境县、民族自治地方推行普通高中3年免费教育。加强国家通用语言文字普及推广，创建普及普通话示范村700个，完成2370所学校语言文字规范化建设达标工作。[4]认真

---

[1] 参见《云南创新推动新时代民族团结进步事业发展——共同团结奋斗 共同繁荣进步》，载《云南日报》，2019年10月29日。

[2] 参见《云南创新推动新时代民族团结进步事业发展——共同团结奋斗 共同繁荣进步》，载《云南日报》，2019年10月29日。

[3] 参见云南省民族宗教事务委员会：《云南"十四五"民族团结进步示范区建设思路和举措研究》，2020年打印稿。

[4] 参见云南省民族宗教事务委员会：《云南"十四五"民族团结进步示范区建设思路和举措研究》，2020年打印稿。

贯彻国家民委、教育部、国家语委联合下发的《关于在云南直过民族聚居区普及国家通用语言工作方案》，对独龙族等9个直过民族普及国家通用语言，确保到2020年45岁以下人口能熟练使用国家通用语言进行交流。[1] 截至2019年5月，全省正式挂牌民族学校489所，少数民族在校生462.56万人，民族地区所有义务教育学校全部达标。

让各族群众拥有更稳定的就业。实施就业培训工程，对民族地区贫困群众给予100%就业培训，100%提供岗位推荐等就业服务，调整提高各类培训补贴标准，最高达1600元。加强东西部扶贫协作，建立从动员到培训、输出、管理、服务的全链条工作机制，推动少数民族贫困人口向"长三角"、"珠三角"、城镇及二三产业转移就业，2019年全省全年新增转移就业125.11万人，其中直过民族12.86万人。

让各族群众拥有更好的医疗卫生服务。2016—2019年筹措下达民族地区卫生健康事业发展资金87.07亿元，支持民族地区公立医院综合改革、基层卫生机构改革发展、传染病防控和深化医疗卫生体制改革工作。全省民族地区医疗卫生机构床位由2014年的10.2万张增加到2018年的13.9万张，卫生人员由11.9万人增加到17.7万人。全面建立基本医保、大病保险、医疗救助、医疗费用兜底"四重保障"。截至2020年5月底，全省民族地区建档立卡贫困人口有453.39万人次享受医保待遇，民族地区贫困群众100%参加基本医保和大病保险。

让各族群众拥有更舒适的居住条件。把民族地区作为全省易地扶贫搬迁的重要战场，安排39个"直过民族"地区易地扶贫点建设，投入资金190.18亿元，安排公共服务基础设施建设资金19.60亿元，完成了"直过民族"地区32.6万人的易地搬迁。统筹危房改造和人居环境改善，民族地区4类重点对象危房改造全部完成。

让各族群众拥有更完备的社会保障。2016年至2020年5月，全省民族地区累计支出农村低保资金184.55亿元；累计支出临时救助资金16.85亿元，救助困难群众201.73万人次。2016年，建立云南省农村留守儿童关爱保护工作联席会议制度，现在全省共配备乡镇儿童督导员1841名，村（居）委会儿童主任14945名，实现全省乡镇（街道）儿童督导员、村（居）委会儿童主任全覆盖。2016年至2020年，中央和省级投入民族地区养老服务体系建设补助资金超过8.6亿元，建设城市公办养老机构66家、农村敬老院324家，城乡居家养老服务中心817家。[2]

示范区建设充分体现了"全面建成小康社会，一个民族都不能少"的庄严承诺。

---

[1] 参见《讲好民族团结"云南故事"传递和谐发展"云南声音"——云南建设我国民族团结进步示范区访谈录》，载《民族画报》，2017年增刊。

[2] 参见云南省民族宗教事务委员会：《云南"十四五"民族团结进步示范区建设思路和举措研究》，2020年打印稿。

发展是解决民族地区各种问题的总钥匙。面对少数民族发展普遍比较滞后这一云南民族工作的最大挑战，针对云南民族地区与全国全省发展水平差距较大的现实，云南省委、省政府按照全国人民共同富裕和各民族共同繁荣这一社会主义制度的本质要求，做出"全面建成小康社会，一个民族都不能少"，"现代化进程中，决不让一个民族掉队，决不让一个民族地区落伍"的庄严承诺。为了履行和兑现这一承诺，省委、省政府把解决发展不平衡和缩小发展差距作为民族工作的主要任务，采取倾斜政策，制定实施了一批促进少数民族和民族地区经济跨越式发展的规划和工程，公共财政、公共设施、公共服务、重大产业项目布局和用地保障向民族地区倾斜，保持民族自治地方、边境县的预算内固定资产投资增长高于全省平均水平，提高财政均衡性转移支付系数，加大边境地区转移支付，适当超前和优先加强基础设施建设，推动实现民族自治地方经济增长速度和城乡居民人均可支配收入增长幅度高于全省平均水平。结合国家扶持少数民族和民族地区的一系列政策规划，按照少数民族群众直接受益的原则，实施了兴边富民工程，扶持人口较少民族发展，直过民族脱贫攻坚行动计划，扶持特困民族和散居民族发展等惠民项目，确保如期实现全面脱贫，全面小康。立足当前改变一代人，着眼长远培养一代人，不断提高各族群众自身素质，增强自我发展能力，最大限度激发各族群众共同参与民族团结进步示范区建设的内生动力，让各族群众有事干、有钱赚、有盼头，为各民族融入时代发展和社会进步创造机会，提供条件，把各民族的智慧和力量凝聚到发展上，为民族团结进步持续发展，打下了坚实的发展基础。

云南采取积极措施以边境发展稳定推动示范区建设。2015年以来，投入资金388.7亿元，连续实施两轮"兴边富民工程改善沿边群众生产生活条件三年行动计划"，373个沿边行政村边民的居住、教育、医疗、交通、通信、饮水等条件极大改善，增收致富渠道不断拓展。2019年，25个边境县GDP达到2484.8亿元；人均GDP达到35341元，占全省平均水平的73.7%；农村居民人均可支配收入11594元，占全省平均水平的97.4%；沿边地区农村居民人均可支配收入从2014年的4974元增加到2019年的9817元，年均增长率比全省平均水平高5%；边民补助从2018年前的户均1000元提高到现在的人均2500元，吸引了大批边民抵边居住，截至2020年6月，373个沿边行政村户籍人口95.9万人，比2015年增加3.3万人，[1]边民的国家意识、国民意识、国防意识和"五个认同"意识不断增强。2020年4月，云南省委、省政府出台《云南省边境小康示范村建设方案》，按照产业支撑、文旅融合、生态宜居、边贸助推、睦邻友好5种类型，打造30个"基础牢、产业兴、环境美、生活好、边

---

[1] 参见云南省民族宗教事务委员会：《云南"十四五"民族团结进步示范区建设思路和举措研究》，2020年打印稿。

疆稳、党建强"的边境小康示范村，必将为全省民族团结进步示范区建设提供更强推动力。

四、坚持文化浸润，不断增强各族群众的中华文化认同

示范区建设坚持繁荣发展民族文化，构筑中华民族共有精神家园。云南少数民族文化是中华民族文化的重要瑰宝。20世纪60年代，一批以云南少数民族生产生活为题材的文化作品如《五朵金花》《阿诗玛》等，风靡全国，在给人们带来美好精神享受的同时，也极大地增进了中华民族大家庭中各民族的相互了解和友谊。改革开放以来，随着对外交往扩大和现代化发展，云南民族文化多样性的珍贵价值日益凸显，云南省委、省政府率先在全国提出并实施建设民族文化大省和民族文化强省战略，采取一系列措施保护传承、繁荣发展各民族优秀文化。创造了用民族文化推动经济社会发展、用民族文化促进生态环境保护、用民族文化增进民族团结、结合民族文化加强基层党建工作、用民族文化开展民族团结教育、用跨境少数民族文化交流促进边疆繁荣稳定的成功实践。同时以社会主义核心价值观为统领，大力发展民族教育，提高各族群众科学文化素质；加强民族团结教育、国家通用语言文字教育、爱国主义教育，引导各民族树立正确的祖国观、民族观、文化观、历史观、宗教观；以春节、中秋节等全国性各民族共有节日，泼水节、火把节、三月街节、阔时节等区域性各民族共有节日为突破口，树立和突出各民族共享的中华文化符号；以中华大地壮美山河（包括云南的名山大川）、中华民族爱国英雄人物（包括云南各民族爱国英雄人物）等为标识，树立和突出各民族共享的中华民族形象。既增强了各民族群众的自信心、自豪感，也培育了各民族"各美其美"的文化自觉、文化自信和文化自强意识，"美人之美"的文化尊重、文化开放和文化包容意识，更增强了各民族"美美与共"的中华文化是各民族文化的集大成、是各民族共有精神家园的认知。使各民族文化繁荣发展的过程成为各民族相知、相亲、相惜的过程，成为民族团结的润滑剂、催化剂、黏合剂，增强了各民族对中华文化的认同，构筑起中华民族共有精神家园，为民族团结进步事业持续发展，打下了坚实的文化基础。

习近平总书记考察云南时指出，云南少数民族文化是中华民族文化的重要瑰宝，要积极加以支持和发展。云南省委、省政府高度重视少数民族文化的保护、传承与开发利用工作，省级每年安排2000万元世居少数民族文化抢救保护经费，1500万元世居少数民族文化精品工程专项经费。2016年启动实施民族文化"双百工程"，用5年时间，重点推出100名全国知名的民族民间文化传承创新带头人，打造100个全国知名的带动民族文化产业发展的民族文化精品项目，以"百名人才"传承带

动保护，以"百项精品"引领发展，二者相互衔接、互为补充、共同发展，使一大批少数民族语言文字、音乐舞蹈、传统技艺得到有效保护和传承，民族地区公共文化设施和服务体系逐步完善，民族文艺和民族体育蓬勃发展，民族文化传播能力全面提升，推出了一批民族文化艺术精品和民族文化旅游精品，各民族文化共生共荣、和谐发展的局面不断巩固。2009年至今累计建设680个民族特色村寨，其中154个被国家民委挂牌命名为"中国少数民族特色村寨"，成为民族文化的品牌、特色旅游的名片和展示美丽云南的窗口。积极举办各级各类民族文化活动，举办全省民族运动会、少数民族文艺汇演、民族民间歌舞乐展演、传统戏剧曲艺汇演，2016年起连续每年组织举办"七彩云南（国际）民族赛装文化节"，推动各民族文化创新发展和交流互鉴。

宗教和谐和顺是示范区建设的重要工作。2016年，省委、省政府出台《关于加强和改进新形势下宗教工作的实施意见》，省政府颁布了《云南省宗教事务规定》，省政府办公厅下发了《关于解决我省宗教工作有关问题的通知》，明确要求保证县级民族宗教事务部门行政执法主体资格，增加了全省性宗教团体人员编制和工作经费、省级宗教院校人员编制和在校生补助、宗教活动场所修缮和宗教院校补助经费，提高了宗教界代表人士生活补助，解决了宗教工作长期存在的实际困难，调动了宗教界人士参与示范区创建的积极性。

深入开展"和谐寺观教堂"创建活动，促进宗教领域和谐和顺。每三年开展一次省级创建命名活动，对被命名的和谐寺观教堂每个给予10万元以奖代补创建经费，2015年以来，共创建200个省级和谐寺观教堂，先后有56个宗教活动场所、5个宗教团体和20名宗教界人士被授予全国创建和谐寺观教堂先进集体和先进个人荣誉。文山州田心清真寺在开展和谐寺观教堂创建中，积极搭建各民族交流平台，在清真寺奏唱国歌，挂牌成立"砚山县民族团结教育培训中心"，开展民族团结教育培训。丽江市将民族团结进步示范区建设与"和谐寺观教堂"创建紧密结合，"双创双推"确保了丽江民族宗教领域"大事不出、小事也不出"。特别是涉藏维稳工作中领导干部挂联重点村社、重点寺庙、重点人员和基层组织、乡镇街道，有关部门包寺、包村、包人的"三联三包"工作机制，发挥了重要作用。迪庆州对辖区寺院、僧人按照现代社区管理模式进行社区化管理，开展"亲情式"服务，将宗教教职人员纳入社会保障公共服务体系的同时，落实宗教教职人员惠民政策，建立寺庙管理委员会成员和宗教代表人士生活补贴制度，解决宗教教职人员的后顾之忧，使其居安而不思乱，与普通群众一道享受改革开放成果。[1]

---

1 参见云南省民族宗教事务委员会编：《云南民族宗教工作调研报告集（2018）》，云南民族出版社，2019年，第8页。

云南宗教界发挥宗教文化交流优势，举办大理"崇圣论坛"，围绕"一带一路"倡议，探讨人间佛教的理论和实践，促进社会和谐；举办"南传佛教高峰论坛"，加强与南亚、东南亚国家佛教界人士和跨境少数民族之间的交流互动，促进跨境少数民族关系和谐；开展"中华一家亲""七彩云南宝岛行"宗教文化交流活动，建立完善云南与台湾少数民族、港澳同胞的长效互访机制，通过沟通交流增进相互了解和友谊。宗教和谐和顺为示范区建设发挥了积极的促进作用。

五、坚持"三交"固本，构建民族团结制度化长效机制

云南历史上就是一个多民族大杂居、小聚居的地区，云南各民族交往交流交融已有几千年的历史。早在2000多年前，秦汉中央王朝就通过开道、设郡、置吏等措施，将边远、蛮荒的云南纳入中国版图。唐宋时期，南诏大理国完成了对云南的地区性初级统一，为元代更高层次的全国大统一奠定了基础。忽必烈平大理国实现了云南与全国更高层次的大统一。明代将数百万汉族移民迁入云南，使云南的汉族人口从此超过任何一个少数民族。清代改土归流后，汉族移民在云南完成了由点到线、由线到面、遍及全省所有地方的分布格局，各民族的交往交流交融自然也就遍及全省所有地方。中华人民共和国成立后特别是改革开放以来，大规模的现代化建设席卷所有边远地区、大规模的城镇化进程和高速发展的云南旅游业带来的大规模人口流动，以及云南民族工作顺应这一流动趋势而采取的一系列鼓励和引导措施，将云南各民族交往交流交融推进到了一个难舍难分的阶段，正在逐渐形成相互嵌入式的社会结构和社区环境。今天的云南，无论在城市还是农村，即便是最遥远的边疆、最偏僻的山区，各民族互为邻居、互为同学、互为同事、互为朋友、相互通婚成为一家人，已经司空见惯；各民族群众相互了解、相互尊重、相互包容、相互欣赏、相互学习、相互帮助，手足相亲、守望相助，你中有我、我中有你、谁也离不开谁，已经是活生生的社会现实；各民族都是一家人，都是中华民族大家庭中一员的中华民族共同体意识，已经形成并日趋巩固；中华民族一家亲，同心共筑中国梦已经成为各民族的共同追求。因此，坚持"促进各民族交往交流交融，铸牢中华民族共同体意识"，为民族团结进步事业持续发展，打下了坚实的社会基础。

云南将原来的民族团结目标管理责任制转化、完善为示范区建设目标责任制，每年签订1.3万份以上覆盖各州市、县区、乡镇、村委会和宗教活动场所的责任书，健全完善省州县三级同步检测监管民族关系的联动响应处置突发事件的工作机制。制定"处置涉及民族宗教因素突发事件应急预案""涉及民族宗教因素情报信息协作机制及时开展研判工作的办法""涉及民族宗教因素网络舆情联动处置办法"等

专门规定,定期开展民族团结稳定形势分析研判,从源头上预防和化解各类矛盾纠纷,多年来全省未发生一起因涉及民族因素引发的重大群体性事件。建立了一支200人的民族宗教信息员队伍,实现民族宗教网格化管理,实现三级同步发现问题、监管问题,发现一件、立档一件、化解一件、销档一件。2019年,全省民族宗教系统共调处和参与调处涉及民族宗教因素的各类矛盾纠纷隐患280件(次),妥善化解274件(次),化解成功率97.9%。[1]

拓展创建内涵和领域,大力开展民族团结进步创建进机关、进社区、进学校、进军警营、进企业、进农村、进宗教活动场所、进基层政法单位(司法所、派出所)、进基层服务窗口、进家庭活动,形成具有云南特点的民族团结进步创建"十进"模式。广泛深入开展"由上到下、不留死角、深入持久"的民族团结进步宣传教育,推动民族团结进步宣传教育大众化,开展民族团结"宣传月""宣传周""宣传日"和"民族宗教政策法规学习月"活动。开展"结对子""手拉手""心连心""一家亲"联谊活动,拓宽增进各民族感情交流的载体。坚持"用民族干部宣传、用民族语言讲解、用民族文字阐释、用民族节庆展示、用民族文化体现"的"五用"工作法,推动民族团结进步宣传教育特色化。创建1589所云南省民族团结进步教育示范学校开展常态化教育,用14个民族18个文种的民族文字编译出版党的十九大有关文件,使党的创新理论在民族地区家喻户晓,深入人心。大力发掘和培育一批模范单位和典型人物,夯实全国民族团结进步教育基地,推动民族团结进步宣传教育实体化。

在省委、省政府统一领导下,全省各级各部门各地区以示范区建设为己任,充分发挥职能作用和各自优势,尽其所能、积极参与支持、全方位推进示范区建设。省发展改革委把民族团结进步事业作为基础性事业抓紧抓好,自觉把示范区建设纳入全省各项宏观政策和规划中认真谋划,争取将民族地区的重大项目、重大工程和重大政策纳入国家和省里的相关规划,给予倾斜支持,提高民族地区发展在国家战略中的地位和作用。精准对接国家投资方向,积极为民族地区重大项目争取国家更大支持。近3年来,共争取到国家专项建设基金329.7亿元,中央预算内投资136.91亿元,倾斜支持8个民族自治州和自治州以外的20个民族自治县。同时,积极为民族团结进步示范区建设争取国家绿色债券20亿元,可续期债券20亿元,[2]为示范区持续建设营造良好氛围。大力推进示范区建设工作与基层党组织建设工作紧密结合、相互促进,不断巩固党在民族地区的执政基础,确保党的民族政策落到实处。

---

[1] 参见云南省民族宗教事务委员会:《云南省以铸牢中华民族共同体意识为主线推进民族团结进步创建工作研究》,2020年打印稿。

[2] 参见《云南创新推动新时代民族团结进步事业发展——共同团结奋斗 共同繁荣进步》,载《云南日报》,2019年10月29日。

充分尊重各族群众的主体地位，引导各族群众的积极性和创造性，积极投身示范区建设，共建共享美好家园。示范区建设基本形成了"党委领导、政府负责、部门协同、社会支持、群众参与、上下联动、合力建设"的良好工作格局。[1]

生态文化和生态文明建设也是促进云南民族关系和谐的重要因素。云南是一个生态环境多样性、生物多样性和民族文化多样性"三多一体"、高度融合的地区。云南因多样的地质地貌、气候水文条件等自然形成的生态环境多样性，孕育形成了云南的生物多样性，生态环境多样性和生物多样性交互作用形成的适宜人类生存发展的多样化环境，使云南成为我国迄今所知较早的古人类发祥地和全国民族成分最多的一个省。在长期历史发展过程中，云南各民族在适应多样化的生态环境、开发利用多样化的生物资源以求得生存与发展的实践中，创造了与生态环境多样性和生物多样性相互适应、良性互动以至高度融合的民族文化多样性。其中就蕴含了丰富的生态智慧和生态文化，诸如藏族的"神山"保护意识，纳西族人与自然是同父异母兄弟的生态文化观，普米族人与自然是朋友的观念，傣族"森林是父亲、大地是母亲"，"有了森林才会有水、有了水才会有田地、有了田地才会有粮食、有了粮食才会有人的生命"的认识等。正是在各民族生态文化作用下，云南长期保持了良好的生态环境。但是，随着资源开发强度不断加大和经济高速发展，云南多样性良好却又十分脆弱的生态环境也遭到破坏，一些地方甚至出现了严重的生态危机。为遏制这一趋势的发展，省委、省政府提出"生态立省、环境优先"的生态文明战略，启动实施《七彩云南保护行动》。党的十八大后，云南坚决贯彻习近平生态文明思想和"绿水青山就是金山银山"的绿色发展理念，大力推进生态文明排头兵建设，少数民族传统生态文化正在成为云南建设生态文明排头兵的重要支撑，正在发挥重要作用。人与自然的关系是人类社会最基本的关系。人与自然和谐是人与人（民族与民族）、人与社会、人与自己内心和谐的基础。国内外众多事例表明，在全球生态危机日趋严重，全人类环境保护意识空前高涨，保护与建设良好生态环境成为全人类共同追求的今天，生态环境的优劣好坏，已成为生活在同一空间中不同民族、不同国家是友好相处、和谐共存还是矛盾冲突、兵戎相见的重要因素。云南生态文明建设巩固形成多样良好的生态环境，为云南亲密融洽民族关系的不断巩固和民族团结进步事业持续发展，打下了坚实的生态基础。

---

[1] 参见《讲好民族团结"云南故事"传递和谐发展"云南声音"——云南建设我国民族团结进步示范区访谈录》，载《民族画报》，2017年增刊。

六、坚持依法治理，用法治保障示范区建设

云南省委、省政府高度重视民族工作法治化，坚持"用法律来保障民族团结"。按照中央全面依法治国的要求，不断制定完善民族法律法规，使云南的民族法制工作长期走在全国前列。经过多年努力，云南已初步形成以《宪法》为基础，以实施《民族区域自治法》为核心，由地方性法规、行政规章、自治条例、单行条例、补充或变通规定组成的，具有鲜明地方特点和民族特色的民族法律法规体系。截至2018年7月，云南省各级各自治地方共制定了涉及民族工作各方面的法律法规230件，包括自治条例37件、单行条例180件、地方性法规7件、变通规定6件，是全国制定民族工作法律法规最多的省，有些条例开了全国先河，如《云南省藏传佛教寺院管理条例》《云南省民族团结进步示范区建设条例》等。

这里要特别强调指出的是，为了用法治来保障示范区建设的长期持续发展，经过长时间的酝酿、调研起草和征求意见，云南省人民代表大会于2019年1月31日，在全国率先颁布了《云南省民族团结进步示范区建设条例》（以下简称《示范条例》），自2019年5月1日起施行。《示范条例》分总则、规划与建设、保障与服务和法律责任四章共四十八条，对示范区建设的法律依据、指导思想、目标、基本原则，省、州（市）、县（市、区）、乡（镇、街道）各级政府的职责，民族工作部门的职责，其他国家机关、人民团体、基层群众性自治组织和企事业单位的职责，示范区规划建设的重点内容，都做了明确规定，还规定了违反《示范条例》需要承担的法律责任，[1]为示范区建设提供了强有力的法治保障，必将为示范区建设发挥积极推动作用，也必将因其在全国的首创地位而载入中国民族法治建设史册。

坚决贯彻落实民族法律法规，全面贯彻落实民族区域自治法；坚持各民族公民在法律面前一律平等，享有平等的权利和义务，谁都没有超越法律的特权；依法保障民族团结和各民族合法权益，依法协调民族关系、宗教关系，依法处理涉及民族、宗教因素的问题，依法处理不同民族成员之间的矛盾，让民族关系健康、有序和可持续地运行在法治轨道上。因此，坚持"用法律来保障民族团结"，为民族团结进步事业持续发展，打下了坚实的法治基础。

加强民族宗教法治宣传教育，创造性提出利用民族节庆活动、民族团结月、民族团结周、民族团结乡村评比、少数民族语言文字进行法治宣传教育和少数民族代表人士、宗教界代表人士带头学法的"五用＋两带头"工作法，以少数民族喜闻乐

---

[1] 参见《云南省民族团结进步示范区建设条例》，载《今日民族》，2019年第2期。

见的方式,通过开展知识竞赛、街天宣传和歌舞表演等多种形式,对少数民族群众和信教群众进行法治宣传教育。[1]

总而言之,云南省委、省政府不断用符合云南实际的办法和举措积极推动示范区建设和民族工作实践创新,使云南民族工作在全国实现多个"率先",取得了突出成绩,被习近平总书记赋予"建设我国民族团结进步示范区"的国家使命,为民族团结进步事业持续发展,打下了坚实基础。2021年8月,中央民族工作会议在北京召开。习近平总书记出席会议并发表重要讲话,全面回顾了党的民族工作百年历程和历史成就,深入分析民族工作新形势,系统阐述铸牢中华民族共同体意识的重大意义、重点任务和工作要求,总结提出了我们党关于加强和改进民族工作的重要思想,为做好新时代党的民族工作指明了前进方向,提供了根本遵循。我们要深入学习贯彻习近平总书记在中央民族工作会议上的重要讲话精神,按照云南省委、省政府的部署要求,不断推进民族团结进步示范区建设取得新进展。

---

[1] 参见《讲好民族团结"云南故事"传递和谐发展"云南声音"——云南建设我国民族团结进步示范区访谈录》,载《民族画报》,2017年增刊。

云南民族团结进步示范区建设经验研究[*]

李若青　胡曼云　赵　敏[**]

把云南建设成为全国民族团结进步示范区，这是云南各族人民共同的愿望，也是党和国家赋予云南的重要责任和期盼。特别是 2015 年 1 月习近平总书记在云南考察时明确要求云南"努力成为我国民族团结进步示范区"[1]，2020 年 1 月习近平总书记到云南考察指导工作进一步要求我们不断增强边疆民族地区治理能力，努力在建设我国民族团结进步示范区上不断取得新进展，这充分体现了习近平总书记对云南各族人民的深切关怀，对云南民族工作的肯定、鼓励和殷切希望。云南各族人民正在团结努力，积极实践，在建设我国民族团结进步示范区的实践中不断探索，力求新的突破。

云南全面推动民族团结进步示范区建设，经过十年的共同努力，示范区建设已经成为云南民族团结和谐的新形象、成为全省各族人民实现美好生活梦想的新载体、成为创新民族团结进步事业的新实践、成为展现新时期云南民族工作风采的新窗口、成为全省各族人民的共识和行动，形成了党委政府领导、部门协同、社会支持、群众参与、上下联动、合力建设的良好格局。但也要清醒认识到，紧跟"以铸牢中华民族共同体意识为主线，推动新时代党的民族工作高质量发展"[2]的高标准、新要求，云南建设我国民族团结进步示范区还存在许多困难、问题和不足，需要我们认真研判、深入分析、及时解决。

一、云南建设民族团结进步示范区的主要成效

一是建设成效更加明显。 云南地处我国西南边疆，陆地边境线长 4060 公里；

---

[*] 本文为 2019 年云南省委统战部民族理论和政策研究基地课题阶段性研究成果之一。
[**] 李若青，云南民族大学副校长、教授、博士生导师；胡曼云，云南民族大学发展改革处科长、助理研究员、云南省民研所民族学专业博士研究生；赵敏，云南省民研所民族学专业博士研究生。
1　习近平：《坚决打好扶贫开发攻坚战 加快民族地区经济社会发展》[EB/OL].(2015-01-21)[2022-05-18]. http://www.xinhuanet.com/politics/2015-01/21/c_1114082460_2.htm。
2　习近平：《以铸牢中华民族共同体意识为主线 推动新时代党的民族工作高质量发展》[EB/OL].(2021-08-28)[2022-05-18].http://www.xinhuanet.com/politics/leaders/2021/08-28/c_1127804776.htm。

全省共有少数民族1563.6万人，占总人口的33.12%[1]；有世居民族26个、跨境少数民族16个、特有少数民族15个、直过民族和人口较少民族11个；有8个自治州、29个自治县，民族自治地方共78个县市，国土面积占全省总面积70.2%，是我国拥有世居民族最多、特有少数民族最多、跨境少数民族最多、人口较少民族最多、民族自治地方最多等省份。在历届省委、省政府的领导下，全省各级党委、政府高度重视民族工作，关注民族发展，深入实施党的民族政策，坚持和贯彻民族区域自治制度，推动云南各民族和全省获得经济发展、社会和谐、文化繁荣、生态文明，在发展成效上，民族地区基础设施得到优先解决，特色优势产业逐渐壮大，民生得到不断保障和改善，少数民族优秀文化得以发扬光大，社会更加安定团结……进一步巩固了各民族和睦相处、和衷共济、和谐发展的良好态势，各族人民就像石榴籽那样紧紧抱在了一起，获得感、幸福感、民族自豪感不断增强，充分展现中国特色社会主义解决民族问题的正确道路、正确理论、正确制度。

二是建设工作更有创新。云南民族工作在全国实现了"七个率先"，走出了一条具有云南特色的民族工作新路子，在创造了民族工作的"云南现象"基础上不断创新，认真贯彻习近平总书记重要讲话精神和党中央的决策部署，把握正确政治方向，先后编制实施《云南省建设我国民族团结进步示范区规划（2016—2020年）》、制定出台《关于加快建设民族团结进步示范区的实施意见》《云南省民族团结进步示范区建设条例》及其实施细则等政策文件，更加明确了示范区建设的思路、目标和任务，坚持正确工作方法，完善工作保障机制处理好全局与重点的关系，坚持激发内生动力和依靠外力帮扶"双轮驱动"，严守脱贫攻坚、生态保护、团结稳定三条底线，打牢思想、物质、法治、群众四个基础，形成了民族团结进步创建工作体制机制上新的"七个率先"：率先在全国成立了由省委、省政府主要领导挂帅的民族工作领导机构；率先建立了民族问题专家咨询研究机制；率先构建了与国家民委等部委的省部合作机制；率先开展了州、县、乡、村、户五级联创的示范点建设；率先制定实施了示范区建设目标管理责任制和绩效评价制度；率先制定了藏族聚居区民族团结进步地方法规和寺院民主管理制度；率先组织第三方开展创建工作的检查评估。

三是建设实践更有体系。在云南民族团结进步示范区的建设中，进一步构建了民族团结进步示范区建设的理论框架：思路上牢固树立"在云南，不谋民族工作就不足以谋全局"和"各民族都是一家人，一家人都要过上好日子"的信念；战略上重视现代化进程中"决不让一个兄弟民族掉队，决不让一个民族地区落伍"的要求；

---

[1] 云南省统计局、云南省第七次全国人口普查领导小组办公室：《云南省第七次全国人口普查主要数据公报》，光明网，2021年5月14日。

组织上明确"不懂民族工作的领导干部不称职,做不好民族工作的领导干部是失职"的要求;策略上始终坚守民族团结这条"生命线",倡导各民族"各美其美、美美与共"的民族文化发展观;措施上坚持民族分类指导、因族施策、统筹协调、精准发力,将党的建设与民族团结进步示范创建、精准扶贫脱贫攻坚有机整合;保障上强化了"四大坚持",即坚持正面宣传引导,唱响民族团结主旋律,集聚民族团结正能量,营造民族团结好氛围,使"三个离不开"[1]"五个认同"[2]的思想深入人心。坚持团结、教育、疏导、化解的方针,正确区分和处理两类不同性质的矛盾,团结大多数,依法孤立打击极少数。坚持在法律面前族族平等、人人平等,依法保障少数民族群众的合法权益。坚持宗教信仰自由,依法管理宗教事务,建设和谐寺院,充分发挥宗教在社会主义和谐社会建设中的积极作用。

四是建设效果更有影响。云南民族团结进步示范区建设措施紧紧围绕"六个要点"展开,即坚持不断推动民族地区加快发展、着力解决各族群众基本民生问题、全力保障民族团结和边疆稳定、大力繁荣和发展少数民族优秀文化、坚持抓好民族干部和人才队伍建设、推进民族事务治理体系和治理能力现代化。通过"3121"工程和"十县百乡千村万户示范创建工程"的全面实施,打造了36个示范县、264个示范乡镇、3711个示范村的引领建设工程,在全省形成了以点串线、以线连片、以片带面全面推进民族团结进步示范创建的格局,各民族和民族分布地区呈现出新风貌、新气象,夯实了各民族共有精神家园的基础;11个"直过民族"和"人口较少民族"整族脱贫、全省民族地区通航运营机场达到10个、4个民族自治州进入高铁时代、8个民族自治州有48个县通高速公路、民族地区所有乡镇和建制村全部通硬化路通邮、所有行政村实现4G网络宽带全覆盖、无电人口通电问题全部解决;创建普通话示范村701个,完成7752所学校语言文字规范化建设达标工作,完成9.96万名"直过民族"和人口较少民族不通国家通用语言劳动力培训,民族地区实现乡镇(街道)儿童督导员、村(居)儿童主任全覆盖[3]……民族团结进步示范区建设已经成为云南民族团结和谐的新形象、新气象和新趋势,成为全省各族人民建设美好家园、实现美好生活梦想的新载体、新途径,成为创新民族团结进步事业的新实践、新创举,成为展现新时期云南民族工作风采的新窗口、新平台。

五是建设工作更有突破。云南省委、省政府坚持用发展的思路谋划民族工作,

---

[1] "三个离不开"是指汉族离不开少数民族,少数民族离不开汉族,各少数民族之间也相互离不开。

[2] "五个认同"是指要增强各族人民对伟大祖国、中华民族、中华文化、中国共产党、中国特色社会主义的认同。

[3] 王胤、孙寅翔、胡津滔:《不负总书记殷殷嘱托 云南交出一份出色的民族团结进步示范区建设成绩单》[EB/OL].(2021-08-27)[2022-05-18].http://society.yunnan.cn/system/2021/08/27/031634853.shtml.

用发展的办法促进民族团结，用发展的成果巩固民族关系，把民族团结进步示范区建设融入全省发展大局，采取形式多样的创建方法，在广大民族地区农村开展民族团结进步示范村建设，在民族聚居相对集中的社区开展民族团结进步示范社区创建活动，在协调民族关系任务重的结合部地区探索创建跨区域的民族团结进步示范区等，截至2019年，全省共创建9个全国民族团结进步示范州（市）、23个全国民族团结进步示范县（市）、47个全国民族团结进步示范单位、10个全国民族团结进步教育基地；3000个单位被命名为云南省民族团结进步示范县或示范单位；1065所学校被命名为云南省民族团结进步教育示范学校；39个集体和42名个人被表彰为全国民族团结进步模范集体和模范个人；50个集体和100名个人被表彰为云南省民族团结进步模范集体和模范个人；建设了铸牢中华民族共同体意识主题教育馆（研究中心）80个；建立铸牢中华民族共同体意识宣传教育主题公园127个、现场教学点19个、示范基地11个、主题教育戍边馆6个、基层实践站（讲习所）3个，[1] 实现了"六大突破"：在农村聚居区开展的民族团结进步示范村寨创建中，突破了民族工作从"局部"到"全面"的提升，实现民族工作职能多样化与多途径相结合的新范式；在城市民族社区开展的民族团结进步示范创建中，突破了民族工作从"管理"到"服务"的转变，构建起与现代城市治理相适应的城市社区民族工作新体系；在跨区域多民族聚居交界地区开展的民族团结进步示范创建中，突破了民族工作从"封闭"到"开放"的转向，实现跨越行政区域界线的行政组织联合创建新模式；在散杂居民族地区开展的民族团结进步示范创建中，突破了民族工作从"聚居"到"散杂居"的深化，使得民族团结进步示范创建更具活力、更具群众性和普遍性；在边境民族地区开展的民族团结进步示范创建中，突破了民族工作从"内地"到"边境"的多点辐射，使得民族团结进步示范创建实现全领域覆盖；在云南不同模式的民族团结进步示范创建中，突破了民族工作内容从"简单"到"多样"的提升，使得民族团结进步创建形式丰富多彩、内容异彩纷呈。

六是建设经验更加聚焦。经过多年民族团结进步示范创建实践，云南各民族大团结得到进一步增强，各民族交往交流更加广泛，影响民族团结的矛盾纠纷明显减少；各地涌现出一批模范典型，如怒江州独龙江乡、大理州郑家庄村、昆明市金星社区……示范创建活动发挥了经济发展、民族团结、宗教和谐、社会稳定的示范效应、带动效应、辐射效应。全省少数民族和民族地区呈现出经济健康发展、事业全面进步、人民安居乐业、社会和谐稳定的良好局面。云南在建设我国民族团结进步示范区中不断形成了规律性的认识，即党委政府高度重视是抓好民族团结进步示范创建活动

---

[1] 王胤、孙寅翔、胡津滔：《不负总书记殷殷嘱托 云南交出一份出色的民族团结进步示范区建设成绩单》[EB/OL].(2021-08-27)[2022-05-18].http://society.yunnan.cn/system/2021/08/27/031634853.shtml。

的根本保证，紧密结合党的基层组织建设是抓好民族团结进步示范创建活动的强大动力，保障和改善民生是抓好民族团结进步示范创建活动的重要途径，大胆创新实践是抓好民族团结进步示范创建活动的有效方法，维护团结稳定是抓好民族团结进步示范创建活动的永恒主题，加强党的领导和选好用好干部人才是促进民族团结进步示范创建出成效的关键所在。

二、云南建设民族团结进步示范区的实践突破

云南省委、省政府始终坚守"各民族都是一家人，一家人都要过上好日子"的信念，坚持守好民族团结这条"生命线"，始终以"铸牢中华民族共同体意识"为主线，把各民族"共同团结奋斗、共同繁荣发展"作为工作主题，努力加快民族地区发展、促进各族群众共同富裕，通过创造性、创新性地开展工作，高质量推进民族团结进步示范区建设，用生动实践向党中央、向习近平总书记交出了一份出色的民族团结进步示范区建设成绩单，从思想观念的深化、工作思路的系统、创建模式的创新都有新的进展和突破。

第一，在思想观念的深化方面，进一步构建起云南建设我国民族团结进步示范区的系统完整的认识体系。云南各级党委政府、各级干部和广大群众，建设示范区的思想更加统一，观念不断与时俱进，特别是从目标转变中明确了各民族同步建成小康社会，开启了全面建设社会主义现代化国家新征程；在项目推进中要重视繁荣发展各民族优秀传统文化，增进对中华文化的认同感；在实践发展中理解了各民族相互嵌入促进交融，守护民族团结生命线的重要意义；在推动边疆民族地区实现绿水青山就是金山银山的实践中，深化了对生态文明思想和价值的认识；在巩固和完善边疆民族地区基础设施建设成效成果中，不断破解发展瓶颈，坚定了探索发展新领域的信心；在提升边疆民族地区公共服务水平的现实中，增强了各民族的幸福感、获得感、安全感的深刻体验；在扩大各民族交往交流交融的实践中，更加筑牢了各民族共有的精神家园；在全面推进和完善民族法治体系中，增强了提升民族事务治理能力现代化水平的决心。

第二，在工作思路的拓展方面，进一步凸显出领导组织、制度机制、实践要求和实施举措的有效衔接、协调一致。一是始终坚持加强党对民族工作的全面领导。省委、省政府始终高度重视民族工作，切实做好民族团结进步示范区建设的顶层设计，明确"一把手工程"定位，确保云南建设民族团结进步示范区高位推进。二是科学编制民族团结进步示范区建设规划、条例及实施细则，落实顶层设计与具体实施工程的有机衔接，引领带动、统筹协调"十县百乡千村万户"示范创建工程、少

数民族特色村镇保护与发展、促进民族地区和人口较少民族发展、兴边富民工程"沿边三年行动计划"。三是坚持将发展作为解决民族问题的总钥匙，坚持把民族地区发展融入全省发展大局，摆到更加突出的战略位置，推动民族团结进步示范区建设与扶贫开发双融合、与兴边富民双促进。四是深化民族团结进步教育"四结合"，坚持社会主义核心价值观、爱国主义、中华优秀传统文化与民族团结进步教育相结合，促进各民族相知相亲相惜、交往交流交融，构建各民族共有精神家园，铸牢中华民族共同体意识。五是积极完善民族事务治理体系，推进民族事务治理法治化、规范化、制度化建设，构建民族事务治理信息化平台，健全民族宗教舆情监控体系，提升民族事务治理现代化水平。

第三，在创建模式的创新方面，进一步突出创建工作的主动性和积极性，因地制宜、因事出策，形成创建工作的创新突破。特别是在模式和工作推进中实现了"六大突破"：一是在农村聚居区开展的民族团结进步示范村寨创建中，突破了民族工作从"局部"到"全面"的提升，实现民族工作职能多样化与多途径相结合的新范式。将社会主义新农村建设、美丽乡村建设、民族文化特色村寨建设、农村脱贫攻坚、生态美村与文明乡村建设等与民族团结进步示范村创建活动有机结合，整合了资源、凝聚了力量、影响了思维、创新了建设，如大理洱源郑家庄"七个民族一家亲"、坦底么村"美丽乡村家园"等一批先进典型正在发挥着示范带动作用。二是在城市民族社区开展的民族团结进步示范创建中，突破了民族工作从"管理"到"服务"的转变，构建起与现代城市治理相适应的城市社区民族工作新体系。如昆明市金星社区、顺城社区等一批先进典型正在创造着城市民族工作"党建＋网络＋社区服务"的新经验。三是在跨区域多民族聚居交界地区开展的民族团结进步示范创建中，突破了民族工作从"封闭"到"开放"的转向，实现跨越行政区域界线的行政组织联合创建新模式，如文山州平远地区等正在探索新型联合组织协同治理的新途径。四是在散杂居民族地区开展的民族团结进步示范创建中，突破了民族工作从"聚居"到"散杂居"的深化，使得民族团结进步示范创建更具活力、更具群众性和普遍性，如曲靖市乐峰村和大补懂村、玉溪黄草坝村和矣得村等正在彰显出散杂居少数民族新形象。五是在边境民族地区开展的民族团结进步示范创建中，突破了民族工作从"内地"到"边境"的多点辐射，使得民族团结进步创建实现全领域覆盖，如西双版纳州2016年顺利通过全国民族团结进步示范州创建试点工作验收，进一步标志着云南民族团结进步示范区创建真正成为云南民族团结和谐的新形象、展现新时期云南民族工作风采的新窗口。六是在云南不同模式的民族团结进步示范创建中，突破了民族工作内容从"简单"到"多样"的提升，使得民族团结进步创建形式丰富多彩、内容异彩纷呈，从民族文化到艺术展示展演、民族习俗到节日庆祝、非物质文化遗产传承到民族文化产业开发、民族文学到民族教育素质提升、生态环境到民族发展，乃至民族地区经济社会繁荣进步，丰富了民族工作的内容，突出了民族工作在云南的重要战略地位。

三、云南建设民族团结进步示范区的主要经验

（一）始终坚持党的全面领导，是推动民族团结进步示范区建设的根本保障

习近平总书记强调："中国共产党的领导是民族工作成功的根本保证，也是各民族大团结的根本保证。"[1]在中国革命、建设和改革不同历史时期的百年伟大实践中，中国共产党始终把民族团结摆在全党工作的重要位置，团结带领各族人民共同团结奋斗、共同繁荣发展，谱写了一曲"中华民族一家亲、同心共筑中国梦"的辉煌乐章。历史和实践充分证明，党的领导是我们各项事业取得成功的根本保障，加强党对民族工作的全面领导是做好新时代党的民族工作的根本政治保障。

一是注重构建党领导民族团结进步的工作格局。在云南实践中，始终坚持把党的领导贯穿到民族团结进步示范区建设的全过程，积极完善民族工作的体制机制，构建起党政主导，即党委统一领导、政府依法管理，云南省委、省政府的主要领导亲自担任民族团结进步示范区建设领导小组的组长；部门协同，即统战部门牵头协调，民族工作部门履职尽责，各部门通力合作；社会参与，群众主体，即全社会各类组织、各族群众共同参与的民族工作格局，确保了民族团结进步成为基础性事业得到落实。

二是重视做好民族工作关键在党关键在人。加大党的基层组织建设，构建"党建＋民族团结""党建＋民族进步"的多样化工作方式，例如深化边境党建长廊建设，选优配强村党支部书记，充分发挥基层党组织在服务群众、维护稳定和反分裂斗争中的战斗堡垒作用，不断提升基层党组织的凝聚力、战斗力；注重加大干部人才培养，遵循"维护党的集中统一领导态度特别坚决，明辨大是大非立场特别清醒，铸牢中华民族共同体意识行动特别坚定，对待各族群众感情特别真挚"[2]"四个特别"标准培养好、选拔好、配备好领导班子，对政治过硬，敢于担当的优秀少数民族干部要充分信任，委以重任，为民族团结进步示范区建设提供了坚强有力的组织人才支撑。

---

[1] 陈蒙：《深入学习习近平总书记关于民族团结的重要论述》，载《光明日报》，2018年9月5日。
[2] 习近平：《以铸牢中华民族共同体意识为主线 推动新时代民族工作高质量发展》，《在中央民族工作会议上的讲话》，2021年8月28日。

确保基层民族团结进步工作有人懂、有人管、有人抓。

三是关注采用科学方法推进创建工作。 云南创建民族团结进步示范区，较好运用了项目工作法，例如实施1021项民族文化保护传承和"双百"工程项目，促进民族优秀文化的繁荣发展；用好典型引路法，例如实施三轮民族团结进步"十县百乡千村万户"示范引领建设工程，抓实民族团结进步示范创建落地生根；实施好一线工作法，使铸牢中华民族共同体意识的民族团结进步教育走在最基层、走进群众之家。

（二）握紧发展这把"总钥匙"，切实加快民族地区全面建设小康社会和现代化的步伐

习近平总书记在考察时强调，"全面建成小康社会，一个民族都不能少""全面建设社会主义现代化，一个民族也不能落下""实现中华民族伟大复兴，一个民族也不能少"[1]。发展是解决民族地区各种问题的总钥匙。云南要把民族地区发展融入全省发展大棋局中，把政府推动发展同吸引各族群众积极参与发展统一起来、把生产条件改善同生活条件改善统一起来、把生产和发展教育文化事业统一起来，最大限度调动当地群众的积极性，变要我发展为我要发展。就需要紧紧围绕"推动各民族共同走向社会主义现代化"[2]这一新目标，保基本、补短板、兜底线、促跨越，加大投入、整合资源、合力攻坚，坚持发展惠及大多数、发展让大多数参与，把支持民族地区加快发展的政策措施落到实处。

一是优先解决基础设施的瓶颈制约问题， 加快推进民族地区交通、水利、能源、通信、农村危房改造等项目建设，特别是结合精准扶贫中整村搬迁、生态移民、灾后重建等项目，加大建设进度和力度，着力打通"毛细血管"，解决"最后一公里"问题。虽然全省民族地区通航运营机场达到10个，4个民族自治州进入高铁时代，8个民族自治州有48个县通高速公路，民族地区所有乡镇和建制村全部通邮、通硬化路，所有行政村实现4G网络、宽带全覆盖；民族地区建设城市公办养老机构69家、农村敬老院334家，城乡居家养老服务中心1284家等。[3]

二是以整体性效能发挥搭建平台， 包括整村、整乡、整县、整州推进为单位模

---

[1] 新华网．迎接各民族团结进步更加光明的未来，[EB/OL].(2191-09-17)[2022-05-18].http://m.xinhuanet.com/ha/2019-09/17/c_1125002817.htm。

[2] 求是网评论员：《推动各民族共同走向社会主义现代化》，载《经济日报》2021年9月2日。

[3] 王胤、孙寅翔、胡津滔：《不负总书记殷殷嘱托 云南交出一份出色的民族团结进步示范区建设成绩单》[EB/OL].(2021-08-27)[2022-05-18].http://society.yunnan.cn/system/2021/08/27/031634853.shtml。

式。以4个集中连片特困地区[1]扶贫开发为主战场，以资源大整合、部门大帮扶、群众大参与为抓手，扶到点上、扶到根上、扶到家庭，系统连片全面地改善到乡到村到户的基本公共服务，培育壮大特色优势产业，提升各族群众基本素质，助推各族群众全部脱贫、11个"直过民族"和人口较少民族整族脱贫，民族地区平均每年有206.71万名困难群众享受最低生活保障待遇，累计实施临时救助194.09万人次；"直过民族"聚居区完成32.6万人易地搬迁任务，民族地区4类重点对象农村危房改造全部"清零"，示范区建设和脱贫攻坚"双融合、双促进"得到充分实现。

三是注重顶层设计并以规划为引领，实施好加快民族地区经济社会发展、兴边富民、扶持人口较少民族发展等专项规划，编制并组织实施好"十三五""十四五"相关规划为着力点，实施两轮改善沿边群众生产生活条件三年行动计划，878个沿边行政村基本实现"五通八有三达到"任务目标，建设30个"基础牢、产业旺、环境美、生活好、边疆稳、党建强"的边境小康示范村，进一步强化了民族团结进步示范创建的具体任务。

四是实施好示范区建设"十县百乡千村万户"示范点创建工程，打造了一批类型多样、各具特色、具有标杆性的示范典型；推进迪庆州、怒江州初高中毕业生免费职业教育全覆盖试点，逐步扩大在民族地区实现职业教育全覆盖；实施好全省8个人口较少民族综合保险和人口较少民族学生助学补助；实施了"扶强十企、培育百企"工程，积极推进民贸民品工作取得新突破。

（三）守好民族团结这一生命线，全力维护民族团结、宗教和顺、社会和谐

习近平总书记2015年1月在考察云南时强调："民族团结是我国各族人民的生命线，做好民族工作，最关键的就是搞好民族团结。要广泛开展民族团结教育，着重把建设各民族共有精神家园作为战略任务来抓，使各民族人心归聚、精神相依，推动各民族和睦相处、和衷共济、和谐发展。要坚决依法处理不同民族成员之间的矛盾，妥善处置民族宗教关系，防止宗教关系影响民族团结。"[2]当前，云南的民族工作正处于历史最好时期之一，但越是大好形势，越要保持清醒头脑，越不可掉以轻心，越是要将工作做深、做细，做到实处。

一是深入开展民族团结进步宣传教育活动，完成从"大水漫灌式"向"滴灌式"

---

[1] 4个集中连片特困地区是指云南省涉及滇西边境、乌蒙山、滇桂黔石漠化、藏族聚居区4个片区，涵盖15个州市91个县（含4个嵌入县和2个天窗县），片区数和片区县数均居全国第一位。
[2] 习近平：《坚决打好扶贫开发攻坚战 加快民族地区经济社会发展》[EB/OL].(2015-01-21)[2022-05-18]. http://www.xinhuanet.com/politics/2015-01/21/c_1114082460_2.htm。

转变，在农村普遍推广民族团结公约，在宗教活动场所开展和谐寺院建设，在城市创建民族团结进步社区，在党政机关推动民族团结进步宣讲，在学校实施民族团结进步示范建设，在企业推进民族团结竞赛，在军队开展军地民族团结进步示范共建……使民族政策和民族知识进机关、进社区、进学校、进企业、进农村、进寺院、进军营，营造"民族团结人人做，民族团结心连心，民族团结大家亲"的浓厚氛围。

二是加强民族关系、宗教关系的监测、预警与评估，以敏感地区、民族宗教关系协调任务较重地区、边境一线和中心城市为重点，健全团结稳定信息源和信息员网络，特别是要加强网络引导和信息监控，加强团结稳定形势分析研判，突出抓好民族宗教领域重点、难点、热点问题研究，完善涉及民族宗教领域突发事件应急预案。

三是加强矛盾纠纷隐患的排查化解。始终坚持"团结、教育、疏导、化解"的方针，力争做好一周一分析、一月一排查、一事一化解，正确处理两类不同性质的矛盾，把问题解决在基层，化解在萌芽状态。2022年1月1日颁布实施了《云南省矛盾纠纷多元化解条例》，云南省司法厅随即制定下发切实做好社会矛盾纠纷风险隐患排查化解工作的通知，在全省开展为期3个月的矛盾纠纷排查化解专项行动，立足矛盾纠纷早发现、早防范、早处置，[1]为防止激化升级，维护社会和谐稳定起到法制化的保障。

四是加强城市民族工作，建立健全城市民族工作服务管理机构、服务管理机制、服务窗口、服务热线以及各类组织，做好城市少数民族失地群体、流动人口、特殊困难群体和外来少数民族在滇务工经商服务管理工作，注重少数民族流动人口的管理与服务体系构建，切实保障各民族群众的合法权益。涌现出一大批像昆明市西山区永昌街道盛高大城社区等的"民族团结进步示范创建"样本。

五是依法管理宗教事务，维护宗教界合法权益，确保宗教活动在法律法规和政策规定的范围内进行，切实维护宗教领域和谐稳定；密切联系民族宗教界代表人士，充分发挥代表人士的桥梁纽带作用。2022年1月1日颁布实施了《云南省宗教事务条例》，为保障公民宗教信仰自由，为全面贯彻党的宗教工作基本方针，积极引导宗教与社会主义社会相适应提供了法制化保障。

（四）打造好民族文化这张品牌名片，构筑各民族共有精神家园

习近平总书记在考察云南时还强调："云南少数民族文化是中华文化的重要瑰宝，要积极加以支持和发展""要使各民族文化繁荣发展的过程成为各民族相知、相亲、相惜的过程，成为民族团结的润滑剂、催化剂、黏合剂"。当前，云南正在

---

[1] 云南司法厅：《云南省司法厅开展社会矛盾纠纷风险隐患排查化解专项行动》，载《潇湘晨报》，2022年1月27日。

加快建设民族文化强省，少数民族文化繁荣发展迎来千载难逢的大好机遇，把民族文化这张云南的亮丽名片打造好、发展好，更好地发挥好民族文化在促进各民族交往交流交融中的重要作用，增进了各民族对中华文化的认同感、自信心。

一是大力倡导"尊重差异，包容多样"和"各美其美，美美与共"的民族文化发展观，把民族文化的"多元"体现在中华文化的"一体"之中，形成各民族文化共生共荣、共建共享、和谐发展的生动局面，通过扶持少数民族传统文化抢救保护项目709个、世居少数民族文化精品工程项目110个、民族文化"百项精品"项目102个、民族文化"百名人才"100人，[1] 更加体现出中华文化强大的包容性和凝聚力，在云南构筑起更加牢固的各民族共有精神家园。

二是扶持民族文化产业发展，坚持在保护中发展、在发展中传承的思想，促进民族文化与旅游开发深度融合互动式发展，在保护、挖掘和规划、利用上下功夫，实施少数民族传统文化抢救保护和世居少数民族文化精品工程，推进民族文化"双百"工程，先后实施1021项民族文化保护传承和"双百"工程项目，创建102所民族优秀文化教育示范学校，建设85个民族传统文化生态保护区、29个少数民族特色乡镇、780个少数民族特色村寨，[2] 更好带动了文化产业及其地区经济社会发展。

三是不断完善公共文化基础设施和服务体系，努力增强文化产品的供给能力，保障各族群众的基本文化权益，满足各族群众的精神文化需求，鼓励民族文学艺术创作传播，建设了云南少数民族古籍数据库、云南少数民族语言文字资源库等一批民族文化资源数据库，为开展丰富多彩的群众性文化活动提供了鲜活的载体和平台。

（五）贯彻好依法治国基本方略，推进民族宗教事务治理现代化

习近平总书记强调，坚持中国特色解决民族问题的正确道路，就必须坚持依法治国，用法律来保障民族团结。做好新形势下的民族宗教工作，善于用法治精神引领、用法治思维谋划、用法治方式推进至关重要。

一是健全民族法律法规体系。以问题为导向，抓住立法质量这个关键，加强对重大问题的调研，科学制定民族法律法规6年立法规划（2015—2020年），切实做好法律法规的"立、改、废、释"工作，为民族团结进步事业提供法治保障。截至2019年底，云南共制定涉及民族工作各方面的法规223件（包括自治条例37件、单行条例180件、变通规定6件）。一个以宪法为基础，以民族区域自治法为核心，由自治条例、单行条例、变通规定、民族工作的地方性法规和规章组成的，具有中

---

[1] 王胤、孙寅翔、胡津滔：《不负总书记殷殷嘱托 云南交出一份出色的民族团结进步示范区建设成绩单》[EB/OL].(2021-08-27)[2022-05-18].http://society.yunnan.cn/system/2021/08/27/031634853.shtml。

[2] 王胤、孙寅翔、胡津滔：《不负总书记殷殷嘱托 云南交出一份出色的民族团结进步示范区建设成绩单》[EB/OL].(2021-08-27)[2022-05-18].http://society.yunnan.cn/system/2021/08/27/031634853.shtml。

国特色、云南特点的地方民族法规体系的框架初步形成。[1]

二是坚持各族公民在法律面前一律平等。依法妥善处理涉及民族宗教因素的问题，严格区分两种不同性质的矛盾，是什么问题就按照什么问题处理。不能因为"某某民族"就犯嘀咕、绕着走，处理起来进退失据。对极少数蓄意挑拨民族关系、破坏民族团结的犯罪分子，对搞民族分裂和暴恐活动的分子，不论出身什么民族、信仰哪种宗教，都要坚决依法打击。

三是加强普法宣传、扩大监督检查。积极引导各族群众知法、守法、用法、护法，推动形成自觉守法、遇事找法、解决问题靠法、化解矛盾用法的良好法治环境，促进和保障民族团结，让法律成为各族群众共同的行为底线。定期对有关法律和民族政策执行情况开展监督检查，切实维护各族群众的合法权益。2020年，省人大常委会建立了民族立法专家顾问咨询机制，探索第三方参与立法的工作机制，聘任12位来自全国、省级等高等院校的专家作为民族立法专家顾问，参与单行条例立项、立法调研、修改论证等工作。同时，拓宽立法渠道，通过组织立法座谈会、咨询会，集中智慧，使专家和有关部门参与立法的渠道机制化、常态化。[2]

四是创新民族工作体制机制。进一步加强和改进党对民族工作的领导，完善民族工作领导体制和工作机制，确保民族工作在法治化轨道上推进，锻造一支"党的集中统一领导态度特别坚决、明辨大是大非立场特别清醒、铸牢中华民族共同体意识行动特别坚定、热爱各族群众感情特别真挚"和"忠诚干净担当"的高素质民族地区干部队伍，加强民族地区基层党组织建设，加强民族理论和民族政策研究，注重研究成果的转化和运用，不断推进民族工作创新发展。

四、云南建设民族团结进步示范区的实践启示

在云南建设我国民族团结进步示范区的建设中，"七个民族一家亲""宾弄赛嗨""党的光辉照边疆，边疆人民心向党""拥护核心，心向北京"等民族工作新品牌层出不穷，折射出民族团结进步创建工作难得的实践启示。

一是加强领导、健全机构是开展创建活动，推进示范区建设的根本保障。以"云南民族宗教工作牵动大局、服务全局"的战略思想，以示范区建设统筹全面工作，省委多次召开会议专题研究示范区建设工作，及时制定了建设示范区的意见，按照

---

[1] 云南省民族宗教事务委员会：《民族区域自治制度在云南取得突出成效》，《澎湃政务：云岭政法》，2019年11月28日。

[2] 李丽：《创新工作机制 提高立法质量 2020年云南民族立法成果丰硕》，载《民族时报》，2021年1月20日。

"重点突破、以点带面、示范全省"的要求，制定了示范区建设示范点创建工程规划、工作实施方案、考核奖惩办法等，把创建工作落到实处。

二是广泛动员、主动作为是开展创建活动，推进示范区建设的重要基础。省委、省政府召开示范区建设动员大会，要求把示范区建设的过程，作为全面贯彻落实党的十八大精神的过程，作为深入实践科学发展观的过程，作为全面贯彻落实党的民族政策的过程，让创建活动和示范区建设真正起到示范作用。结合云南多民族、多宗教、欠发达、边境线长、情况复杂等特殊省情，充分发挥示范区建设领导小组牵头抓总作用，用朴实的行动踏踏实实为群众办好每一件惠民利民的实事，让"各民族都是一家人、一家人都要过上好日子"的云南故事成为家喻户晓的共同声音和一致行动。

三是深入调研、科学规划是开展创建活动，推进示范区建设的基本前提。坚持以问题为导向，紧紧围绕加快推进示范区建设等重大战略性问题开展调研，提出切实可行的建议，切实把调研成果转化为谋划发展的科学思路、促进发展的政策举措，开展创建的具体规划，把示范创建工作纳入全省经济社会发展规划，闯出跨越发展的新路子，谱写好中国梦的云南篇章。

四是整合资源、合力攻坚是开展创建活动，推进示范区建设的关键所在。把云南建设成为"我国民族团结进步示范区、生态文明建设排头兵、面向南亚东南亚辐射中心"是党中央、国务院交给云南的光荣政治任务。示范创建工作时效性强、质量要求高，需要各方面工作科学统筹、支持配合、协调推进。需要紧紧抓住关键问题、关键时机、关键部门，不断完善工作机制，以科学有效的管理措施，有力有序推进创建工作各项任务落到实处。

五是点面结合、示范带动是开展创建活动，推进示范区建设的有效举措。围绕实施"十百千万工程"三年行动计划为重点，打造了一批民居有特色、产业强、环境好、民富村美人和谐的示范点，形成了"以点串线，以线连片，以片带面"的示范区创建格局。

六是真抓实干、利民惠民是开展创建活动，推进示范区建设的根本目标。以资源大整合、部门大帮扶、群众大参与为抓手，以整村整乡整县整州推进为平台，系统连片全面地改善到乡到村到户的基础设施、基本公共服务，培育壮大富民产业，把改善群众生产生活条件、群众增收作为创建活动和示范区建设的根本性指标，让群众得到实惠。

五、云南建设民族团结进步示范区面临的挑战和存在的问题

自 2012 年云南民族团结进步示范区建设以来，云南建设民族团结进步示范区取得一系列的成绩和民族工作成效，新发展阶段建设示范区不仅面临新挑战，还需要解决好存在的问题和困难。面对百年未有之大变局，迈上全面建设社会主义现代化国家的新征程，铸牢中华民族共同体意识已成为云南推进新发展阶段现代化建设的根本保证，更是建设高质量民族团结进步示范区的核心要义，是习近平总书记对云南各族群众的政治要求。民族团结进步示范区建设工作面临着三大转变的挑战：一是思想认识方位的转变，即对民族团结进步的认识，将从关注民族个体到注重民族整体，从县域民族到区域民族、中华民族，再到世界民族的大团结、大进步；二是创建思路提升的转变，即对民族团结进步的创建，将从具体民族、区域民族的团结进步到中华民族共同体的团结进步、人类命运共同体的和平发展；三是行动方向定位的转变，即民族团结进步创建目标的定位，从关注民族个性、特性到注重整体性、系统性，再到增进共同性，尊重和包容差异性……这就要求云南全体人民必须坚决贯彻习近平总书记关于"各民族亲如一家，是中华民族伟大复兴必定要实现的根本保证"[1]的重要指示，大力加强中华民族共同体建设，凝聚起"中华民族一家亲，同心共筑中国梦"的磅礴力量；更需要云南深切体悟习近平总书记对云南少数民族和民族地区的似海深情、如山厚望，深学细悟笃行习近平总书记考察云南重要讲话和对云南民族工作的一系列重要指示批示精神，以及贯穿其中的鲜明主线，就是要求云南各族群众铸牢中华民族共同体意识，努力在建设我国民族团结进步示范区上不断取得新进展，谱写好中国梦云南篇章。

云南建设民族团结进步示范区仍然存在创建的机制体制障碍问题、项目的资金到位问题、各族群众参与问题、不同地方的建设成效不平衡问题等，结合当前筑牢中华民族共同体意识的新要求，其重点难点问题集中为：

一是推进高质量发展存在难点，如云南各地区发展不充分、不平衡、不协调、不可持续的问题仍然比较突出，特别是云南很多地方基础设施和公共服务还存在相对滞后性，民生改善的困难很大；云南发展环境不优化、产业动力不足、结构调整滞后，成为现代化建设的短板，特别是少数民族农村农业结构单一，全产业化链尚未形成规模，特色产业培育基础较差，乡村振兴难度较大。

二是增进民生福祉存在难点，如云南社会保障体系健全和改善民生的任务仍然

---

[1] 洪乐风：《团结路上一家亲》，载《人民日报》，2020 年 3 月 2 日。

十分艰巨，特别是少数民族聚居地区劳动者素质普遍偏低，农民增收渠道不畅，农业发展人才欠缺，后续发展动力不足；有的干部群众对示范区建设认识不到位，工作推进力度不够，特别是对云南民族地区城镇化建设认识不充分，民族地区基本公共服务质量不高状况仍未能有效解决。

三是建设作风效能存在难点，如民族团结进步示范区建设新任务与各级职能部门日常工作的衔接度不紧密，工作存在脱节甚至"两张皮"现象，特别是党的基层组织建设、生态文明建设、美丽乡村建设等与示范创建项目融合度不够，工作推进与创新思考不足，未能形成合力发挥最大效能；铸牢中华民族共同体意识的宣传教育形式单一、程度不一致、效果不明显的现象存在，很多地区群众对铸牢中华民族共同体意识的内涵理解不深、不透、不全。

四是创建机制保障存在难点，如创建工作的执行落实机制及其人员相对保障不够，特别是县级及以下均由民族宗教事务委员会牵头，但工作职位、人员编制、人员配备均表现得较为紧张，县级民族宗教事务委员会一般只有5—7人，要在民族团结进步示范创建中做到精细化服务、及时有效指导存在一定难度；示范创建的顶层设计与与时俱进的新要求及时对接不够，存在规划不足、支持脱节，示范效应难以持续发挥，特别是对已被认定的民族团结进步示范州、县、乡、村，项目、资金相对原来减少了，关注度也不充足了，影响示范建设的持续纵深推进。

六、云南建设高质量民族团结进步示范区的思路与对策

在中国共产党第十九次全国代表大会上，习近平总书记指出："全面贯彻党的民族政策，深化民族团结进步教育，铸牢中华民族共同体意识，加强各民族交往交流交融，促进各民族像石榴籽一样紧紧抱在一起，共同团结奋斗、共同繁荣发展。"在国内社会矛盾向"人民日益增长的美好生活需要和不平衡不充分的发展之间矛盾"转化的现实面前，就少数民族和民族地区的短板问题，为更好地解决发展不平衡问题，党的十九大明确提出了实施区域协调发展战略，要强化举措推进西部大开发形成新局面，这为包括云南在内的少数民族和民族地区实现跨越式高质量发展带来了重大的战略机遇和政策机遇。

2017年以来，云南省委、省政府按照以习近平同志为核心的党中央作出的重要部署，认真领会习近平总书记对云南经济社会发展提出的三大定位，制定并颁布了《云南省建设我国民族团结进步示范区规划（2016—2020年）》，标志着云南民族团结进步示范区建设进入新的征程，体现了云南民族工作正从维护各民族团结为要逐步向以维护民族团结为基础、促进民族进步为目的、实现团结进步示范为目标的

方向迈进。2021年中央民族工作会议的召开，为云南建设民族团结进步示范区高质量标准、要求提供了指针和方向。

（一）云南建设高质量民族团结进步示范区的思路和认识需更加清晰

云南作为祖国多民族大家庭的缩影，云南民族团结进步的每一份成绩都会对全国各民族地区产生影响，每个民族的发展，都会牵动各族人民期盼和愿望。在全面建设社会主义现代化国家的新征程中，云南推进高质量民族团结进步创建有着更加深远的意义。这就要求云南必须将坚持中国共产党的领导作为建设示范区的根本保证，将铸牢中华民族共同体意识作为工作主线，将创先争优活动作为动力源泉，将保障和改善民生作为基本途径，将大胆创新实践作为有效方法，将维护团结稳定作为核心基础，将共建共享作为最终目标，还需要在思路和认识深度方面明确：

一是要更加充分认识新时代对民族团结进步赋予了新的价值与内涵。2020年1月，习近平总书记再次考察云南，进一步指出"正确认识和把握云南在全国发展大局中的地位和作用"和充分认识云南4个突出特点的新要求，这就使得云南在新的历史方位和全面建设社会主义现代化国家的新征程中，建设我国民族团结进步示范区有了新目标、新要求、新任务。"团结"不仅是中国各民族凝聚成的"中华民族一家亲"，也是世界各民族互利共赢、和平发展的"人类命运共同体"构建；"进步"不仅是中华民族从站起来到富起来的辉煌展现，更是中华民族从富起来到强起来的共同富裕；"示范"不仅是各民族团结进步现有经验的归纳与呈现，更要对民族团结进步创建的内生动力、逻辑规律和时代价值进行理论提炼，才能更好地对铸牢中华民族共同体输送思想指导、经验借鉴、实践启示，引领和带动各族人民为实现中华民族伟大复兴的中国梦书写崭新篇章，还要为世界各国人民共同发展贡献中国智慧、中国方案。

二是要更加清醒认识新时代明确的民族团结进步创建依托的主线与关键。2019年9月27日，习近平在全国民族团结进步表彰大会上强调指出："各族人民亲如一家，是中华民族伟大复兴必定要实现的根本保证。实现中华民族伟大复兴的中国梦，就要以铸牢中华民族共同体意识为主线，把民族团结进步事业作为基础性事业抓紧抓好。"云南建设我国民族团结进步示范区，就要坚持这条主线，关键要在铸牢中华民族共同体意识教育方面着力，既要深植于历史，更要着眼于发展，不断增强对伟大祖国、中华民族、中华文化、中国共产党、中国特色社会主义的认同，深化"三个离不开""五个认同"，加强各民族交往交流交融，促进各民族像石榴籽一样紧紧抱在一起，在共同团结奋斗中实现共同繁荣发展、共筑中国梦的伟大目标。

三是要更加深刻认识时代要求民族团结进步创建需要出经验与智慧。作为全面建设社会主义现代化国家的民族团结进步示范区，势必要在新征程中增强"四个意识"、坚定"四个自信"，忠诚拥护"两个确立"、坚决做到"两个维护"，统筹推进"五位一体"总体布局，协调推进"四个全面"战略布局，处理好机遇和挑战的关系。要总结提炼各族人民听党话、感党恩、跟党走的决心与信念；"在云南，不谋民族工作不足以谋全局"的战略思维；"各民族都是一家人，一家人都要过上好日子"的时代价值；现代化征程中"不让一个兄弟民族掉队，不让一个民族地区落伍"的实践举措；"实现中华民族伟大复兴，一个民族也不能少"的发展要求。

（二）云南建设高质量民族团结进步示范区的宣传教育要进一步加强

深刻认识把民族团结进步事业作为基础性事业，民族团结进步示范创建就是中国特色社会主义建设的永恒主题，打造全国民族团结进步示范区的云南，在全面建设社会主义现代化国家征程中，首要的就是要深化民族团结进步宣传教育，铸牢中华民族共同体意识。

一是要注重以"人文化"为引领。 重点要揭示出"一部中国史，就是一部各民族交融汇聚成中华民族共同体的历史"。中华民族就是多元一体的伟大民族，是历史上各民族交融发展的结果，是今天56个民族的总称，是各民族你中有我、我中有你的多元一体的民族共同体。云南作为中国多民族的缩影，各民族衷心热爱祖国、忠诚维护团结，从班洪抗英到滇军抗战，从南诏德化碑到民族团结誓词碑，充分继承和发扬优良传统，引导各族人民牢固树立了正确的中华民族历史观，从历史中汲取营养，铸就了伟大的爱国主义精神，对中华民族和伟大祖国的认同感油然而生、与日俱增。要将宣传教育弘扬社会主义核心价值观与各民族优秀文化相结合，营造共有精神家园的典型案例，如各民族优秀文化精品项目的成果、各民族传统节日的创新方式、民族地区涌现出的先进典型和案例。

二是要注重以"实体化"为内容。 重点要从思想上认清"十二个必须"的时代要求，树牢"中华民族是一个命运共同体，一荣俱荣、一损俱损"的信念，深入挖掘、整理、宣传云南自古以来各民族交往交流交融的历史事实，引导26个世居民族群众看到民族的走向和未来，深刻理解"各民族都是一家人，一家人都要过上好日子"。要深入认识"中华民族一家亲、同心共筑中国梦"是全体中华儿女的共同心愿，也是全国各族人民的共同奋斗目标；是新时代我国民族团结进步事业的生动写照，也是新时代云南民族工作创新推进的鲜明特征；要坚持重在平时、重在交心、重在行动、重在基层，对机关、企业、社区、乡镇、学校、医院、宗教场所、工业园区、农业园区、高新技术产业区、部队军营等，开展民族团结进步创建的经验、成绩和效果作为具体内容，加大宣传力度，扩大宣传渠道。

三是要注重以"大众化"为对象。重点要树立"一家人"的观念，铸牢"一家亲"的意识，充分体现"家国天下"的中国文化传统，要实施好中华民族视觉形象工程，突出各民族共享的中华文化符号和形象；要关注群众需求、回应群众关切、解答群众困惑的问题，不断彰显创建活动的生命力、亲和力，不断增强创建活动的吸引力、感染力；宣传中要坚持民族化、通俗化、形象化，可充分利用重要纪念日、民族传统节日等，组织开展富有特色的群众性活动，用人民群众熟悉的语言、喜爱的方式阐释和宣传民族理论、民族政策、民族知识，引导各民族群众树立"三个离不开""四个自信""正确五观""五个认同""五个维护"[1]。

四是要注重以"聚焦化"为突破。重点要深刻把握云南的新征程必须要以铸牢中华民族共同体意识为主线和民族工作之"纲"，并作为检验示范区建设成效的最根本尺度，才能把民族团结进步事业作为基础性事业抓紧抓好。深刻领会"铸牢中华民族共同体意识，既是一场思想理论的革命，也是一场深刻的社会革命"。要忠诚拥护"两个确立"、坚决做到"两个维护"，就要坚定不移地贯彻党的民族政策，深入贯彻习近平总书记考察云南重要讲话和重要指示批示精神，大力推进民族团结进步示范区建设，把新时代党的民族工作做好做细做扎实，着力做到：共筑思想根基，构筑中华民族共有精神家园；共建美丽家园，加快民族地区现代化发展步伐；共守民族团结，促进各民族广泛交往交流交融；共创善治良序，提高民族事务治理能力；共护边疆安宁，守住民族领域安全底线。要始终铭记"国之大者"，就要增强对中国共产党的认同，更要促进各族群众像石榴籽一样紧紧抱在一起，就要科学策划民族团结进步宣传窗口、项目、栏目和平台等，不仅注重宣传具体的民族团结进步示范建设实践情况，还要通过约稿、论坛、研讨、对话等方式，将专家学者关于云南民族团结进步示范区建设的理论与实践研究成果集中展示，总结和探索出云南民族团结进步示范区建设的新经验、新特点。

五是要注重以"吸引力"为关键。重点在理论教育中创新诠释中华民族历史观的生成逻辑。要让各族人民系统了解"我国辽阔疆域是各民族共同开拓的，悠久历史是各民族共同书写的，灿烂文化是各民族共同创造的，伟大民族精神是各民族共同培育的"；在思想教育中创新解读铸牢中华民族共同体意识的重大原创性论断。要让各族人民深刻领悟"中华民族共同体意识是国家统一之基、民族团结之本、精

---

[1] "三个离不开"是指"汉族离不开少数民族，少数民族离不开汉族，各少数民族之间也互相离不开"；"四个自信"是指"中国特色社会主义道路自信、理论自信、制度自信、文化自信"；"五观"是指"正确的国家观、民族观、历史观、文化观、宗教观"；"五个认同"是指"对伟大祖国的认同、对中华民族的认同、对中华文化的认同、对中国共产党的认同、对中国特色社会主义的认同"；"五个维护"是指"维护社会主义民主、维护社会主义法制、维护人民群众根本利益、维护祖国统一、维护民族团结"。

神力量之魂""铸牢中华民族共同体意识，就是要引导各族人民，牢固树立休戚与共、荣辱与共、生死与共、命运与共的共同体理念"，这是维护各民族根本利益、实现中华民族伟大复兴、巩固和发展平等团结互助和谐社会主义民族关系和党的民族工作开创新局面的必然要求；在文化教育中要创新揭示铸牢中华民族共同体意识与家国同构的文化传统。铸牢中华民族共同体意识，极具政治意义、理论底蕴和政策导向，既是马克思主义的，也是中国传统文化的，完全符合中国国情和民族工作实际；在实践教育中创新阐释铸牢中华民族共同体意识所具有的重大历史方位和实践要求。要深刻把握云南在新征程中必须以铸牢中华民族共同体意识为主线、为民族工作之"纲"，并作为检验示范区建设成效的最根本尺度，才能把民族团结进步事业作为基础性事业抓紧抓好。[1]

（三）以铸牢中华民族共同体意识为主线，助力云南建设高质量民族团结进步示范区[2]

进入全面建设社会主义现代化国家的新征程，又逢2021年中央民族工作会议的召开，"以铸牢中华民族共同体意识为主线，推动新时代党的民族工作高质量发展"为主题以及新时代党关于加强和改进民族工作重要思想的会议精神，为云南在新时代建设高质量民族团结进步示范区指明了方向、提供了遵循、开拓了视野、提出了策略，这将指引着云南民族团结进步示范区更加阔步前进：在战略上，要聚焦坚持党的全面领导，进一步夯实中华民族共同体的政治基础；在战术上，要聚焦全面小康和现代化，进一步夯实中华民族共同体的物质基础；在格局上，要聚焦维护国家统一和民族大团结，进一步夯实中华民族共同体的组织基础；在行动上，要聚焦跨越式高质量发展的举措，进一步夯实中华民族共同体的坚实基础。

一是要深入学习领会习近平总书记关于加强和改进党的民族工作的重要思想，深刻认识铸牢中华民族共同体意识的重大意义，准确把握做好民族工作的方向和重点，进一步增强做好新时代民族工作的思想自觉、政治自觉和行动自觉，努力在民族团结进步繁荣发展上走在前列，推动民族团结进步示范区建设再上新台阶。 首先，需要我们从三个维度充分认识2021年中央民族工作会议召开的重大意义：从历史厚度看，会议召开具有深厚的历史底蕴、深刻的历史背景，具有站在"两个一百年"交汇期的重要里程碑意义；从时代高度看，会议为做好新时代民族工作统一认识、明确方向作了积极动员，对全面建设社会主义现代化国家开好局、起好步具有重大

---

[1] 李若青：《创新民族团结进步教育 铸牢中华民族共同体意识》，载《民族时报》，2022年3月5日。
[2] 李若青：《以铸牢中华民族共同体意识为主线 推动新时代民族工作高质量发展 专家学者解读2021年中央民族工作会议精神》，载《民族时报》，2021年11月8日。

现实意义；从实践向度看，习近平总书记的重要讲话精神，是党的民族工作实践的最新总结，是开启全面建设社会主义现代化国家新征程，迈向第二个百年奋斗目标的马克思主义民族理论中国化光辉篇章的纲领性文件，对我国新时代做好民族工作提供重要遵循、战略指引具有深远指导意义。[1] 其次，需要大家对民族团结进步示范创建的新时代意义、新征程任务有新的认识，即把"党委统一领导、政府依法管理、统战部门牵头协调、民族工作部门履职尽责、各部门通力合作、全社会共同参与的新时代党的民族工作格局"，深刻领会"十二个必须"[2]的内涵要求，加强云南示范创建的顶层设计和统筹协调，完善差别化区域支持政策，支持民族地区实现巩固拓展脱贫攻坚成果同乡村振兴有效衔接、完善沿边开发开放政策体系，推动巩固全面建成的小康社会成果向全面建设社会主义现代化迈进。

二是要坚持从铸牢中华民族共同体意识为主线，大力繁荣民族优秀文化，积极推进共有精神家园建设，深化开展民族团结进步示范创建，不断提升民族事务治理体系和治理能力现代化，提高边疆民族地区的治理能力和效能。 这就要求大家全面把握和处理好"四个关系"，即正确把握共同性和差异性的关系，不断增进各民族的共同性，坚持尊重和包容差异性；正确把握中华民族共同体意识和各民族意识的关系，积极引导各民族始终把中华民族利益放在首位，本民族意识要服从和服务于中华民族共同体意识，同时要在实现好中华民族共同体整体利益进程中实现好各民族具体利益；正确把握中华文化和各民族文化的关系，充分认识"各民族优秀传统文化都是中华文化的组成部分，中华文化是主干，各民族文化是枝叶，根深干壮才能枝繁叶茂"；正确把握物质和精神的关系，就要深刻认识民族团结进步示范区建设的核心要义是铸牢中华民族共同体意识。"要赋予所有改革发展以彰显中华民族共同体意识的意义"，在云南边疆的社会主义现代化建设中要坚持维护统一、反对分裂，坚持改善民生、凝聚人心，要着力搭建促进各民族交往交流交融的文化桥梁，全面改善民族地区基础设施条件，提高民族地区基础设施通达、通畅和均等化水平。改善民族地区社会民生，推进基本公共服务主要指标达到全省平均水平。加快推进现代化边境幸福村建设，把现代化边境幸福村建设成为展示国门形象的窗口、守土

---

[1] 何成学：《从三个方面准确把握中央民族工作会议的重大意义》，载《广西日报》，2021年9月7日。
[2] 习近平总书记在重要讲话中高度概括了加强和改进民族工作重要思想的十二个"必须"，即必须从中华民族伟大复兴战略高度把握新时代党的民族工作的历史方位，必须把推动各民族为全面建设社会主义现代化国家共同奋斗作为新时代党的民族工作的重要任务，必须以铸牢中华民族共同体意识为新时代党的民族工作的主线，必须坚持正确的中华民族历史观，必须坚持各民族一律平等，必须高举中华民族大团结旗帜，必须坚持和完善民族区域自治制度，必须构筑中华民族共有精神家园，必须促进各民族广泛交往交流交融，必须坚持依法治理民族事务，必须坚决维护国家主权、安全、发展利益，必须坚持党对民族工作的领导。这是我们党的民族工作理论和实践的智慧结晶，是新时代党的民族工作的根本遵循。

固边的堡垒。

三是要全面推进民族地区高质量发展，结合云南生态文明建设，着力培育绿色支柱产业，制定出台支持全省民族地区高质量发展的差别化政策措施。 这就要求我们大家深刻领悟生态文明建设排头兵的核心要义是保护。更要牢固树立和践行绿水青山就是金山银山理念，深入推进重要生态系统保护修复，加强生物多样性保护，提升"植物王国""动物王国""世界花园""生物基因宝库"的影响力，驰而不息打好蓝天、碧水、净土"三大保卫战"和"8个标志性战役"[1]，筑牢西南生态安全屏障。还要做足"特"字文章，加快民族地区经济社会高质量发展，坚持以少数民族特色村寨建设促进乡村全面振兴；以边境小康示范村建设稳固边防富民兴边；以文旅文经融合构建特色经济产业体系；以医药康养联动助推区域特色经济发展；以绿色环保引领民族地区特色品牌创建；以扩大开放促进云南实现经济发展双循环；以统筹民族特点构建民族地区现代服务业的新模式；以东西科技合作为契机推进民族地区经济发展的新动能。

四是坚决防范民族领域重大风险隐患，就要守住意识形态阵地，积极稳妥处理涉民族因素的意识形态问题，维护好民族团结、边疆稳定、祖国统一的大局。 这就要求我们要坚决贯彻总体国家安全观，落实党中央关于维护政治安全的各项要求，确保我国政治安全。在云南的发展中，还要持续巩固壮大主流舆论强势，加大维护民族团结、巩固祖国统一、实现边疆繁荣、推动社会稳定的舆论引导力度，加快建立网络综合治理体系，推进依法治网。特别是要结合"四史"教育学习，切实做好各民族青年一代的思想政治工作，教育引导各族青年形成正确的历史观、民族观、国家观、文化观、宗教观，增强中国特色社会主义道路、理论、制度、文化自信，充分认识伟大斗争的长期性、复杂性、艰巨性，直面风险挑战，战胜艰难险阻，促进各民族手足相亲、守望相助，更加巩固你中有我、我中有你、谁也离不开谁的中华民族命运共同体。

五是要切实加强和改善党对民族工作的领导，加强基层民族工作机构建设和民族工作力量，重视培养和用好少数民族干部，推动新时代云南民族工作高质量发展。 首先是各级党委要增强"四个意识"、坚定"四个自信"，忠诚拥护"两个确立"、坚决做到"两个维护"，不断提高政治判断力、政治领悟力、政治执行力，牢记"国之大者"，认真履行主体责任，把党的领导贯穿民族工作全过程；其次是要大力培养既具备"信念坚定、为民服务、勤政务实、敢于担当、清正廉洁"，又能做到"维

---

[1] 云南生态环境保护"八个标志性战役"是指九大高原湖泊保护治理、以长江为重点的六大水系保护修复、水源地保护、城市黑臭水体治理、农业农村污染治理、生态保护修复、固体废物污染治理、柴油货车污染治理攻坚战。

护党的集中统一领导方面态度特别坚决、明辨大是大非方面立场特别清醒、铸牢中华民族共同体意识方面行动特别坚定、热爱各族群众方面感情特别真挚"民族地区好干部,落实好"把懂不懂民族工作、会不会搞民族团结作为考察领导干部的重要内容"的要求;最关键的是要坚持把党的领导贯穿民族工作全过程,要加强民族地区基层政权建设,夯实基层基础,要更加重视、关心、爱护在条件艰苦地区工作的一线干部,吸引更多优秀人才,对政治过硬、敢于担当的优秀少数民族干部要充分信任、委以重任,确保党的民族理论和民族政策到基层有人懂、民族工作在基层有人抓。

回顾云南建设民族团结进步示范区的实践历程,这项创建活动既是云南民族工作深入持续推进的重要方式,更是有针对性地促进云南各民族共同团结奋斗、共同繁荣发展的重要实践形式;是云南各民族团结奋斗、发展繁荣的历史选择,更是民族团结进步创建活动的伟大实践与创新。通过云南民族团结进步示范区建设实践,让全省各族人民深切体会到党委、政府高度重视是抓好民族团结进步创建活动的根本保证,紧密结合创先争优活动是抓好民族团结进步创建活动的强大动力,保障和改善民生是抓好民族团结进步创建活动的重要途径,大胆创新实践是抓好民族团结进步创建活动的有效方法,维护团结稳定是抓好民族团结进步创建活动的永恒主题,云南各民族要深化和睦相处、和衷共济、和谐发展的良好态势,就需要进一步深化民族团结进步示范区高质量建设实践。相信在新时代中国特色社会主义思想的指引下,通过真抓实干、利民惠民的创建工作,不断夯实铸牢中华民族共同体意识的物质基础和思想基础,让"各民族都是一家人、一家人都要过上好日子"的云南故事成为家喻户晓的共同声音和一致行动,云南一定能够建成民族团结进步示范区、生态文明排头兵、面向南亚东南亚的辐射中心,云南各族人民一定能够走出一条跨越式高质量发展的新路子,一定能够实现中华民族伟大复兴中国梦的云南新篇章。

专家视角

从生计经济到文化经济：云南民族地区经济跨越式发展模式

郑 宇[*]

在中国共产党的领导下，中华人民共和国成立以来，云南的直过民族已经实现了从原始社会向社会主义的"一步跨千年"的历史性跨越。[1] 25个少数民族从采集狩猎、刀耕火种、小农耕作等传统生计，实现了向现代生产生活的平稳过渡，以及向融合了现代种养殖、外出务工、文化产业、跨境贸易等现代经济形态的转型，取得了举世瞩目的伟大成就。中国特色社会主义进入新时代，我国的主要社会矛盾转化为人民日益增长的美好生活需要和不平衡不充分的发展之间的矛盾。发展是解决这一主要矛盾的根本途径。尤其是对于边疆民族地区而言，跨越式发展是实现巩固脱贫攻坚成果与乡村振兴有效衔接，实现各民族共同富裕的必经之途。近年来，云南民族地区在民族团结进步示范区建设背景下，探索、创造了一种生计经济与文化经济有效联结，并能够推动民族地区实现可持续、协调式的高质量发展，推动各民族共同走向社会主义现代化的文化经济模式。

习近平总书记在2015年1月考察云南时，明确要求云南"努力成为我国民族团结进步示范区"。作为云南建设民族团结进步示范区的重要成果之一，云南民族地区成功探索出的文化经济跨越式发展模式，就是党的民族工作在边疆民族地区实施成效的集中展现。它契合"五位一体"总体布局下的边疆社会整体协调发展的战略要求，是新时代铸牢中华民族共同体意识，贯彻新发展理念、融入新发展格局、实现高质量发展、促进共同富裕，优化经济社会发展和生态文明建设整体布局，构建新发展格局的重要体现，是云南民族地区为全国各民族地区乃至全世界后发展地区所贡献的"云南经验"。在面临百年未有之大变局的形势下，要实现第二个一百年的中华民族伟大复兴的奋斗目标，云南跨越式发展模式不仅有助于铸牢中华民族共同体意识的物质基础，还将在推动各民族共同迈向现代化、实现共同富裕方面做出示范。

---

[*] 郑宇，云南大学民族学与社会学学院教授。
[1] 主流经济学的跨越式发展研究包括后发优势、非均衡、增长极、发展轴以及梯度和反梯度理论等。而在中国，跨越式发展概念曾用于特指直过民族的社会阶段性发展。在本文中，跨越式发展是指当代少数民族经济生活的结构性转型提升。

一、民族地区跨越式发展的必要性与超越性实质

（一）跨越式发展是民族地区实现现代化的最优路径

习近平总书记在党的十九大报告中指出，"新时代中国特色社会主义思想，明确坚持和发展中国特色社会主义，总任务是实现社会主义现代化和中华民族伟大复兴"。云南民族地区绝大部分就是边疆农村地区。"农，天下之本，务莫大焉"（《史记·孝文本纪》），"务农重本，国之大纲"（《晋书·齐王攸载记》）。2020年12月28日，习近平总书记在中央农村工作会议上谈到，"无论是历史还是现实都清楚表明，农为邦本，本固邦宁。全面建设社会主义现代化国家，实现中华民族伟大复兴，最艰巨最繁重的任务依然在农村，最广泛最深厚的基础依然在农村"。正是鉴于农业、农村和农民在我国的基础性地位，巩固拓展脱贫攻坚成果，推动乡村振兴，以及铸牢中华民族共同体意识、促进共同富裕与高质量发展的要求，中国特色社会主义现代化的关键性、决定性因素就在于广大农业农村的现代化。

尽管在世界各区域的乡村现代化进程中，乡村的数量、农业人口与农业在三次产业中所占比重逐步降低，是已经被证明的乡村现代化演进的普遍规律。但与此同时，相当部分乡村的长期存在，乡村人口在未来很长时期中仍将占据我国人口构成的主体部分。同时，农业依然是长期在我国国民经济体系中占据第一产业的基础性地位。习近平总书记所提出的"绿水青山就是金山银山"，以及要让人民"记住乡愁"的重要论断，进一步明确了我国边疆民族地区全面实施乡村振兴的必要性与紧迫性。

因此，只有实现广大乡村振兴与现代化，才能真正实现中国的现代化和中华民族伟大复兴。党的十九大所提出的乡村振兴战略，就是通过在乡村的产业、人才、文化、组织等方面全面高质量地嵌入现代性，从而实现乡村现代化的必经途径。而乡村振兴与现代化的最突出难题，在于以市场机制、资本积累、能力技术、组织管理等为核心的现代性要素在乡村的嵌入程度。

在世界范围内实施发展战略的后发国家中，具有代表性的较为突出的失败模式，有拉丁美洲追随欧美所导致的"中等收入陷阱"。而较为成功的代表性模式，除了中国的脱贫攻坚所取得的举世公认的伟大成就之外，还有欧洲驯鹿业与现代市场的成功衔接，以及澳大利亚原住民狩猎经济与当代高端旅游体验业的结合，由此生成的政府、市场与传统共同参与形成的"混合经济"模式。这些案例清楚表明，基于西方资本和话语霸权之下的发展中国家和地区的"追赶战略"难以成功，并且极易陷入既有深层次的全球性不平等剥削体系之中。只有建立在深度挖掘民族地区特有

资源基础之上，充分动员当地人成为发展的真正主体，由此创建的特色产业才能真正实现乡村产业振兴，才能推动边疆民族地区实现农村现代化。

云南民族地区探索和创建的文化经济模式，就是在乡村人口在地化的基础上，通过联结传统生计经济与现代文化经济，将市场机制系统深刻地引入乡村内部，从内部全面激发乡村人口自我发展能力，从而实现了民族地区的跨越式发展。这是民族地区实现跨越式发展的最优路径。

（二）跨越式发展是基于云南民族地区比较优势的必然选择

在当代经济分工合作和市场竞争的背景下，各个国家、区域和民族需要明确自身的资源、技术、人才或资本等优势，才能确立自身的比较优势。对于云南民族地区而言，目前与我国东部甚至全国平均水平相比仍有较明显的差距。跨越式发展因此是必然的路径选择。

党的十九大报告指出，我国经济已由高速增长阶段转向高质量发展阶段，正处在转变发展方式、优化经济结构、转换增长动力的攻关期。发展方式与产业结构的转变优化，包括从低附加值向高附加值、从粗放式向集约式、从分化型向集聚型的转型升级。在既有的发展历史、基础设施，以及资本、技术、人才等条件限制下，云南民族地区更不可能重复高投入、高耗能、高污染的重化工业道路，当前也尚不具备开创高精尖工业的充分条件。近年来，我国其他乡村地区农民通过外出务工获取现金收益的"半工半耕"生计经济是较为普遍的，而云南各少数民族由于社会交往、教育水平、语言、交通与信息成本等的条件限制，导致他们外出务工的参与广度、深度以及所获得的收益是明显有限的。[1]

但与此同时，云南民族地区却具备在全国乃至世界范围顶尖的资源高度富集优势。云南在东南亚桥头堡的区位优势，同时包含亚热带和热带季风气候的气候多样性，丰富的动植物资源和生物多样性，少数民族的特色文化传统。尤其是在漫长历史进程中，各民族在交往交流交融中形成的、涉及社会生活几乎所有层面的丰厚文化积淀，它们为云南民族地区提供了发展高原特色种养业、手工业、旅游业、体育健康等产业的独一无二的优势资源。这些优势构成了云南突出的"比较优势"，构成了民族地区超越工业化的超常规发展道路和跨越式发展的"后发优势"。

在国家长期以来一系列政策措施的支持下，特别是2015年以来建设云南团结进步示范区的大力推动，云南基础设施条件得到空前改善。民族地区通航运营机场

---

[1] 根据国家统计局云南调查总队发布一季度云南省农村劳动力外出务工人数和收入情况：2021年一季度末云南省外出从业农村劳动力总量为587万人，比上年同期增长36.5%。但从就业地点看，外出地仍以省内为主，占比63.6%。

达到10个，4个民族自治州进入高铁时代，8个民族自治州中有48个县（市）通高速公路。同时水利、电网建设全面深入推进，行政村（社区）实现4G网络全覆盖，长期限制边疆地区发展的基础设施障碍已基本彻底清除。近年来互联网数字经济的蓬勃兴起，现代化物流体系的建立，进一步扫清了因空间、技术等造成的运输成本、信息不对称等问题。在此基础上，遍布云南各区域、各民族中不可替代的、稀缺的自然资源和文化资源迅速凝聚。具有显著比较优势的资源向产业转化，在全省范围内形成了富有鲜明地区和民族特色的优势产业，形成了跨越式发展的文化经济模式。这一过程鲜活地证明了云南民族地区跨越式发展模式选择的必然性。

（三）跨越式发展的云南经验

云南民族地区跨越式发展的主要经验就在于文化经济模式的构建。这种文化经济模式是指在党和国家的引领下，尤其是自2015年习近平总书记视察云南以来，凭借独有稀缺的自然生态资源与民族文化资源，借助新兴互联网数字经济，通过生计经济与文化经济的联结和转化而创建的跨越式发展之路。

我们把这种文化经济模式定义为：通过文化要素赋予，在民族地区的传统生计经济与现代市场经济的有效联结中所创造的，超越传统产业的特色优势产业集群，并具有鲜明创新性、多样化、社会整体协调性的可持续发展方式。

云南经验的文化经济发展模式并不单一追求短期GDP的经济总量增长。其核心本质并不在于经济效益的"量"的增长，而是着眼于发展的结构性转型与可持续、高水平的"质"的提升。因为如果仅从经济指标来看，与东部发达地区相比，该模式中具有代表性的手工艺、茶叶、演艺、文旅、会展、珠宝玉石、体育健康等行业，它们的经济效益目前总体上依然处于相对滞后的水平。但是，若从广大人民群众的生计保障和美好生活需要的视角出发，当前该区域整体经济社会发展模式却具有回应各民族重大关切，以及产业健康、可持续并符合本地特点，能够主动服务和融入以国内大循环为主体、国内国际双循环相互促进的新发展格局等重要特征。诸如在发展中国家发展过程中常出现的环境破坏、发展失衡、区域不协调、民族冲突等问题，在这一模式中不存在或并不显著。因此，这一模式在理论上高度符合"五位一体"总体布局要求，符合新时代国家乡村振兴与高质量发展战略要求。

二、跨越式发展模式的创建背景和发展历程

（一）民族团结进步示范区建设背景下的总体布局与文化经济类型

为贯彻落实 2015 年习近平总书记考察云南重要指示精神，加快推进民族团结进步示范区建设，2015 年 8 月出台《中国云南省委 云南省人民政府关于加快建设民族团结进步示范区的实施意见》，并专门制定《云南省建设我国民族团结进步示范区规划（2016—2020）/（2021—2025）》《云南省民族团结进步示范区建设"十县百乡千村万户"三年行动计划（2016—2018 年）》《云南省少数民族特色村镇保护与发展规划（2016—2020 年）》等，确保示范区建设目标任务和工作进度具体精确化。

云南省委、省政府注重推动基础设施、产业发展等方面的政策、资金、项目更多向民族地区倾斜，加快民族地区产业结构调整和经济发展转型，深入实施兴边富民工程，扶持直过民族与人口较少民族聚居区，实施了三轮示范区建设"十县百乡千村万户"示范创建工程，民族地区发展取得了一系列重大成效。2015—2020 年，云南全省 GDP 年均增长 8.26%，而民族自治地方生产总值年均增长 9.5%，经济社会发展主要指标年均增幅均高于全省平均水平。其中，"十县百乡千村万户"示范工程创建 36 个示范县、264 个示范乡镇、3711 个示范村；特色产业布局基本完成，优势逐步凸显，"一县一业"示范县、特色县民族地区分别占 50% 和 60%。民族团结进步示范乡镇和示范村基本形成"一村一品、一乡一业"特色产业发展模式。新型城镇化综合试点中，全省 20 个"美丽县城"中 10 个为民族自治县，15 个属于民族自治地方，21 个特色小镇中民族地区有 16 个。沿边开发开放深入推进，口岸建设提质增效，边境经济合作区、重点开发开放试验区、综合保税区正在得到高水平建设。

在省委、省政府的统筹推进下，建立在优势特色资源深度挖掘与区域产业互补基础之上的民族地区文化经济模式格局已经布局完成。按资源类型及其与传统生计的关系，可将它们划分为如下三大基本类型：

——种植养殖文化经济模式，即基于传统采集、种植、养殖提供的行业，包括野生菌、普洱茶、咖啡、三七、奶业等。

——手工艺副业文化经济模式，基于玉石与手工艺的行业，包括珠宝玉石、银器、铜器、陶器以及各类特色手工艺和相关副业。

——文旅与健康文化经济模式，基于文旅与健康的新兴产业，包括旅游、节庆、民宿、演艺、体育健康等。

（二）代表性文化经济模式的经济效益

1. 第一类种养殖文化经济模式。以普洱茶为例来看，各级政府近年来从政策措施、招商引资、项目支持、人才与技术培训等角度，为普洱茶产业提供了充足的发展动力和制度保障，并为普洱茶文化体系的形成铺垫了基本方向。在此背景下，从2015年以来，以普洱茶为重心的云南茶产业稳步增长，形成了一种代表性的文化经济类型。

表1　2015—2021年云南生产总值与茶产业综合产值及其比重表

年份	云南生产总值（亿元）	云南茶产业综合产值（亿元）	茶产业产值占生产总值比重（%）
2015	13702.63	623.10	4.55
2016	14818.80	670.00	4.52
2017	16376.34	742.00	4.53
2018	17881.12	843.00	4.71
2019	23223.75	936.00	4.03
2020	24521.90	1001.40	4.08

数据来源：2016—2021年《云南统计年鉴》《中国茶产业发展报告》。

再以勐海县为例，茶叶在GDP与农业产值中的比重不断提升。2019—2020年疫情期间，茶产值占勐海县农业产值比重与占勐海县生产总值比重更进一步提升至惊人的12.50%和43.37%，充分展现了普洱茶在当地的支柱性产业地位及其发展前景。

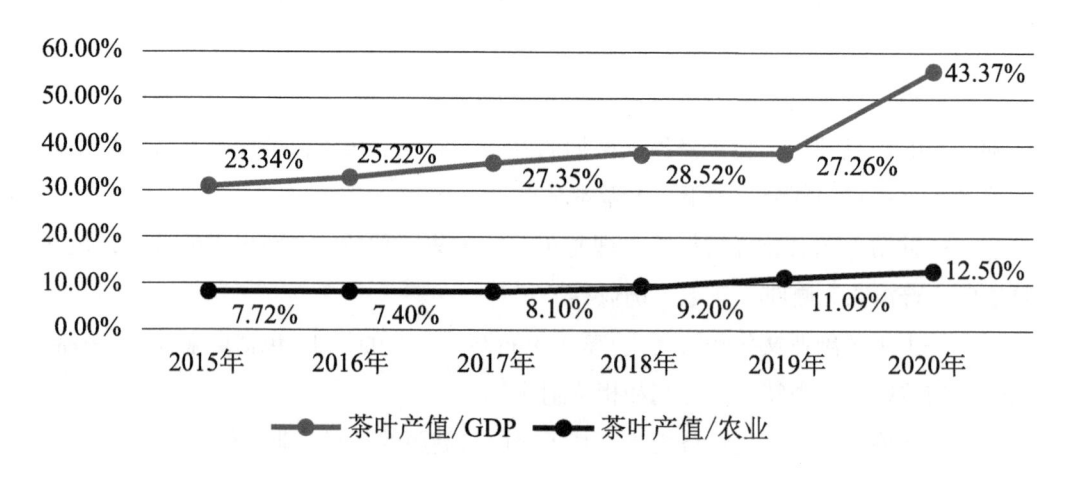

图1　2015—2020勐海县茶叶产值比重趋势折线图

具体从一个村寨案例来看。2019 年，西双版纳州勐海县蚌龙村作为普洱茶产业里一个中等水平的村寨，全村均以普洱茶为主要生计。目前该村人均可支配年收入已经超过 12000 元，[1] 比十年前增长近 10 倍。现在几乎所有村民家庭都建盖了新房，购买了汽车，村民们已经过上了较为富足的现代生活。其中的两三家茶叶初制所正在逐步成长为拥资数百万的茶企。这充分展现了经济收益的跨越式发展成效。

再来看咖啡产业。2017 年云南咖啡超过烟草和蔬菜成为云南高原特色产业和出口创汇第一产业。据云南省统计资料显示，2017—2018 年，全省咖啡种植面积 11.07 万公顷，位列亚洲第 4 位，咖啡豆产量 16.47 万吨，农业产值 26 亿元，面积和产量均占全国 98% 以上，被雀巢、星巴克、麦氏等世界咖啡巨头选定为原料生产地，产品远销 60 多个国家和地区。[2] 在保山、德宏、临沧、普洱、西双版纳五个云南咖啡主产区，共有 25 个边境县城，其中 23 个边境县大面积种植咖啡，有万亩以上的边境乡镇，千亩以上的抵边村，咖啡因此也有"守边树"之称。边境线中咖农 30 余万户，110 万余人，主要包括傣族、哈尼族、佤族、拉祜族、景颇族、阿昌族、德昂族、傈僳族及独龙族等 13 个少数民族。[3]

在野生菌产业方面。2021 年全国最大野生菌交易市场的云南野生菌日销量达 300 吨，[4] 产值达 160 亿元。[5] 其中，云南南华县野生菌当年交易量 10136.7 吨，产值达 41.18 亿元，包括电商交易额 2.5 亿元。

2. 第二类手工艺副业文化经济模式。以鹤庆县银器产业为代表。

表 2　鹤庆县银器发展状况表

年份	从事民族银手工艺品加工户（户）	从业人员（人）	年加工手工艺品（万件）	带动就业人数（人）/户数（户）	年银器产品种类（种）	银制品产量（吨）	产值（亿元）
2020	> 8000	> 15000	> 1000			> 300	
2021	> 3000	15000	> 1000	9000 > 2900		> 300	26
2022	> 3000	10000		10000 > 3000	> 2000	> 400	35

1　数据来源：2020 年勐宋乡政府工作报告。

2　杨妍、李丹桐、李兴丽、王奕、罗雁、杜刚、代正明：《巩固提升云南边境少数民族山区咖啡产业的对策》，载《中国热带农业》，2020 年第 1 期，第 17—21 页。

3　杨妍、李丹桐、李兴丽、王奕、罗雁、杜刚、代正明：《巩固提升云南边境少数民族山区咖啡产业的对策》，载《中国热带农业》，2020 年第 1 期，第 17—21 页。

4　数据来源：央广网，发布时间：2021 年 7 月 16 日。网址：http://www.cnr.cn/yn/ttyn/20210715/t20210715_525535610.shtml

5　数据来自百度百科，https://www.baidu.com/。

2021年鹤庆县草海镇新华村集体经济收入达29.71万元，农民人均纯收入25998元。2022年新华村有劳动力4132人，其中手工艺品加工销售的劳动力便有3100余人。全村通过劳动力转移到乡镇外就业1842人。

3. 第三类文旅与健康文化经济模式。

表3 2015—2020年云南省游客人数及旅游收入表

年份	游客总人数（万人次）	国内游客（万人次）	外国人和港澳台（万人次）	旅游总收入（亿元）	国内旅游收入（亿元）	国际旅游收入（亿美元）
2015	32914.03	32343.95	570.08	3281.79	3104.37	28.76
2016	43119.71	42519.33	600.38	4726.25	4536.54	30.75
2017	57339.81	56672.12	667.69	6922.23	6682.58	35.50
2018	68847.80	68141.72	706.08	8991.44	8698.97	44.18
2019	80716.79	79977.77	739.02	11035.20	10679.51	51.47
2020	52944.72	52887.07	57.65	6477.03	6449.21	4.03

数据来源：《云南统计年鉴2020》。

2015—2019年，云南省游客总人数、国内游客、国外游客、旅游总收入、国内旅游总收入，国外旅游总收入均持续增长，表现出云南旅游产业发展的良好态势。2020年受疫情影响，国内外旅游收入缩减明显。

从丽江来看，2019年丽江接待国内外游客达到5402.35万人次，旅游总收入达到1078.26亿元，成为云南省内继昆明市之后第二个旅游业总收入超过千亿元的州市。尽管遭遇疫情冲击，但2021年地区生产总值仍达到570.49亿元，比上年增长8.2%，高于全省0.9个百分点。其中，伴随旅游业得到全面发展的第三产业增加值293.73亿元，增长7.8%，对经济增长的贡献率为49.9%，拉动经济增长4.1个百分点。[1]

（三）通过文化赋予创建文化经济模式

云南民族地区文化经济模式三种基本类型的创建，是通过向传统生计赋予文化机制来实现的，即创新性的文化要素对于生计经济的赋予，以及由此不断提升的文化附加值。

具有代表性的是普洱茶产业的形成。在云南省委、省政府的领导布局下，在各级州、市、县至乡政府的全力支持下，普洱茶产业在文化要素的逐步赋予中形成了立体完整的产业体系。省委、省政府直至乡镇各级政府出台一系列专项政策，给予普洱茶产业方向性引导和支持。基于普洱茶深厚的历史积淀及发展基础，2007年思

---

[1] 李炎、胡洪斌：《丽江市文化产业发展报告2000—2020》，社会科学文献出版社，2021年，第9页。

茅市改名为普洱市，同时将普洱茶确定为当地第一产业。2008年5月，普洱茶被国家质检总局公告批准实施地理标志产品保护，并于同年8月正式实施《地理标志产品普洱茶》国家标准。2020年6月，省委、省政府召开普洱现场办公会强调，普洱要努力建设绿色经济示范区。

在各级党委和政府的推动下，资本、企业、人才、技术、物流等市场要素的进入与完善，共同构建了全新的普洱茶文化，推动了文化要素向普洱茶产业的深度全面嵌入，从而促成了该产业的高速发展。党和政府从云南整体产业布局的高度，为普洱茶文化的建构指明了发展方向，提供了充分的政策支撑，从根本上奠定了普洱茶构建云南乃至中国著名区域民族文化品牌的制度基础与措施保障。

在此背景下，普洱茶的文化赋予经历了两大发展阶段。在初期数十年的外部嵌入阶段，在市场经济强大力量的直接冲击和影响下，普洱茶的商品属性高度凸显。从重走"茶马古道"，老茶拍卖，以及冰岛、老班章等名山名牌的构建，以及从采摘、炒制、压制、冲泡、品饮到鉴定整套技术的全面引入……尤其是所谓"金融茶"出现，促使部分普洱茶获得资本属性，不但带来了市场的波动与不确定性风险的增长，特别是对于当地各民族而言，随着茶园出租、企业进驻、地方性知识被替代，普洱茶产业表现出高度功利化的特征，地方民族的生计也随之被裹挟进入市场经济的洪流。这一时期的外来资本、市场对于生计经济表现为一种单向的、强势的甚至是替代性的外部嵌入。

自2007年以来普洱茶产业进入高速平稳发展阶段。此后，地方文化要素的赋予作用逐步显现，并基本完成产业文化态转变。近五年在市场进入稳定期，在各民族系统掌握种茶、制茶、品茶等文化的基础上，围绕普洱茶形成了一套完整的从生产、分配、交换到消费的链条，以及以茶为中心枢纽的、几乎涉及当地社会生活所有层面的文化体系。随着区别于工业化的流水线，高度个性化特征的"一山一味"以及地方品牌的浮现，尤其是在互联网经济浪潮中，民族历史、文化等要素普遍被应用在茶产品的推广和销售中。

而且，这些地方性文化也反过来深刻影响了大益、雨林等大型茶企，他们逐渐注重地方文化与自身产品的结合。例如，我们在雨林公司调查期间，公司的两位线上主播之一便是拉祜族女性，她们穿着当地拉祜族服饰，并在主播过程中大量引入了当地民族生活、文化、历史传说等文化要素。

这种互嵌耦合机制的关键，在于文化赋予绝非表现为外部文化的单向输出，而是在政府引领之下，外部文化与地方文化、内生动力与制度性力量的相互交融互动、相互嵌入的过程。这种互嵌机制一方面建立了生计经济与市场经济的有机关联，从而为传统生计方式的当代延续以及民族文化的传承发展提供了强大的动力；另一方面，在关联传统与现代的过程中，为市场经济创建了一种推动云南少数民族跨越式发展的全新文化经济模式。在此基础上，传统生计经济与现代市场经济完成了真正意义上的互嵌耦合。

三、跨越式文化经济模式的超越特征

在党和国家对于边疆发展的大力支持下，随着近年来云南各民族区域交通、通信、物流、公共服务等基础设施条件的巨大改善，夯实了各民族经济社会跨越式发展的基石。结合西南边疆不可替代的生态与文化多样性资源优势，在文化要素的深度赋予过程中，云南各民族地区已经发展出符合"五位一体"总体布局、具有鲜明地区民族资源特色，并能够满足边疆各民族对于美好生活多层面向往和需要的三种跨越式文化经济类型。综合来看，文化经济模式的超越性具体表现在发展的目标、发展主体的确立以及发展结构三大方面。

（一）发展目标的超越：从狭义经济局限转向整体协调发展

2012年，党的十八大报告中提出推进中国特色社会主义事业的"五位一体"总体布局。该布局从经济建设、政治建设、文化建设、社会建设、生态文明建设五个维度，明确指示了我国发展目标的重大性质转向，即从单纯经济效益转向社会整体协调发展。2017年，党的十九大报告指出，进入新时代，我国社会的主要矛盾转变为人民日益增长的对美好生活的需要和不平衡不充分的发展之间的矛盾。特别是2020年我国脱贫攻坚取得全面胜利，云南各族人民同样已经普遍超越了对于温饱和基本生存的需求。

立足现实，面向未来，习近平总书记强调我国发展需要符合创新、协调、绿色、开放、共享的新发展理念，不断迈向高质量发展。从国外新近的代表性发展理论与实例来看，它们都同样充分证明了，未来的发展目标必然是囊括生态保护、内生动力、区域协调、制度权利保障、社会福祉等的总体性指向。

在这一总体目标下，《云南省建设我国民族团结进步示范区规划（2021—2025年）》提出2035年"云南将与全国同步基本实现社会主义现代化"的建设远景目标。其中，与跨越式发展密切相关的"十四五"时期的主要目标包括，"民族地区经济社会发展水平差距进一步缩小，综合经济实力显著增强，创新驱动能力显著提升，乡村振兴全面推进，生态文化建设卓有成效，各族群众共同富裕迈出坚实步伐，居民收入增长和经济增长基本同步"等。在具体任务方面，主要囊括加大民族地区政策支持力度，推动民族地区高质量发展，促进民族地区乡村振兴，加强民族地区生态文化建设，增强各族群众民生福祉等重要方面。

云南民族地区发展的长远整体目标，应当是在铸牢中华民族共同体意识主线的指引下，形成符合五位一体战略和新发展理念的高质量发展模式，实现各民族的共同富裕和现代化。可见，一旦将发展的视野拓展至"五位一体"的战略高度，将观照提升至高质量发展、新发展理念和共同富裕的层次，那么从广大人民群众对美好生活需求的视角出发，云南民族地区发展的具体目标，就必须是囊括产业、人才、组织、文化、生态等基本维度的整体性的协调发展，以及能够体现各族人民对物质生活的更高要求，解决发展过程中的自主主体性、分配公平性、合作共享性、可持续性与传统文化的生产性保护等的总体性发展。

云南民族地区在实践过程中逐步探索出的、符合新发展理念要求的、跨越式发展的文化经济新模式，是契合民族团结进步示范区建设的长远目标与具体目标的。这一文化经济模式的关键经验就在于，基于当前云南历史、生态、资源、基础设施、技术人才等客观条件及其约束条件，采取直接跨越大规模工业化的路径，尤其避免走高投入、高耗能、高污染、劳动力高度密集的重化工业道路。

在这一模式中，以茶叶、咖啡、药材、鲜花、银器、玉石以及文旅和健康产业等为代表的文化经济模式，都具有绿色、健康、可持续以及契合本地等特征。这一发展模式兼具政治、经济、文化、社会与生态五重属性和价值，在实践发展中已经突破了经济决定论与功利性的囿圄，超越和突破了传统唯经济论的局限。

这一模式由此表现为高度契合"五位一体"总体布局要求，符合新时代国家乡村振兴与高质量发展战略要求，能够有效满足各族人民对美好生活的向往，能够在社会整体的协调发展中解决边疆地区发展的不平衡不充分问题。该模式具体表现为，能够有效推动云南民族地区实现加快农业农村现代化步伐，促进农业高质高效、乡村宜居宜业、农民富裕富足、生态环境保护，促进各族人民共同富裕和民族团结，从而在高质量发展中铸牢中华民族共同体意识，并为我国乃至世界民族地区提供的新发展提供一种示范。

（二）发展主体的超越：民族地区"农商"发展主体确立

进入新时代，党和政府推动民族发展进步工作的重心，从长期以来的扶持政策逐步转向推动自主发展。2018年中央一号文件指出，实施乡村振兴战略，必须"坚持农民主体地位。充分尊重农民意愿，切实发挥农民在乡村振兴中的主体作用，调动亿万农民的积极性、主动性、创造性，把维护农民群众根本利益、促进农民共同富裕作为出发点和落脚点，促进农民持续增收，不断提升农民的获得感、幸福感、安全感"。实施乡村振兴，农民是最重要的行动主体、受益主体。保障农民主体地位，激发农民内生动力，有效发挥农民主体性作用，是实现乡村振兴的关键所在。

著名经济学家、诺贝尔奖获得者阿马蒂亚·森指出，决定后发地区和民族发展的核心本质问题是人的可选择能力的获得。因此，评判边疆民族地区是否实现跨越式发展核心落脚点，就在于各族人民可选择能力的跨越式提升。作为对比，在传统的外部力量介入中的"参与式发展"模式中，由于大部分普通民众只能以被动式进入发展过程。因此它难以动员民族地区民众成为发展的真正主体，因为这种模式中主导发展的主体并非普通民众，因此不同程度地天然限制了市场机制、资本积累、技术能力、组织管理等现代性要素在乡村的嵌入深度。

解决这一问题的唯一路径，就是从传统的参与式发展方式，转变为由乡村民众真正主导的"主体式发展"。云南民族地区文化经济模式中的各民族"农商"，正是发展过程中各民族群众主体确立的标志。在这种模式中，各民族尤其是乡村群众不再只是发展过程中的被动参与者，而是将市场经济活动转变为一种"文化自觉"，形成自身内生发展动力，由此使乡村群众成为发展行为主体。

这种发展的"文化自觉"，主要表现在当地各民族"农商"主体性身份的构建过程之中，即他们主动地通过知识资本的积累，来实现人力资本的提升。具体从普洱茶产业中的布朗族、哈尼族、拉祜族来看，因为对于茶产业的参与涉及几乎所有环节，因此对于他们的能力的要求及其提升是全面的。而且更重要的在于，这一过程是通过他们主动地、自觉地学习来获得的。

以 2020 年 10 月我们调查的一个案例来看。西双版纳州勐海县勐宋乡共同从事茶产业的一对哈尼族夫妻，带领调查组考察西双版纳最高峰"滑竹梁子"的古茶园。他们沿途向我们现场介绍、分析了各片茶园的质量及其影响因素，包括海拔高度与土壤状况、茶树品种与树龄、分布密度、光照与温度、植被构成与湿度、护理与采摘情况等，从而充分展示了对于茶树、茶园的高水平的知识储备。

当地村民对于茶产业的系统知识的掌握，已经达到了相当程度的专业化水平。他们已经将这些知识逐步内化，甚至已经开始进入了创意创新的阶段。比如古树茶的"一山一味"甚至"一家一味"现象的存在，其实就在于普洱茶需要就地晾晒、炒制的这一关键特征。而在既有技术之上的不断探讨、创新及其个体化表达，便成就了普洱茶的这种多样性文化表现的重要特点。

当然，绝大部分村民都是通过参与政府、企业的系列培训，向专家学者的学习借鉴，以及相互的交流获得了对这些系统性知识的认知、把握和理解。当地专门多次组织相关专家向村民们传授炒茶技能。例如，2020 年春茶培训期间，大益公司给村民做了培训并颁发证书。2022 年，当地再次组织开展了更具针对性的"勐海县茶叶协会（制茶委员会）制茶技术学习"专项培训。除此之外，村民们还会自己主动邀请相关领域专家来指导提升自己的制茶技能。如 2021 年春茶期间，我们调查的村寨中，就有三位村民专门邀请昆明、广州以及勐海县城等地的知名炒茶专家，到自己家中指导传授炒制高端古树茶的技巧。此外，村民们还会利用亲属关系、熟人关系等方式，邀请本地著名的制茶、品茶专家来交流学习，以提升自己的系统知识和能力。

可见，当地村民关于发展的"文化自觉"已经形成，而他们的内生发展能力也在此过程中得到全面、深刻和持续地提升。这种能力的提升正是著名经济学家舒尔茨意义上人力资本的提升，因为它实现了当地民族的内生发展能力与动力的赋予，因而是赋予乡村民族主体内生发展动力的关键所在。

（三）发展结构的跨越：三产融合与文化创新

党的十九大提出"促进农村一二三产业融合发展"。三产融合即农业生产、农产品加工业、农产品市场服务业的深度融合。新时代农村的三产融合，重点在于突破传统农林牧渔第一产业的局限，拓展农产品精深加工的第二产业，并推动农产品流通等第三产业延伸。《云南省建设我国民族团结进步示范区规划（2021—2025）》指出，推动旅游商品与民族文化深度融合开发，支持信息技术与传统产业的深度融合。

云南民族地区的文化经济模式，无论是种植业、手工业、旅游业还是演艺业等，除了具备增值空间与发展前景，因其鲜明的民族性、体验性、互动性等特质，还具有显著的产业链衍生性。它们的绝大部分都能实现产业融合渗透和交叉重组，持续向民宿、饮食、健身、健康、数字经济等关联产业延伸，从而实现产业链延伸、产业范围拓展和产业功能转型。通过三产融合，在创新性的文化经济模式的创建中形成了新技术、新业态和新商业模式，从而实现了资源、资本、人才、技术、市场等要素的集聚整合和优化升级。

农村产业融合发展的重点是土地、资金、人才、技术等生产要素的跨界集约配置和系统优化组合，实质是把产业链、价值链等现代产业组织方式，系统性地导入农业，形成新产业、新业态和新模式，从而培育出新的经济增长点。[1]

例如，保山市隆阳区潞江镇新寨村 2021 年咖啡豆产量 4000 余吨，农业产值 1.2 亿元。以产业融合发展为目标，以打造精品咖啡庄园为主攻方向，该村积极探索"村委会+企业+合作社+基地+农户"的"庄园+"经营发展新模式，推动咖啡一二三产业融合发展。目前，新寨村建成精品咖啡庄园 4 座，入驻咖啡企业 10 家，

---

[1] 李道亮：《农业 4.0——即将到来的智能农业时代》，载《农学学报》，2018 年第 8 卷第 1 期，第 207-214 页。

年接待游客 10 余万人。借助电商、直播带货、网红打卡等新业态，打通销售堵点，逐步扭转保山小粒咖啡"藏在深闺人未识"的尴尬局面。2018 年以来，共带动村内 9 户农户开起了农家咖啡小院，产业覆盖全村 502 户农户，覆盖率达 100%，群众收入从 8000 元增加到 2.2 万元，村级集体经济收入从 2.8 万元增加到 43 万元。2021 年还实现线上交易额 1000 余万元。

再从手工业副业类型来看，大理州草海镇党委立足自身优势和资源禀赋，大力促进银铜器生产加工、乡村旅游、特色农业种植及养殖等多元产业融合，持续优化产业布局，形成了大企业、大产业、大振兴"三大"产业振兴格局，建立了"一会三中心"保障机制，持续丰富、拓展和链接产业业态，形成了特色鲜明"一村一品、一村多品"的新型产业融合态势。目前，草海镇新华村已成为西南地区最重要的乡村民族工艺品加工基地和旅游商品集散地之一。

新华村通过银器加工与乡村旅游两大产业的交融，通过"中国淘宝村"龙头示范引领作用，在龙头公司、双创中心、专业合作社的带动下，建设创客基地，吸引了大批龙头企业家及乡土人才回乡创业，促进了"手工艺+旅游""手工艺+电商"的进一步融合发展。目前，"大理州银都水乡有限责任公司""鹤庆银城文化旅游开发有限责任公司"等企业先后在新华村投资开发。回乡创业人才先后在新华村注册了"银都水乡""千锤佳艺""南诏银""石寨子"等 31 个银铜器商标。"新华石寨子银器"成为全国著名的银器手工艺品牌。此外，新华村还通过电子商务平台开展线上外销，目前淘宝网上活跃卖家 135 家，共有订单商家 130 户，形成规模年销售收入 30 万元以上的有 15 户。

不仅如此，新华村的产业融合还不断向周边区域延伸推进。龙头企业家及乡土人才回乡创业带动了周边母屯、罗伟邑等 10 多个村旅游商品加工销售业的快速发展，以加工销售民族手工艺品为主的乡村旅游，进一步带动了周边群众增收致富，形成了产业链的进一步延伸、关联和整合。

互联网数字经济的兴起，从根本上解决了以往限制云南民族地区发展的不利因素，包括运输成本、时间成本、交易成本，以及由信息不对称导致的推广、销售、技术等系列难题，从而实现了文化经济模式中的"小农户"与外部"大市场"的有效联结，将云南民族地区的乡村市场与全国乃至跨国市场架构为一个有机互联的，实现市场资源高效配置和流通。

在我们调查的一个 63 户家庭的哈尼族蚌龙新寨，已有 30 多户人家通过微信微商、直播等方式来销售茶叶。具体从其中的一位村民来看，从 2015 年开展微商以来，他的朋友圈好友目前已达约 2000 人。他主要通过在朋友圈发布茶叶采摘、炒制、品尝等视频、图片、文字的方式，向朋友圈好友出售茶叶。按 2021 年当地古树茶均价

1100元/公斤和生态茶360元/公斤的价格，仅仅春茶阶段，这位茶农便收入近70万元，净收入约23万元，而微商收入去年已经占到他全年收入的约80%。

移动互联网、物联网、大数据等新一代信息技术以及生物技术等高新技术在现代农业领域的广泛应用，为文化经济模式提供了前所未有的广泛、深厚的创新发展动力。

跨越式的文化经济模式，在发展结构的跨越主要表现为三产融合与文化创新的结构性超越。这种结构性的超越，表现为农业与旅游、文化、创意、教育、健康养老等产业融合发展，并在文化创新中不断生成新业态、新技术、新商业模式、新的产业空间布局等。农村产业的融合创新发展，可以有效提高农村资源利用效率，挖掘利用农业新附加功能，缩短生产者与消费者之间的距离，降低农产品交易成本，弥补民族地区传统上的资源稀缺或整合难题，形成土地、人才、技术、资本、市场等要素在乡村的集聚和优化充足，促使产业链条不断延伸，拓展农业增效增收空间，推动产业范围不断拓展，产业功能不断增强，产业层次不断提升，从而实现发展方式的跨越式转型。

四、跨越式发展的现实意义

（一）生存保障与共同富裕并重

云南文化经济模式鲜明表明，经济绝不仅仅是冷冰冰的数字形态，以及局限于单一的产业或市场形态，它同时还是深度嵌入各民族社会生活实践中的有机部分。文化经济模式不仅在当地经济框架中起到基础性作用，同时它也随之全面深度嵌入到当地人日常生活内部。它的作用方式既不是资本化的经济手段，也并未局限于市场经济所追求的利益最大化单一目的，而是不仅解决了乡村民众的就业问题，以自主发展的方式回应了当前发展的不平衡不充分问题，同时还指向基于地方性、民族性与传统性的生产生活方式的现代重建和未来生成。因此，地方性的资源、知识、文化和传统，便不再只是被作为一种经济增长的功利性手段，而是使得人们的劳动回归了生计的基本保障，回到了一种整体性的、充满创新性的民族文化意义的生活方式的重建和复兴之中。

文化经济模式的动态均衡机制首先是建立在经济基础之上的，而这并非只限于"为利润获取"的市场经济，同时还整合了"为生计维持"的生计经济。文化经济模式的关键基点在于，作为一种植根当地乡村的在地化的发展方式，作为内生于各民族主体的发展路径，其基本生产单位是一个个分散的农民家庭。这就决定了他们的本土生产模型始终以生存安全保障为根本原则，并天然地"包含着一种经济生活循环与均衡的观点"。[1]

以前述蚌龙新寨为例。无论茶产业能够获取多高的利润，植根乡村的当地人并不会放弃生存安全保障的基石——种植和养殖生计。例如，虽然该村62户均以茶叶为主要经济来源和主导产业，但目前该村仍有耕地面积644亩，其中水田面积354亩，旱地面积290亩，其中仍有50多户还兼种水稻。另外两三户家庭因为茶叶经济规模较大而无暇种植，但也是将水田承包给亲戚来种植。其中水稻种植354亩，玉米种植616亩。[2] 同时，家家户户也基本上都会饲养数量不等的鸡、猪、牛等。

可见，以乡村为根基的、在地式的跨越式发展模式，在拓展能够获得高额利润的文化经济同时，作为农民的他们并没有放弃种植业、养殖业等传统生计。正如村民所言，"挣再多的钱也要吃饭。我们是农民，自家的土地是要一直种下去的"。作为农民对于生产安全保障的第一诉求，以及他们与土地、种植、饲养之间的传统天然关联，使得"为生存维持"的传统生计依然会得到一定程度的延续。恰恰是这一点，不仅是对他们面临市场风险的根本保障，也是农业这一根本产业得以延续的核心力量，以及保障边疆民族地区长期稳定的根本根基所在。因此，通过与当地各民族生计安全有保障血脉关联的方式，文化经济模式为我国的边疆稳定提供了坚实的地方性经济基础。

（二）特色优势产业与绿水青山模式兼容

绿水青山就是金山银山。2022年中央一号文件指出，"推进农业农村绿色发展，巩固提升脱贫地区特色产业"。要"树立绿色低碳理念，促进资源集约节约循环利用，推行绿色规划、绿色设计、绿色建设，实现乡村建设与自然生态环境有机融合"。2022年5月，中共中央办公厅、国务院办公厅印发《乡村建设行动实施方案》，强调乡村建设"要同当地文化和风土人情相协调"，要"突出地域特色和乡村特点"。《云南省建设我国民族团结进步示范区规划（2021—2025）》中明确提出，围绕打造世界一流"三张牌"，包括绿色能源牌、绿色食品牌和健康生活目的地牌，强调全链条重塑云南农业，跳过中低端，直接进入高端行列。

作为建立在农业经济跨越式发展基础之上的文化经济模式，首先就是一种保留大量自然生态资源的、生态友好的"绿水青山式"的发展模式。基于云南边疆区域的生态脆弱性、历史积淀、既有发展路径等因素，都决定了该区域不可能重复大规模工业化尤其是重投入、重消耗的重化工业的道路。西南边疆民族地区因此只能探

---

[1] [美]阿图罗·埃斯科瓦尔:《遭遇发展——第三世界的形成与瓦解》，汪淳玉，等译，社会科学文献出版社，2011年，第113页。

[2] 数据来源于2019年蚌龙村委会提供的《勐宋乡蚌龙村新寨概况》。

寻跨越常规现代化发展的新路径。以种植业、手工业、旅游业、演艺业等为代表的，具备高度生态亲和性的相关产业，通过文化要素赋予附加值的文化经济化方式，从而跨越了工业化尤其是重化工业的高能耗、高污染的方式。

其次，立足稀缺且不可替代的生态、自然与民族文化资源，通过深度挖掘优势特色资源，在差异化竞争中凸显比较优势，形成了富有地区和民族鲜明特色的、互补的优势特色产业。具体以普洱茶产业为例，当地从政府到企业再到村委会，建立了严苛的监测、抽查标准和监督体系。比如大益、雨林等收购的茶叶都会存样，在未来数年来的抽检中一旦发现农残，村民都需要承担因此带来的损失，尤其是对于古树茶而言更是如此。村民们因此已经建立了对于生态保护、产品的绿色有机的高度自觉的意识。当然，也正是因此，该模式表现出与生态环境的高度亲和，从而体现为一种绿色、低碳、可持续的高质量发展模式。

云南民族地区文化经济模式因此有助于在绿水青山发展模式之下，持续培育发展区域民族特色鲜明的农业产业化集群或农业产业园区，实现高效种养业、纵向延伸产业、横向配套产业的分工协作和有机链接，培育发展多业态复合型融合发展模式。

（三）双重共同市场创建与推进民族团结进步

云南文化经济模式构建了民族地区共同市场和跨区域共同市场，为全国其他民族地区铸牢中华民族共同体意识提供了经验借鉴。在党和政府的大力支持推动下，当地各民族之间通过利益联结和共享，形成了不可分割的互补性分工合作关系，构建了互嵌式民族地区共同体市场和跨区域市场，进一步推动了各民族交往交流交融。

例如，以勐海县为核心的普洱茶产业体系，在地方形成了民族共同市场。由于古树茶集中分布在哈尼族、布朗族、拉祜族等民族聚居的较高海拔山区，所以他们主要是古树茶茶叶初级市场的产品供应者和加工者。如我们调查的蚌龙新寨，该村哈尼族每年凭借采摘、加工和销售普洱茶，人均年收入已经达到12000元。而海拔较低地区的傣族则主要作为雇工上茶山帮助当地民族采茶，每个采茶期可获得4000—5000元收入。当地及外来汉族则作为资本注入方和中间商，在茶山寻茶办厂、收购茶叶。此外，茶叶加工厂则多为当地傣族人和汉族人开办，他们负责承接山头茶叶的挑黄片、压饼、发酵、包装等工作。具体如勐宋乡一位汉族开办的"石某某茶叶加工厂"，主要以压饼和发酵为主营业务。该业务基本价格为12元每公斤，接受整个乡镇所有茶农茶商的发酵压饼业务，每年营业额可高达数百万元。

同时，普洱茶产业的流通体系，在线上线下的融合中形成了跨区域共同市场。首先，通过外界经销商跨区域流动，形成了以勐海为基础的贸易网络。如昆明一位谭姓汉族茶叶经销商,每年春茶期间都会在勐海待3个月以上,专门到少数民族茶山寻找符合自身要求的茶叶,每年凭此净收入30多万元。二是当地民族外出参与展销、博览会等,使地方共同市场打破地缘边界,实现了当地人的跨区域、跨族群的广泛交流。例如,勐宋乡一位傣族茶商岩某,每年都会前往昆明、临沧、福建、广东等地参加茶叶展销和博览会,并因此结交了汉族、拉祜族、布朗族、彝族等各民族朋友。三是茶山行乡村深度体验活动,将地方市场与外部市场直接关联了起来。例如,每年雨林、大益等公司组织的茶山行活动,都会邀请数百位全国各地的外界茶人到茶山进行深度体验。而茶山少数民族也会主动邀请顾客、朋友等前往自家茶山体验原生态自然景观,并参与采茶、制茶等活动。由此,作为小农户的各民族地方共同市场与"大市场"之间形成了直接关联。此外,线上的互联网平台,更通过微信、抖音、淘宝、拼多多等平台,无限扩展了当地市场与大市场之间、当地各民族与外部广大民众的共同关联,从而形成了全国性跨区域共同市场,这无疑有利于加强全国不同民族间的文化交流互鉴。

因此,正是借助民族地区共同市场和跨区域共同市场,围绕茶产业所形成的产业分工和合作,促使各民族之间形成了相互协作、互利共赢、利益联结、不可分割的紧密关系。这种双重共同市场的形成在推进茶产业经济发展的同时,无疑也为各民族交往交流交融奠定了重要的经济基础,同时也推动了各民族的深度交往交流交融,从而在推进民族团结进步中有效铸牢中华民族共同体意识。

(四)铸牢中华民族共同体意识的示范带动性

党的十八大以来,云南省委、省政府坚持以习近平新时代中国特色社会主义思想为指导,把党的民族政策与云南实际紧密结合,团结带领云南各民族手足相亲、同心筑梦,少数民族和民族地区发展取得了前所未有的进步,成功探索出跨越式发展的文化经济发展模式,走出了一条具有中国特色、云南特点、时代特征的民族发展和团结进步之路。因此,要沿着中国特色解决民族问题的正确道路深化实践和探索,推动民族工作创新发展,更好地发挥云南经验的示范引领效应。

云南民族地区的跨越式发展模式是党的民族工作升级迭代的集中表现。而这在跨越式发展中集中表现为党在民族地区经济发展中深入引领基层,在与企业、地方和民族的深度互嵌中,为民族团结进步和共同富裕提供了方向指引和制度保障。

以勐海县为例。2016年西双版纳州被国家民委命名为"全国民族团结进步示范州";2018年勐宋乡被评选为勐海县州级民族团结进步示范单位、民族团结进步示范乡镇;2019年勐海县委被国务院授予"全国民族团结进步模范集体"荣誉称号。这些成就的获得建立在党对于普洱茶产业发展的引领,并充分发挥党支部在企业和地方中的带头人作用的基础之上。

在党和地方政府的引导下,通过多种形式的创新探索,当地政府引入了大型茶企,形成了党建、政府与企业的创新合作模式,构建了党建与经济发展相互整合的有效机制。具体以总部设置在勐海县勐宋乡的雨林公司党支部为例。该支部积极配合各级党委和政府工作,与党委、政府和村民展开多个层面的合作,通过与农户签订"利益连接机制"协议,确立了长期稳定的公司与农户的合作模式,开展了一系列精准产业扶贫、产业振兴项目。在就业方面,企业积极从当地傣族、哈尼族、拉祜族等少数民族中招工。目前,公司中的傣族有60多人,哈尼族约30人,还有部分拉祜族、布朗族等,他们在一起同吃同住同劳动,形成了各民族之间长期、深入的合作关系,促进了广泛、深度的民族交往交流交融关系。2021年7月,雨林古茶坊党总支荣获"全国先进基层党组织"称号,以此为契机,当地正探索"机关+企业+农村"的党建结对模式。因此,当地成功实现了企业与精准扶贫、技术培训、产业振兴、文化振兴等项目的结合,创建了企业与当地、当地各民族之间的利益联结机制,极大发挥了党支部引领当地脱贫致富、乡村振兴的重要作用。企业更加注重对于地方的产业扶贫、产业振兴的推动。企业与当地各民族之间通过多重互动方式,形成了再分配与互惠交融的关系。这种模式充分发挥了企业党支部的主动性和能动性,将基层党组织、企业与村民联结为密不可分的整体,这就从根本上解决了由资本、企业主导的发展项目介入中常常会引发收益分配争议、权力不平等、地方社会解构等常见难题。

可见,云南民族地区的跨越式发展模式为铸牢中华民族共同体意识构筑了共同市场,奠定了坚实的物质基础,夯实了中华民族命运共同体的经济基石。这一模式构筑了跨区域跨民族的利益联结和共享的共同体,持续提升了云南各民族交往交流交融、民族团结的广度和深度;有助于各区域各民族各阶层之间共享发展成果,推动城乡融合,形成区域均衡协调新格局,推动少数民族实现自觉发展并参与国家建设,促进各民族主动融入国内国际双循环的新发展格局,让民族地区经济在国民经济发展中做出更大贡献。因此,跨越式发展铸牢中华民族共同体意识的云南经验,能够为全国其他民族地区铸牢中华民族共同体意识提供重要经验借鉴,充分发挥云南民族团结进步示范区创建的示范性、引领性和带动性。

五、结 论

云南民族地区的跨越式文化经济模式,为铸牢中华民族共同体意识奠定了重要的经济和物质基础。云南民族地区的文化经济的跨越式发展模式,是以共产党的领导为基本原则,以铸牢中华民族共同体意识为主线,以边疆民族内生发展动力构建和实现共同富裕为根本指向,以民族文化生产性保护和生态环境的保护发展为重点,通过三种不同类型的文化经济模式的实践路径,全面提升边疆民族的物质、政治、精神、社会和生态文明。作为重要云南经验的跨越式发展,为"五位一体"战略布局提供实证支撑,有助于验证"五位一体"这一重大战略布局的正确性,为新发展理念和高质量发展增加不可或缺的云南视角和案例,从而创新、丰富中国特色社会主义理论体系。

连接、流动与融合：道路基础设施建设与民族团结进步

朱凌飞[*]

一、导　言

近年来，云南省道路基础设施建设取得了巨大的成就，甚至已经超出了其经济发展水平"理应"达到的程度。自1996年云南第一条高速公路昆明至嵩明高速公路建成通车以来，2014年云南省高速公路通车总里程为3255公里，2020年已逾9000公里，2021年更是突破1万公里，并一跃成为我国除广东省外第二个高速公路里程超万公里的省份。相较之下，2021年云南省GDP为27146.8亿元，排名列全国第18位，仅为排名第一位的广东省124369.67亿元的约22%。公路基础设施建设的"超常规"发展，正是云南省遵循习近平总书记对其"一个跨越""三个定位"要求而采取的积极行动，并已在"把云南建设成我国民族团结进步示范区"的层面上取得了显著的成效。

在社会学的视野中，基础设施具有"既是事物（things），也是事物之间的关系（relation）"[1]的本体论属性，因为"它们调和并塑造了经济性质、文化流向和都市生活的肌理，将其中一些彼此相连，又将另一些予以隔绝，不断地将空间和人们进行排序、连接和分隔。"[2]实际上，基础设施并非单纯的物质与技术问题，实则与政治、经济、文化密切相关，是人群、自然、社会多方互动的结果，具有明显的可见性（visibility）、公共性（Publicity）、官方性（officialese）的特征。在其实际功用之外，基础设施显然还具有丰富的象征意义。而作为最为常见和显见的一种基础设施，道路为我们提供了一种思考国家存在的特定方式。"道路作为国家规划、建设和拥有的物质基础设施，也显然是使国家形成、创造和重建其领土形式，并制

---

[*] 朱凌飞，云南大学民族学与社会学学院教授。
1　Larkin, B.. The Politics and Poetics of Infrastructure[J]. The Annual Review of Anthropology, 2013, (42).
2　布莱恩·拉金. 信号与噪音——尼日利亚的媒体、基础设施与都市文化[M]. 陈静静，译. 北京：商务印书馆，2014：13，14，16，302.

定其所有权和控制权的模式。"[1] 同时,"流动不仅是社会组织里的一个要素而已:流动是支配了我们的经济、政治与象征生活之过程的表现"[2],道路基础设施对于流动性的增强发挥着巨大的作用。因而,对于边疆民族地区而言,以道路为主体内容的基础设施建设更是彰显国家在场、实现地方连接、促成社会流动、推动民族融合的重要方式。

云南省位于我国西南边疆的云贵高原之上,山地面积约33.11平方千米,占全省总面积的84%左右[3],地形复杂,山峦绵延,江河交错,一些地方甚至是"望天一条缝,看地一条沟"。在很长一段时间内,山河阻隔的自然地理条件致使云南大部分地区交通不便,运输不畅,出行困难,以至于云南民间一直流传着"山顶在云间、山脚在江边;说话听得见,走路要一天""看见城,走死人"的说法,这不但是省内各地区经济发展和对外开放的极大障碍,客观上也成为各民族交往互动的最大阻碍。费孝通认为,我国的"民族格局似乎总是反映着地理的生态结构"[4]。陶云逵更是一针见血地指出,"不利交通之地理形势"实乃云南族群区隔、民族种类繁多之基础。[5] 还有研究认为,正是多样化的地理环境阻碍了人群间的广泛联系,才使云南的民族多样性得以形成。[6] 显然,云南的自然地理环境在很大程度上影响到民族的分布和流动,在塑造了云南各民族文化的多样性和差异性的同时,实际上不利于各民族的交往交流交融,不利于增进各民族间的共同性。中华人民共和国成立以后,国家和各级政府加大了对道路基础设施建设的力度,为各民族共同团结奋斗,共同繁荣发展创造了重要条件。1952年8月18日,毛泽东主席就曾为康藏公路康定段至昌都段的修通题词:"为了帮助各兄弟民族,不怕困难,努力筑路。"[7] 云南在新中国成立后的修路热潮正是在国防建设的现实所需和各民族发展经济、改善生活的热切期望中兴起的。20世纪80年代初,云南就确立了"开发云南,首先要建设交通"[8] 的指导思想。在1950年至2014年间,云南全省的公路里程从3388公里[9]增加到23

1　Harvey, P., Hannah. K.. Roads: An Anthropology of Infrastructure and Expertise[M]. New York: Cornell University Press, 2015: viii,186.

2　曼纽尔·卡斯特.网络社会的崛起[M].夏铸九译,北京:社会科学文献出版社,2001:505.

3　数据来源:云南省人民政府网站,发布时间:2020年9月6日。
网址:http://www.yn.gov.cn/yngk/gk/201904/t20190403_96255.html(查阅时间:2022年5月8日)

4　费孝通,主编.中华民族多元一体格局(修订本)[M].北京:中央民族大学出版社,2003:4.

5　陶云逵.陶云逵民族研究文集[C].民族出版社,2011:94-95.

6　陈斌,张曙辉.地理环境与云南民族的多元[J].云南师范大学学报(哲学社会科学版),2006(3).

7　中央文献研究室,国家民委,编.毛泽东民族工作文选[M].北京:中央文献出版社,2014:163.

8　《云南公路史》编写组编著.云南公路史(第2册)·现代公路[M].昆明:云南人民出版社,1999:17.

9　1950年底云南全省通车里程为3388公里。数据来源:《云南公路史》编写组编著.云南公路史(第2册)·现代公路[M].昆明:云南人民出版社,1999:7.

万公里[1]，是1949年底云南公路通车里程的80余倍[2]，2014年末，在全省14065个建制村中，有8808个实现通畅，通畅率为63%，8个人口较少民族地区265个建制村实现通畅，通畅率为67%。[3]为新时期云南民族团结进步示范区的建设打下了坚实基础。

基础设施具有强烈的政治外在性特征。修路搭桥在中国古代虽然"于政治无大系"[4]，但是它与以仁政德治为核心、以昌盛强大为目标的"王道"紧密相关，因此"徒杠与梁……王政之首务也"[5]。修桥筑路自古以来就是获得权威认同和政治臣服的具体实践，是达到"天下归一"的有效手段。"基础设施体现了国家及其公民之间的关系，表达了对国家在社会中应承担何种角色的共识。"[6]在现代社会，道路基础设施建设仍是彰显国家立场、实现疆域整合、促成群体团结的重要机会。有学者即认为，道路对整个区域的社会、经济、文化和生态的影响广泛而复杂，"就修路的社会影响而言，最明显的无疑是推升了当地各族人口的流动性和相互接触的机会"。[7]以横断山脉为具体讨论区域的实证研究已经证明，现代交通是促进各民族广泛交往、全面交流、深度交融的必要条件。[8]相较于东部沿海或平原地区的省、市、区而言，云南的道路基础设施建设具有突破自然地理限制与区隔，充分发挥地缘优势，解决"不充分不平衡发展"难题，促进各民族交往交流交融的特殊意义。2015年以来，云南省着力解决民族地区道路基础设施瓶颈制约的难题，将之作为推动全省经济社会快速发展的主要增长点。在长时间的探索实践中，云南省积累起以道路基础设施促民族团结进步的成功经验。

二、"四好农村路"：人气、财气与民心

党的十八大以来，习近平总书记多次对"四好农村路"作出重要指示。2014年

1　云南省人民政府.云南年鉴（2015）[M].昆明：云南年鉴社，2015:226.

2　1949年底，云南全省通车里程为2783公里。数据来源：《云南公路史》编写组编著.云南公路史(第2册)·现代公路[M].昆明：云南人民出版社，1999:(序言)4.

3　云南年鉴社.云南年鉴2014（第30卷）[M].昆明：云南年鉴社，2015:226.

4　丘濬.大学衍义补（中）卷99[M].北京：京华出版社，1999:850.

5　邹汉勋，黄宅中纂修.大定府志卷十七[M].道光五年刊行本.

6　布莱恩·拉金.信号与噪音——尼日利亚的媒体、基础设施与都市文化[M].陈静静，译.北京：商务印书馆，2014:334.

7　周永明.道路研究与"路学"[J].二十一世纪，2010(8).

8　程中兴.交通现代化如何影响各民族交往交流与交融？——基于横断山区的空间统计分析[J].云南社会科学，2021(4).

3月4日，习近平指出："农村公路建设要因地制宜、以人为本，与优化村镇布局、农村经济发展和广大农民安全便捷出行相适应，要进一步把农村公路建好、管好、护好、运营好，逐步消除制约农村发展的交通瓶颈，为广大农民脱贫致富奔小康提供更好的保障。"2017年12月，习近平再度指出："近年来四好农村路建设取得了实实在在的成效，为农村特别是贫困地区带去了人气、财气，也为党在基层凝聚了民心。"农村公路的建设、管理、养护、运营之所以得到习近平总书记的高度重视和深切关心，是因为农村公路不仅直接与广大农村各族人民的生产生活直接相关，并因其基础性、日常性、方向性的特征，不断调整着乡村社会与外部世界的关系。

通常来说，农村公路一般包括县乡公路和通村公路，连接了广大的乡村聚落。聚落创造了道路，道路也创造了聚落。[1]不同聚落之间的连接促成了道路的产生，而道路也增强了聚落之间的连接。随着新的道路交通方式的出现，一些新的聚落开始出现，一些原有的聚落得到了进一步发展，而有的聚落则可能衰落甚至消亡了。在现代背景下，道路重新调整着聚落的空间分布与发展方向，进而也必然对不同民族聚落之间的关系产生重要的影响。民族地区聚落间道路建设、维护、管理、运营手段和能力的改进与提升，也就意味着各民族间人、物、信息等能够以更快的速度和更高的效率进行流动，对于经济发展、社会进步、文化融合具有重要意义。据第七次全国人口普查数据，云南全省人口中，居住在城镇的人口为23628564人，占总人口的50.05%；居住在乡村的人口为23580713人，占总人口的49.95%。由于历史发展原因，农村地区依然是少数民族的主要居住地，云南全省有29个民族自治县，140个民族乡，农村公路作为服务"三农"的公益性基础设施，农村公路内嵌于云南各族人民的日常生产生活之中，是全面推进乡村振兴与民族团结进步事业的重要措施。四好农村路的推进是一个系统性工程，其中"建好"是基础，"管好"是手段，"护好"是保障，"运营好"是目的。四好农村路促进了聚落间的互动、交融与共生，增强了地方的聚合性。农村交通网络的完善，不但解决了各族人民"出行难"的现实问题，逐步消除农村地区谋求发展的交通瓶颈，无疑也是促进各民族团结进步的重要方式之一。

首先，云南省始终坚持"路畅人和"的建设理念，把建好农村公路作为推进乡村振兴与各民族团结进步事业的基础性保障工程，充分发挥交通基础设施的先导作用。在"十三五"期间，云南将少数民族建制村通硬化路作为云南省创建民族团结进步示范区规划的重要约束性指标。截至2020年底，云南省农村公路总里程高达25万公里，[2]其中有10.75万公里都是在最近五年修建的。当前，全省所有建制村（社区）

---

[1] 胡振洲.聚落地理学[M].台北：三民书店，1977: 171–177.
[2] 数据来源：云南省交通运输厅.云南省公路"十四五"发展规划，2021年12月，第2页.

100% 通硬化路、100% 通邮，农村地区已初步形成"外通内联、通村畅乡、客车到村、安全便捷"的交通格局。在确保建制村通硬化路的基础上，"直过民族"和人口较少民族聚居地以及沿边地区人口较多自然村的道路硬化工程也在稳步推进。据统计，到 2020 年 2 月底，全省"直过民族"和沿边地区 20 户以上的自然聚落通硬化路 2 万多公里，覆盖了 7921 个自然村。[1]"十三五"期间，云南全省 88 个贫困县，11 个"直过民族"和人口较少民族全部实现整县、整族脱贫。[2] 值得一提的是，独龙江公路在 2015 年 11 月 13 日实现全线建成通车，由贡山县城到独龙江乡的通行时间也从以往的八九个小时缩短到两三个小时。独龙族老县长高德荣对独龙江公路的修通感到十分兴奋："今天的独龙江，盼来发展的希望，迎来梦想的曙光。各项事业欣欣向荣，基础设施建设热火朝天，广大群众意气风发，正迎头赶上，争取今年在怒江州率先实现脱贫，做发展的排头兵。"[3] 美国学者 Alessandro Rippa 评价道："在独龙江峡谷，桥梁和其他基础设施是国家权力的明确体现。……在这里，独龙人的梦想和期望与物质基础设施的成功发展紧密相连。国家对独龙江公路巨大的物质投入增强了党的合法性，完美展现了党和国家发展边境地区农村的愿景，同时其保护峡谷生态环境、发展地方经济、改善少数民族生活水平的努力也塑造出了一个忠诚、爱国的少数民族。"[4] 早在 2014 年元旦前夕，习近平总书记就曾对独龙江隧道的即将贯通作出重要批示，他对独龙江隧道的贯通表示祝贺，鼓励独龙族乡亲加快脱贫致富步伐，早日实现与全国其他少数民族一道过上小康生活的美好梦想。[5] 独龙江公路的贯通结束了独龙江乡每年大雪封山后"与世隔绝"大半年的历史，不仅使当地获得了更好的发展条件，增强了独龙族群众的获得感和幸福感，激发了他们建设美好生活的更大热情，也在很大程度上推升了边疆地区与内地城市交往互动的频度、广度和深度，使边疆各族人民与国家的连接与关系更为紧密和深入。

2014 年，习近平总书记在关于农村公路发展的报告上批示："特别是在一些贫困地区，改一条溜索、修一段公路就能给群众打开一扇脱贫致富的大门。"在云南道路基础设施的建设中，"溜索改桥"并非多大难度、多高技术的工程，甚至对于

---

[1] 中国交通新闻网：《云南 9 个"直过民族"宣告整族脱贫，致富之路越走越通畅》，发布时间：2020 年 3 月 30 日。网址：http://jtyst.yn.gov.cn/html/2020/meitijujiao_0330/106936.html（查阅时间：2022 年 7 月 20 日）

[2] 参考《云南省公路"十四五"发展规划》，第 2 页。

[3] 李寿华. 家家有新居，户户有产业 [N]. 云南日报，2018-1-15: 05.

[4] Alessandro Rippa. Borderland Infrastructures: Trade, Development, and Control in Western China[M]. Amsterdam University Press, 2020:130.

[5] 习近平总书记就云南省贡山县独龙江乡高黎贡山独龙江公路隧道即将贯通作出重要批示 [N]. 人民日报，2014-1-4:01.

国家经济建设之"宏旨"也无太大影响，但却与当地人的日常生活、劳作生计、社会交往息息相关。生活在群山之中或江河之畔的各族群众，每一次出门，不管是人、物还是牲畜，都得靠溜索横越深谷急流，险象环生，令人心惊。如果不用溜索，就得翻山越岭大费周折，既多费时日，又徒增劳累。逐渐地，年轻人出去了就不愿意再回来，很多地方变成了空心村。不得已而建造的溜索，实际上已经严重制约了当地经济社会的发展。据交通部门统计，截至 2012 年底，仍有溜索 290 对，涉及 900 多个村，近百万人口，其中贫困人口 60 多万，占了大多数。"十二五""十三五"期间，国家和地方先后投入 30 多亿元，完成"溜索改桥"300 多座。[1] 截至 2018 年底，云南省完成 199 座"溜索改桥"项目建设，占全国总数的 60.8%，受益人口接近 123 万人。[2] "溜索改桥"几乎都是在高山峡谷中完成的，施工条件极为艰苦，最为典型的就是"鹦哥溜索"的改造。该溜索位于金沙江之上，两端分别连接的是云南省巧家县茂租镇鹦哥村与四川省布拖县龙潭镇沿江村。鹦哥村散布着河边社、二道坪、樊家坪、葫芦区、花山、新田、放牛坪等寨子，生活着汉族、彝族、苗族、布依族和壮族五个民族。鹦哥溜索宽 470 米，距江面 260 米之高，是金沙江上最高的溜索，因而也有着"亚洲第一高溜"的别称。自 1999 年修建以来，鹦哥溜索是鹦哥村及周边村寨 3000 余位村民通往外界的唯一出行通道。2018 年 7 月，经过 900 多天的奋战后，金沙江鹦哥大桥的竣工使这一情况得到彻底改变。[3] 溜索改桥工程使山区村民的出行安全有了保障，也凝聚了民心，是建好农村公路的重要组成部分。

其次，云南省通过建章立制、规范监督等多种方式管理好、养护好农村公路。迈克尔·曼（Michael Mann）曾提出"基础设施型权力"（infrastructure power）的概念，指国家渗透民间社会后在其领土内与后勤方面执行政策的能力。[4] 这种权力试图通过提高社会成员的行动能力，而不是抑制他们的能力，而实现管治。[5] 培养这种能力的一个基本做法，就是对行动者的价值观念和行为方式进行必要的引导和规范，与道

---

[1] 央视网：《溜索改桥，直通幸福》，中央电视台"焦点访谈"栏目 2021 年 4 月 21 日播出。央视网：https://tv.cctv.com/2021/04/21/VIDEs7TjZDNKqXavgAWK0ie3210421.shtml?spm=C45404.PhRThW8bw020.EToagw7mjlwm.28（查阅时间：2022 年 5 月 29 日）

[2] 参考：《天堑变通途！央视〈新闻联播〉：桥架鹦哥 "溜索改桥" 折射云南 "十三五" 交通巨变》，发布时间：2020 年 12 月 15 日。网址：http://jtyst.yn.gov.cn/html/2020/jiaotongyaowen_1215/113666.html。（查阅时间：2022 年 7 月 24 日）

[3] 参考：《鹦哥溜索改桥项目主桥鹦哥大桥建成》，发布时间：2018 年 7 月 12 日。网址：http://www.ynqjnews.net/article/show-163799.html（查阅时间：2022 年 7 月 24 日）

[4] Mann M. The autonomous power of the state: its origins, mechanisms, and results[J]. European Journal of Sociology, 1984,25(2).

[5] 项飙. 流动，还是被流动：跨国劳务的基础社会 [J]. 社会学评论, 2019(6).

路基础设施在技术和物质层面相匹配，围绕道路而产生的概念和社会层面的基础设施也就变得不可或缺。这主要体现在以下几个方面。第一，通过制定印发相关管理条例为农村公路的管理奠定政策基础，促进公路管理的有序化、规范化。自2014年以来，云南省委、省政府围绕着农村公路建设问题编制并通过了《云南省农村公路条例》《云南省农村公路建设管理实施办法》《云南省农村公路建设质量管理实施办法》《云南省农村公路管护路长制实施意见》《云南省人民政府关于加快推进"四好农村路"建设的实施意见》《云南省深化农村公路管理养护体制改革实施方案》等一系列管理条例、办法与意见。各地州、县（市）也在此基础上结合自己辖区内农村公路的具体状况，编制了符合自身区域特征的公路管理条例。例如，楚雄彝族自治州先后印发了《农村公路路面硬化改造工程建设实施办法》《加快推进"四好农村路"建设的实施意见》等文件。相关管理条例的出台为管好、护好农村公路提供制度性保障。第二，完善农村公路的管理养护体制。云南省坚持质量为本、安全至上、自然和谐、绿色发展的理念，基本已经建立权责清晰、齐抓共管的农村公路管理养护机制，并形成财政投入明确、社会力量积极参与的格局。省级层面在统筹各部门工作的基础上，一方面详细地制定了州、市、县、区人民政府农村公路管理养护权力和责任清单，解决管理体制上的难题。另一方面，为确保农村公路日常管理养护的资金保障，自2021年起，云南省为农村公路的养护制定新的预算标准：县道每年每公里10000元、乡道每年每公里5000元、村道每年每公里3000元。[1]并且，考虑到各地州、县（市）的财政和农村公路里程的不同，省、州、县三级财政共同投入，并按照不同比例划分为四个标准，以保障农村公路养护资金的充足。[2]州、市级层面发挥承上启下的作用，在完善支持政策和管理体制的基础上，筹集农村公路的补助资金。县一级作为农村公路管理养护的责任主体，按照"县道县管、乡村道乡村管"的原则，已建立"精干高效、专兼结合、以专为主"的管理体系，且搭建起权责较为明晰的县、乡、村三级路长制。第三，围绕着农村公路，云南省已建立起常态化的监督机制，形成上下联动的动态监督格局。例如，临沧市的云县为实现"有路必养、养必见效"的目的，已完善了农村公路的县、乡、村三级责任制，做到农村公路县里有路政员，乡里有监管员，村里有护路员。[3]极大地提升了各族群众在四好农村路建设中的主体意识。

农村公路"建好"是基础，"管好"是保障。为了预防农村公路"一年修、两年烂、三年断"的现象，昆明市交通运输局进一步完善全市农村公路管理机制，由

---

[1] 参考：《云南省深化农村公路管理养护体制改革实施方案》。
[2] 参考：《云南省深化农村公路管理养护体制改革实施方案》。
[3] 罗映清.云县提升农村公路"建管养运"水平[N].临沧日报，2021-4-26:A1.

晋宁区率先在全省进行农村公路路政管理三级联动机制试点建设。从2016年起，昆明市农村公路路政管理"三级联动"机制建设在全省范围内推广，全市分两批完成农村公路路政管理"三级联动"机制建设工作。由于县区路政管理人员十分有限，乡镇成立路政管理所，直接由专管员对乡道进行巡查管理；村委会订立村规民约，村支书或村委会主任兼任路政协管员，负责农村公路的日常巡查与管理。截至目前，昆明全市16个县（市）区完成了地方路政大队标准化建设，112个乡镇路政管理所和1386个行政村路政协管站完成了规范化建设，全市路政从业人员从600多人发展到约2500人，实现全市农村公路"有路必管，管必到位"的目标。通过推动农村公路管理"路长制"工作，进一步健全农村公路管理规章制度。目前，昆明县乡两级设置路长办公室并有专职管理人员，乡镇（街道）管理所、专管员设置率100%，行政村协管站、专（兼）职协管员配备率100%，爱路护路乡规民约、村规民约制定率100%，"路长制"覆盖率100%，"路长制"社会监督公示率100%，路产普查建档率达到100%。[1] 当前，云南省129个县（市、区）全面实施县、乡、村三级"路长制"，所有建制村通硬化路，其中15个县获评"四好农村路"省级示范县、7个县获评国家级示范县。[2]

最后，在农村公路的运营方面，以基层各族人民群众为主体，将公路运营与地方发展结合起来。"行动者的主体性自觉是现代化所必不可少的。""乡村建设的实践证明，凡是尊重农民的主体性，就能激发他们参与发展的积极性"[3]。农村公路在乡村振兴的进程中要实现其应有的积极作用，就有必要充分激发作为公路主体的各民族群众的主体性，使用好农村公路。据昆明市交通运输局介绍，截至2022年2月，昆明市农村公路通车里程约1.8万公里，实现县城通高等级公路100%、乡镇通畅率100%、建制村通畅率100%，全市较大自然村已基本实现通硬化公路。驱车行驶在春城各地，四通八达的农村公路穿越田园，连村通户，为乡村振兴注入巨大动能。昆明市周边乡村道路的路网结构逐步完善，使"山里山外两重天"的境况发生了根本改变。在石林县糯黑村，入村道路硬化完成后，沉寂多年的村庄一下子热闹起来，慕名前来旅游、写生、培训的人越来越多。当地村民以此为契机开起了客栈、农家乐，就连以前无人问津的刺绣也成了热销品，网上销售、快递出村，入村路成了村民的"小康路"。盘龙区的小河公路修建完成后，路上的车辆络绎不绝，四面八方的游客来

---

1 彭锡：《昆明农村公路通车里程约1.8万公里 建制村通畅率100%》，云南网，2022年3月4日。http://society.yunnan.cn/system/2022/03/04/031953762.shtml（查阅时间：2022年5月29日）

2 参考：《全面推进农村公路路长制 促进爱卫专项行动取得实效》，发布时间：2021年11月26日。网址：http://jtyst.yn.gov.cn/html/2021/jiaotongyaowen_1126/123352.html（查阅时间：2022年7月25日）

3 王春光．乡村建设与全面小康社会的实践逻辑[J]．中国社会科学，2020(10)．

到路旁的网红景点旅游打卡。家住团结社区团结村的村民李伟抓住时机，将自家种植的白菜、茄子、辣椒等农特产品放到路旁的集市销售，收获颇丰。李伟说道："原来小河公路路面坑坑洼洼，指路标识不清，错车困难，'晴天一身灰，雨天一身泥'，我都不愿意在家务农。小河公路改造完后，路面加宽了，道路平整了，进村旅游的人增多了，我回家种植蔬菜，收入比以前在城里打工还高。"这得益于昆明市对农村公路建设、管养的持续投入。[1]近年来，昆明市围绕脱贫攻坚和实施乡村振兴任务要求，不断补齐农村交通运输基础设施短板。2016年至2020年，共完成新建、改建自然村通村公路5213.1公里，重要县乡道（旅游路、资源路、产业路）改造120公里，撤并建制村通硬化路，实现自然村公路通达率、建制村通客车率、建制村通邮率均达100%的目标。

连接主要交通动脉的农村公路就像社会有机体中的毛细血管，在乡村振兴、城乡融合与民族团结进步中发挥着基础性保障作用。而农村客运作为农村公路运营的重要组成部分，是解决各族人民群众出行难的公益性服务工程。近些年来，云南省在大力推进农村公路修建进程的同时，也将发展农村客运作为配套工程予以跟进。"十三五"期间，云南省将建制村通客车率作为脱贫攻坚的考核指标之一。为保证农村客运建设与运营，2018年初，云南省印发了《全省建制村通客车三年行动方案（2018—2020）》，加快农村客运站点的建设，并制订了详细的建制村通客车的动态跟踪计划。截至2020年9月，全省具备条件的12452个建制村全部实现通客车。[2]许多地处半山腰的民族村寨里也有农村客运服务点。例如新平彝族傣族自治县水塘镇的拉博村位于哀牢山的山腰处，是一个多民族村寨，村民们的主要收入主要靠种橙子、养猪等。随着农村公路的通车和客运点的设置，人们的出行问题基本都能得到解决。此外，在全省有条件的建制村都通公路的基础上，乡镇快递网点也逐步覆盖，2020年底覆盖率已达99.8%[3]。将保障和改善民生作为农村公路运营的出发点和落脚点，体现了坚持"民生优先，服务共享"的原则。

2015年1月20日，习近平总书记在大理市湾桥镇古生村视察时强调："新农村建设一定要走符合农村实际的路子，遵循乡村自身发展规律，充分体现农村特点，注意乡土味道，保留乡村风貌，留得住青山绿水，记得住乡愁。"对于云南这样一

---

[1] 彭锡：《昆明农村公路通车里程约1.8万公里 建制村通畅率100%》，云南网，2022年3月4日。http://society.yunnan.cn/system/2022/03/04/031953762.shtml（查阅时间：2022年5月29日）

[2] 李承韩，赵学康．我省提前完成具备条件建制村全部通客车目标任务——农村客车动力澎湃[N]．云南日报，2020-9-13:5．

[3] 数据来源：《全省去年综合交通完成投资3152.79亿元》，发布时间：2021年2月25日。网址：http://jtyst.yn.gov.cn/html/2021/meitijujiao_0225/114910.html（查阅时间：2022年7月25日）

个多民族、多山区的省份来说，四好农村路的作用尤其显著，意义也更为重大，它连通的是各民族的民心，指向的是共同富裕的美好生活。它的首要功能在于促进乡村聚落间的微循环，这种微循环不仅是经济层面上的互通有无，更具有社会、文化层面上的意义。2022年6月，云南省交通厅将推荐包括昆明市安宁市、临沧市镇康县、昭通市昭阳区等在内的10个县（区、市）为"四好农村路"全国示范县，并提出"农村四好公路"要"为巩固拓展脱贫攻坚成果，全面推进乡村振兴提供有力的支撑"。

四好农村路与农村实际充分结合，没有不切实际的大修大建，但完全满足村民发展生产、便捷出行的需求；大多在原有的乡村道路基础上改建扩建，基本上没有破坏路域的生态环境和村落景观。尤其是四好农村路蕴含着一种向心力，使乡村聚落的社会结构趋于内聚并凸显其整体属性，保持着乡村在生产、生活、生态等方面的功能与价值，维系和再生产着地方的意义，为乡村振兴的顺利推进创造了重要的情感基础。同时，四好农村路也具有明显的开放性特征，对于各民族的流动、接触、交融具有积极的促进作用，并因为时空距离的大幅压缩，也使各民族之间的心理距离愈益拉近，各民族间的交往交流交融不断跃升。农村公路是脱贫攻坚、乡村振兴的先行工程，它凝聚民心的同时也将以人民为中心的发展理念传递到每一个村寨聚落中。农村公路带来的便利性使各族人民充满获得感与幸福感，也无形之中强化了他们的国家意识。

三、国家公路网：网络、速度与共同体

道路"划迹地表、沟通国土，日积月累，相沿成习"[1]。在最为直接和显见的物理空间层面上，道路连接不同的"节点"（node），延展而成路线（route），并交织成网络（networks）。国家公路网包括普通国道和国家高速公路，由具有全国性和区域性政治、经济等意义的干线公路组成，是综合交通运输体系的重要组成部分，通过道路的兴建和使用，国家得以最为高效地将其国土纳入权力体系之内。同时，正如齐格蒙特·鲍曼所说："在现代时期里，运动速度和更快的运动手段在稳步增长，掌握了最为重要的权力工具和统治工具。"[2] 在发展主义视角下，速度与理性、进步、秩序、规范的现代性观念有着深刻的联系，高速公路对于国家实现在领土范围内构建现代性的承诺具有重要的意义。

道路基础设施是国家统合领土空间的方式之一，对于边疆地区而言该作用更为明显。中国历史上的"五尺道"就是联结中原、四川与云南的主要通道，有着极为

---

1 雷晋豪. 周道：封建时代的官道[M]. 北京：社会科学文献出版社，2011: 1.
2 齐格蒙特·鲍曼. 流动的现代性[M]. 欧阳景根，译. 上海：上海三联书店，2002: 14.

浓厚的政治色彩。现代公路因其显著的通达性与流动性，古道的运输能力和效率与其不可同日而语。不过，与古道相比，现代公路的修建也对资金、技术有着更高的要求。市场需求度往往成为一条现代公路能否真正落地的关键因素。然而，相较于资本主义社会，中国的国家公路网并不完全是以市场经济为导向的，很多时候它是国家为了兼顾各地区、各民族以及城乡之间的协调平衡发展而规划修建的，其背后寻求的是中国特色社会主义的公平正义。"基础设施投资只能由国家承担，如果国家从这一活动中撤出，私人资本将无法取而代之。中国交通、通讯和电力基础设施的快速扩张一直是中国快速增长的关键支撑。国家退出基础设施投资将破坏而不是促进增长。"[1]2007年2月，世界银行在与交通部联合召开的"中国高速公路绩效评价与跟踪"研讨会上发布了题为《中国的高速公路：连接公众与市场，实现公平发展》的研究报告，除了对中国"在如此短的时间内大规模提高其道路资产基数"给予赞誉之外，也对中国高速公路规划提出了建议："下一步的投资很可能包括当前交通需求不大，而建设成本较高，同时社会效益和联网作用很大的道路"[2]。相比于一般的公路，高速公路对技术、资金、人力等方面有着更高的标准与要求，虽然当前中国的高速公路工程多是政府和企业的合作项目，但它的建设仍依赖于国家的强大力量。2010—2019年的数据显示，我国西部地区的公路建设固定投资累计高达7.37万亿元，接近全国总量的一半。[3]其中，云南省自2015年以来，每年的公路建设固定资产投资均超过1000亿元，2021年更是高达3205.56亿元，[4]云南的高速公路建设投资连续多年居全国之首，但营收能力却差强人意。实际上，这正好证明了中国道路基础设施建设的非市场逻辑，充分体现了"以人民为中心"的理念。云南已建成或在建的多条高速公路，其长期的、综合的社会效益远甚于短期的、直接的经济效益，其为云南宏观经济社会发展"提速"的目的清晰可见，对于平衡全国范围内东西发展差距的政治、社会、文化意义尤其显著。换句话说，国家公路网已成为解决人民日益增长的美好生活需要和不平衡不充分发展之间矛盾的重要方式。法国高等社会科学院的邱德亮在为保罗·维利里奥《消失的美学》中文版所写的"导读"中说道："速度本身就是一种权力。……征服就是领先，抓住速度，也就是掌控权力。"[5]速度对于马克思来说也很重要，不仅是因为它在理论政治经济学中的地位，

---

[1] David M. Kotz. Marxist Political Economy and the Obstacles to China's Continuing Rise[A]. 马克思主义与人类发展——首届世界马克思主义大会论文集[C]. 北京：人民出版社，2016:1253.

[2] 张弛. 中国式高速公路——世界银行发布中国高速公路研究报告[J]. 中国高速公路，2007(5).

[3] 冯涛. 数说十年公路建设投资[J]. 中国公路. 2020(12).

[4] 数据来源：《云南省2021年1—12月公路水路固定资产投资完成情况》，发布时间：2022年1月19日。网址：http://jtyst.yn.gov.cn/html/2022/gongzuoqingkuang_0119/124759.html（查阅时间：2022年7月25日）

[5] 保罗·维利里奥. 消失的美学[M]. 杨凯麟，译. 郑州：河南大学出版社，2018: 27.

而且在理解现代空间秩序的发展以及在揭示新技术（特别是通信和运输）的兴起方面。[1] 公路建设的加速，最为直接的影响就是不同区域间连接程度的显著提高，而潜隐的结果则是各地人群之间的流动频率和范围也随之不断增强，进而使区域社会变迁得以不断加速。

省道、国道与高速公路则重塑了云南的总体交通格局。截至 2020 年底，云南的省道、国道总里程为 27124 公里，其中省道为 11987 公里，国道有 15137 公里。2021 年底，云南省 16 个州市全部通高速公路，115 个县通高速公路，129 个县 100% 通高等级公路。如连接迪庆州德钦县与怒江州贡山县的德贡公路，该公路于 2007 年开工建设，于 2019 年 10 月正式通车，后又因大雪封路，于 2020 年 5 月重新通车，修建工程前后整整历经 12 载。德贡公路是云南省道 212 线的一部分，全程仅 98 公里左右，在尚未开通之前就被官方定位为滇西最美的自驾路线，因为这条公路在如此短的路程中经过了梅里雪山、碧罗雪山、金沙江、澜沧江和怒江，基本汇集了滇西北最美的自然景观。不过，对于周边村民而言，相比于道路沿途的自然美景，公路本身的便利性才更值得强调。在 2020 年之前，从怒江贡山到迪庆需要绕路到大理，再到丽江，全程大约 1000 公里，需要 1—2 天的时间。如今，德贡公路将国道 213 线与国道 219 线连接起来，将贡山到德钦的路程缩短近 900 公里。贡山县是傈僳族、怒族、独龙族等民族的主要聚居地，而德钦县的主要民族为藏族、傈僳族与纳西族等，两地都有丰富多彩的民族文化。德贡公路的贯通对于云南涉藏地区和边疆各民族的交往交流交融，推进民族团结进步事业有着直接的促进作用。

现代综合交通运输体系的完善使云南传统的"山间铃响马帮来"运输方式成为历史，位于滇西北的怒江州最具代表性。怒江州曾是云南省内"无机场、无高速、无航运、无铁路、无运输管道"的"五无州市"。以往，从昆明到怒江州府泸水市需要 12—14 个小时。如今，随着保（保山）泸（泸水）高速的通车，从昆明到泸水的通行时间被大大压缩，仅需 6 个小时左右。私家车、城际客车也渐渐多了起来，极大地方便了当地各族群众的出行。南起泸水市六库镇、北至贡山丙中洛镇的"丙六公路"是怒江峡谷中唯一的主干公路，也是国道 219 线的一部分，将怒江州三个县（市）（泸水市、福贡县与贡山县）、17 个乡镇、30 余万群众、10 多个民族串联一线，被直接命名为"美丽公路"。2017 年 8 月 25 日，美丽公路开始在原有的瓦（瓦窑堡）贡（贡山）公路的基础上扩建，2019 年 12 月 30 日开始试通车，整个工期为 26 个月。由于瓦贡公路是怒江峡谷唯一的干线公路，为了减少施工对周边老百姓出行的影响，公路的修建基本采用"晚上施工，白天通行"的方式进行，前后投入的

---

[1] John Tomlinson. The Culture of Speed : The Coming of Immediacy[M].Los Angeles·London·New York·Singapore: Sage Publications, 2007:6.

人工不少于 5 万人次。值得一提的是，在美丽公路的修建期间，怒江州开展了声势浩大的易地搬迁工程，有近 10 万各族群众安置在美丽公路的沿线，嵌入式的民族交融格局由此产生。另外，从道路标准上而言，美丽公路是一条二级路，它满足了一般二级路所具有的基本特征，例如路面保留了大量的平面交叉路口，方便沿线居民近距离出行，并允许机动车与非机动车、行人等多种交通方式混行等。也正是因为这条公路的开放性，让其具有更兼容的服务功能，沿线的各族群众也能真正享受到道路基础设施的便捷性。

现代公路虽然在规划、设计和材料的使用上有着相对同质化的标准或表达风格，但是每个地方的公路仍在诸多方面彰显着地方性的特征。就云南而言，民族文化一直以来都是公路设计中重点考虑的内容。所以，云南的公路网有一个显著的特征，就是民族性与地方性并置，许多民族的文化元素经过抽象之后成为一种文化符号或标识被融入公路的装饰之中，在最大程度上营造了一种各民族交融共生的环境氛围。大滇西旅游环线就是一个最典型的例子。随着德贡公路和怒江美丽公路的贯通，云南的大滇西旅游环线"8"字形的西北圈基本实现闭环。这条旅游环线以大理作为"8"字形的中心节点，西北环主要节点有大理—丽江—香格里拉—德钦—贡山—福贡—泸水—腾冲—梁河—盈江—陇川—瑞丽—芒市—保山—大理；西南环的主要节点为大理—楚雄—昆明—石林—弥勒—开远—蒙自—元阳—江城—景洪—孟连—芒市—保山—大理。大滇西旅游环线所经过的区域总人口约 3055 万，占全省总人口的 66.5%，其中少数民族人口占区域内总人口比例约为 39%，占全省少数民族人口比例约为 79%。[1] 具体来说，区域内有白族、藏族、独龙族、傈僳族、纳西族、佤族、彝族等 25 种世居少数民族。沿线民族文化特色鲜明，是世居少数民族最多的区域，也是世界上少有的多民族、多文化的共居地。绚丽多姿的民族文化由此成为道路景观设计的重要灵感来源，也是该区域民族交融共生的符号化表达。某种程度上，边疆地区的国家公路除了通达、连接等实用性功能外，还具有某种文化仪式的色彩，不断强化着各族人民的国家意识，也激发共同体内部的情感认同。

不过，高速公路对速度的追求要求其要有高度封闭的运营空间，这通常被视为对沿线聚落和人群的区隔、排斥与抛弃。如翁乃群对南昆铁路建设与沿线八个村落社会文化变迁的研究所显示的，对于沿线村民的经济生活来说，铁路作为现代交通运输基础设施的意义是非常有限的，甚至可以说几乎是不存在。[2] 卡尔·波拉尼早已注意到了欧亚大陆的铁路建设所包含的资本、技术、霸权等因素，认为："欧洲不是一个空无一人的大陆，而是数以百万计新旧民族的家园；每一条新建的铁路都要

---

[1] 参考：《大滇西旅游环线区域综合交通规划》，2021 年 8 月，第 3 页。
[2] 翁乃群. 南昆八村：南昆铁路建设与沿线村落社会文化变迁 [M]. 北京：民族出版社, 2001.

穿过各式各样之社会体的边界，其中有些社会体会因这种接触而衰落死亡，另一些则会增强生命力。"[1]相关研究都在提醒我们，高速公路的修建可能会带来新的区隔和不平衡。如已于2013年底通车的大（大理）丽（丽江）高速公路，就因为没有在九河坝子中心地段设置出口，给当地的生态、生计、生活等都带来了诸多不利之处，虽然高速公路从家门口过，却苦于原先的高速在九河没有设置出入口，大部分群众并没能完全享受到高速交通给生活带来的便利。而今这个问题已因九河互通式立交工程的建设得到了改正。2021年12月17日大丽高速公路九河互通式立交正式联网收费，当地人从此告别了8年高速"无口"的历史，此后丽江城区往返九河，单程将从原来的一个小时缩短至23分钟，时间上整整缩短一半，九河人民的生活也将与高速公路直接接轨。这一项目的建设不仅解决了九河乡人民出行绕行的问题，同时也给九河乡带来了更多的发展机遇，增强了地方的"生命力"。大丽高速通过多出口的设计不再对沿线聚落予以隔绝，而是强调高速公路与聚落的交互性。高速公路作为国家统合领土空间的重要方式，也逐渐重视与沿线居民的融合。这种转变更加表明了中国式高速公路不是以短期的、单一的经济利益为导向，而是要追求长期的、宏观的和整体的综合效益。这既是一种国家意志的体现，也彰显着以人民为中心的理念。

哈特穆特·罗萨提出三种类型的"社会加速"（social acceleration），即技术性加速（technological acceleration）、社会变革加速（acceleration of social change）和生活节奏加速（acceleration of the pace of life）。[2]在他看来，交通和通讯技术的快速革新导致了社会变革的加速，从而导致了生活节奏的不断加快，也就是个体之间关系的密度增加了。由于地理地形条件的影响，公路一直是云南最主要的通行方式。倘若说农村公路的大力发展使村落间的交往更为频繁，那么国家公路网的建设与完善则促使各民族的互动超越村庄、县域的范围。各族群众也借助发达的国家公路网与外部世界产生密切的关系，他们参与其中并成为宏观政治经济体系中的关键一环。以国家为导向的民族团结借助完善的路网体系使各民族的交往交流交融不再局限于某些地方与区域，而是具有一种全国性的意义。除了路网客观上带来的便捷性，如前文所述，这些庞大国家工程背后的象征意义、符号价值也是凝聚民心，激发各民族国家意识的重要方式。从族群角度而言，国家公路网显然对促进各民族协调、平衡发展有着支撑性的意义，它促使各族人民像石榴籽一样紧紧地抱在一起。借助这些路网，云南的民族团结进步事业不仅有了基础性的物质支持，也向着"全域创建"

---

1 卡尔·波拉尼.巨变：当代政治与经济的起源[M].黄树民，译.北京：社会科学文献出版社，2013：68.
2 Hartmut Rosa, Social Acceleration: Ethical and Political Consequences of a Desynchronized High-Speed Society[J], Constellations, 2003 Vol.10; Iss.1.pp.6-9.

的格局迈进。

四、国际大通道：辐射、开放与互利共赢

于云南而言，其民族团结进步工作面对的难点之一就是漫长的边境线，以及众多民族跨境而居的格局。世居在此的各族人民在他们的日常生活互动中不断交融，在共同应对现代化、全球化的诸多挑战进程中，逐步由封闭、稳定趋向开放、流动。边界天然具有区隔、中断、排斥的特征，同时也蕴含着连接、过渡、融合的意义。弗里德里克·巴斯指出，全球的文化差异具有连续性，因而"界线"的划定并不必然使人们相互理解的能力被中断，反而有可能使文化融混的特征更为明显。[1] 关凯也认为："如果我们更关注文化间的关系与互动，而不是它们之间的隔阂与边界，世界就会呈现出一种更为和谐的图景。"[2] 云南省正在大力推动的国际大通道建设，正是这种互动与融合得以实现的积极举措。"基础设施共享，技术外溢效应因邻近性而产生，因而促进了非正式的互动和专业知识的交流。"[3] 我们需要思考的问题在于，基础设施发展如何影响当今中国的跨境生计？少数民族在更大的发展进程中的地位和作用是什么？作为"一带一路"议程的一部分，新设想的连接形式如何影响现有的移动和交换方式？

云南省是我国边境线最长的几个省份之一，共有4060公里，几乎是全国陆路边境线的1/5，其中与缅甸接壤的边境线长1997公里，与老挝接壤的长710公里，与越南接壤的长1353公里。边境地带通常是少数民族的主要聚居地。云南的25个边境县（市）中有9个民族自治县，居住着瑶族、彝族、拉祜族、佤族、傣族、独龙族、怒族等少数民族。因而，边境地带是云南推进民族团结进步示范区创建工作的关键区域。由于该区域具有复杂性、缝隙性与外部性特征，边境地带的民族团结进步不仅要考虑国家内部的因素，也要重视境外的相关因素。相对于内地或者其他地区而言，边境地区的民族团结进步和铸牢中华民族共同体意识有着更为强烈、更为突出的价值，不但关涉国家的领土与主权安全，也与"一带一路"倡议与周边命运共同体建设紧密相关。而且，边境作为一种特殊的地域空间，是国家完善沿边开发开放的重要资源，有着极大的发展前景，但同时也是易被境外敌对势力渗入的空间。从这个角度而言，边境竞争与边境威胁因素的不确定性成为云南边境地带民族团结进步工作需要格外重视的方面。

---

[1] 弗里德里克·巴斯. 族群与边界 [J]. 高崇, 译. 广西民族学院学报（哲学社会科学版）, 1999 (01).
[2] 关凯. 超越文化冲突论：跨文化视野的理论意义 [J]. 中央社会主义学院学报, 2019 (05).
[3] 让·梯若尔. 共同利益经济 [M]. 张昕竹, 马源, 译. 北京：商务印书馆, 2020:360.

云南国际大通道是促进中国与南亚、东南亚国家共同繁荣的经济通道和文化交流通道。一是与周边国家进行多层次、多领域、多形式的互利共赢合作，抓住《区域全面经济伙伴关系协定》（RCEP）签署机遇，发挥好边（跨）合区、中老铁路等的连通作用，加强与之建立多边、双边合作机制国家的沟通；二是联合周边省份，加强与相关省份共商共建国际大通道，合力加快推进以西部陆海新通道建设为代表的合作项目走深走实。在推进中，云南省要以自身资源优势、区位优势为前提，积极学习借鉴周边省份如重庆等地在西部陆海新通道建设的重要经验，继续加强与广西共建西部陆海新通道建设；三是继续加强云南与南亚东南亚国家之间的人文交流合作，增进互信，展示云南良好形象，为国际大通道建设铺就软实力。[1] 2021年8月25日，中（国）老（挝）国际物流通道货运班车（昆明—万象）在中国云南自贸试验区昆明片区王家营中铁集装箱昆明中心站正式发车，一辆辆满载货物的卡车从集装箱货场缓缓驶出，驶往终点老挝首都万象。此次货运班车满载总货值约300万元人民币的机械设备、聚乙烯管材、纸箱等昆明产地的货品以及全国各地汇聚到昆明的跨境电商产品，从昆明出发，经磨憨口岸至万象；同时，满载铁矿石、木薯粉、橡胶等老挝特色商品总货值约100万元人民币的货运班车已从万象出发到达磨憨口岸，将集中到达昆明后分发到全国各地。[2] 国际通道的建设一方面促成了沿边、跨境的各族群众与国家的联结更加紧密，使这些以往地处极边的地方被统合进国家的视角之内；另一方面，国际通道规划也充分考虑到云南边境地带的地方复杂性，充分尊重各族边民的主体性，想方设法地为他们谋求发展机会。此外，通过国际通道的建设，将云南边境地带传统的交往互动方式进行重新整合，这是一个由无序到有序、从杂乱到规范的过程。如此看来，对于云南而言，国际通道的修建不仅在宏观上使其融入国家的"一带一路"战略。更重要且不可忽视的是，国际通道的修建实则是将原本充满不确定性的边界的隐性资源特征挖掘出来。不夸张地说，这正是云南民族团结进步事业的特殊性与出彩之处。而国际通道作为一种道路基础设施，在其中扮演着核心作用。

随着中越通道开河高速公路、昆玉河铁路建成通车，中老泰通道昆磨高速公路、玉磨铁路建成通车，澜沧江—湄公河国际航运开通国际集装箱运输；中缅通道瑞丽、腾冲猴桥、孟定清水河等口岸通高速公路，大临铁路建成通车。云南共有29条国际道路运输线路已经开通。截至2020年底，云南已经初步形成三条连接东南亚、南亚与东亚国家的国际大通道。一是西部通道。主要沿着昆畹公路（即滇缅公路），史迪威公路（即中印公路）和昆明至大理的铁路西进，边境地带有多个出境口岸，

---

[1] 周晓琴，官秀娟. 深入推进云南国际大通道建设[N]. 云南日报. 2021-8-26:8.
[2] 张雁群. 中老国际物流通道货运往返班车正式开行[N]. 云南日报. 2021-8-26:2.

可以分别到达缅甸密支那、八莫、腊戌等地，并直达仰光；还可以经缅甸密支那到印度雷多，并入印度的铁路网后通向孟加拉国的达卡、吉大港和印度的加尔各答港。二是中部通道。由澜沧江—湄公河航运、昆明至打洛公路、昆明至曼谷公路和西双版纳机场构成，通往缅甸、老挝、泰国并延伸至马来西亚和新加坡。三是东部通道，以现有滇越铁路、昆河公路及待开发的红河水运为基础，通往越南河内、海防及其南部各地。[1]

当前，公路仍是云南最主要的国际通道，也是人们利用率最高的运输形式。其中边境高速公路因其快速、便捷、输送量大等的特征又承担着主要的运输任务。云南的高速公路网以昆明为中心形成"七出省五出境"的交通网，目前已基本成形。而"五出境"通道分别是昆明经磨憨至泰国曼谷公路通道、昆明经河口至越南河内公路通道、昆明经瑞丽至缅甸皎漂公路通道、昆明经腾冲至印度雷多公路通道和昆明经清水河至缅甸皎漂公路通道。"十三五"期间，边境高速公路作为重要的国际通道取得显著进展。例如，2016年9月启动建设的腊（勐腊）满（勐满）高速经过4年的工程期，终于在2020年9月正式通车。这条高速公路北接小磨高速公路，南至中老35号界碑，后并入老挝17号国道公路，是云南通往老挝、泰国的重要陆路通道。它的贯通不仅契合了沿线各族边民的日常出行需求，也有利于边境贸易的发展。2020年12月，由云南和老挝共同投资建设的老挝首都万象到中老边境磨憨—磨丁口岸高速公路万象至万荣段正式通车，从而结束了老挝没有高速公路的历史。[2]2020年至2025年间，云南省将着力解决沿边地区公路等级总体偏低、连接不畅等问题，补齐干线、增加支线，在加快推动瑞丽—孟连、勐醒—江城—绿春等沿边高速公路项目的基础上，实施孟连—勐海、河口—马关等4个高速公路项目，里程363公里，投资617亿元，实现沿边高速公路全线贯通，推动沿边开放经济带发展。正是凭借着边境高速公路的快速发展，云南的"兴边富民"行动和现代化边境小康村建设等政策才能稳步推进。这些政策的落地强化了边民的国家意识，而国际通道的贯通则为边民的发展搭建了平台，提供了机遇。这对于边境地带的民族团结进步而言意义重大。

2015年1月20日，习近平总书记亲自考察了昆明南站施工现场，对质量安全和关爱农民工工作作出重要指示。铁路方面，"十三五"期间，云南的铁路共开工建设7条、投产运营线路共11条。铁路网密度从74.4公里/万平方千米增加到105.1公里/万平方千米。营运里程也从2970公里增加到4120公里，高铁更是从无

---

[1] 云南年鉴社编.云南年鉴2021[M].昆明：云南年鉴社，2022:23.
[2] 云南年鉴社编.云南年鉴2021[M].昆明：云南年鉴社，2022:23.

到有达到 1064 公里。[1] "八出省五出境"的铁路网框架基本形成，其中"五出境"的铁路国际通道自北向南主要指的是经猴桥口岸的中缅印出境通道、经瑞丽口岸的中缅出境通道、经清水河口岸的中缅出境新通道、经磨憨口岸的中老出境通道与经河口口岸的中越出境通道。而中老铁路作为中部云南国际大通道和"五出境"铁路网规划的重要组成部分，已经于 2021 年 12 月 3 日正式开通。习近平总书记在视频出席中老铁路通车仪式的讲话中指出，中老铁路的高水平、高质量完成，"以实际行动诠释了中老命运共同体精神的深刻内涵，展现了两国社会主义制度集中力量办大事的特殊优势。""双方要再接再厉、善作善成，把铁路维护好、运营好，把沿线开发好、建设好，打造黄金线路，造福两国民众。"中老铁路全长共 1035 公里，北起昆明市，向南经玉溪市、普洱市、西双版纳傣族自治州，过中国磨憨铁路口岸和老挝磨丁铁路口岸，进入老挝北部地区，后继续向南经琅南塔省、乌多姆赛省、琅勃拉邦省、万象省后到老挝首都万象市。普洱市与西双版纳州不通铁路的历史随着中老铁路的开通而得以结束，这极大地方便了当地的各族居民。而且，由于沿线经过多个民族聚居地，地域文化与民族元素成为该线路的一大特征。这在候车站上体现得尤为明显，诸如普洱候车厅的茶叶造型，墨江站哈尼族的白鹇鸟图案，西双版纳候车厅犹如孔雀开屏的外形等。据悉，自 2021 年 12 月 3 日开通到 2022 年 2 月 24 日，中老铁路已经累计开行国际货运列车 330 列，运输货物 19.6 万吨，其中磨憨口岸交出 161 列 7.8 万吨、接入 169 列 11.8 万吨。[2] 作为"一带一路"、中老友谊的标志性工程，中老铁路是中老经济走廊、构建中老命运共同体的重要支撑。中老铁路包含着"近者悦远者来"的价值。

《诗》曰："惠此中国，以绥四方"，赵汀阳认为，中国是一个内含天下结构的国家，"这个'内含天下的中国'继承了天下概念的'无外'兼容能力，或者说'无外'的内部化能力"。并进而提出"中国旋涡"的理念，认为："中国的扩展不是来自向外扩张行为的红利，而是来自外围竞争势力不断向心卷入旋涡的核心礼物。"[3] 其"天下无外"的原则可以用来解释开放的文化基因互化，也成为化通"两个共同体"的思想理念。在汪晖所主张的"跨体系社会"中，不同的文化、不同的族群、不同的区域可以通过交往、传播和并存而形成相互融通，认为："体系是相互渗透的体系，而不是孤立存在的体系，因此，体系也是社会网络持续运动的内在要素和动力"，

---

[1] 杨敏，何思远. 云南"八出省五出境"铁路网基本成形——"十三五"以来云南铁路建设发展纪实 [N]. 昆明日报，2021-3-5:6.

[2] 郑晨，杨永全. 做好中老铁路货物运输服务国内国际双循环 [N]. 人民铁道，2022-2-27:1.

[3] 赵汀阳. 惠此中国：作为一个神性概念的中国 [M]. 北京：中信出版社，2016: 12, 15.

并且"跨体系社会是与跨社会体系相互关联、相互界定的。"[1]汪晖将中国视为一个跨体系社会，同时也是一个跨社会体系。显然，跨社会体系可以有宽泛的内涵，尤其是人类命运共同体在某种层面上也可被视为一种"跨社会体系"。部分学者提出，"中华民族共同体"与"人类命运共同体"具有紧密的内在联系和统筹国内国际"两个大局"的重要意义，在处理内外共同体建设方面，中国政府的最大贡献是实现了两个共同体建设的内外融通。[2]不言而喻，云南国际通道的建设与使用对于沟通、融合、协调"两个共同体"具有积极的意义。

"口岸"为国家指定的对外通商的沿海港口或陆路关口，是经贸往来的商埠和国际物流的节点。当边界与通道在某一个点上形成交叉，也就是"中断""差异"与"连通""连续"两种不同的意象在空间上产生并置时，这一空间便具备了接触点或中介的特质。在特定的历史条件或国际局势之下，"口岸"似乎是这种"交叉"的必然结果。赫曼从社会学层面将口岸视为两个不同的价值领土之间关系的中心节点，是世界系统中价值提升或者降低的阶梯。[3]这种"提升"或"降低"为边境两边的商业贸易创造了重要的条件，也为口岸两侧多种社会要素的流动提供了动力学基础。随着货物、人口、信息的流动，口岸也成为两国之间政治、外交、科技、文化等方面深切互动的门户。云南作为我国陆地边境线最长且接壤国家较多的省份之一，全省25个边境县（市）有人口676.08万人（2020年）。在漫长的边境线上共分布24个边境口岸，其中国家一类口岸17个，二类口岸7个。按照运输形式划分，除却3个航空口岸和2个水运口岸外，其余19个均为陆路口岸。云南边境地区在人口、交通、产业等方面存在着制约因素，因此，西南边境地区的发展要依托边境口岸辐射城镇化，进而带动人口、资金和资源形成聚集效应，使资源优势突出、产业结构合理。如地处云南省德宏州西南端的瑞丽，北接陇川，东连芒市，西北、西南、东南三面与缅甸山水相连。2016年，瑞丽市域户籍人口为13.5万人，常住人口20.4万人。作为口岸城镇，近年来暂住的境外边民数量日益增加，2002年以来，每年办理临时居留证的境外边民数量增长迅速，年均增长率为35.09%，仅2016年办理边民临时居留证达2万余本。目前，瑞丽市是我国最大的对缅贸易陆路口岸，进出口贸易总额占全国对缅贸易的30%左右，是中缅两国边境地区的经济中心，承担着商贸流

1　汪晖.民族研究的超民族视角——跨体系社会及中国化问题[J].西北民族研究,2021(01).

2　马俊毅.中华民族共同体与人类命运共同体视角下的民族研究[J].贵州民族研究,2019(11)；张三南."两个共同体理念"与马克思主义民族理论中国化[J].学术界,2020(01)；周少青.论两个共同体理念的世界意义[J].西北民族研究,2020(02).

3　Josiah Heyman, Ports of Entry as Nodes in the World System[J], Identities: Global Studies in Culture and Power, Vol. 11, 2004.

通中心、加工制造中心、金融服务中心和商务会展中心等一系列新的边贸经济功能。[1] 凭借这些数量众多的通关口岸，云南大力发展国际通道，主动融入国家的"一带一路"战略，不仅成为孟中印缅经济走廊的关键节点，也逐步向着南亚东南亚的辐射中心稳步前进。2020年，云南省完善了《云南陆路口岸功能提升三年行动实施方案（2020—2022年）》，还草拟了《云南省实施"一口岸多通道"创新通关监督方式》，将边境已开放的重点通道纳入口岸管理，对通道进行标准化建设、规范化管理。[2]

随着国际通道的不断完善，云南所处的区位格局也不断被重新定义，"边疆"一词也具有了新的内涵。与周边国家互联互通的基础设施使今天的云南不再是边缘地区的代名词，而是连接南亚东南亚的大通道和对外开放的前沿。长达几千公里的国界线通过数十个不同等级的口岸与通道成为互利共赢、友好往来的窗口，边界的资源属性被逐步开发并放大，各族边民的主体性也在这一过程得以生长。除了拥有多个世居民族外，云南的民族团结进步事业最大的不同在于边界的复杂性与跨境少数民族的影响。国际通道的建设与使用是对边界资源的一种整合与开发，不但恰当地解决了云南民族团结进步中的跨境少数民族问题，还通过规范化的方式将边界双方的互动转换为一种优势。这一举措在强化了边民的国家认同之时，也发挥出他们在"民心相通"中的媒介作用。国际通道的贯通从根本上剔除了边疆的边缘性内涵，在南亚与东南亚的视野中，云南的中心位置不断得以显现。边界隐性的资源属性也随着国际通道的修建被放大，成为边境地带民族团结进步的黏合剂。

五、结 论

在2021年的中央民族工作会议上，习近平总书记指出："要加大对民族地区基础设施建设、产业结构调整支持力度，优化经济社会发展和生态文明建设整体布局，不断增强各族群众获得感、幸福感、安全感。要支持民族地区实现巩固脱贫攻坚成果同乡村振兴有效衔接，促进农牧业高质高效、乡村宜居宜业、农牧民富裕富足。要完善沿边开发开放政策体系，深入推进固边兴边富民行动。"[3] 边疆民族地区道路基础设施意味着对"美好生活"的承诺，其在连接与流动方面的巨大影响，对于经济社会发展、生态文明建设、固边兴边富民发挥着重要的作用，尤其对于促进民族团结进步、铸牢中华民族共同体意识具有重要的意义。

---

1 曹贵雄．以边境口岸辐射城镇化：西南边境地区发展模式研究[J]．北方民族大学学报，2020(3).
2 云南年鉴社编．云南年鉴2021[M]．昆明：云南年鉴社，2022:171.
3 以铸牢中华民族共同体意识为主线 推动新时代党的民族工作高质量发展[N]．人民日报，2021-8-29:1.

一是云南道路基础设施建设推动了边疆民族地区的经济发展。在云南，"要想富，先修路"的观念已经在人民群众中和政府层面上成为一种共识，不管是各种农特产品流向广阔的外部市场，还是引入发展生产所需的各种设备和物资，都需要道路基础设施的建设和完善作为先决条件。"发展是解决民族地区各种问题的总钥匙"，且"经济活动的扩展具有弱化观念异质性的作用"[1]，云南道路基础设施建设的"超常规"发展，不仅为云南经济社会实现"跨越式"发展奠定了重要的物质基础，为解决民族地区的各种问题创造了必要的条件和开阔的前景，进而也有利于增进各民族之间的共同性。

二是云南道路基础设施建设促进了各民族的交往交流交融。要使各民族"像石榴籽一样紧紧抱在一起"，就得破除横亘在各民族之间的山川河流所造成的障碍，为各民族的流动、连接、融合创造条件。云南道路基础设施建设的快速发展在客观上压缩了各民族间连接的空间距离，降低了互动的时间成本，进而也极大地拉近了各民族之间的社会距离乃至心理距离，通过交通、沟通、传播而形成"共知""共见""共感"，使各族人民的生活、生产、心理更紧密地联结在一起，构建共有精神家园。同时，道路基础设施建设还为城乡之间的协调发展创造了条件，一定程度上改变了城乡之间的二元对立关系，在推动城市化的进程中建立各民族相互嵌入式的社会结构和社区环境，并使城市成为各民族交往交流交融的重要空间。

三是云南道路基础设施建设增强了各民族群众的国家认同。道路基础设施的建设涉及资本投入、技术攻关、国土规划等方面的重要问题，在很大程度上只能由国家承担和完成。一方面，基础设施建设展现了国家对公民所担负的责任，兑现了国家"小康路上不让任何一地因交通而掉队"[2]的承诺，增强了各民族群众对国家的认同；另一方面，道路基础设施充分体现了"国家在场"的意义，尤其是那些较大投入、较高难度、较为壮观的道路基础设施，它们由国家建设、管理、维护、运营，充分展现了国家的意志和力量，已然成为不同地域、不同群体想象、感知、体认国家的一种重要方式，使云南各民族的中华民族共同体意识得以不断铸牢。

四是云南道路基础设施建设加速了边疆民族地区现代性建构的进程。国家道路网的建设和快速发展，使边疆民族地区的流动性、连接度、内聚力不断增强，有力地推动了中国现代民族国家的构建。同时，由于现代道路基础设施所带来的时空压缩效应，使云南边疆民族地区的多维空间结构发生重构，在一定程度上表现出"脱域"的特征，驱动民族—民族、内部—外部、地方—国家间的关系在更高层次上融合发展，并塑造了现代国家的公民意识。尤其是云南国际大通道、沿边高速公路、边境口岸

---

[1] 张静. 经济活动对文化观念的影响——以乡村社会为例的研究 [J]. 社会科学, 2022(4).
[2] 中共交通部党组. 小康路上不让任何一地因交通而掉队 [J]. 求是, 2020(11).

城镇化建设的推进,使边疆各族群众有机会和条件参与和服务国家"一带一路"建设,并因此而积极地融入全球化的进程中,为推动沿边开发开放发挥积极的作用和作出应有的贡献。

在2019年全国民族团结进步表彰大会上,习近平总书记明确指出,"以铸牢中华民族共同体意识为主线做好各项工作"。党的十九届五中全会通过的《中共中央关于制定国民经济和社会发展第十四个五年规划和二〇三五年远景目标的建议》,把"中华民族凝聚力进一步增强"列入"十四五"时期经济社会发展主要目标,对铸牢中华民族共同体意识进行了战略性部署,这就要求云南道路基础设施的规划、建设、使用都要以促进各民族团结进步、铸牢中华民族共同体意识为依循,坚定不移地走在中国特色解决民族问题的正确道路上。

专家视角

文化创新发展促进示范区建设

云南大学文化发展研究院[*]

云南建设"民族团结进步示范区"是以习近平同志为核心的党中央着眼全国民族团结进步事业大局作出的重要部署，是"十四五"发展规划和 2035 年远景目标中的重要组成部分，也是云南主动服务和融入全国发展战略大局的重要任务。多年以来，云南立足自身发展实际，以铸牢中华民族共同体意识为要义，依托多样性的民族文化资源，从文化建设着手，促进文化创新发展同社会经济建设、民族团结进步紧密结合，走出了一条传统文化赋能中国式现代化的实践之路。从民族文化大省到民族文化强省的"云南经验"，为新时期云南民族团结进步示范区建设提供了一条切合本地实际的发展路径。

一、民族文化创造性转化与创新性发展的"云南历程"

中华文化源远流长、博大精深，云南丰富多样的民族文化是中华文化不可或缺的要素。云南省委、省政府一直高度重视民族文化的传承、弘扬和发展，积极支持发展少数民族文化。通过推动文化产业体系和公共文化服务体系建设，云南形成了各民族文化共生共荣、和谐发展的生动局面，使得众多"少数民族文化"登上"大雅之堂"，民族文化适应新时代要求，进行创造性转化和创新性发展，在守正创新中实现传统与现代的深度融合，增强了各族人民的自信心和自豪感，提升了对伟大祖国的认同感、对党和政府的向心力。

（一）云南文化大省建设的起步阶段（1996—2008 年）

1996 年云南在全国较早提出建设民族文化大省，从文化体制改革到文化产业发展，云南省委、省政府坚持一手抓公益性文化建设，一手抓经营性文化产业发展，在统一思想认识、推进体制机制改革、健全组织领导机构、完善政策法规体系、促进文艺繁荣、发展文化产业、培养文化人才等方面创新突破，云南文化的知名度、

---

[*] 主要撰稿人有云南大学民族学与社会学学院李炎教授、胡洪斌教授、王佳副教授、汪榕助理研究员、耿达助理研究员、柯尊清助理研究员、管悦博士和云南艺术学院艾佳讲师。

影响力、竞争力和整体实力显著增强，云南文化建设进入了新的历史起点，文化云南的形象日益显现。2000年云南在全国率先颁布《云南省民族民间传统文化保护条例》，对丽江古城等重要历史文化遗迹进行专项立法。这是全国范围内在民族民间传统文化保护领域的第一个地方性法规。2001年云南省委发布《云南民族文化大省建设纲要》，把"建设民族文化大省"列为云南跨世纪三大战略目标之一。2003年省委、省政府召开名为"繁荣民族文化、发展文化产业、建设文化大省"的大会，提出以体制改革为突破口，做大做强广播影视、新闻出版、文艺演出、文化娱乐、体育、会展以及乡村特色文化七大主导文化产业，使民族文化大省名副其实。云南在影视、文学、美术、民族舞蹈、民族音乐等方面实现较大突破，取得了"强项做大、弱项做强"的成效。云南省委、省政府在大理、丽江两次举办州市和相关厅局级领导文化产业发展会议，以会代训，有力推动文化产业发展，云南文化产业也成为西部地区乃至全国最早推动文化产业发展的省份。2005年云南文化产业增加值183.58亿元，占GDP比重为5.29%，成为云南省支柱性产业。"以旅游产业为载体，挖掘丰富的民族文化，走特色文化产业发展之路"成为中国文化产业发展的"云南经验""云南实践""云南模式"。2006年召开"云南省加强公益性文化事业建设工作会"，指出对经济落后地区的公益性文化事业建设给予特殊倾斜。同时，云南积极推进文化体制改革，丽江成为国家文化体制改革唯一的地级试点地区，丽江世界文化遗产申遗成功，带动了全省民族文化、非物质文化遗产的保护与利用，数量众多的民族文化资源调查、整理、研究成果面世，为云南民族文化的保护与利用、文化产业的创新发展奠定了基础。

（二）云南文化建设的巩固阶段（2008—2015年）

2008年，云南省委、省政府提出要将云南建设成为民族文化强省的目标，出台《云南民族文化强省建设实施意见》，进一步推动了云南公共文化服务水平和文化产业发展。云南先后组织实施"文化精品工程"和"云岭文化名家"工程，开展"百名作家写云南、百名画家画云南、百首歌曲唱云南"采风创作活动，创作了一大批讲述云南故事、体现主流价值、满足人民精神需求的优秀作品。深入开展"云南省公共文化服务体系建设补短板三年行动计划"文化惠民工程，大力推进基本公共文化服务标准化均等化，积极推进省、州（市）、县（市、区）、乡（镇）、村（社区）五级公共文化服务设施网络的全覆盖。2010年，云南文化产业增加值达440亿元，比2005年的183亿元翻了一番多，占全省GDP的比重达6.1%，成为全国6个文化产业增加值占GDP比重超过5%的省市之一。2010—2012年，云南省文化产业增加值占GDP比重维持在6.10%。

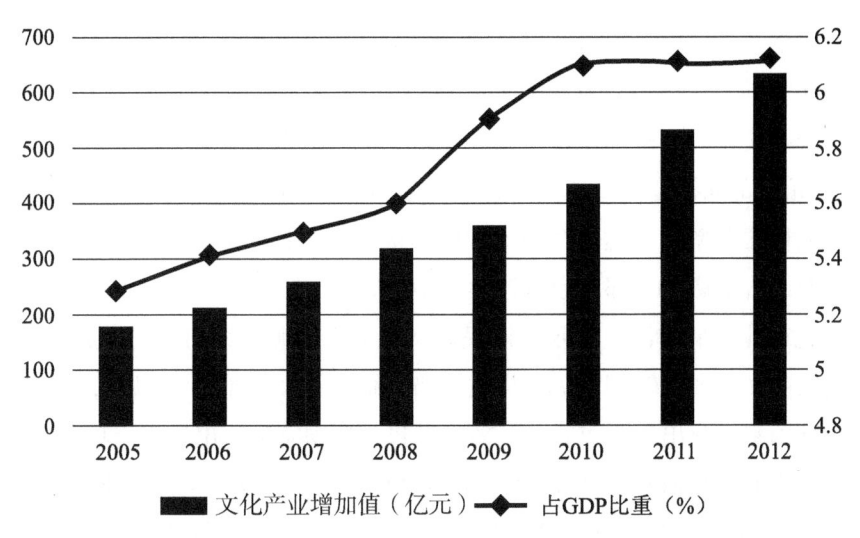

图1　2005—2012年云南省文化产业增加值及占GDP比重情况

资料来源：根据《文化及相关产业分类（2004）》。

2012年，国家统计局和原文化部联合发布了新的文化产业统计指标体系。在新的统计口径下，云南和西部地区文化产业在地方国民经济中的地位下滑，云南文化产业研究机构、专家学者率先提出依托地方文化资源、发展特色文化产业的观点，国家文化部和相关部门予以采纳：2014年文化部、财政部联合印发了《关于推动特色文化产业发展的指导意见》，后经国务院同意并发布《中国传统工艺振兴计划》。云南结合国家文化产业"转型调整"的相关政策，适时推出了"云南金木土石布"特色文化产业发展的相关政策和举措，进一步擦亮了一批具有云南特色传统民族工艺品牌、演艺品牌、节庆会展品牌。

这一阶段，云南的文化建设有力提升了民族文化软实力、民族文化竞争力，推动了区域公共文化服务体系均等化的建设，满足人民群众日益增长的精神文化需求，为民族团结进步示范区建设打下了坚实基础。

（三）云南文化建设的高质量发展阶段（2015年至今）

党的十八大以来，尤其是2015年习近平总书记考察云南并发表重要讲话，指出云南要闯出一条跨越式发展的路子来，明确云南"创建民族团结进步示范区""争当生态文明排头兵""面向南亚东南亚辐射中心"的三大定位之后，云南文化建设进入高质量发展阶段。

在公共文化服务领域，云南坚持把学习宣传贯彻习近平新时代中国特色社会主义思想作为首要政治任务，打造"云岭百姓宣讲团""云岭青年宣讲团""红色小蜜蜂宣讲队"等一批大众宣讲品牌，采取农民夜校、院坝会、火塘会等方式，广泛开展分众化、互动化宣讲活动，推动党的创新理论"飞入寻常百姓家"。公共文化服务设施网络基本实现全覆盖，目前，全省共有公共图书馆151个、文化馆149个、博物馆149个、美术馆9个、乡镇文化站1456个、村级综合性文化服务中心14652个，县级基本公共文化服务标准化建设完成率达100%。公共美术馆、图书馆、文化馆（中心）、博物馆全部向社会公众免费开放。实现广播电视由村村通向户户通升级，广播、电视综合人口覆盖率分别达到99.6%、99.63%。全省年均放映公益电影13万场，译制少数民族语言电影314部，数量连续多年位居全国第一。

在文化产业发展方面，立足云南民族文化丰富资源，突出云南民族文化鲜明特色，推动云南文化产业转型升级、提质上档、做强做大。2017年以来，分三批次22家企业入选国家文化出口重点企业，24个项目入选国家文化出口重点项目。2019年，云南省文化产业增加值692.16亿元，占GDP比重为2.98%。文化产业增加值在全国排第18位，西部12省区市中仅次于四川省、重庆市排在第3位。2019年云南省有规模以上文化企业数783家，从业人员数为79445人，营业收入725.50亿元，资产总计1414.92亿元。文化产业及相关产业增加值从2012年的298.97亿元，增加到2020年的644.86亿元，体量增长2.16倍。2022年一季度，全省661家规模以上文化企业实现营业收入151.93亿元，按可比口径计算，比上年同期增长9.5%，比全国平均增长水平高出4.5个百分点。

"云南历程"响应了时代的号召，突出了区域文化同经济、社会共同发展的特色，是对国家战略的贯彻和践行。进入新时代，云南在民族团结进步示范区建设方面取得突出成就，特别是优秀传统文化的创造性转化和创新性发展，有力促进了云南民族文化的保护传承与传播，为世界文化多样性保护提供了范例，为铸牢中华民族共同体意识、维护国家统一与民族大团结打造了样板。

二、文化促进民族团结进步示范区建设的"云南实践"

云南从建设民族文化大省到民族文化强省的发展历程与民族团结进步、边疆繁荣稳定息息相关。云南民族文化大省到强省的建设实践表明，优秀文化基因隐含解决现代化难题的文化途径，在现实社会中具有重要功用。文化产业跨越式发展促进了社会经济增长，为人民群众创造了实际利益，提升了民族文化自信，增强了中国特色社会主义文化整体实力和竞争力；全方位的文化建设为铸牢中华民族共同体意识、建设云南民族团结进步示范区，夯实了物质基础、文化基础和社会基础。

（一）公共文化服务体系与群众文化活动

1.通过构建民族地区现代公共文化服务体系，传播适应新时代要求的思想观念、精神面貌、文明风尚、行为规范，提升各民族公民道德素质，促进民族地区团结进步。

"十三五"时期，云南省以国家指导标准为依据，制定和实施《云南省基本公共文化服务实施标准（2015—2020）》。通过国家公共文化服务体系示范区（项目）创建工作，保山市、楚雄州、曲靖市和昆明市4个国家公共文化服务体系示范区与楚雄彝族自治州"农民素质教育网络培训学校建设"、红河哈尼族彝族自治州"开远自然村四位一体阵地建设工作"等8个示范项目在全省起到示范作用，覆盖国家、省、州市、县区、乡镇五级公共文化服务体系。通过各种文化活动和渠道，及时向各族人民进行社会主义核心价值观、党和国家重大决策思想、法治科普和人文素质教育，全面提升公民道德素质。"党的光辉照边疆，边疆人民心向党"，听党话、跟党走、爱国爱家，遵纪守法，学习先进科技知识，强化社会主义现代化公民意识成为云南各族人民的普遍共识。从热带河谷的西双版纳曼拉村到香格里拉雪域高原德钦县佛山乡，从怒江峡谷泸水市图书馆公共服务到滇东北乌蒙山金沙江边的音乐文化节，在云南38万平方公里的土地上，129个县、市（区），1406个乡镇，4522个行政村，26个世居民族不断探索，将党和国家的"声音"与丰富多彩的地方、民族文化进行创造性结合，探索了"国家意识+民间文化隐形结构"，促进民族团结进步的云南实践。

2. 广泛开展群众性文化活动，提高人民群众的艺术修养和审美水平，丰富各族人民的精神文化生活，促进民族文化交流。

将丰富多样的民族群众文艺活动以政府购买的方式纳入国家公共文化服务体系，将政府送文化与群众自办文化相结合，丰富民族地区公共文化产品供给，提升各族群众的参与感、满意感与幸福感。"十三五"期间，深入开展"群星奖""彩云奖"获奖作品巡演、云南民族团结进步大舞台、民族民间歌舞乐展演等活动；提升改进"农民工文化节"等示范活动；实施基层特色文化品牌建设项目，打造"大家乐"群众文化广场活动、"文化大篷车·千乡万里行"、"彩云之南等你来"夜间文艺演出等群众文化活动。2016—2019年共完成文化惠民演出48283场，观众人数达6000余万人次，极大丰富了各族群众的文化生活。推进城乡公共文化服务体系一体建设，优化文化资源配置，将公共文化服务供给嵌入群众文化生活，建立了公共文化服务与群众自发参与文化活动的良性互动机制，有效助推了云南民族团结进步示范区建设。各州市、各民族地区充分利用传统节庆活动，各族人民同过一个节日、同唱一首歌，傣族地区的泼水节、大理白族的三月街、彝族地区的火把节、景颇族的目瑙纵歌、中缅胞波节等重大节庆，成为传承和弘扬中华优秀传统文化的重要形式。

（二）民族地区文化产业发展的路径探索

1. 从民族文化资源向产业要素的创造性转化，探索出一种不同于传统物质生产力推动的新经济模式。

云南文化产业发展的强劲势头引起社会各界广泛关注，进而掀起在全国乃至国际上产生重大影响的"云南现象"。云南善于开发具有民族和地方特色的多种文化产业、业态和产品，构建产业体系、培育特色文化产业集群，以差异化发展促进区域社会的协同发展，实现了在地性文化资源同市场的对接，推动文化产品的制作、传播和消费向其他地区转移，走出一条新的经济发展道路。在这一发展模式中，政府、企业、市场关联互动，以"金木土石布"为代表的传统民间工艺产业"一县一特、一村一品、一乡一业"的发展格局已经凸显。文化资源向文化资本的转化过程中实现了价值增值，呈现低污染、低能耗、高附加值的特点，使云南区别于传统以资本和人才为核心的生产方式，将在地方性的文化资源纳入资源配置中，实现产业要素的创造性转化。

以滇西北地区为例。滇西北是云南乃至全国生态文化资源、民族文化、历史文化资源、非物质文化遗产最为富集地区之一，围绕刺绣、翡翠、珠宝、紫陶、红木和根雕等民族工艺品，形成了以鹤庆新华村、大理周城、剑川、狮河等村寨为生产基地，以大理、丽江古城为中心的生产、销售集散中心的区域文化产业发展格局。木雕是剑川县传统的民族手工艺，为打造文化品牌，剑川县积极培育市场主体，以兴艺木雕文化发展有限公司、国艺木雕有限公司、宏盛古建筑工程有限公司、金达有限公司、狮河木雕协会等龙头企业为主导，通过"党支部+公司+协会+基地+木雕户"模式，推动木雕产业的飞速发展。截至目前，剑川县共有木器木雕私营企业202家、古建公司95家、木雕个体户1500多户，木雕从业人员达23000余人，木雕产业产值达4.2亿元，木雕产业已逐步向规模化、产业化方向经营。

云南主动融入全球化，敢于拥抱市场，充分利用全球化带来的人际流动、消费流动和创意资本，成功探索了文化旅游深度的丽江、大理、西双版纳和腾冲的实践经验，走出一条西部地区拥抱全球化，在旅游产业的带动下，跨过传统工业化，进入现代服务业的跨越式发展道路。

2. 从特色文化经济融入现代市场体系的创新性发展，走出一条经济欠发达的民族地区实现循环低碳经济的发展道路。

随着文化和旅游产业迅速发展，云南推动产业"做优做强"，推动产业链、创新链、供应链深度融合，构建提升现代产业体系。提升产业区域带动力和发展竞争力，为云南区域性文化发展培育了市场主体、拓展了市场空间：一是将创意融入，激发区域文化产业发展的创活力;二是积极实施"文化+科技"培育计划,推动产业结构转型升级;三是构建"文化+金融"服务体系,促进文化企业多元化发展;四是强化产业带动效应,推动相关产业与文化品牌联动发展,提升相关产业与品牌文化附加值。茶、咖啡、鲜切花等高原特色农业是云南乡村振兴的重要产业形态,是云南打造五个万亿级产业的重要支撑。云茶、云花、云咖啡等高原特色产业具有潜在的发展空间和文化附加值,不仅直接带动了创意设计、包装印刷、休闲娱乐、文化体验、文化旅游、茶具茶艺、内容写作、商贸博览,同时也是未来中国时尚生活最为重要的资源。"十三五"及"十四五"开局期间,随着普洱茶市场的进一步拓展,品牌影响力的提升,云茶、云花、云咖还带动了西双版纳、普洱、临沧、保山市等八个主要茶产区文化旅游等快速发展。景迈山世界文化遗产申遗工作,茶马古道进入国家文保,以及茶马古道沿线古镇、名村等开发,"一片树叶、一朵鲜花、一个坚果",在带动乡村经济发展、民族地区脱贫致富的同时,也凸显了特色产业对文化创意的支撑作用,体现了文化创意对云南特色产业文化附加值提升的功能。

3. 从差异化到区域性的文化产业集群式发展,实现了以各民族交往交流交融为主线的共同富裕。

区域协同发展战略促使要素聚类整合,实现有限资源在区域内的优化配置,缩小地区发展鸿沟,同时也打破行政区划边界,使各民族在发展中实现交往交流交融,促进区域的整体协调发展。云南文化建设中,各民族依托本地自然和人文资源进行差异化发展,文化产业都获得长足发展,且在不同区域呈现出特色鲜明的发展态势:

一是滇中地区,依托以昆明为中心的曲靖、玉溪、楚雄滇中经济文化圈形成的文化消费市场,以重点企业、产业集团为主体,发挥产业园区、文化艺术社区的集聚作用,昆明市众多的文化商圈,34个文化创意产业园区,一批历史文化街区、夜间经济区和文化旅游主题公园,发挥了产业集聚带动作用,引领全省文化与科技、文化与创意、文化人才培养和文化交流。发挥滇中城市群和文化消费中心的功能,昆明区域性国际旅游城市、玉溪国际康养休闲度假地、曲靖高端生态文化旅游地、楚雄民族特色生态文化旅游地的建设,为全省文化旅游发展提供了集散中心的现代公共文化服务体系。二是滇西地区,依托滇西地区丰富的历史文化遗产、自然风光、民族文化资源,围绕"大滇西世界级旅游环线"发展目标,重点发展文化旅游产业、演艺产业、珠宝玉石产业和民族民间工艺品产业。大滇西旅游环线的提出,依托丽江、大理和腾冲三个旅游集聚中心和目的地,通过现代交通体系、基础设施的完善,三江并流地区多样化的生态、文化资源,丰富、拓展和强化了云南文化旅游平台。三是沿边地区,通过千里边疆民族文化长廊、国门文化工程,以及沿边现代交通体系建设,依托沿边地区独特的生态、文化资源和文化交流,发挥沿边、跨境的区位优势，融入和服务国家战略，做特沿边跨境文化旅游带。西双版纳、红河、文山、临沧、德宏等地市，形成了一批沿边旅游、跨国旅游和文化交流的国际品牌、沿边旅游小镇和国际文化艺术节。

（三）非物质文化遗产保护助力示范区建设

1. 以四级保护体系为指引，摸清各民族文化遗产分布情况，积极推进地方性非遗保护条例的制定与实施，为民族团结进步示范区建设提供科学合理的政策保障。

"十三五"期间，文化部门加强对民族地区文化遗产的普查盘点工作，共收集整理各民族民歌民曲2万多首，民族民间舞蹈1095个舞种，6718个舞蹈套路，民族器乐300余种，民族戏剧（包括地方戏）曲目（篇、部）1000余件，整理规范民族民间叙事长诗50多部，民族节庆230多个，传统体育项目300多项。截至目前，云南已列入国家级非遗代表性项目名录的非遗有145项，列入省级代表性项目名录的有541项，项目覆盖了全省多个少数民族。非遗档案的不断完善，一方面为各地分级有序推进保护与传承规划形成了科学依据；另一方面，持续扩大和深化了民族之间、地区之间对不同文化的相互理解与认同，促进了优秀民族文化在人民群众中的交流与共享。

非遗制度建设的不断健全，提高了区域性民族文化整体保护水平。早在2013年，云南便通过并开始实施《云南省非物质文化遗产保护条例》。近年来，云南共出台了《怒江傈僳族自治州非物质文化遗产保护条例》《大理白族自治州非物质文化遗产保护条例》《德宏傣族景颇族自治州非物质文化遗产保护条例》《红河哈尼族彝族自治州非物质文化遗产项目代表性传承人保护条例》等23个地方性文化遗产保护条例和规定，以及《云南省人民政府关于进一步加强非物质文化遗产保护工作的意见》《云南省传统工艺振兴行动计划》《云南省"十四五"非物质文化遗产发展规划》（征求意见稿），2022年省委办公厅、省政府办公厅联合印发《关于进一步加强非物质文化遗产保护工作的实施意见》等政策文件。2022年7月，《云南省公共文化服务保障条例》经云南省第十三届人民代表大会常务委员会审议通过。《云南省公共文化服务保障条例》的施行，将进一步强化公共文化和优秀传统文化的保护与利用，加快形成民族文化的系统性保护和合理利用的格局，有效发挥公共文化服务、非物质文化遗产在推动社会经济、文化发展，尤其是推动民族团结进步示范区建设中的积极作用。

2. 提升活态传承水平，紧跟时代发展步伐，将非遗资源优势转变为民族文化产业优势，促进少数民族同胞实现技能与自信的双提升。

云南紧紧抓住民族文化大省和强省建设、非物质文化遗产保护工作全面推进的双重契机，深耕本地文化资源，守正创新，围绕"文化乐民、文化育民、文化富民"的发展思路，探索将非遗资源优势转变为民族文化产业优势的模式与路径，充分挖掘工艺美术、歌舞演艺、民俗节庆与文博业、会展业、旅游业、互联网之间的衔接方式，让非遗保护工作在更大范围内造福民族群众生活，带动民族地区社会的和谐稳定发展。

在非物质文化遗产的活态保护上，大理积极探索特色民族文化和旅游融合的发展路径，进一步推进"非遗＋景区""非遗＋特色小镇""非遗＋民宿"等多种融合发展模式，将非遗手工艺融入旅游发展中，形成了剑川木雕艺术小镇、鹤庆新华银器艺术小镇、喜洲白族特色小镇和周城白族扎染艺术之乡等非遗特色小镇和非遗村寨，文博游、非遗体验游、非遗研学游蓬勃发展。

鼓励具有市场经营能力的非遗传承人群采用"生产性保护"模式，以民族传统技艺为核心，创办文化企业，拓宽就业途径。近年来，云南涌出了红河州建水县贝山陶庄文化产业有限公司等一大批以非遗资源为依托的本土企业。据统计，云南全省民族文博和非物质文化遗产衍生品生产销售企业已发展到7000多家，年销售额超过80亿元。以非遗资源为依托的企业不断壮大，切实改善了民族地区的经济水平，拓宽了民众的就业途径，从而增强了民族同胞的文化自信，切实提升了当地居民对本民族优秀文化的认同感与获得感。

培育有手艺、会营销、懂传播的民族文化"代言人"，通过线上、线下多种方式，对外展现民族文化产品。云南省多次积极举办与参与各类非遗主题会展与活动，向外传播与输出具有云南少数民族特色的非遗项目，极大提升了各族群众的自豪感。"互联网＋"发展模式在提供传播平台、共享实践经验、扩大品牌影响力、普及传统文化、增强社会认同和推动全民参与等方面发挥至关重要的作用。通过节庆、会展和培训，推动非遗购物节与互联网不断融合，极大调动了年轻群体对民族文化产品宣传、生产、销售的积极性，增强云南少数民族地区、民族同胞在新媒体时代"直播带货"潮流下的参与能力，创造少数民族地区与非少数民族地区群众的交流与相互认同的机会，促进民族团结进步。

3. 以文旅融合为契机，制订精品旅游线路，策划主题研学活动，设计文创产品，串联民族地区的非遗项目，深挖民族文化资源创造性转化与创新性发展的路径。

以非遗与文化旅游深度融合发展为契机，云南省进行了旅游产业的亮丽升级。2020年，云南省文化和旅游厅发布了《关于公布云南省非遗主题旅游线路的通知》，推出10条非遗主题旅游线路：以昆明为中心，分别向滇中、滇西、滇东、滇西北、滇西南、滇东南等区域延伸，串联了云南境内多个国家级历史文化名城与文化生态保护区，并将各少数民族地区近300个非物质文化遗产项目嵌入其中。近年来，云南涌现了一批致力于策划、组织非遗研学活动的文化机构与旅行社，在周末、寒暑假赴大理、丽江、西双版纳、香格里拉等非遗项目丰富的地区，深入博物馆、手工作坊、乡村聚落体验当地的民俗风情、节日庆典、民居建筑等。研学活动不仅组织参观、走访及交流活动，也重视学生群体对民间歌舞、传统工艺的实践经验，激发研学者对优秀民族文化的深度学习思考，培育新一代文化继承者的使命感与自豪感。

（四）多元文化生态环境下的中国式现代化

1. 生产生活方式与生态环境相互构建，积淀了"天人合一"的生存智慧，厚植了民族群体资源共享、家园共建、和谐共生的团结进步思想基础。

云南多样而独特的生态环境，孕育出不同民族各具特色又和谐共生、守望相助的历史文化。云南各民族群体在人文、历史和生态方面的多元互构和协调发展，是建设民族团结进步示范区的基础和底色。云南各民族皆以农业为主要生产方式，由于聚居在不同区域，其种植作物、饮食习惯、建筑样式、信仰习俗存在明显差异，但在沿袭"靠山吃山、靠水吃水"生产生活方式的过程中，彼此之间形成了"尊重自然、崇尚人与自然和谐共生"的共同认知，这也是中华民族传统文化及中国式现代化的重要理念。

位于云南省普洱市澜沧县的景迈山是典型代表，景迈山从山顶到山脚，分布着十多个传统村落，布朗族、傣族、拉祜族等多个少数民族聚居于此。近几年来，景迈山以"万亩古茶林与多民族和谐共生"为主题，积极申报世界文化景观遗产，最突出的不是古茶资源本身，而是人文、历史与生态的有机互构所形成的文化多样性，符合人类文明发展的价值方向，应当将其示范意义予以广泛传播。景迈茶山上的多个少数民族群体在古茶资源的利用过程中形成了种茶、制茶和售茶的共同生产、共同生活，各民族将"茶祖"奉为生存之本和精神象征，在以景迈山生态保护、茶资源共享利用的过程中，构筑起了团结进步的思想根基。

2. 文化遗产保护和文化创新相互促进，形成了"与时俱进"的文化传承创新机制，深蓄民族群体文化共荣、互鉴互信、共创共新的团结进步内生动能。

云南各民族创造了众多的优秀传统文化、产生了众多珍贵的文化遗产，是中华民族共同的财富、是中华民族优秀传统文化不可或缺的重要组成。大部分民族群体都以开放包容的视野和胸怀、积极自觉的态度，与外来的、现代的多元文化展开深度的交流、碰撞和融合，让文化遗产的传承传播与现代文化创新体系的构建有效接轨，形成了"与时俱进"的文化传承创新机制，这种机制让各民族群体在了解认识自身优秀文化、主动承担文化传承创新责任、建立起文化自信的同时，开阔眼界，能够充分认识和欣赏其他民族不同文化的价值。在此基础上，不同民族的文化价值观被统一在"文化共荣、互鉴互信、共创共新"的共同旨归中，为实践民族团结进步、铸牢中华民族共同体意识积蓄了极其重要的内生动能。

在实践文化遗产传承保护与文化创新体系建设相互促进方面，丽江大研古城的发展历程最具代表性。世界文化遗产荣誉加身，一方面让丽江成为全球旅游消费目的地，吸引来自世界各地的游客，迅速拉动了地方经济的发展；另一方面以满足旅游消费为目的的现代商业在古城中快速蔓延，出现旅游乱象。丽江古城相关部门对丽江古城内的商业进入退出机制进行了调整和严格化管理，利用科技手段建设智慧旅游网络，对商业和旅游消费进行有效监管。通过盘活古城内公共传统建筑资产，发动民族民间艺人、行业协会的力量，重拾原汁原味的传统民族文化艺术、手工艺、名人历史，在丽江古城恢复纳西文化元素和氛围的同时，也让那些在丽江营商多年、与丽江休戚与共的"新丽江人"彻底融入丽江，树立主人翁意识。各民族的新老丽江人，都对丽江文化遗产的重要性有了深刻认知，对丽江古城的保护和发展充满热爱和自觉，充分体现了民族团结进步内生动能激活的过程和有效措施。

3. 传统生计方式与文化创意产业互嵌互促，确立了"满足美好生活需要"的努力方向，构筑了民族群体情感共通、精神共融、共同发展的团结进步文化生态系统。

云南各民族在脱贫攻坚阶段，探索出了适应云南社会发展需求、突出多元民族文化特色的发展路径，即通过大力推动文化创意产业、旅游产业等新型业态发展，整合和转化各民族传统生计方式，引导各民族群体以"乡村地区不离本土的城镇化"实现经济社会的现代化发展，以"传统生计不改初衷的价值化"实现民族文化、传统文化资源在现代社会中的效益转化和可持续传承创新。

以创意为核心的文化相关产业，具有显著的关联性、渗透性和带动性，作用于各民族的传统生计方式，以新的形象包装、以新的渠道传播、以新的孵化平台转化价值效益，让创生于传统社会的优秀民族文化在生产方式发生了巨大变化的现代社会中凸显出更大的经济价值、社会价值和文化价值。大理洱海之滨分布了多个白族传统村落，在民宿、旅游度假发展的影响下成为云南较早一批"美丽乡村"，旅游业的发展给传统村落带来世界各地的时尚设计理念，带来现代文化消费的最新风向标，由此传统渔村通过文化创意的加持，从传统农业转变为旅游服务和现代农业生产，收入水平有所提高、就业规模也有所扩大。以云南各民族传统手工艺资源开发利用形成的"金木土石布"工艺美术产业，以各民族民间歌舞艺术资源为依托形成的民族演艺产业等，都是民族传统生计方式和文化创意产业互嵌互促的具体表现。"十三五"以来，云南很多过去贫困的村落通过发展文化创意产业、文化旅游产业，实现了传统生计方式的转型升级，民族群体在全面脱贫的基础上，建立起"满足美好生活需要"的新努力方向，从人居环境改善、文化空间营造、艺术乡建、生活富裕、乡风文明等方面开启了探索和实践的新征程。

云南特殊地理环境、自然资源禀赋，多元民族文化和地方历史文化相互作用孕育出的民族文化生态系统，强化了云南建设民族团结进步示范区的基础和底色。云南各民族主动融入和服务国家战略，不断探索符合国家和地方、各民族人民利益的有效路径，推动民族地区从生计经济向文化经济的转型，从传统产业向新型产业的升级。依托云南茶叶、咖啡、花卉等高原特色农业，通过科技和文化创意赋能，提升云南特色产业的科技附加值和文化附加值，刺激云南传统农业从单一的种植业向现代农业的转型，大力推动文化传承创新与生态观光旅游、康养度假、研学旅游的深度融合。在中国共产党的领导下，走出一条地方经济发展"不离乡村的兴旺富裕"、城乡一体化"不离本土的新型城镇化"、文化发展"不离优秀传统文化传承创新"、社会治理"铸牢意识引领民族团结进步"的中国式现代化道路。

（五）创造性转化民族团结进步的文化资源

1. 善用民族团结进步的历史文化资源，开展民族团结进步创建活动，有效增进和维护民族团结和社会稳定。

云南在铸牢中华民族共同体意识、建设民族团结进步示范区的过程中，善于把实现中华民族伟大复兴的"中国梦"、社会主义核心价值观和爱国主义精神同云南的实际结合起来，善用民族团结进步的历史文化资源，用地方叙事阐释国家话语，把各族人民的共同理想、共同价值追求引导到谱写"中国梦"的云南篇章当中，从而更好地丰富全省各族人民的精神世界，建设各族人民的精神家园，增强各族人民的凝聚力和精神纽带。

云南各民族交往交流以及相互融合向来是云南历史发展进程中的主流。唐宋时期，以洱海流域为中心的地方政权吸纳了汉、藏、彝、回、白、纳西等多民族文化，各民族共同创造了多元文化，形成了民族团结进步的优良传统。明代，汉族移民大量进入云南，以"大一统"为核心的中华整体发展观深入云南各民族的观念当中；"南诏德化碑""苍山会盟碑"等维护民族团结的事件成为千古佳话，巍山古城拱辰楼"万里瞻天"的牌匾更是表达了云南心向国家的赤诚。新中国成立之初，面对云南民族发展差异巨大、民族间隔阂深重、多种社会矛盾复杂交错的局面，云南省在中央的指导下创造性地采用"缓冲""和平协商""直接过渡"等差异化政策和方式，实现了民族地区的社会主义改造，史无前例地实现了各民族平等享有各项权利，受到边疆各民族的热烈拥戴。

进入21世纪以来，国外民族矛盾冲突频繁，国内民族问题增多，云南的实践经验愈发珍贵，赓续国家统一的历史追求，是云南各民族共同的信念和追求。在滇西北地区，汉族、藏族、纳西族、傈僳族、普米族、白族、彝族等多民族共同生活在一起，形成了共同的历史记忆、地域认同，在社会文化生活方面表现出很强的交互性、共通性和包容性。迪庆州确立了"生态立州、文化兴州、产业强州、和谐安州"的发展思路，在全国率先出台了《云南省迪庆藏族自治州藏传佛教寺院管理条例》和《云南省迪庆藏族自治州民族团结进步条例》，广泛开展民族团结进步创建活动，有效增进和维护了民族团结和社会稳定，成为跨越发展和长治久安事业的一面旗帜和一个典型，发挥了积极的示范作用。

2.活用民族团结进步的民间文艺资源，将民间文化创造性转化、创新性发展为满足各人民群众精神文化诉求的当代文化艺术。

云南从社会文化生活实际出发，充分利用地方传统文化习俗、传统节日以及民间歌舞艺术等文化资源，开展丰富多彩的群众文化活动，通过具体的文化载体阐释国家认同、民族认同以及民族团结进步思想。比如，傈僳族"阔时节"、独龙族"卡雀哇节"、布朗族"新米节"等传统节日，既有悠久的历史文化内涵，又不断融入现代节庆活动的内容，成为各民族交往交流交融的舞台。在文化旅游发达地区，人们将传统民间文艺资源与休闲体验旅游相结合，创造出新的旅游产品，满足当地人和游客共同的文化艺术体验需求，形成了各族人民共同跳舞、共同欢乐的热闹场面。同时，各级政府充分利用节庆活动组织丰富的民间文化活动，组织和鼓励群众自编自演自创本土特色突出的节目，开展乐舞大赛，扶持民间文艺组织发展，充分挖掘民族文化和地域特色。通过具体化、生活化、通俗化的民间文艺活动，使云南各族群众的精神文化生活充满活力，展示了云南民族幸福生活的美好景象，提升了人民群众的获得感、自豪感和幸福感，从而坚定民族团结进步的信念。

3.利用民族团结进步的社会网络资源，强化各民族社会生活中的亲密关系，实现各民族人民的共存共荣。

云南各民族之间有互帮互助、和谐相处的传统美德，在家庭层面，人们尊老爱幼、男女平等、夫妻和睦、勤俭持家；推及社区，人们邻里团结、社区和谐、包容互助，形成了责任、忠诚、亲睦、学习、公益的道德传统，各民族在社会生活中关系紧密、共存共荣，形成文明的行为习惯和生活方式，在发展上和现代文明发展趋势相一致。云南民族地区在"创新、协调、绿色、开放、共享"五大发展理念的指导下，实现了民族地区社会的协调发展，更好地促进了民族进步，形成民族地区可持续发展的良好局面。

云南认真学习贯彻习近平新时代中国特色社会主义思想，贯彻落实习近平总书记考察云南重要讲话精神和重要指示批示精神，贯彻落实党中央决策部署。在建设我国民族团结进步示范区的征程中，通过加强基层社会治理，化用民族团结进步的社会网络资源，牢牢掌握边疆民族地区意识形态工作的领导权，让习近平新时代中国特色社会主义思想扎根于边疆各族人民心中，在民族地区大力弘扬社会主义核心价值观，使各族干部群众人心归聚、精神相依，取得了巨大的历史性成就。云南省致力于边疆民族地区团结示范村建设，尤其是党的十八大以来，各地农村建立了资源整合机制，实行网格化管理和驻村帮扶长效机制，形成以"村小组党支部、党员中心户、党员、群众"为架构，实现乡村治理的多层次模式，发挥"文化之家""农家书屋""党员之家""党群活动中心"等阵地的积极作用，落实新时代文明实践中心、综合服务站、村史室等活动场所的服务功能，突出抓好民族工作的重点、难点、热点问题。云南实施三轮民族团结进步"十县百乡千村万户"示范引领建设工程，打造了36个示范县、301个示范乡镇、4083个示范村（社区），实现示范区建设和脱贫攻坚"双融合、双促进"。积极打造民族团结进步创建升级版，开展全域创建，深化"十进"工作，实施省、州、县、乡、村五级联创，探索推进"边境地区创建联盟""高铁沿线创建联盟"等创新做法，建设边境民族团结进步示范带，11个州（市）和84个单位被命名为全国民族团结进步示范州（市）和示范单位，3000多个单位被命名为省级民族团结进步示范单位，1065所学校被命名为云南省民族团结进步教育示范学校，云南成为民族团结进步示范区的全国标杆。

三、文化促进民族团结进步示范区建设的"云南经验"

全国范围来看，云南是探索新时期民族政策和民族工作最有基础、最有条件的省份，中国特色解决民族问题正确道路的"云南实践"中有不少具有创造性和地方特色的做法，产生了示范和带头作用，云南因此成为全国民族团结进步、边疆稳定繁荣示范区。"云南实践"汇聚成"云南经验"，坚持以人民群众为中心，实现优秀传统文化创新性发展和创造性转化，推动文化产业高质量发展，丰富人民群众精神文化生活，促进边疆民族社会和谐稳定。在繁荣发展各民族文化过程中，坚持以铸牢中华民族共同体意识为核心要义，进一步促进民族交往交流交融，实现民族大团结，从"三个离不开"升华为"三个分不清"。

（一）发展哲学社会科学，铸牢中华民族共同体意识

云南以全面建设"民族团结进步示范区"为动力，寻求特色发展之路，发挥云南民族学学科等优势，整合相关高校和研究机构资源，联动新闻、出版、文学艺术团体及社会科学界联合会等学科、理论研究力量，探讨云南哲学社会科学攻坚特色

领域。以民族文化多样性传承传播与发展为主要议题,结合面向南亚东南亚辐射中心建设、民族文化与云南精神,对民族文化建设、民族文化"走出去"、民族地区社会经济发展、民族文化与现代科技融合、民族文化资源保护与开发,民族文化与旅游产业发展等开展研究。系列研究成果的推出,促进云南民族精神的建设,提升以民族文化研究为主体的云南哲学社会科学研究在全国的地位和影响力,引领云南民族团结进步与社会稳定、和谐发展。

大力开展"结对子""手拉手""心连心""一家亲"等多层次多领域多样化的交流联谊活动,启动实施"石榴红"工程、各族青少年交流计划、各族群众互嵌式发展计划、旅游促进各民族交往交流交融计划,共筑文化认同。互嵌式社会结构和社区环境进一步巩固,多民族共居一个村寨、各族学生同校同班、一个民族的歌所有民族都唱,一个民族的舞蹈不同民族都跳,一个民族的节日不同民族同过,一个家庭中有多种民族成分的情况更加普遍,各族群众交得了知心朋友、做得了和睦邻居、结得了美满姻缘,像石榴籽一样紧紧抱在一起。实施"枝繁干壮"工程,在构筑中华民族共有精神家园上作出示范;弘扬"牢固树立休戚与共、荣辱与共、生死与共、命运与共的中华民族共同体理念,坚定不移跟党走,爱国奉献守边疆,团结奋斗建家园,同心共筑中国梦"的新时代民族团结誓词碑精神内涵;常态化开展铸牢中华民族共同体意识宣传教育,创建一批教育实践基地,建设一批中华民族共同体体验馆。

(二)加强乡村公共文化服务基础设施建设

云南在加强中心城市基础文化设施建设、满足城市居民基本文化权益的同时,"十二五""十三五"时期公共文化服务体系建设以乡镇为重点,通过加强乡镇基础文化设施建设、完善乡镇公共文化服务体系,发挥乡镇对广大农村的文化辐射和影响力,全面提升城乡文化惠民的服务力,促进城乡文化和谐发展。包括:构建内容充实与服务到位的乡镇文化馆、乡村网络学校、农家书屋,建立面向乡镇、周边农村的现代广播影视、图书、音像文化服务体系,满足乡镇、农村人民群众不断增长的基本文化需求与文化权益。依托丰富的地方文化、历史文化和民族文化,建设各具特色的乡镇文化广场、村寨文化广场、农村文化大院,通过县乡文化站,丰富乡镇、村寨的文化活动。实施文化乡镇建设工程,围绕乡镇规划、生态保护、文化服务体系建设、文化保护与传承,构建环境美好、文化服务体系完善、文化活动丰富多彩、民族文化和地方文化特色鲜明的名村名镇,促进云南民族团结进步示范区建设。大力推广普及国家通用语言文字,巩固国家统编教材全覆盖使用,定期举办"云岭杯"中华经典诵写讲大赛,推进"学前学会普通话"行动和"童语同音"项目,全省3至6岁在园学前儿童普通话普及率达99%，加大劳动力普通话培训力度，18周岁以上少数民族通晓普通话人口比例达98.63%，有力促进了各民族更好地融入社会、融入中华民族大家庭。

（三）挖掘民族文化资源，打造民族文化品牌

云南民族文化是云南从民族文化大省到民族文化强省建设的重要基础，也是云南可持续发展的重要资源。在民族文化资源保护、活化和传承的过程中，云南省重视本地文化资源普查工作，并进行文化资源的调研与评估，以文化建设促进文化产业发展提升文化竞争力的视野，构建云南文化资源评估体系，依托相关研究机构，成立云南民族文化资源评估机构，加强云南民族文化资源的调研与评估。加强对民族文化、历史文化富集地区的资源保护与开发监控，构建民族文化资源保护与开发的准入与退出机制。加强对乡村文化、历史文化和民族文化资源的保护，加大对乡村博物馆、文化传习馆、民族工艺坊建设的投入，重视传统节庆与文化传承人的保护，让优秀的民族文化得以传承发展。实施重大历史文化品牌建设工程，认真梳理云南文化资源的开发现状，结合云南文化旅游产业的发展，以民族文化为主体，着力培育具有相对完整的物质形态、文献资料、历史事实、历史遗存的历史文化品牌，对云南社会文化发展，对文化旅游产业具有带动支撑，与文化建设发展具有重要影响的重大历史文化品牌。各民族文化相互尊重、相互欣赏、相互学习、相互借鉴成为常态，优秀传统文化焕发新活力，反映中华文化认同的精品力作不断涌现，《云南映象》《阿佤人民再唱新歌》《小河淌水》《幸福花山》等一批民族文艺作品广受好评，春节、中秋节、泼水节、火把节、目瑙纵歌节等成为各族人民共同的节日，各民族文化百花齐放、百川归海，交融汇聚成中华文化之"大美"。

（四）向外拓展文旅市场，向内助推文旅产业

云南文化旅游市场的拓展，充分利用得天独厚的气候、生态环境、民族文化资源，借助现代传媒技术手段和交流平台，发挥与周边省市、南亚东南亚在文化旅游资源上的差异和互补性。针对国内东部经济发达地区、港澳台、欧美等市场，加强云南民族文化、生态文化和旅游文化营销，开展系列的文化推介活动，创新打造文化消费的新场景、新模式，进一步培育并拓展国内外文化旅游消费市场。与此同时，实施兴边富民工程，改善沿边群众生产生活条件，推进现代化边境小康村建设，374个沿边行政村成为富边的样板、稳边的示范、守边的屏障，拓展文化旅游产业发展空间。丰富文化旅游及休闲度假产品，完善现代化旅游服务体系，展示云南的民族文化、生态文化和历史文化资源，助推文化旅游产业的快速发展，促进民族地区文化旅游经济的发展，为民族团结进步示范区建设夯实文化经济基础。

（五）培育本土消费市场，扩大文化消费内需

"十三五"期间是云南经济快速发展、人民群众可支配收入迅速增长的时期，是城乡居民文化消费迅速提升的重要时期。云南省抓住机遇将4700万各族人民不断增长的精神文化需求作为发展依据，不断推进城镇化发展，实施就业优先战略，深化分配制度改革、健全社会保障体系，营造良好的消费环境的基础上，构建相对发达的现代服务业体系。发挥中心城市的带动辐射作用，加快构建都市现代文化市场体系，尤其是以乡镇为结点的现代文化消费产品与服务体系，促进城乡文化消费。通过加强乡村文化基础设施建设，依托丰富多样的民族文化资源，着力发展在地性的"金木土石布"特色文化产业和乡村文化旅游，培育以乡镇为主体的特色乡村文化市场。不离本土的新型城镇化，不仅解决了大量农村富余的劳动力，也释放广大农村居民的文化消费潜力，扩大了内需，促进民族地区产业结构调整，完善经济发展方式，拓展民族地区经济发展的空间，为民族地区五位一体协调发展和可持续发展奠定坚实的基础。

（六）建设国家文化口岸，加强国际交流合作

依托云南与南亚、东南亚毗邻优势，利用沿边地区规划建设了一批"文化口岸"，加强与南亚、东南亚的文化交流与文化贸易。同时联合省内高校、研究机构等，加强对外文化交流和贸易的政策、措施及路径研究，为文化"走出去"提供有效的指导和决策咨询参考。抓住国家将云南建设成为"面向南亚东南亚辐射中心"的机遇，发挥云南与南亚东南亚毗邻的区位优势，重点发挥以昆明为中心，德宏—保山—临沧—怒江、红河—文山、普洱—西双版纳沿边三线八州市的国际枢纽城市与边境地区的优势，在千里边疆民族文化长廊建设基础上，启动国门文化建设工程，通过国门文化形象、公共文化服务、文化展示窗口、文化活动和边境沿线跨过复工人员的文化科技培训、边境贸易集市、国际贸易园区、特色文化产业园区等，构建了面向南亚、东南亚的人文交流体系，充分利用了沿边跨境少数民族传统文化活动、节庆会展、文化旅游、民族民间工艺品交易等文化贸易，促进云南文化"走出去"，提升云南文化软实力和竞争力，繁荣沿边文化的同时，促进了沿边民族地区的社会稳定与民族团结。

云南文化创新发展，使得社会主义新时期新思想深深扎根云岭大地，新时代文明风尚充分彰显，各族群众文化获得感幸福感不断增强，宗教和谐和顺的局面更加巩固，文艺界百花齐放，精品迭出，文化产业转型升级高质量发展，国际传播和对外文化交流合作持续深化。文化兴，国运兴，文化强，民族强。中华民族伟大复兴需要文化繁荣兴盛，民族团结进步示范区的建设需要文化与时俱进，以人民群众为

中心，以铸牢中华民族共同体意识为目标，促进各民族优秀传统文化的创造性转化与创新性发展。在世界百年未有之大变局下，当前我国社会主要矛盾变化带来新特征和新要求，文化创新促进云南民族团结进步示范区建设将迎接新的矛盾和挑战，在各民族优秀传统文化与国家公共文化服务体系的互嵌、文化安全与民族地区社会治理、后疫情时代文化和旅游的深度融合、特色文化产业和乡村振兴、文化交流与民族团结、文艺繁荣发展与民族地区人民精神生活方面还将面临愈加艰巨的任务。党的二十大报告指出，中华优秀传统文化承载着中华民族最基本的文化基因，蕴含着宝贵的文化资源，为中国式现代化注入强大动能。云南以文化创新促进民族团结进步示范区建设的成就，是从中华优秀传统文化中汲取丰厚滋养、解决现代化难题的实践之路，是云南各族人民向党的二十大的庄严献礼，也是中国向世界呈现的可资借鉴、推广的宝贵经验。

城乡融合发展下的乡村振兴

李小云　唐丽霞[*]

城乡不平衡、区域不平衡问题一直是我国社会发展中的重要议题。在民族地区，这两个问题往往同时存在且相互交织。随着新时代脱贫攻坚工程的胜利推进，2020年我国民族地区与全国其他地区一道完成了消除绝对贫困的艰巨任务，一起迈入新的发展阶段。在"后脱贫时代"，做好脱贫攻坚与乡村振兴的有效衔接、全面推进乡村振兴加快农业农村现代化发展成为新的阶段任务。对于民族地区而言，在全面脱贫的基础上，如何充分结合区域特征、民族特征推进城乡融合发展下的乡村振兴成为破解民族地区发展问题的契机与挑战。作为民族团结进步示范区，云南的城乡融合建设经验具有"试验田"和"窗口"作用。本研究拟以昆明市都市驱动型乡村振兴实验项目为例，以期对民族地区城乡融合发展下乡村振兴的可能路径进行探讨。

一、中国式现代化：从脱贫攻坚到乡村振兴

党的十八大以来，民族地区与全国同步打响脱贫攻坚战。国务院扶贫办确定的全国22个省832个新时期国家扶贫开发工作重点县（含592个全国重点县和14个连片特困地区的680个县），主要集中在中西部地区，且多集中于革命老区、少数民族地区以及边疆地区，其中民族自治区贫困县共有341个。2014年精准扶贫工作全面推开，民族地区特别是深度贫困的"三区三州"是重点帮扶区域。2017年党的十九大将精准脱贫列为全面建成小康社会必须打好的三大攻坚战之一，同时提出"实施乡村振兴战略"，为全面建成社会主义现代化强国的国家战略之一。2018年1月，中共中央、国务院发布《关于实施乡村振兴战略的意见》，提出要"做好实施乡村振兴战略与打好脱贫攻坚战的有机衔接"，到2035年，农业农村现代化基本实现，农民就业质量显著提高，相对贫困进一步缓解，共同富裕迈出坚实步伐；到2050年，乡村全面振兴，实现农业强、农村美、农民富。

2020年底，全国脱贫攻坚战取得全面胜利，现行标准下9899万农村贫困人口

---

[*] 李小云，中国农业大学文科资深讲席教授，中国农业大学国际发展与全球农业学院/南南农业合作学院名誉院长，人文与发展学院教授；唐丽霞，中国农业大学人文与发展学院副院长、教授。

全部脱贫，区域性整体贫困得到解决，消除了绝对贫困。云南省脱贫攻坚取得了决定性成就，88个贫困县、8502个贫困村如期脱贫，11个"直过民族"和人口较少民族的绝对贫困问题得到了历史性解决，全部实现整族脱贫，实现了"第二次跨越发展"，区域性整体贫困总体解决，如期完成全面建成小康社会的指标。

消除绝对贫困以后，在如何持续巩固脱贫攻坚的成果、进而解决相对贫困问题上仍面临诸多挑战。由于经济发展的地区差距、城乡差距、收入差距等问题，解决相对贫困的目标要求更高、对象范围更广、致贫原因更复杂、动态性更强，特别是解决农村相对贫困压力更大。与东中部地区相比，云南农村的全面小康社会多处于低水平的小康，发展质量和水平还较低，部分脱贫人口对外部资源具有较强依赖，存在脱贫的"脆弱性"和返贫的"风险性"。特别是一些乡村地区的发展基础、起步速度、延展深度相对落后，一定程度上依赖中央财政支持政策和转移支付的倾斜，如何在推进共同富裕中提升区域自我发展能力、凸显微观主体的内生能力和长效机制建设成为新的挑战。

2021年2月21日，中央一号文件正式出炉，指出"民族要复兴，乡村必振兴"，号召"全面推进乡村振兴加快农业农村现代化"，这意味着新时代"三农"工作重心由脱贫攻坚正式转向乡村振兴战略这一促进我国社会全面现代化的战略性行为。

乡村振兴战略是在快速的城市化和工业化条件下，导致城乡差异不断扩大、乡村不断空心化、空壳化的情况下提出的发展战略。从脱贫攻坚到乡村振兴，不仅意味着脱贫地区在五年过渡期内的政策衔接，保持帮扶政策总体稳定、行动持续以及巩固脱贫攻坚成果，更瞄准了更高层次的农业农村现代化和乡村的全面振兴。乡村振兴工作的政策设计和实践行动在涵盖实现脱贫攻坚与乡村振兴有效衔接的基础上，既包括脱贫地区从脱贫攻坚到乡村振兴的有效转型，也包括在非脱贫地区推广应用脱贫攻坚理念和机制以及在非脱贫地区补足和深化经济建设之外的政治、文化、社会、生态文明建设等。这一战略不仅仅是乡村发展的战略，也是城乡协调发展促进城乡融合、推动高质量发展的中国式现代化战略。

二、城乡融合发展下的乡村振兴

国务院《统计上划分城乡的规定》中，将统计区域分为两大类：一类是城镇，另一类是乡村；在此统计规定下，城市化指各类资源向城区的聚集，镇化指各类资源向镇区的聚集，城镇化则同时包括了这两部分。长期以来，城乡二元结构一直是中国城乡关系的基本格局，也是"三农"问题根本症结所在。计划经济时期，因人民公社制度、户籍制度的分割，城乡二元体制得以固定和强化。改革开放之后，城乡经济关系从割裂状态逐渐走向交流融合。一方面，20世纪90年代之后，快速的城市化和工业化条件下导致城乡差异不断扩大、乡村出现衰落；另一方面，伴随着经济的增长，城市化的飞速发展，城乡二元结构的转化得以通过劳动力再配置效应、农业生产率提高、城乡人口结构变迁和财政资源配置等机制为扶贫政策的实施提供了基础和资源。可以说，中国的减贫与现代化发展始终与城乡二元结构转化过程相伴而生。在"后脱贫"时代，有效提高资源配置效率，着力改变城乡居民收入分配和生活状态分化的格局，是破解"三农"问题、解决相对贫困的题中之义。

随着20世纪90年代以来经济社会的系统性转型，大量农民工进城打工，城市和乡村二元结构因为人员流动而开始发生松动，进城农民工及其子女如何融入城市成为讨论城乡关系的一个重要学术和实践关怀。但我国的实际情况是即便到2025年实现65%的城镇化率的目标，仍然还有5亿多农民，其中3亿人主要从事农业，还有2亿多人在城乡之间流动。与其他国家相比，我国人多地少的矛盾十分突出，户均耕地规模仅相当于欧盟的1/40、美国的1/400。这样的资源禀赋决定了"大国小农"是我们的基本国情，无法取法欧美"大田广种"的规模化农业模式。农业剩余劳动力已经不太可能全部向大城市转移，显然也不能都在县城就业居住。独特的国情，独特的农情，决定了城乡将长期共生共存，中国式现代化必然要走独特的乡村振兴之路。

21世纪以来，我国开始着力解决城乡发展均衡性问题，城乡发展政策经历城乡统筹—城乡一体化—城乡融合的演进过程。2012年11月，党的十八大报告明确提出"推动城乡发展一体化"，形成以城带乡、城乡一体的新型城乡关系。此时政策重心依然侧重于城市，以城市带动乡村的发展。2016年我国城市居民人均收入和消费支出分别高出农村居民2.72倍和2.28倍。基于城乡发展的严重失衡，2017年党的十九大提出实施乡村振兴战略，"建立健全城乡融合发展体制机制和政策体系，加快推进农业农村现代化。把乡村作为与城市具有同等地位的有机整体，实现经济社会文化共存共荣"。表明我国城乡关系发生了历史性变革，城乡发展进入了新的发展阶段。

2019年5月国家出台了《关于建立健全城乡融合发展体制机制和政策体系的意见》，提出将以完善产权制度和要素市场化配置为重点，着力破除户籍、土地、资本、公共服务等体制机制弊端，促进城乡要素自由流动、平等交换和公共资源合理配置。

2020年12月，习近平总书记在中央农村工作会议上指出，"'三农'工作在新征程上仍然极端重要，须臾不可放松，务必抓紧抓实""今后15年是破除城乡二元结构、健全城乡融合发展体制机制的窗口期"。

2022年国家出台《做好2022年全面推进乡村振兴重点工作的意见》，在城乡融合背景下考虑乡村振兴的实施路径的核心是要把发展要素从农村向城市单向流动转变为发展要素在城乡之间双向流动，尤其是要促进发展资源，包括市场、资金、人才、管理等要素从城市向乡村流动，将农村作为与城市同等重要的有机整体。这就要求乡村建设的时候除了需要考虑如何缩小城乡在基础设施和公共服务上的差距，还需要从能够吸引发展要素向乡村流动的角度提供相应的配套政策和措施。需要强调的是，在这种背景下，乡村建设并不是让农民留在乡村，也不是让年轻人回乡，而是要按照现代化的路径"再造乡村"，通过"新农民、新农业、新乡村"的建设让乡村产生新的价值。

城乡之间的关系需要重构，只有消除城乡二元结构下的发展差距，才能实现城乡融合发展，真正实现人的城镇化。城乡融合发展是城镇化战略和乡村振兴战略的有机契合，在实践中以城乡融合发展为目标，促进城乡生产要素双向自由流动和公共资源合理配置，在此过程中形成乡村发展的内生动力机制，在城乡融合发展中实现乡村振兴。

三、昆明都市驱动型乡村振兴实验

（一）实验背景介绍

由于社会经济发展的不平衡、地理区位条件的差异，我国的乡村大致可以分为三种类型。一是与都市的经济社会文化联系紧密的乡村地区，如城市的郊区特别是大中型城市的郊区；二是受都市影响相对较弱的以农业为主的地区；三是经济社会发展相对落后的乡村地区。乡村振兴涉及了不同类型地区的乡村发展问题，其中以大中城市为代表的都市经济社会圈如何实现城乡融合发展是乡村振兴工作的重要内容之一。

从过去几十年的社会转型历程来看，与都市圈联系紧密的乡村地区呈现出的转型问题往往更为明显和剧烈，靠近都市的区位是一把双刃剑。一方面，乡村的人力、土地和资源等发展要素容易被吸引流动到都市，更容易出现"城中村"和"空心村"；另一方面，城市的消费、市场、管理、资本等发展要素也更容易流入乡村，从而将城市动能转化为乡村发展动能，更容易实现一二三产业的融合，培育新业态，出现"旅游特色村"和"网红村"等。但现实中并非所有邻近都市区位的乡村都走上了振兴的道路，这就意味着还需要内在机制的诱发，才能使得城市动能转变为乡村发展动能。在快速城市化的推动下，一些受都市圈虹吸效应影响的乡村无论在产业、资金、人才和发展势态上都与城市的发展很不协同，不少乡村甚至成为城市的衍生与附属品，缺乏活力，逐渐衰落。因此探索如何实现都市圈经济社会体系中的城乡融合发展的道路，在快速的城市化发展中保留乡村价值、保留乡村文化、实现城乡同步发展，对于整体的乡村振兴具有重要的现实意义。

昆明市兼具"大城市大农村"的特点，如何探索城乡融合发展的机制，推动乡村振兴并无现成的模式，需要进行探索和创新。"大城大村"不仅是昆明都市经济社会格局的特征，也是大多数中国大中城市经济社会结构的特点。2019年10月昆明市人民政府与中国农业大学签署了共同探索昆明都市驱动型乡村振兴创新实验工作的合作备忘录，选择了呈贡万溪冲、富民石桥村、石林矣美堵村、宜良麦地冲村、安宁雁塔村和晋宁富民村开展乡村振兴创新实验。这六个村庄都在昆明的近郊区，距离主城区的车程在一个半小时以内，并且都保留着比较典型的农村特色，村庄都有主导的第一产业。因为靠近城市，这些村庄出现不同程度的空心化情况，外出务工是大部分农户的主要收入来源，村庄的闲置宅基地资源相对丰富，城乡之间的资源互动更多是由乡村向城市流动。这样的村庄在昆明市、云南省其他州市乃至全国都比较有代表性。

昆明都市驱动型乡村振兴创新实验的总体目标是在城乡融合的背景下，以促进城市动能转化乡村发展动力为目标，来推进乡村建设，实现农村现代化。实验中坚持乡村振兴和新型城镇化双轮驱动、协调推进，培育形成乡村内生力、都市驱动力、城乡互动力"三力融合"机制，通过对乡村资产的盘活发育新的业态，将城市的动能转化为乡村振兴的动力，从而探索城乡互动、城乡融合的发展新机制。在微观上聚焦四大关系：政府主导与农民为主体的关系、社会资本与农民利益的关系，尊重农民愿望与农业农村现代化的关系以及农民个体与集体的关系。

（二）昆明都市驱动型乡村振兴实验情况

昆明都市驱动型乡村振兴创新实验的核心是通过乡村建设培育乡村新业态，盘活乡村闲置资源，壮大村集体经济，通过培育乡村本土经营性人才，将依托村庄各种形态资源发展产业所带来的收益能够留在村内，让农民更多分享发展的收益，真正成为乡村振兴的主体。

为实现将城市动能转变为乡村发展动力，需要从发展资源、人力投入和运作机制等方面进行具体切入，在实验中对这些问题进行了路径探索。

第一，村庄有哪些资源可以利用？资源如何转化后才能吸引城市动能的注入？

土地资源，特别是闲置宅基地是重要资源。农村宅基地作为农民居住生活保障的功能逐渐弱化，农户对其价值实现和价值增值的要求日益强烈，宅基地价值显化，逐渐转向其经济价值功能，其合理配置要依靠市场化的交易才能更好实现。实验村都拥有丰富的闲置宅基地资源，实验村综合考虑农户意愿和村庄集体经济条件等多种因素，形成了有偿退出、折股退出、自建补贴、流转租用等方式。宜良县麦地冲村由村集体流转7间闲置烤烟房、6间牲畜房，签订期限为20年的租赁合同，租金为每间烤烟房2万元，收归集体的闲置烤烟房目前已统一规划设计并改造成为示范民宿区，截至目前已改造民宿21间、可提供床位26个。安宁市雁塔村采取货币补偿方式回收村内29宗闲置宅基地，面积达3500余平方米，村集体将这部分闲置宅基地回收并规划用于解决村内道路拓宽、公共厕所建设以及其他公共服务设施等建设，提升村庄整体发展环境；此外，雁塔村还采用租赁和合股经营的方式收回两栋闲置老宅，由村集体进行翻修改造，形成600平方米的村内商业经营型用房，目前已经通过招商引资的方式，发展了文创、电商、餐饮、商业和民宿等休闲服务产业。晋宁区福安村则由村集体与5户闲置传统民居户主签订了为期十五年的免费租借协议，由村集体统筹对古民居进行保护修缮，最终由集体经营或引入第三方进行运营。石林矣美堵村庄的闲置宅基地资源也已通过有偿退出等方式收归村集体所有，为未来乡村培育新业态和发展壮大集体经济奠定了基础。六个实验村的闲置宅基地资源盘活利用对我国目前正在进行的宅基地改革试点、推行"一户一宅"制度为重要内容等农村三块地的改革探索了实践和经验。

除了最普遍的闲置宅基地资源，还需要找准村庄的定位，从实际出发探寻其他可利用资源，从而为村庄发展寻找特色定位。本次昆明市都市驱动型乡村振兴实验的六个村，均根据本村特色实现了村庄品牌化的打造。现已形成了"七彩梦乡（麦地冲村）、万溪梨园（万溪冲社区）、福安六坊（福安村）、雁塔花巷（雁塔村）、康旅石桥（石桥村）、彝青人家（矣美堵村）"等具有商业价值的多彩乡村振兴品牌。其中，以花巷文化与乡村变迁博物馆为内涵的雁塔花巷与以彝青族文化为主题的彝青人家属于文化性产业品牌塑造；而万溪冲社区引入"万溪有礼，万禧猫献梨"这一概念，将呈贡文化非遗与地理标志农产品宝珠梨结合，结合社区特色打造梨产业则生产性社区品牌的塑造。

确定发展定位后，需要以经营村庄的理念来提升村庄整体环境，建设发展型基础设施，拓展村庄服务功能，培育村庄新业态，吸引城市动能的进入。在都市驱动型乡村振兴的整体框架的指引下，六个村乡村建设的定位是以满足培育村庄新业态和发展休闲、旅游、会议、研学实践等第三产业需求的发展型基础设施建设，通过雨污分离、村庄道路拓宽和美化、商业性设施建设、停车场、厕所革命等方式整体提升村庄基础设施水平，并在传统村庄中嵌入现代性要素，如公益图书馆、咖啡馆、多功能会议室、青年创业中心等，将村庄空间的功能从居住功能拓展到休闲、消费、生活等多种功能。同时对村庄进行整体的环境提升，通过翻修传统老宅、展示乡土生活和生产方式、村庄微景观改造等，将村庄建设成为一个展示中国农业农村变迁与发展历史的开放博物馆，培育了乡村的新业态，同时也为未来承接城市各种资源的进入做好了准备。

第二，谁来经营村庄的资源，才能实现利益留村？

我国的乡村经济主要是以户为单位的个体经营，缺乏集体经济经营的机制，且从组织形式上看，现有的农村集体经济组织仅仅是村一级的集体资产的管理机构，并非直接进行投资的经营机构，不具备经营职能。为盘活村庄的集体资产，以村集体为单位注册有限公司经营村级资产资源，让农户成为村级资产的老板，能够有效避免农户资产以廉价形式被资本收购或村集体的资产增值利益流失。

六个实验村均拥有多种资源资产，如大量闲置宅基地资源、优秀的农业种植传统等，而各种资源都可通过运营来实现产业发展和受益增值。

项目实验开始前，村集体资产或闲置未开发利用，或以廉价方式转让给外部资源，并未能给村集体带来相应的收入。六个实验村针对自身特点，都在村集体下注册一个专门经营本村资产资源的公司，如麦地冲村集体成立云南彩居麦地文化旅游发展有限公司、福安村昆明古村六坊文化旅游有限公司、雁塔村在集体经济合作社下成立安宁花巷文化旅游发展有限公司、石桥村入股南西桥旅游文化开发有限公司等。

公司逐步梳理村庄已有资源，以市场主体的身份与外部资源进行交流，真正实现产业收益留村。为规范公司运营，各村的村集体资产运营公司建立完善了相关的管理制度，例如福安村在财务管理、人员配备、日常运营方面明确责权利，厘清与村委会的财务来往、日常经营管理等关系，实行独立核算、独立经营，开展绩效考核，规范了公司运营。实验村通过对村庄产业发展条件分析，为进一步增加村庄的吸引力，以完备化的配套设施、兼具村庄特点和现代色彩的产品提供，为实现城市动能转化乡村提供条件。万溪冲社区依托宝珠梨资源、生态资源及区位优势，围绕以独具特色的宝珠梨产业发展为基础，全面打造宝珠梨生产的一二三产业融合，实施"文旅消费促增收"行动，建立实践教育基地，带动村集体经济发展。雁塔村针对马家大院和董家大院改建商铺和停车场老旧仓库等进行盘活经营；利用自身自然区位优势，延续本地种植红梨的传统，举办以红梨为主题的大型活动，推动农旅经济发展；同时招商引入昱茗书院，建设亲子自然体验营，带动周边商铺发展。麦地冲村依托自身彩色稻田和民族特色，举办九乡帐篷火把节、文化旅游节等活动，规划九乡"一日游"精品路线；利用丰富的闲置宅基地资源，成立"乡村学舍"，承接各种会议；与花筑、携程、美团、熊猫国旅等平台合作，发展民宿旅游。福安村以"福安六坊，古村新韵"为主题，大力发展乡村旅游、餐饮接待等新兴产业，融合村庄内外资源，构建具有福安传统文化特色的文旅与农旅、生产生态生活文化相融的村庄综合体。

表1　六个实验村公司成立情况

公司名称	公司法人	公司经营范围	公司注册资金
安宁花巷文化旅游发展有限公司	刘林	组织文化艺术交流活动；文化艺术交流策划服务；会议会展服务；旅游资源的开发、运营与管理；市场营销策划；休闲观光活动；企业管理服务；散装食品、预包装食品、日用百货、花卉、工艺品、酒店设备、服装鞋帽、农副产品的销售；施工劳务；室内外装饰装修工程；园林绿化工程施工；工程管理服务；餐饮管理、餐饮服务；酒店管理；民宿服务；自有房屋租赁；房地产租赁经营；停车场服务；电子商务；水果、蔬菜、花卉、苗木种植及销售；畜禽养殖及产品销售。（依法须经批准的项目，经相关部门批准后方可开展经营活动）	100万元
昆明古村六坊文化旅游有限公司	倪忠福	文化旅游服务；景点的开发、建设及管理服务；休闲观光活动；餐饮服务等	100万元
富民南西桥旅游文化开发有限公司	徐建良	住宿、餐饮、温泉、游泳	1000万元
云南麦居彩地文化旅游发展有限公司	寇存林	文化会展服务；旅游资源开放和经营；旅游宣传促销策划；旅游商品开放销售；旅游景区配套设施建设；景区游览服务；文化传播；园林绿化工程施工、管护；苗木、花卉、蔬菜种植、销售；牲畜养殖、销售；预包装食品、散装食品销售；住宿服务；餐饮服务	200万元

续表

公司名称	公司法人	公司经营范围	公司注册资金
石林雨美都乡村旅游开发有限公示	张永林	许可项目：餐饮服务、住宿服务、种禽畜经营、家禽养殖、活禽销售、食品互联网销售、建设工程设施；一般项目：组织文化艺术交流活动、农村民间工艺及制品、休闲农业和乡村旅游资源开发、旅游开发项目策划咨询、会议及展览服务、休闲观光活动、停车场服务、酒店管理、树木种植经营等。	300万元
昆明市万茂农业科技发展有限公司	张学扬	农业技术的研究、推广及应用；农业科学研究和试验发展；建筑工程；钢结构工程；市政公用工程；农副食品加工业；农副产品、机械设备、五金产品及电子产品、建筑材料的销售；旅游资源开发、旅游管理服务、旅游会展服务(不含旅行社业务)；餐饮服务；公路工程；电力工程；建筑装修装饰工程；施工劳务；消防设施工程；古建筑工程；公路路基工程；土石方工程；国内贸易、物资供销。	1000万元
昆明万溪冲果蔬专业合作社	唐跃	蔬菜、花卉的种植销售；水果种植；水果深加工、销售；组织采购、销售、农膜、化肥；组织销售社员生产的产品；开展成员所需的运输、贮藏、筛选、评级、包装等服务；引进新技术、新品种、开展技术交流和咨询服务；蔬菜、花卉等农产品及农副产品的配送；旅游管理服务(不含旅行社业务)；旅游资源开发；餐饮服务；国内贸易物资供销。	1000万元

有了市场主体，谁来经营？当前，乡村人才引不进、育不成、用不好、留不住等现象广泛存在，人才总量不足、素质不高、结构不优等问题已成为制约乡村振兴

战略实施的瓶颈。

在实验开始之前，各实验村虽然成立了村集体经济组织、注册了村集体资产经营公司，但是，缺乏集体资产管理、经营的专门人才是实验村亟待解决的重要问题。各实验村着力探索了新农人、新乡贤、新村民培养机制，不仅着眼于盘活农村存量人力资本实施就地取"才"，还致力于打通人才要素融入乡村振兴建设的渠道实现多方聚"才"。六个项目村普遍引入或计划引入"乡村CEO"模式，成立公司作为新型集体经济组织，并聘请返乡青年人才或外部精英来经营集体资产。在集体资产公司化运营的模式中，入股的村民是股东，村干部是董事会和监事会，聘请的乡村CEO即作为专业经理人。公司的经营方针和全盘决策须召开股东大会决定，董事会遵守执行股东（村民）大会决定并负责日常的事务决议，CEO作为职业经理人负责执行以上决议及其他具体运营事务。宜良县麦地冲村聘请五名返乡青年管理村集体注册的麦地彩居公司；晋宁区福安村聘请了两位当地大学生担任CEO；呈贡区万溪冲社区启动"乡村CEO种子计划"，引进六名云南艺术学院本科生进入社区，负责村内"禾下"公益图书馆的日常管理和运营工作，同时还依托"万名人才帮万村"计划，聘请该村的驻村人才管理中小学生劳动实践教育基地；安宁市雁塔村和石林县矣美堵村分别聘请了一名返乡大学生担任CEO。目前，这些返乡青年都开始积极投入乡村建设和集体资产的运营管理中。宜良县麦地冲村的CEO除了经营民宿外，还开发了乡村游学课程、乡村一日游等项目；安宁市雁塔村的CEO则通过组织周末电影会、假日主题活动、农事节气活动等来实现村庄引流的效果。乡村CEO为乡村发展带来了青年人的创造力和活力，开始发挥良好的示范带动作用。当前，安宁市雁塔村将该做法已经拓展到当地的其他村庄，力求吸引更多的本地青年返乡创业，截至目前已有1名青年人回乡进行电商创业，1名青年人开展旅拍创业，1名青年人经营村内的自助披萨店，4名青年人加入了花巷雁塔运营公司，随着实验的不断推进，乡村人才开始出现了回流。

表2 六个实验村CEO基本情况

村庄	CEO	年龄	性别	来自哪里	之前做什么	招聘方式	现在的主要工作
雁塔	赵全康	26	男	雁塔村	嵌入式开发工程师	社招	总经理
福安	惠敏	24	女	晋宁金砂村	2020年大学毕业备考	面试	村集体公司运营管理
福安	孙章航	25	男	昆明寻甸	云南农村干部学院科研助理	面试	村集体公司运营管理

续表

村庄	CEO	年龄	性别	来自哪里	之前做什么	招聘方式	现在的主要工作
石桥	徐建昌	49	男	石桥村	私营企业法人	聘书	民宿建设及管理
麦地冲	潘云春	35	男	麦地冲	经营餐厅	公开招聘	公司经营、管理，业务销售
麦地冲	潘云瑞	26	男	麦地冲	广告行业	公开招聘	财务、前台
麦地冲	田玥	23	女	浙江江山	学生	公开招聘	公司经营、策划
麦地冲	吴敏	38	女	昆明盘龙区	经营餐厅	公开招聘	客房管理
万溪冲	何永群	33	女	香格里拉市金江镇吾竹村	创办公司（豪猪养殖业）	"万名人才兴万村"政策背景下由政府选派	作为第三方运营公司负责人，与万溪冲社区联合运营昆明市呈贡区校外劳动教育实践基地
矣美堵	李丽萍	30	女	矣美堵	宁波艾森饰品做质检员 圭山镇幼儿园做幼师	内部选拔	村集体公司运营管理

村集体公司和乡村CEO的模式，已经取得了明显的效果。2021年国庆期间，安宁市雁塔村开展的国庆周系列活动精彩纷呈，为到访游客提供包括花巷咖啡屋、商铺商品售卖、亲子娱乐、汉服体验等多项服务，交易额达到27万余元。富民县石桥村共接待游客3.5万余人，南西桥温泉酒店营业收入达23万余元。自2021年6月正式运营以来，宜良县麦地冲村的民宿、会议、研学和亲子游等业态流水收入已达53万元。呈贡区万溪冲社区的中小学生教育实践基地自2021年10月试运行以来，公司流水收入已达28.84万元。为保障农民收益，麦地冲村规定公司盈利4万—5万元，盈利金额的30%会直接用于所有村民分红，剩余70%为村集体和村民股东分红使用。石桥村南西桥旅游文化开发有限公司要求村民的股份必须要占半数以上，并采取"二次分红"制度，让村民享受村庄发展的红利。

第三，如何能够激发村民的参与？

为了改变乡村建设中普遍存在的政府建农民看的弊端，实验的工作改变了过去招投标的方式，改为由市委市政府制定相关的资金使用的改革政策，按照以工代赈的形式，形成了以村民自建为主的建设模式，实现利益留村，提升村民参与。

安宁市雁塔村成立了乡土工匠队，负责村庄外墙改造、村内道路拓宽、乡村大舞台建设、人居环境整治以及老宅改造等工程施工。据统计，雁塔村乡土工匠队共实施12个大项的工程，自建总投资规模达785万元。一方面，比预算价1210万元节约直接工程费425万元，节约招标、设计、监理、综合措施费51万元，简化程序后缩短工期35天，降低成本效果非常明显。另一方面，村民通过投工投劳参与到村庄建设过程当中，村集体通过自建项目支付本村村民工资收入170万元，增加了农民的收入。富民县石桥村的小游园闲置宅基地盘活的四合院的拆除复建、道路硬化、污水管道改造、村庄外立面美化改造等项目也均由村民组织自建，晋宁区福安村、宜良县麦地冲村等地的建设也都采取了这种方式。

采用村民参与自建的模式推动项目建设，一方面引导农户参与村庄建设，村民不仅获得了收入，还提升了参与感；另一方面自建模式明显降低了建设成本和节约了项目建设时间，更为重要的是提升了村民的技能，成为村民发展产业的另一个抓手。目前，雁塔村乡土工匠队因为已经积累了丰富的村庄改造经验，已可以开始从事建筑工程的承揽工作。石桥村本着利益留村的原则，出台《项目建设管理办法》，成立项目管理小组和理财小组，在招标竞价的时候优先在村里询价，如果本村村民有意愿承包采购和施工的，就交由本村村民来做，在本村无人愿意采购施工，再择优选取本村外的竞价人。石桥村内有很多村民具有在外开货车、开挖机、建筑施工等工作经验，通过这样的方式，可以最大限度地把项目建设交给自己村的村民来做，既能保证项目的质量，又保证了利益留村。

四、总结与反思

城乡融合不仅意味着农村劳动力非农化，更意味着城市要素与农村产业广泛结合，激励城市资本、人力、技术、管理、信息、数据等要素进入乡村，在农村要素组合效率提高的基础上解决农村问题。昆明市都市驱动型乡村振兴实验项目立足于昆明市及其周边乡村的区位特点与优势，充分考虑实验村如何有效地利用好昆明城区的消费、市场、管理和资本等发展要素以实现其乡村振兴。实验的阶段性成果体现为将昆明的都市动能转化为乡村振兴发展动力，促进城市要素与农村产业广泛结合与双向流动，在农村要素组合效率提高的基础上解决农村问题。探索形成培育村庄业态刺激城乡消费的都市驱动的乡村振兴机制，这一机制对于大中型城市如何在促进城乡融合发展的视域中推进乡村振兴工作具有重要的实践意义。

昆明都市驱动型乡村振兴的具体做法是在三年的实践中，在每个实验村选择一个核心的建设区域，首先进行盘活闲置资产的新业态打造示范，与此同时，以打造的新业态为抓手发育确保农民收益为主体，乡村利益留村机制为主要目标的乡村经营管理体系。在创新实验中聚焦闲置资产盘活、乡村资产所有权与经营权分离、乡村经营形式创新、乡村引入 CEO、集体经济的提升等乡村振兴中面临的共性问题和挑战，找到可以复制的实践路径，培育可以发挥示范引领作用的典型样板。

第一，要把握村庄定位，找准发展方向，明确发展路径。不同的村应采取不同的路径来进行乡村建设和经营，充分考虑到村庄自身拥有的发展资源，在当前严格生态环境保护、耕地保护、严格控制耕地非粮化以及各种建设用地指标的严格管理下，通过盘活村庄中的资源存量，包括闲置宅基地资源以及通过农村集体产权制度改革核查清晰的集体建设用地等，为村庄培育新业态奠定基础。除了常规的资源外，还可以考虑村庄发展的其他非常规的资源，如区位资源，区位条件好的，尤其是毗邻大都市，可以考虑发展旅游产业；如生态资源良好的地方，可配套相应的基础设施和公共服务，充分考虑将生态资源转化为发展条件，探索将公共服务产业化的路径等；通过采取财政补贴、金融扶持、发放消费券以及直接提供等方式，积极培育乡村新业态的经营主体，重建乡村商业公共空间，培育立足于促进村庄内循环的业态，将村庄的功能从居住空间向生活空间、消费空间和产业空间转型。

第二，培育和发展乡村新业态，基于村庄新业态刺激城乡消费的关键环节。一方面引入城市动能给乡村赋能，让城市的要素进入乡村；另一方面通过乡村新业态的建立带动乡村内部经济循环，在完善乡村基础设施建设的同时，激发农户自身消费潜力。在构建新型城乡关系背景下，促进城乡要素的双向互动，将城市动能转化为乡村发展动力，推进城市业态向乡村转移，拓宽乡村产业发展的思路，充分利用乡村的空间、环境和农业生产系统等推动农、旅、体、教等三产融合发展，尤其是将第三产业的发展作为未来乡村产业振兴的切入点。如可将会议、养老、团建、研学、培训等有公共服务性质的业态作为乡村发展的新产业。

第三，真正实现人才的双向流动，特别是突破城市人才向乡村流动的政策壁垒。政府可出台乡村振兴人才引进政策，将到乡村服务的人才纳入人才工作体系中，在收入、住房补贴、工作条件以及发展机会上给予一定倾斜，让服务乡村振兴的工作和创业成为真正吸引人才的新领域。

此外，应将城乡融合从经济领域拓展到社会领域，加大农业农村的基础设施投资力度，加大农民基本教育、基本医疗、基本养老等基本公共产品的供给保障，逐步提高城乡公共产品配置的均等化程度，增强社会保障对贫困人口的保护功能，进而倚靠内生能力增强和社会保障"兜底"的协同来维护乡村振兴的长效机制。

以上几点措施经验都是为了让城乡要素更好地双向流动，实现乡村的高质量和可持续发展。通过一系列的具体举措，包括成立村集体公司、村内以工代赈、村民入股等多种方式,让乡土人才引得来、留得住、用得好,为新业态培育打下坚实基础,最终将乡村振兴从建设到运营所产生的发展收益能够充分地留在村庄,留给村民,真正实现"乡村振兴为农民而兴,乡村建设为农民而建"。

专家视角

动态社会均衡促进和谐民族关系

罗明军[*]

党的十八大以来，我国提出了着眼于全面建成小康社会、实现社会主义现代化和中华民族伟大复兴，提出了经济建设、政治建设、文化建设、社会建设、生态文明建设五位一体的总体布局。以创新、协调、绿色、开放、共享的新发展理念，引领全党全国各族人民团结奋斗和跨越式发展。"五位一体"和新发展理论促进多民族国家各民族之间动态社会均衡和谐的民族关系。2015年1月，习近平总书记在云南考察时指出：云南民族关系亲密融洽，云南民族工作成绩突出，这是云南最可宝贵的财富。对云南和谐民族关系给予了充分的肯定，明确要求云南努力成为我国民族团结进步示范区，为未来云南进一步促进动态社会均衡的民族关系提供了根本遵循和行动指南。云南是我国少数民族分布最多的省份，经过漫长的民族迁徙和变迁，千百年来形成了各民族在文化上兼收并蓄、经济上相互依存、情感上相互亲近的格局，是中华民族大家庭的缩影。云南民族分布具有大杂居、小聚居交错分布、沿山区立体分布和沿边疆分布的特点，多民族互嵌居住格局奠定了动态社会均衡民族关系的基础。

云南省委、省政府在七年来深入贯彻习近平总书记对云南的谆谆嘱托，在处理民族关系中紧扣"五位一体"的新发展理论，创造出了一种动态社会均衡的发展模式。动态社会均衡是和谐社会运行的内在逻辑。社会本身是一个保持结构体内自动平衡的自我调节系统，任何社会系统总是趋向于一种和谐的、均衡的状态。社会系统内部具有一套维系、保持、调适和修复这种均衡状态的整合机制。社会均衡就是社会及其基本构成单位在变化过程中的均势和平衡，实现社会结构在社会变迁中保持稳定，社会基本构成单位在相互作用中对等。[1]民族关系作为一种社会子系统，它需要依赖各个组成部分之间功能的动态均衡。

云南保持和谐稳定的民族关系的经验是始终保持一种动态的社会均衡。总体而言，动态社会均衡是多元主体都满意、稳定和谐的民族关系，这是民族团结的核心精神。因此，用动态社会均衡分析民族关系框架主要包括经济发展的相对均衡、政

---

[*] 罗明军，云南大学民族学与社会学学院研究员。
[1] 许春清：《民族均衡：民族互助的践行方式》，载《甘肃社会科学》，2008年第6期。

治建设的目标共识、社会治理的主体整合、文化交流交融的内在维系四个维度。云南和谐民族关系是一个动态的社会均衡系统。这个系统由四个维度建构起来。一是经济发展的相对均衡，云南各民族经济发展是适应外部环境的变化。各民族通过适应生存环境和外部支持环境发展各具特色的民族经济，经济适应有机地调适各民族之间的内在关系。二是政治建设的目标共识，云南各民族达成共同目标引领民族地区各种资源的优化配置，从内部资源动员到外部资源输入，建构和睦、协调、合作的民族关系。三是社会治理的主体整合，国家和民族作为动态社会均衡系统的多元主体，协调系统内外部关系要素，"上下联动"，形成合力。四是文化交流交融的内在维系，强调文化的重要作用，各民族文化的交流交融建构了文化认同，促进社会共同的价值观，通过文化交融保持持续动态社会均衡，保证系统的秩序稳定和正常运行。

一、经济发展的相对均衡

发展是解决民族地区各种问题的总钥匙。民族关系的"相对均衡"本质上是"发展资源配置的均衡、利益分配的均衡、价值共享的均衡"。解决民族关系发展中的各种"冲突"的前提，是以经济"动态相对均衡"发展为基础。一个民族的发展首先要满足自身生存需要，各民族之间的经济交往以互利互惠为基本原则。正是这种满足自身需要、追求经济利益的强烈愿望，驱使民族间开展广泛深入的交往，为和谐民族关系提供了强大动力。在衡量民族关系的多元指标体系中，经济发展指标成为和谐民族关系的一种动态因素。云南各民族和民族地区的跨越式纵向发展，形成了相对均衡的发展格局，有效地弥补了经济发展对民族关系的负面影响。云南民族地区经济发展为和谐民族关系注入了强大的动力。随着经济的发展，社会分工协作日益扩大，过去自然经济的小生产逐渐发展成为社会化大生产，各民族之间的生产、交换逐步加强，促进了各民族之间的社会交往。在市场经济下，经济交往和外出务工导致各民族之间的人员流动日益频繁，推动了民族空间分布格局的变化，为民族间的交往交流交融创造了条件，极大促进了各民族之间的交往，建构了民族交往的关系网络。"不同民族成员只要交往、联系，民族关系作为一种社会现象，就会发生、存在，并具有自身的发展规律。"

民族间互助既是我国民族关系的特征，也是边疆地区发展巩固和谐民族关系的基础。从民族居住格局来看，云南民族地区生计模式既是适应生存环境的选择，也是各民族经济互补均衡的一种模式。例如，文山州有句谚语，"汉族住街头，壮族住水头，苗族住山头，瑶族住箐头"。这说明各民族在生产方式、生活方式上是有所区别的。汉族生产方式最先进,手工业、工商业比较发达,商业意识比较强,喜欢居住街头;壮族稻田文化久远,也相对发达,比较喜欢与水为伴,逐水而居;苗族、瑶族是后来才迁徙到文山,主要居住在山区、边境地区,因此形成了立体的经济发展模式。各民族之间的经济既相互弥补,也为经济交往奠定了基础。云南民族地区经济均衡发展和互补,从历史发展脉络上来看,由于农耕民族与游牧民族生产方式不同,民族间的经济贸易交往迫切,茶马互市就是典型代表。以云南茶马古道为例,农耕民族的茶叶以及铁器等与游牧民族的马匹、皮毛等物品进行交易,实现了物资上的余缺调剂,各民族各取所需,满足了彼此的需求,实现了民族的共同发展。同时,频繁的经济贸易活动有效防范了民族冲突的风险,促进了沟通和交流,增进了理解与友谊,有利于民族团结和多民族国家的形成与统一。使各民族相互掺杂交叉,在经济交往和文化接触的基础上增加彼此认知和了解,实现心理和情感上的相互认同。

经济的均衡发展,对于民族关系的和谐具有重要的意义。随着改革开放的深入,各民族生产生活不断地融入国家发展战略中,各民族不可避免地参与市场经济发展中。市场经济的发展不仅推动了资源的优化配置,也推动了各民族的流动,例如外出打工提供劳动力。经济社会发展提高了民族地区人口流动的频率和数量,推动了不同民族成员间的交往互动。云南省委、省政府采取了一系列措施,有效地推动了云南民族地区经济相对均衡的发展。

强化发展要素保障,筑牢发展基石。在发展支撑方面,着力推进民族地区的路网、航空网、能源保障网、水网、互联网建设;在发展动力方面,加速特色产业集群向民族地区布局,推动以云茶、云果、云蔬等为代表的"云系"高原特色农业产业向品牌化、标准化、规模化迈进;在发展优势方面,主动服务和融入国家发展战略,着力构建高水平沿边对外开放平台和窗口;在发展方式方面,积极推进生态保护与经济协调发展,形成"绿水青山就是金山银山"的生动实践。夯基础补短板,为民族地区发展越来越快、越来越好提供坚实的基础。2020年,民族地区通航运营机场达到10个,4个民族自治州进入高铁时代,8个民族自治州中有7个州35个县通高速公路、58个县全部通高等级公路。民族地区所有乡镇和建制村都已实现100%通硬化路、100%通邮。[1] 为促使民族地区转变经济发展方式,把握发展自主权,实现高点起步、大步跨越,云南为少数民族和民族地区发展畅通血脉、提供动力。为支持少数民族地区加快发展,提高少数民族地区财政保障能力,国家每年下达民族地区转移支付逐年提高,2020年云南民族地区转移支付超115.9亿元。中央财政直达资金统筹用于惠企利民,积极改善民生、促进社会和谐。

---

[1] 《"十三五"期间云南扎实推进民族团结进步示范区建设》,载《中国日报网》,2020年11月28日。

加快发展速度和质量，补齐发展短板。云南省委、省政府不断深化"在云南，不谋民族工作就不足以谋全局"的认识，兑现"不让一个兄弟民族掉队，不让一个贫困地区落伍"的庄严承诺。云南坚持把发展作为促进和谐民族的重要基础。云南11个人口较少民族由于发展起点低、底子薄，再加上自然条件比较恶劣，长期处于缓慢发展状态，贫困问题非常突出。云南帮扶"直过民族"和人口较少民族脱贫攻坚，形成"一个民族一个行动计划""一个民族一个集团帮扶"的脱贫攻坚模式。推动独龙族、基诺族等"直过民族"和"人口较少民族"实现整族脱贫、千年跨越，成为兑现"全面建成小康社会，一个民族都不能少"庄严承诺的典范，聚焦深度贫困地区和少数民族特困群体，形成了"地方主导、区域协作、央企结对、对口帮扶"的扶贫开发模式，11个"直过民族"和人口较少民族一步跨千年，全部实现了整族脱贫，创造了属于云南的人口较少民族整族脱贫模式。云南8个民族自治州、29个民族自治县贫困发生率分别从2015年的10.58%、12.17%下降到2019年的0.86%、0.53%。实施民族团结进步"十县百乡千村万户"示范引领建设工程，支持民族自治地方、散居民族地区、高寒山区和人口较少民族聚居区加快发展。实施兴边富民工程，加快边境地区口岸城市、中心集镇建设，在25个边境县（市）全面开展现代化边境小康村建设。加快完善民族地区现代基础设施建设，深入推进山区综合开发和产业培育，深化对外开放，深度融入以国内大循环为主体、国内国际双循环相互促进的新发展格局。

夯实民生保障，共享发展成果。云南省委、省政府始终牢记习近平总书记"像抓经济建设一样抓民生保障，像落实发展指标一样落实民生任务"殷殷嘱托，2015年起，实施了两轮"兴边富民工程改善沿边群众生产生活条件三年行动计划"。2015年至2017年第一轮改善沿边群众生产生活条件三年行动计划共投入资金150亿元，覆盖沿边110个乡镇的374个底边行政村（社区）和19个农场，沿边地区贫困发生率从2014年的31.2%下降到2017年的13.9%，农村居民人均可支配收入年均增幅达14.6%，沿边374个行政村基本实现了"五通八有三达到"的目标。实施第二轮改善沿边群众生产生活条件三年行动计划，省级部门累计下达各类资金257.5亿元，推动878个沿边行政村（社区）基本实现"五通八有三达到"任务目标。重点实施兴城镇、夯基础、强产业、惠民生、促开放、固边境六大任务38项重点工程。按照产业支撑、文旅融合、生态宜居、边贸助推、睦邻友好5种类型，建设30个"基础牢、产业兴、环境美、生活好、边疆稳、党建强"的边境小康示范村，重点推进了边境小城镇、小集镇、小康村建设，加快促进了边境民族地区经济社会的全面发展。进一步提升边民守土固边的自豪感、责任感和使命感。实施第三轮"十县百乡千村万户"示范引领建设工程，2019—2021年安排中央和省级资金14.98亿元，建设16

个示范县、63个示范乡镇、1172个示范村（社区），不断巩固以点串线、以线连片、以片带面的示范引领建设格局。

云南民族地区充分发挥沿边地区区位优势，推进中国（云南）自由贸易试验区、沿边重点开发开放试验区、边境经济合作区、跨境经济合作区、口岸产业园区等建设，提升边境地区开发开放水平，将沿边地区建设成为服务和融入"一带一路"建设、面向南亚东南亚开放合作的核心纽带和重要支撑。从而，边疆民族地区从开发的边缘转换成为开放前沿，为民族地区的高质量均衡发展提供了强有力的动力。例如2021年12月开通运营的中老铁路，为盘活"沿边"这盘棋提供了基础性支撑，沿边开放迎来了千载难逢的良好机遇。不仅打通了中国西南的大通道，而且发挥了区域协调发展、推动共同富裕、民族团结、稳边护边等积极的作用。民族地区把共享经济社会发展成果作为示范区建设的根本路径，聚焦解决"两不愁三保障"突出问题。各民族之间的互助，例如，普洱各县借助民间"宾弄赛嗨"团结互助机制（没有血缘但像亲戚一样的朋友关系），将原来群众间"人帮人、户帮户、民族帮民族"的互帮互助关系升华为"县际互帮、东西互助、城乡互联、干群互系、村组互包"的新型"宾弄赛嗨"模式，走出了一条各民族和谐民族关系的新路子。

中国特色社会主义进入新时代，中国正面临百年未有之大变局。以铸牢中华民族共同体意识为主导，协调多元影响因子之间的关系，充分调动一切积极因素，建构动态社会均衡的和谐民族关系机制，对于民族关系的平等、团结、互助、和谐具有重要的理论和实践价值。我国民族关系在党的领导下，引导民族关系的各种指标要素进行"动态整合"，实现和谐民族关系的高效推进。利益均衡是民族关系持续和谐发展的内在动力，"社会均衡"则有助于各个民族都能共享发展成果。

强力保障惠及民生，共享发展成果。云南省委、省政府把少数民族和民族地区民生改善作为事关全局的硬任务，狠下真功夫，肯花大力气，切实增进民生福祉。在教育方面，稳步推进少数民族高层次骨干人才培养计划，持续推广普及国家通用语言文字，大力开展不通汉语劳动力培训。"十三五"期间，民族地区所有义务教育学校"20条底线"全部达标。2016年至2019年，共招收世居少数民族研究生2349人。在就业方面，积极实施培训就业工程，对民族地区贫困群众100%给予技能培训，100%提供岗位推荐等就业服务。同时，加强东西部扶贫协作，建立从动员到培训、输出、管理、服务的全链条工作机制，推动少数民族贫困人口向长三角和珠三角、城镇及二三产业转移就业。在医疗卫生服务方面，全面建立基本医保、大病保险、医疗救助、医疗费用兜底"四重保障"。截至2020年5月底，全省民族地区建档立卡贫困人口有453.39万人次享受医保待遇，民族地区贫困群众100%参加基本医保和大病保险。在居住条件方面，把民族地区作为全省易地扶贫搬迁的重要战场，支持"直过民族"地区完成32.6万人易地搬迁任务；统筹危房改造与人居环境改善，民族地区4类重点对象农村危房改造全部"清零"，修缮加固的住房实现房屋与厕所、畜圈同步改造，拆除重建的住房实现人畜分离、厨卫入户。在社会保障方面，不断加大民族地区农村低保资金和临时救助资金等保障力度，2016年至2020年，救助困难群众201.73万人次，共建设城市公办养老机构66家、农村敬老院324家、城乡居家养老服务中心817家。

云南省委、省政府牢固树立创新、协调、绿色、开放、共享的新发展理念，加快民族地区高质量发展。按照习近平总书记的指示，"民族地区要立足资源禀赋、发展条件、比较优势等实际，找准把握新发展阶段、贯彻新发展理念、融入新发展格局、实现高质量发展、促进共同富裕的切入点和发力点"。把加快少数民族和民族地区发展摆到更加突出的战略位置，以打造世界一流"三张牌"为突破口，做大做强民族地区特色优势产业，加快民族地区产业结构调整和经济发展转型。云南通过八大产业、"三张牌"的打造，加快发展绿色能源、文化旅游、高原特色现代农业、现代服务业等若干个万亿级产业。民族地区经济发展的新动能逐步增强，走上了一条高质量跨越式发展的路子。巩固提升传统产业，努力推动云南省产业结构由中低端向中高端迈进，产业体系向创新能力强、质量效益好、结构布局合理、可持续发展能力和竞争力明显增强的方向发展，构建起特色鲜明、技术先进、绿色安全、动态迭代的现代化产业体系，少数民族和民族地区实现跨越式发展。2016—2020年，云南民族自治地方生产总值年均增长8.4%，经济社会发展主要指标年均增幅均高于全省平均水平。[1] 民族地区步入了经济增长动力更足、发展质量效益更高、群众得到实惠最多的时期。民族地区以云茶、云果、云蔬等为代表的"云系"高原特色农业产业提质增效，向品牌化、标准化和规划化迈进。民族团结进步示范乡镇和示范村基本形成了一村一品、一乡一业的特色产业发展模式。

二、政治建设的目标共识

中华民族是一个伟大的民族，各民族都是其中重要成员。实现中华民族伟大复兴是近代以来中华民族的伟大梦想，中国共产党团结带领各民族人民全力实现这一梦想。加快现代化建设的步伐，提高人民生活水平。实现社会各个领域的整体协调发展，建设社会主义法治国家，提高人民政治生活民主化水平。这一伟大梦想的目标引领着各民族之间的和谐民族关系。因此，明确提出了"四个共同"，各民族共

---

[1]《云南：示范创建结硕果共创建9个全国民族团结进步示范州（市）23个全国民族团结进步示范县（市）》，云南网－民族时报，http://minzu.yunnan.cn/system/2021/04/28/031421401.shtml。

同开拓辽阔疆域、各民族共同书写悠久历史、各民族共同创造灿烂文化、各民族共同培育伟大精神，"四个共同"理论奠定了铸牢中华民族共同体意识的历史和文化基础。在肯定各民族作为中华民族大家庭成员的同时，平等而客观地承认了各民族对国家的历史和文化贡献。不仅指导着民族关系的发展，而且也明确了和谐民族关系的目标。

习近平总书记强调："各民族之所以团结融合，多元之所以聚为一体，源自各民族文化上的兼收并蓄、经济上的相互依存、情感上的相互亲近，源自中华民族追求团结统一的内生动力。"动态社会均衡推动各民族之间以平等的心态互相对待，尊重彼此的风俗习惯、文化传统和生活方式。从而为各民族和睦相处、和衷共济、和谐发展奠定前提条件。动态社会均衡提倡"因族施策、因地制宜"，真正实现各民族全面平等。各民族在交往交流中保持动态社会均衡，实现互补创新，互相协作，互相影响，相互促进，共同发展。其次，动态社会均衡促进民族团结。动态社会均衡促进各民族之间和睦相处，倡导民族包容与开放。民族团结是各民族之间平等相待，互相尊重，和睦相处，互助合作，共同致力于发展经济和各项社会事业，维护国家统一，促进社会稳定。[1]

目标达成既包括利益关系的合理配置，又包括功能上的相互依赖与合作，还包括目标与手段的一致、价值与行动的统一等内容。[2] 当前，云南各民族交往交流交融的广度深度前所未有，民族分布格局发生重大变化，影响民族关系的因素更加复杂。因此，更加需要以"共同利益"为导向，克服影响民族关系的不利因素。正是因为各民族的发展过程中，为了实现自身利益相互进行各种交换，有效地形成了持续和谐社会关系。各民族之间的互动交流交融不断强化。正如习近平总书记指出，中华民族有着共同的民族利益。创造并分享共同利益是构建平等、团结、互助、和谐的民族关系的重要支撑。动态社会均衡推动各民族万众一心、携手奋进，形成坚不可摧的力量，去战胜一切艰难险阻。各民族"目标导向"是各民族和睦相处、和衷共济、和谐发展的凝聚力、战斗力的来源。

以"包容差异、尊重多元"为核心理念，构建均衡的社会结构。在经济交往的基础上形成空间流动与聚合，无论是民族地区的各民族互嵌，还是民族流动到城市的嵌入，各民族之间的交往更加频繁，交往程度更加深入。社会结构的稳定是民族地区的社会稳定和谐的基础。高度重视各民族在社会结构上的相互融合，打破社会结构和民族结构的高度重合状态。通过大力提升民族地区教育水平，提高民族成员

---

[1] 国家民族事务委员会：《中国共产党关于民族问题的基本观点和政策干部读本》，民族出版社，2002年，第88页。

[2] 王春光：《当前中国社会阶层关系变迁中的非均衡问题》，载《社会》，2005年第5期。

的生产技能，让少数民族成员积极参与各个行业、各个层次的工作中，改善少数民族的社会结构分布状况，在共同的生活和工作中真正实现社会结构的相互融合，推动民族交往交流交融，构建一个稳定的、均衡的社会结构，真正形成各民族密切联系、休戚与共、共同发展的社会共同体，从而切实保障民族间交往交流交融。包容和谐是人类社会发展的价值取向和追求，"尊重差异、包容多样"引导民族关系动态均衡的格局。包容差异是真正平等的本质，是党和政府对和谐世界与和谐社会建设的一种精神理念，也是不同民族和谐相处的指导观念。民族包容意味着在自愿、平等、互相尊重的基础之上，以宽容、平和的心态对待其他民族及文化，而不是把他们纳入一种单调而同质的人们共同体当中。

以"民族团结"为目标，共建民族和谐关系。"中华民族和各民族的关系，形象地说，是一个大家庭和家庭成员的关系，各民族的关系是一个大家庭里不同成员的关系"。[1]云南实行民族团结目标管理责任制，实现全省民族团结工作的制度化、规范化、科学化管理。建立健全民族团结教育宣传机制，开展常态化的民族团结教育宣传活动。云南始终坚持中华民族大家庭观念，以铸牢中华民族共同体意识为主线，以社会主义核心价值观为引领，着力构建各民族共有精神家园，各民族真正实现了相互了解、相互尊重、相互包容，呈现了多民族和谐共处、多种宗教和谐共存、多元文化和谐共融的景象。例如，云南省洱源县的郑家庄被誉为"7个民族一个庄"，全村125户农户，有藏族、汉族、傣族、白族、纳西族、傈僳族和彝族7个民族。在经济发展上相互协作互补；各民族文化交流共享；多元宗教信仰和谐共存。7个民族亲如一家，实现了"小事不出村、大事不出乡"，被评为"全国文明村镇""全国民族团结进步示范区"，成为民族关系和谐共处的典范。以共创共享美好生活目标为引领，提升动态社会均衡民族发展的质量。在一个社会系统中，当所有的个人都在其所面对的各种约束条件下做出了效用最大化选择，以至于没有任何一个人可以通过单方面改变他自己的行动来增加效用时，便达到了社会均衡。需要注意，当我们说个人"做出了效用最大化选择"时，是指"在其所面对的各种约束条件下"（包括资源约束、制度约束、他人行动的约束等等），而不是指个人不受约束的欲望得到了满足。云南省委、省政府明确提出打造世界一流"健康生活目的地"，依托民族地区宜人的气候、优美的生态环境、有机生态的特色农产品、丰富多样的旅游资源等，"美丽云南、世界花园"已成为云南的亮丽名片，绿水青山成为各族人民致富的金山银山。在共创共享美好生活方面取得新进展。

稳定和扩大就业创业，提高民族地区教育质量和水平，完善社会保障体系，加

---

[1]《中央民族工作会议暨国务院第六次全国民族团结进步表彰大会在京举行》，载《人民日报》，2014年9月29日。

大医疗健康保障，全面推进"爱国卫生 7 个专项行动"，加强民族地区公共设施建设和资源投入保障，推进基本公共服务科学布局、均衡配置和优化整合，促进各族群众共创共享改革发展成果，不断增进民生福祉，在人与自然和谐共生方面取得新进展。完善民族地区生物多样性保护体系和保护网络，加强野生动植物保护、生物安全管理、遗传资源保护。统筹山水林田湖草沙一体化保护和修复，全面提升生态系统功能。持续推进民族地区生态环境保护和治理，提升农村人居环境。推进巩固拓展脱贫攻坚成果同乡村振兴深度融合、有效对接，推动民族地区乡村全面振兴。依托乡村振兴"百千万"工程和民族地区乡村振兴试点工作，持续开展民族特色村镇建设，积极参与打造"中国民族和美乡村"品牌，在有条件的民族乡创建"民族之家"示范点，引领实现民族地区乡村形象提升、产业提升、中华民族共同体意识提升。

　　以"善治"为导向，建构社会治理共同体。民族地区以不同个体组合成的民族、国家、各级政府、企业和各民族在民族关系上达成了共识，建构了多元社会治理主体，构建共建共治共享社会治理格局。以实现社会的"善治"为支撑和目标的公共治理理论强调民主和法治社会的搭建和运行，注重在社区治理中提升公民自治能力，激发公民积极参与热情的法治过程。云南通过加强网格化管理服务，完善民族地区社会治安防控体系，推进突出治安问题常态综合治理。健全边境安全稳定工作协调机制和强边固防工作机制，建设边境立体化防控体系。鼓励各民族群众在民族地区和非民族地区、城镇和乡村双向流动。加强少数民族流动人口服务管理，为少数民族流动人口提供落户、住房、教育、医疗、法律援助等均等化服务，鼓励开展群众性互动式交流活动，推动建立相互嵌入式的社会结构和社区环境。健全完善省州县三级同步监测监管民族关系和联动响应处置机制，定期开展团结稳定形势分析研判，把各种矛盾和问题解决在基层、化解在萌芽状态，全省边境和睦安宁局面不断巩固。强化城市流动民族的融入与互嵌，通过融入城市，形成各民族居住的互嵌，为各民族在居住、就业、就学、社会交往等方面相互交往提供便利，使各民族真正融入共同的社会生活中，联结成结构相连、关系相融的有机社会整体。推动城市民族建构民族互嵌式社会环境和社区环境，从居住生活、工作学习、文化娱乐等日常生活中，创造各族群众共居、共学、共事、共乐的社会条件。各民族在中华民族大家庭中手足相亲、守望相助。

　　各族群众在共同的社区环境生活中加深了解、增进感情，推动民族地区多元主体民族之间友好共存，互动模式上呈现出较高的互补共融性，体现在历史渊源、经济交往、发展程度、文化交融、通婚等多个方面。云南出台加强和改进少数民族流动人口服务管理工作的实施意见，与四川、青海等 10 省（区、建设兵团）建立少数民族流动人口服务管理跨区域联盟机制，与广东等5个省份建立协作机制，实施网格化服务管理，不断构建互嵌式社会结构和社区环境，昆明市、大理州大理市被命名为全国少数民族流动人口服务管理示范城市。建设122个省级民族团结进步示范社区，昆明市金星社区、关上中心社区等一批社区被评为全国民族团结进步示范单位。推进建立相互嵌入式的社会结构和社区环境，建立民族之家等服务园地，开展民族团结百家宴等具有社区特色、群众参与性强的主题活动，进一步凝聚各民族共建共享美好家园的共识。

继续加强平等、团结、互助、和谐的民族关系，运用动态社会均衡全面应对民族关系的变化和协同。首先，动态社会均衡保障民族平等。动态社会均衡推动各民族之间以平等的心态互相对待，尊重彼此的风俗习惯、文化传统和生活方式。从而为各民族和睦相处、和衷共济、和谐发展奠定前提条件。动态社会均衡提倡"因族施策、因地制宜"，真正实现各民族全面平等。各民族在交往交流中保持动态社会均衡，实现互补创新，互相协作，互相影响，相互促进，共同发展。其次，动态社会均衡促进民族团结。动态社会均衡促进各民族之间和睦相处，倡导民族包容与开放。民族团结是各民族之间平等相待，互相尊重，和睦相处，互助合作，共同致力于发展经济和各项社会事业，维护国家统一，促进社会稳定。[1]动态社会均衡推动各民族万众一心、携手奋进，形成坚不可摧的力量，去战胜一切艰难险阻。各民族之间的团结是各民族和睦相处、和衷共济、和谐发展的凝聚力、战斗力的来源。再次，动态社会均衡推动民族互助。实际上，各民族经济文化发展水平不一致，因此，要实现真正的平等，必须从机会平等入手，使少数民族获得相应的权力。通过采取各民族之间的互助，保证欠发达的民族得到优先发展，形成各民族之间的互助和合作关系。最后，动态社会均衡夯实和谐民族关系。动态社会均衡有助于各民族发展多样化的尊重和包容，实现共同利益，形成和睦、协调、合作的民族关系，从而促进社会主义经济建设、政治建设、文化建设、社会建设、生态建设，全方位推动发展社会主义民族关系。

三、社会治理的主体整合

多民族国家的多元主体共同建构了民族关系，各主体之间的平等、互动、互惠与共享促进和谐的民族关系。中国共产党自成立以来，始终坚持以民族平等原则来处理民族问题，开启了我国民族关系的新纪元。2005年5月召开的中央民族工作会议，

---

[1] 国家民族事务委员会：《中国共产党关于民族问题的基本观点和政策干部读本》，民族出版社，2002年，第88页。

将社会主义的民族关系表述为"各民族平等、团结、互助、和谐"。2014年9月召开的中央民族工作会议上,习近平总书记指出,"加强各民族交往交流交融,尊重差异、包容多样,让各民族在中华民族大家庭中手足相亲、守望相助"。2021年8月,在中央民族工作会议上,习近平总书记进一步指出,"各族人民心手相牵、团结奋进,像石榴籽一样紧紧抱在一起,就一定能推动中华民族走向包容性更强、凝聚力更大的命运共同体,共创中华民族的美好未来,共享民族复兴的伟大荣光"。民族关系是多民族国家中至关重要的社会关系。正确处理民族关系问题,促进各族人民和睦相处、和衷共济、和谐发展。正如结构功能主义指出:"社会是一种由各个互相依赖的部分构成的单位"[1]。云南和谐民族关系就是一个由内生性动力和外源性动力互相作用的过程。在这个相互作用的过程中,"国家与社会"理论生成是处理民族关系的基本模式。改革开放以来,国家投入了大量的财力、物力和人力助推云南民族地区的跨越式发展,充分认识民族社会的结构性、基础性因素,能有效地避免外源性动力与地方民族社会的脱节,能够更好地促进经济的健康发展和社会的持续稳定。因此,云南民族地区建构起了经济发展模式、社会结构、民族文化、道德价值等动态和谐的"权力的文化网络"。这种"上下一致",互相响应,齐心协力建构和谐关系,形成了相互尊重、相互合作协同的关系。

云南多民族互嵌地区"推动建立相互嵌入的社会结构和社区环境"。卡尔·波兰尼指出"市场经济是附属在社会体系之中的"[2],把民族关系视为一个社会的、文化的结构性问题,认识到社会结构对制约、协调和整合民族关系的限定性意义。这对建构民族关系具有基础性的作用。云南坚持国家制定平等、团结、互助、和谐的民族政策,各民族不论大小,一律平等。全面贯彻党的民族政策,铸牢中华民族共同体意识,促进各民族共同团结奋斗、共同繁荣发展。尊重少数民族的文化、风俗习惯、宗教信仰等,在少数民族聚居的地区实行民族区域自治政策。国家制定实施各种民族政策,"从上而下,从外而内"规范民族关系社会结构完整性。当然,多民族国家建设必须有与其目标相匹配的社会结构作为支撑,只重视民族政策本身而忽视政策运行的社会结构,将往往导致事倍功半或事与愿违。[3]因此,云南各民族尽管历史流变和民族流变,但是对中国共产党和国家民族政策"完全认同",保障了各民族交往交流交融处于一个连续性的动态均衡发展中。以民族区域自治政策为例,云南设立了8个自治州、29个自治县和140个民族乡。全省37个民族自治地方辖

---

[1] [美]马格丽特·波洛玛:《当代社会学理论》,孙立平译,华夏出版社,1989年,第23页。
[2] [英]波兰尼:《大转型:我们时代的政治、经济起源》,冯钢等译,浙江人民出版社,2007年,第50页。
[3] 郝亚明:《民族互嵌式社会结构:现实背景、理论内涵及实践路径分析》,载《西南民族大学学报》(人文社会科学版),2015年第3期。

78个县（市），民族自治地方土地面积和人口分别占全省的70.2%和49.6%。其中有3个自治州是两个民族联合自治。全省29个自治县中有9个是两个或两个以上的联合自治。在多民族聚居的县中，也有一半多的县是两个以上少数民族的人口相当，有的县甚至同时存在4个人口相当的少数民族。例如，双江拉祜族佤族布朗族傣族自治县的20多个少数民族中，各占该县人口总数12%以上的就有4个。在少数民族聚集地方建立相当于乡（镇）一级的行政区域。少数民族人口占总人口30%以上的乡，按照规定申请设立民族乡。云南先后建立了197个民族乡，目前共有140个民族乡。民族区域制度在实践中不断创新发展，民族区域自治制度不断焕发新优势，民族地区各项事业不断实现新跨越，民族大团结不断得到新发展，也为世界解决民族关系贡献了云南智慧和云南方案。

　　云南民族地区是国家民族治理和边疆治理的重要一格。云南民族地区传统社会资本基础比较好，各民族之间的文化认同比较强烈，各民族对党和国家的认同度也比较高。因此，改革开放以后，均衡的经济社会发展更加依赖国家秩序，这不仅是民族优惠政策在云南的长期后果，而且也进一步强化了各民族在保持常态化的民族意识和民族情绪，强化了对各级政府的认可。云南独特的文化结构、历史经历和特定的社会条件，决定了民族优惠政策的效果比较明显，没有形成了剧烈的民族运动或者民族分裂运动。随着经济社会进一步的改善，社会结构和文化交融也随之渐渐变化，没有发生剧烈的变迁。云南动态社会均衡的变化过程，维持均衡的要素之间基本协同。在日常生活中，国家不断投入经济和文化资源，而少数民族则几乎不需要付出任何东西，只需要适应就行，这就造成了一种国家化的社会均衡，引起的文化后果是少数民族普遍对国家感恩。云南各族人民坚持党的领导，"听党话，感党恩"，一心一意跟党走。铸牢中华民族共同体意识，增强"五个认同"，是建设民族团结进步示范区的生动实践。中国共产党的领导是各民族关系和谐的根本保证，中国特色社会主义道路是各族人民实现梦想的康庄大道，这历来是镌刻在云南各族干部群众心中的最大共识。例如，被誉为"新中国民族团结和民族工作第一碑"的普洱民族团结誓词碑，既是中国共产党民族政策实践探索的丰碑，也是指引民族团结进步示范创建、铸牢中华民族共同体意识的一面旗帜，更是云南各族人民一心一意跟党走的最真实写照。1951年元旦，云南"普洱区第一届兄弟民族代表会议"召开，思普地区二十六种民族（包括支系）的代表以佤族特有的"剽牛、喝咒水、盟誓"的习俗，与思普地区党政军领导人在宁洱红场"会盟立誓"，立下"从此我们一心一德，团结到底，在中国共产党的领导下，誓为建设平等自由幸福的大家庭而奋斗"的民族团结誓言，并勒石立碑。誓词碑建立的过程，是动员多元主体、激发社会活力的典范。[1]

坚持用法治保障民族团结、协调民族关系,初步形成比较完整、具有云南特点的民族法规体系,保证各族公民平等享有权利、平等履行义务。制定施行《云南省民族团结进步示范区建设条例》及其实施细则,制定出台《关于加快建设民族团结进步示范区的实施意见》等政策文件,编制实施《云南省建设我国民族团结进步示范区规划(2016—2020年)》,从法制和政策层面立起了边疆民族地区治理的"四梁八柱"。2020年,云南省共创建11个全国民族团结进步示范州(市)、33个全国民族团结进步示范县(市)、51个全国民族团结进步示范单位、10个全国民族团结进步教育基地,数量居全国前列;打造了36个示范县、301个示范乡镇、4083个示范村,3307个单位被命名为云南省民族团结进步示范县或示范单位,1065所学校被命名为云南省民族团结进步教育示范学校;39个集体和42名个人被表彰为全国民族团结进步模范集体和模范个人,50个集体和100名个人被表彰为云南省民族团结进步模范集体和模范个人。[2]民族团结进步示范创建与扶贫开发双融合双促进,聚焦边境地区11个直过民族和人口较少民族聚居等深度贫困地区,以脱贫攻坚促进"全面小康同步、公共服务同质、法治保障同权、精神家园同建、社会和谐同创",为建设民族团结进步示范区带动脱贫攻坚提质增效。

云南省委、省政府坚持把党的领导贯穿示范区建设全过程、各方面,以组织体系建设为重点,更好发挥各级党组织政治功能,把各族群众紧紧团结在党的周围。在指导思想上,践行"不抓民族工作的领导干部不称职,抓不好民族工作的领导干部也不称职"的观念。在队伍建设上,把少数民族干部教育培训纳入全省干部培训总体规划,把民族团结进步教育列入各级党校、干部学院必修课,多渠道加强少数民族干部实践锻炼。在依法治理上,启动修订《云南省实施〈中华人民共和国民族区域自治法〉办法》,颁布实施《云南省民族团结进步示范区建设条例》,推进了民族团结进步示范区建设法制化。各地党委严格对标省委部署,把示范区建设工作摆上重要议事日程,强化组织抓好落实。通过成立示范区创建工作领导小组,各县(市、区)、各部门相应成立"一把手"负总责的领导小组,建立推进创建工作联席会议制度,形成"党委领导、政府负责、齐抓共管、广泛参与"的工作格局。例如红河州自2018年以来,全州聚焦"民族团结进步示范、平安创建示范、宗教事务管理示范、经济转型发展示范、基层党建工作示范'五个示范'",把边境地区综合整治与沙甸地区民族团结进步建设工作结合推进,不仅巩固了沙甸地区民族团结、

---

[1] 章忠云:《继承弘扬"誓词碑精神"铸牢中华民族共同体意识》,载《今日民族》,2021年第5期。
[2] 《云南创建"全国民族团结进步示范"州(市、县、单位)数量居全国前列》,载《中国网七彩云南》,2020年11月30日。

宗教和顺的良好局面,而且斩断了暴恐分子潜入潜出的通道,推动边境管控由"失控"到"可控"转变。

四、文化交流交融的内在维系

文化是一个民族的魂魄,文化认同是民族团结的根脉。文化认同是最深层的认同,是民族团结之根,是民族和睦之魂,是民族发展之基,这对维护祖国统一、民族团结尤为重要。文化是一个民族赖以生存发展的根基,更是一个民族区别于其他民族的重要表现。多民族社区构建和谐民族关系,必须坚持"美美与共、和而不同"的原则。习近平总书记强调:"我们讲中华民族多元一体格局,一体包含多元,多元组成一体,一体离不开多元,多元也离不开一体,一体是主线和方向,多元是要素和动力,两者辩证统一。中华民族和各民族的关系,形象地说,是一个大家庭和家庭成员的关系,各民族的关系是一个大家庭里不同成员的关系。"党的十九大报告进一步明确要"加强各民族交往交流交融,促进各民族像石榴籽一样紧紧抱在一起,共同团结奋斗、共同繁荣发展。"促进民族交往交流交融是新时代处理民族工作的重要思想,是构建和衷共济、和睦相处、和谐发展的新型民族关系的必然选择,对于推动我国各民族共同团结进步、共同繁荣发展具有重要意义。加强民族文化交流互鉴,增加各民族文化间的交流与对话,增强和谐相处意识,动态平衡各民族间和谐意识的正确契合点。在日常生活中实践"共生"的和谐共识,深化各族人民的和谐记忆,增加文化认同归属感,实现人与人的和谐、族际和谐、社会和谐。

文化之间不仅仅有对抗的形式,"我们必须学会从其他的文化中汲取有效力的养分"。加强民族文化的交流,以尊重民族传统文化为前提,以诚实守信为原则,各自发挥优势,共同开发,以达到共生与繁荣,这将有利于民族之间的交往了解,促进民族之间的信任与和谐。"民族共生发展模式是在对我国民族发展理论及实践总结和反思的基础上提出来的一种区别于我国传统民族发展模式的民族发展范式,其核心是'共存'和'共赢'"。文化共生作为民族共生的重要维度,是和谐民族关系均衡发展的重要支撑与保障。多元民族文化共生是多民族混杂聚居现象的逻辑延伸,各民族文化同时并存于复杂的系统之中。在多民族交往交融的过程中,尊重各民族语言、文化、风俗习惯和宗教信仰,尊重民族心理感情,维护民族形象。随着各民族交往交流交融的日渐增多,族际通婚、语言使用及风俗习惯等文化因素碰撞、协调、交融。"以社会主义核心价值观"为引领,形成基本的价值认同和广泛的社会共识,构建多元"共生"和谐文化的价值体系,凝聚各族人民的精神和力量,大力发展一体多元、交融和开放的现代文化,形成和而不同、共生互补的文化共享环境。

在增强中华文化认同方面，云南积极实施少数民族传统文化抢救保护项目和民族文化精品工程项目，扶持培养民族民间文化传承创新带头人，推进民族文化进校园，努力将中华文化内化为各民族共建、共有、共享的精神家园。在推进民族事务治理方面，不断加强法治宣传教育，用法治手段处理民族问题、协调民族关系。在推进少数民族流动人口服务管理体系建设方面，打造尊重特色、包容多样、共融共治的社区民族工作平台，"民族工作大家做，民族团结一家亲"的氛围日益浓厚。推进建立互嵌式的社会结构和社区环境，建设122个省级民族团结进步示范社区，建立民族之家等服务阵地，开展具有社区特色、群众参与性强的民族团结主题活动。正如有学者所言，"人文交流的时空过程型塑了当地的文化生态，而且同时还具有社会整合的功能"，"其文化价值与文化理念的共享"，"本身就暗含着这一区域某种稳定的深层结构"。[1] 基于共同生存的自然环境，民族文化交流共享，文化、价值和情感，经济互补和价值情感互尊形成了有机的区域共同体。正如社会学家亨利·列斐伏尔认为，两个或者两个以上不同文化体系由于持续接触和长期影响，就会发生文化传递、交流和整合，逐渐形成经济上、生活上、文化上相互联系并形成和谐的民族关系。[2] 每个民族都有自身独特的文化，文化差异是民族差异的重要体现。每一名民族成员都承载着、传播着所属民族的民族文化，他们在与其他民族交往的过程中展示和分享着不同的民族文化符号。每个民族以其独特文化吸引并影响其他民族成员，在长期的互动过程中，各民族相互了解、相互欣赏、相互学习、相互借鉴、取长补短、共同发展，达到感情相依、情感交融，形成"你中有我，我中有你"的互嵌式文化格局，促进了民族交往交流交融向纵深发展。各民族要推动各民族文化的传承保护和创新交融，树立和突出各民族共享的中华文化符号和中华民族形象，增强各族群众对中华文化的认同。

新中国成立后，中央访问团带着党中央和毛主席的嘱托和使命，通过贯彻执行民族平等团结的方针政策，通过团结各少数民族代表人士，实现了各少数民族在党的领导下的平等，打破了旧时代压迫性的等级制，创造了新的民族平等的社会秩序。各民族群众打破了"坝子""寨子"的区隔，打破了"相互斗争"一盘散沙式的生存状况，形成了各民族之间的政治、经济、文化、社会地位等各方面的平等，释放了被等级制阻隔的共通性。在数百年由儒家文化和多民族文化相互交流融通中，在

---

[1] 麻国庆：《跨区域社会体系：以环南中国海区域为中心的丝绸之路研究》，载《民族研究》，2016年第3期。

[2] 马晓玲：《关于城市"民族互嵌式"社区的内涵思考》，载《中南民族大学学报》（人文社会科学版），2016年第1期。

少数民族百姓中形成基本的生活伦理。基于普遍性的文化底蕴，在云南原先存在于少数民族社会中的"天地君亲师"道德秩序，全面转换成"天地国亲师"的爱党爱国情感。这种朴素的忠诚，成为云南各少数民族多样性交往交流交融的共通道德基础，成为国家意识在基层社会广大民众心中的普遍道德根基，最终凝结和体现为云南社会和各民族人民的一种"国家至上"的文化精神，形成了"党的光辉照边疆，边疆人民心向党"等共同体的意识。

民族文化交流增强动态社会均衡民族关系的软实力。习近平总书记指出："做民族团结重在交心，要将心比心、以心换心。"感情越培养越深厚，在深度的交往交流交融中增进情感认同，是铸牢中华民族共同体意识的必由之路。云南省委、省政府认真贯彻落实习近平总书记关于"云南少数民族文化是中华文化的重要瑰宝，要积极加以支持和发展"的重要指示，倡导"美美与共"的民族文化发展观，以民族文化保护传承工程为抓手，积极推动民族文化繁荣发展，构建中华民族共有精神家园。加强少数民族古籍、文物、体育等传统文化的抢救保护和开发利用，打造了《云南映象》《丽水金沙》《采山舞云》《茶马古道》等一批民族文化精品。形成了全方位、多层次、宽领域的民族文化交融格局，夯实了铸牢中华民族共同体意识的思想基础。传承和弘扬各民族优秀文化，强化各民族文化之间的交流，激发文化创新活力，不仅为提升云南对外交流形象，而且为云南文化产业高质量发展奠定基础。扶持培养民族民间文化传承创新带头人，推进民族文化进校园，努力将中华文化内化为各民族共建、共有、共享的精神家园。

民族交往交流交融是一个自然的过程，有其自身的规律性。在推进民族交往交流交融的过程中要坚持尊重规律、循序渐进、多维并举的原则，以经济交往为基础，形成空间上的集聚，降低交往成本、加深交往深度，促进交往结构的互嵌，不同的民族文化在交流撞击中也不断得到整合，形成共同的文化取向和价值诉求。进而在文化思想领域形成一元主导、多元文化共存发展的格局，最终促进民族大融合大发展。民族交往交流交融以社会主义核心价值观，不断增进各族群众对伟大祖国、中华民族、中华文化、中国共产党、中国特色社会主义的认同，构建各民族共有精神家园，铸牢中华民族共同体意识。推动各民族更加频繁地交往交流交融。云南全面深入持久开展民族团结进步创建，突出边疆民族和区位特点，创新推进民族团结进步创建"十进"，不断探索"行政接边地区创建联盟""边境地区创建联盟""高铁沿线创建联盟"等创新做法。例如，通过彰显各民族服饰文化内涵，楚雄永仁县直苴彝族赛装节已经传承了1300多年。2016年以来，赛装节由地方性民族节日成为全省各民族赛美赛装的狂欢，"七彩云南（国际）民族赛装文化节"应运而生。赛装节成了各民族赛装比美，歌舞狂欢的文化交流平台，逐渐发展成为国际化、特色化的民族文化盛会，初步形成"国内一流、世界知名"的文化品牌。支持开展民族传统节日的传承创新，火把节、泼水节等民族节庆已成为云南民族文化交流的重要符号和品牌。

强化各民族文化交流交融巩固了动态社会均衡的民族关系。一是积极营造和谐民族关系的良好氛围。加强示范区建设的理论研究和经验总结，从实践与理论层面上回答好新时代示范区建设的科学内涵，努力形成可复制可推广的"云南经验"，为丰富中国特色解决民族问题的正确道路的理论与实践做出应有的贡献。增强示范区建设宣传的高度和广度，使示范区建设的新举措、新成效、新亮点、新经验得到及时高效的传播，发出"云南声音"、讲好"云南故事"。二是大力推动民族地区文化繁荣，加强各民族的文化交流。支持各级民族类博物馆建设，优先新建和改造民族自治州县公共图书馆、文化馆（站），加大民族文化保护传承力度，积极培养非遗项目代表性传承人，加快少数民族文化资源数据库和少数民族语言文字资源数据库建设步伐，稳步推进国家级文化产业示范园区和国家藏羌彝文化产业走廊云南廊道建设。三是加大中华民族共同体意识宣传力度，强化各民族之间的交融。抓好民族文化保护传承，广泛开展文化交流活动，着力在少数民族地区树立中华民族视觉形象，打造一批具有鲜明中华文化特征的宣传物、出版物和标识物。四是强化示范引领，复制推广成效和经验。鼓励各地区各部门主动探索、大胆创新，按照"从基层来，到基层去"的路径，推动创新举措上升为制度或政策成熟一条，推广一条。

总之，云南各民族纵向的跨越式发展，经济发展的相对均衡奠定了云南和谐民族关系；政治建设的目标共识引领了云南和谐民族关系；社会治理的主体协同整合了云南和谐民族关系；文化交流交融维系了云南和谐民族关系。云南和谐民族关系的建构是内部要素和外部环境相互作用的动态社会均衡系统，其功能是有效协同内外部的各种资源配置和协同，进而达成各民族平等、团结、互助、和谐的目标。民族地区发展差距逐步缩小，民族团结良好局面进一步巩固，各族群众获得感、幸福感、安全感不断增强。民族团结进步示范区建设已经成为动态社会均衡和谐民族关系典范，推动民族地区高质量发展的重要平台，成为践行"中华民族一家亲，同心共筑中国梦"的重要载体，丰富了中国特色处理民族关系的生动实践。

云南边境地区社会治理共同体建设实践

王志辉[*]

党的十八大以来，以习近平同志为核心的党中央提出了一系列关于加强和创新社会治理的新观点、新论断、新理论。2019年1月，习近平总书记在中央政法工作会议上首次提出"要完善基层群众自治机制，调动城乡群众、企事业单位、社会组织自主自治的积极性，打造人人有责、人人尽责的社会治理共同体"[1]。2019年10月，党的十九届四中全会创造性地提出"加强和创新社会治理，完善党委领导、政府负责、民主协商、社会协同、公众参与、法治保障、科技支撑的社会治理体系，建设人人有责，人人尽责、人人享有的社会治理共同体"[2]。这是"社会治理共同体"第一次写入党的纲领性文件。党的十九届六中全会进一步提出："完善社会治理体系，健全党组织领导的自治、法治、德治相结合的城乡基层治理体系，推动社会治理重心向基层下移，建设共建共治共享的社会治理制度，建设人人有责、人人尽责、人人享有的社会治理共同体。""社会治理共同体"的提出是治理现代化在社会领域的重要突破，也是党和政府对社会治理规律认识深化的结果，标志着我国全面进入社会治理的新时代。

社会治理共同体建设是一项复杂、系统的工作。我国不同地区经济社会发展水平差异甚大，民族地区、特别是边境民族地区情况更为复杂特殊。世纪之交，党和国家出台了"兴边富民"行动、西部大开发等战略，有力推动了民族边境地区经济社会飞速发展。进入新时代，随着脱贫攻坚的实施，边境地区经济社会快速发展，边民生产生活水平大幅提升。经济社会的普遍变化，增强了国家、社会、个人之间的内在互动，不断激发着边境地区的社会性重构。与此同时，我国发展的外部环境更趋严峻，不稳定性、不确定性明显增强，边境地区的经济社会形势也更加复杂，亟待以高质量发展理念统揽和重塑边境地区社会治理，使其获得充分、均衡、全面发展。

---

[*] 王志辉，云南师范大学马克思主义学院副教授。
[1] 全面深入做好新时代政法各项工作 促进社会公平正义 保障人民安居乐业[N]. 人民日报, 2019-01-17(1).
[2] 中共十九届四中全会在京举行[N]. 人民日报(海外版), 2019-11-01(1).

"治国先治边"是中国共产党治国理政的一贯遵循,"边境固则国家兴,边疆宁则国家安"。边境地区社会治理和社会建设是国家治理体系中的重要一环,也是其中的短板和弱项。[1] 边境民族地区的社会治理与国家安全、铸牢中华民族共同体意识等重大问题息息相关,需要因地制宜,走出自己的路子。近年来,在各级党委和政府领导下,云南边境地区以习近平新时代中国特色社会主义思想为指导,结合实际,不断探索体制机制创新,有效发动党政军警民齐上阵,共同参与社会治理,社会治理社会化、专业化、智能化、法治化水平不断提升,积淀出较为成熟的边境地区社会治理共同体实践经验。

一、云南边境地区社会治理共同体构建的必要性

构建和完善社会治理共同体,是实现云南边境地区社会治理现代化、促进云南边境地区各族群众生活水平提升及建设好美丽家园的有力举措,是铸牢中华民族共同体意识、贯彻落实中央民族工作会议精神、维护好云南民族团结的重要抓手,是筑牢我国西南安全稳定屏障、守护好神圣国土的现实需要。

(一)实现云南边境地区社会治理现代化的必由之路

"社会治理共同体"命题的提出顺应了云南边境地区经济社会发展的要求,顺应了破解云南边境地区社会治理难题的时代要求,是实现云南边境地区社会治理现代化的必由之路。首先,社会治理共同体为云南边境地区各族群众表达利益诉求提供了更广阔的平台,有助于提高社会治理工作的精准度。其次,边境各族群众亲身参与到社会治理具体实践工作中,一方面可以增强其社会责任意识,另一方面还能增进其与云南边境地方党委、政府及其他治理主体之间的沟通和交流,进而增进相互之间的理解与包容,有助于云南边境地区和谐社会关系的建构。此外,社会治理共同体强调"人人共享",能有效激发各族群众参与社会治理的主动性、积极性。

(二)对云南边境地区各族群众对美好生活时代需求的回应

社会治理共同体的核心要义就是在"人人有责、人人尽责"的基础上实现"人人共享",实现好、维护好、发展好最广大人民的根本利益,让人民群众有更多的获得感、公平感、幸福感和安全感。

近年来,随着经济社会的发展和生产生活条件的改善,云南边境地区各族群众对公共安全、公平正义、参与民主、诉求表达、安居乐业、和谐稳定、生态宜居等

---

[1] 周平. 强化边疆治理补齐战略短板 [N]. 光明日报, 2015-06-10 (13)。

美好生活的需求日益强烈，对社会治理有了新要求、新关切和新期待。只有构建和优化社会治理共同体，创新和规范基层民主协商、公民参与、社会组织协同、政府购买公共服务等制度化渠道，深化党政军警民"五位一体"合力强边固防机制，大力提升社会治理能力和水平，才能不断满足云南边境地区各族群众对美好生活的迫切需要，才能切实做到发展成果由人民共享。

（三）维护云南边境地区安全稳定的实践路径

边境地区的安全稳定是国家治理的关键内容。边境地区一直都是国家安全、社会和谐、边疆稳固的前沿，是防止境外"三股势力"渗透的屏障区。云南边境地区是我国边疆繁荣稳定的重点区域，也是我国对外开放的前沿阵地，是国家实施"一带一路"倡议的重要节点，该区域的安全稳定具有十分重要的现实意义。

云南边境地区民族宗教多元，地理位置特殊，同时还面临着许多社会问题，立足云南边境各地实际，构建"人人有责、人人尽责、人人享有"的社会治理共同体，能够有效化解边境地区的各类社会风险和挑战，有效维护边境地区的安全与稳定。

（四）铸牢中华民族共同体意识的重要途径

习近平总书记在2021年召开的中央民族工作会议上指出，"必须以铸牢中华民族共同体意识为新时代党的民族工作的主线，推动各民族坚定对伟大祖国、中华民族、中华文化、中国共产党、中国特色社会主义的高度认同，不断推进中华民族共同体建设"。[1] 中华民族共同体意识是国家统一之基、民族团结之本、精神力量之魂。

在云南边境地区构建社会治理共同体，可以有效团结边境地区各族群众齐心协力、和衷共济，共同构建各民族共有的精神家园；可以有效抵御"三股势力"的渗透和破坏。同时，铸牢中华民族共同体意识亦是构建和优化社会治理共同体的重要情感向度和思想基础。

二、云南边境地区社会治理共同体的建设实践

云南边境地区民族问题、宗教问题、边境问题相互交织，社会治理具有特殊性和复杂性，社会治理任务艰巨。面对复杂艰巨的社会治理环境和任务，云南始终把边境社会治理当作基础性、长远性、根本性任务抓。在党的坚强领导下，云南边境各地结合实际，以中国共产党"以人民为中心"的立党宗旨作为出发点，以社会进步、经济发展、民族团结、宗教和睦、边民富裕、边境稳定为目标，积极回应各民

---

[1] 以铸牢中华民族共同体意识为主线推动新时代党的民族工作高质量发展[N]. 人民日报, 2021-08-29(1).

族群众的诉求和期盼，探索体制机制，充分发挥基层党支部战斗堡垒作用和党员先锋模范带头作用，党政军警民齐上阵，广泛吸纳社会各方力量，形成"户户是哨所、人人是哨兵"边境社会治理格局，构建起"人人有责，人人尽责，人人享有"的社会治理共同体，各族群众的参与感、公平感、获得感、幸福感、安全感全面增强，组织强、边民富、边疆兴、边防固、边关美的美丽画卷徐徐展开，为全国构建社会治理共同体提供了云南经验和做法。

（一）深化党建引领，强化社会治理共同体建设的政治保障

云南边境地区的社会治理离不开中国共产党这个"主心骨"，党的领导是推进云南边境社会治理现代化的根本政治保证。云南以党建为引领狠抓边境社会治理，扎实推进强边固防，将制度优势转化为治理实效。

2007年，云南在全国最早启动边疆党建长廊建设。2017年，省委部署深化边疆党建长廊建设，深入实施组织强边、开放活边、守土固边、富民兴边、和谐稳边"五边"行动。2021年6月出台《关于进一步加强边疆党建长廊建设深化抓党建促强边固防工作的意见》，部署"铸魂、堡垒、头雁、先锋、稳边"五项工程，着力锻造坚强有力的基层党组织，夯实党在边疆民族地区执政的组织基础。2022年3月，出台《关于强化边疆党建长廊建设的若干措施》，在25个边境县（市）打造"边疆党建长廊示范带"，进一步强化基层党组织在强边固防、乡村振兴、社会治理、民族团结等方面的引领作用，不断巩固提升边民富、边关美、边疆稳、边防固的良好局面。

第一，强化组织建设。云南省委于2020年印发《云南省"智慧党建"行动计划（2020—2022）》，运用智慧理念、技术和手段，打通党的基层组织建设和服务党员、群众的"最后一公里"。在边境地区大力开展党支部规范化达标创建，整顿软弱涣散的基层党组织。先后实施了农村"领头雁"培养工程、村（社区）干部能力素质和学历水平提升行动计划、农村优秀人才回引计划和优秀人才培养计划。结合村（社区）两委换届，一大批思想政治素质好、道德品行好、带富能力强的村干部登上乡村振兴舞台。加强基层党组织领导班子队伍建设，实现抵边村党组织书记、主任"一肩挑"，选优配强村干部，落实村干部队伍专业化建设。全面落实边境线五级段长挂牌作战制度，以防控卡点或边境段为单位，成立临时党支部，实现边境卡点党组织全覆盖。目前，在云南边境4061公里边境线上，3851个临时党支部覆盖5578个防控卡点、边境段、隔离点，构筑起强边固防的"红色屏障"。[1] 在边境各乡村成立党员志愿服务队，进行平安建设宣传和矛盾纠纷调解。组建护村队，开展常态化巡逻，配合派

---

[1] 云南省持续深入推进边疆党建长廊建设——筑牢稳边固边兴边"红色堡垒"[EB/OL]. https://baijiahao.baidu.com/s?id=1709293210612024742&wfr=spider&for=pc, 2021-08-28.

出所参与治安管控。云南全省边境县（市）普遍构建了"乡镇党委—村级党组织—村（居）民小组党支部—党员中心户"四级联防联控网格体系，形成了"村村是堡垒、家家是哨所、人人是哨兵"的工作格局。云南还以"筑牢边境堡垒、争做守边先锋、完善边境治理"为导向，在沿边重点区域全面推行"大党（工）委"制，由地方党委牵头，整合相关部门（单位）资源力量，构建国门口岸"党建一体化"格局。在红河哈尼族彝族自治州绿春县，边境3个乡镇联合成立了"国门大党委"，3名边境派出所所长进入沿边乡镇党政班子，整合力量，组建强边固防突击队、党员先锋护村队、边境巡逻队等联防队伍，常态化开展巡边固边活动。临沧市发挥国门党工委和边境联合党组织作用，采取划段包干负责制，构建乡（镇）统筹领导、党政军警民共同参与包段的边境线防控责任体系，组建边境"党政军警民"联防联控巡逻队，实行24小时值班值守和严密巡逻。同时在口岸服务大厅、窗口和检查站（点）设置党员示范窗口和示范岗，争创"云岭先锋"示范窗口单位；在口岸社区和驻区单位大力推行党员志愿服务，争创"云岭先锋"和谐社区（单位），在边民互市点争创"云岭先锋"和谐贸易市场（点），以党建引领汇聚开放活力。

第二，强化基层党组织在各项事务中的领导、统筹、协调功能，建立健全农村集体经济组织，培育公益性、服务性、互助性农村社会组织和群众活动团体，发挥好驻村干部、老党员等基层治理主心骨作用，组建党员服务队、护村队和民兵应急分队、巡逻队，做好民情收集、矛盾纠纷化解、社会治安防控等工作。

第三，结合各地实际，采用火塘会、院坝会、田埂会等多种方式对各族群众进行国防、边防政策教育，进行党的民族宗教政策宣传。广泛开展"万名党员进党校"培训和"党旗在基层一线高高飘扬""永远跟党走""唱国歌、升国旗、走边关"等主题活动，实施"红旗飘飘""村村寨寨广播响"工程，开展"心向中央、强边固防"和"请党放心，强边有我"主题教育，同时深化"红旗飘飘"工程，让党旗国旗飘扬在村村寨寨，党的声音传遍家家户户。将铸牢中华民族共同体意识学习教育纳入"三会一课"、主题党日等，广泛组织开展内容丰富的群众性文化活动，唱响"党的光辉照边疆、边疆人民心向党"的主旋律。

第四，积极发挥基层党组织在脱贫攻坚、乡村振兴中的关键作用，团结带领各族群众大力发展经济，接续奋进乡村振兴。临沧市在所有自然村建立"振兴理事会"，把各行各业能人集聚起来，还选派了2291名公职人员担任乡村振兴"自然村长"，选派167名优秀年轻干部组建44支沿边小康村建设工作队，带领群众谋发展。[1]当前，"党支部＋合作社＋农户"模式在云南边境一线得到广泛推广，有力推动了边境小

---

[1] 云南：筑牢稳边固边兴边"红色堡垒"[EB/OL].http://yn.people.com.cn/n2/2021/0828/c378439-34888145.html,2021-08-28.

康村建设。云南边境各地按照"一村一品"培育主导产业和特色产业，发展起了橡胶、茶叶、蔗糖、肉牛等边境特色优势产业；整合丰富的民族文化资源，打造了一批民族特色旅游村寨；以"党支部＋劳务输出"模式，通过劳动技能培训提高群众素质，通过劳务输出增加群众收入。

（二）推进多元协作，整合社会治理共同体建设的主体力量

社会治理共同体是人人有责、协同共治的有机联合体。在社会治理共同体中，党委、政府、社会组织、市场、企事业单位、公民等不再是单一的治理主体，多元主体共同承担社会治理责任，发挥各自的优势，共同参与，协商交流，传统的自上而下单向度的管控转变为协同共治。

云南边境地区坚持社会治理社会化的发展方向，在党的集中统一领导下，充分调动各方面的积极性，有效整合政府部门、社会组织、村民等社会治理主体的协同作用，有效发动党政军警民齐上阵，形成多元、协作、高效的有序局面，使社会治理具有广泛的社会基础，通过"共治"实现"善治"，确保边境和谐安宁、祖国边疆稳固。

政府是社会治理的主导者、是社会治理规则的制定者、是公共产品和公共服务的提供者。云南边境地区各级政府充分发挥提供优质公共服务、创造良好发展环境、维护社会公平正义的职能。一方面，切实发挥资源优势和政策导向作用，建构和完善社会治理共同体的运行规则，合理解决多元治理主体之间的矛盾、问题、纠纷等，为其提供参与社会治理的渠道和途径。调动村民参与乡村治理的积极性，形成人人监督、人人负责的乡村治理格局。另一方面，将改善边境各族群众生产生活条件和乡村振兴、边境小康村建设等工作相结合，巩固传统产业，大力发展特色优势产业，不断完善道路、网络、水、电等基础设施建设，改善教育、医疗、住房、社会保障等民生建设。此外，大力传播社会主义核心价值观和传承良好家风，提升云南边境广大乡村地区的乡风文明建设水平。

社会组织是云南边境社会治理共同体中的重要治理主体。社会组织可提供多元化的社会服务以满足多元社会需求。在云南边境社会治理中，社会组织发挥的作用和影响越来越彰显。妇联、共青团等社会组织在民族团结、家庭和睦、村寨和谐、边境安全等方面的影响力不断增强；以农民专业合作社为代表的乡村经济组织不断发展壮大，有力推动了云南边境地区经济发展、实现各族群众增收，为实现"人人享有"打下坚实的经济基础；乡村治理委员会、红白喜事理事会、敬老爱老协会、"乡贤评理会"、"乡贤咨询会"等公益性社会组织不断增多，在社会问题和社会矛盾化解、投资项目的吸引、社会服务的提供、养老服务、民生保障、边境小康村建设等方面

发挥了重要的作用。

民众是社会治理的重要主体。构建社会治理共同体，关键在于提升各族群众、企事业单位、社会组织等治理主体参与社会治理的信心和热情，使其树立主人翁意识，充分发挥各自的主观能动性，形成人人尽责的良好局面。在云南边境地区社会治理中，依托边境一线村委会和边境管控专职辅警、护边员、界务员、民兵、治保员等基层力量，边境各族群众被广泛动员和组织起来，形成了有效的"村村是堡垒、家家是哨所、人人是哨兵"的管边控边群防群治格局，涉毒、涉恐、偷越边境、疫情外防输入、走私、诈骗、跨境赌博等跨境违法犯罪问题得到极大控制。同时，广大群众积极参与村民小组事务、产业发展、矛盾调解、环境整治，共同关心村寨发展，共同管理村寨事务，维护村寨安全。很多抵边村寨的村民组织起来，成立了护村队，参与巡边、护边、守边，充实了边防力量，降低了社会治理成本，也大大提升了社会治理效果。疫情防控以来，在云南省西双版纳傣族自治州景洪市勐龙镇的抵边村寨贺管新寨，村里大部分男性青壮年都投入边境一线执勤守卡的工作中，村里只剩下老人妇女儿童。2021年3月该村18名女同胞组成了一支女子护村队。队员们晚上在村内外进行巡逻，维护治安，白天有空时去执勤点帮着做饭、洗衣服、打扫卫生。还向村民宣传疫情防控政策，测量体温，防疫消杀，做好日常健康监测。儿童们受到感召，也加入巡逻队伍，与大人孩子一起维护村寨安全。云南省红河州金平县勐拉镇老乌寨村委会的5个抵边村寨，在镇党委、政府的领导下，动员和组织在家妇女组建女子巾帼志愿护村队，队员们扛着党旗，身着民族服装，走村入户开展疫情防控政策宣传，同时，开展便民服务、民情调查、扶贫帮困、纠纷调解、安全巡防等，充分发挥党政军警民合力强边固防优势。

(三) 推动民主协商，理顺社会治理共同体建设的决策机制

习近平总书记指出，在中国社会主义制度下，有事好商量，众人的事情由众人商量，找到全社会意愿和要求的最大公约数，是人民民主的真谛。[1]民主协商是社会主义协商民主的实践形式，也是社会治理体系决策机制的重要体现。一方面，民主协商所体现的协商民主政治内涵赋予了各社会治理主体平等的表达利益诉求的权利，有利于形成有效的治理知识和智慧，另一方面，民主协商所包含的底蕴传统和参与效能有利于凝聚情感、协调利益矛盾和冲突，从而使社会治理决策更合理、更科学、更具包容性。紧紧围绕习近平总书记关于社会主义协商民主的重要论述，云南边疆地区广泛开展"协商在基层"工作。

---

1 全过程人民民主为人民当家作主提供有力保障 [EB/OL].https://m.gmw.cn/baijia/2022-03/04/35561620.html,2022-03-04.

2019年，中共云南省委政协工作会议作出部署，于2020年初成立"协商在基层"工作推进组，积极有效地推进政协协商和基层协商有效衔接，广泛开展"协商在基层"工作，搭建协商平台，把政协的制度优势转化为参与基层社会治理的效能，引导群众有序表达诉求，通过协商化解矛盾、凝聚共识。至今，云南全省共建成协商议事场所1500余个。[1]云南边境地区按照省政协开展"协商在基层"工作的统一部署，紧扣兴边富民、疫情防控、强边固防等治理新形势新任务，积极搭建"协商在基层"议事平台，探索"边寨协商""院坝协商""田埂协商"等。以"小协商"助推边境"大治理"。云南省临沧市在10个边境乡镇、44个边境村设立了协商议事平台，在241个边境自然村建成了协商议事场所。[2]2020年12月4日，为解决农灌设施管护问题，一场院坝协商议事会议在临沧双江拉祜族佤族布朗族傣族自治县沙河乡营盘村一个农家小院举行。协商会由县政协搭台举办，参会群众代表占76%。大家一人一凳围坐几张桌子，围绕"建立农灌设施管护机制，推动营盘产业更加兴旺"主题踊跃发言。通过协商很快达成共识。会后，协商成果得到落实，营盘村建立了一套农灌设施管护机制，解决了灌溉设施无人管护的问题。

通过广泛开展"协商在基层"，助推党的领导与群众自治有机统一，促进基层自治机制不断健全，云南边境地区打通了基层"社会治理最后一公里"，各族群众的意见和诉求通过协商平台得到充分表达、真诚沟通、化解矛盾、理顺情绪，真正做到了"民事民议，民事民办，民事民管"，从机制上真正体现了社会治理格局的"共建、共治、共享"。

（四）运用数字技术，赋能社会治理共同体的技术支撑

习近平总书记指出，科技是国之利器，国家赖之以强，企业赖之以赢，人民生活赖之以好。[3]自党的十九大提出打造"共建共治共享"的社会治理格局之后，党的十九届四中全会进一步将技术支撑纳入社会治理体系。"以数字化助推城乡发展和治理模式创新"是"十四五"规划提出的明确要求。身处"万物皆数"的时代，数字技术在推进社会治理共同体构建方面发挥着重要作用，为社会精细化、智能化治理提供技术支撑，让全体社会成员享受到更高水平的专业化服务成果。

针对云南边境地区社会治理的复杂性、特殊性、艰巨性，以及新形势新任务对

---

[1] 绘就边疆治理新画卷——云南省政协系统以"协商在基层"助力基层社会治理工作小记[EB/OL]. https://baijiahao.baidu.com/s?id=1721904439417782382&wfr=spider&for=pc,2022-01-14.

[2] 院坝协商解民忧 边寨ામ议大治理[EB/OL].https://baijiahao.baidu.com/s?id=1699160077735836150&wfr=spider&for=pc,2021-05-08.

[3] 以新科技支撑社会治理共同体建设[EB/OL].https://baijiahao.baidu.com/s?id=1661268379063224940&wfr=spider&for=pc,2020-03-16.

边境管控工作提出的新要求新挑战，为落实习近平总书记关于增强边疆治理能力的要求，云南省委、省政府高度重视现代科技，特别是数字技术在云南边境地区社会治理共同体构建和社会治理能力建设中的重要作用，运用大数据、云计算、人工智能等高新技术加强数字边境、智慧边境建设，为云南边境地区构建和优化社会治理共同体提供活力，助推社会治理现代化、精细化。

《云南省国民经济和社会发展第十四个五年规划和二〇三五年远景目标纲要》中明确提出要建设智慧边境，并确定了具体的建设举措，通过在"25个边境县全面部署人脸识别摄像头、'鹰眼'、小型雷达、无人机、红外人体探测仪等新型技防装备，统一推进边境检查站新建（迁建）及智能查验系统建设，实现入滇人车的智能化采集核验，开展入境境外人员的智能报警、动态轨迹、分级处置等，建设包含应急通讯、应急指挥、多级联动能力的边境管理智慧调度体系"，全面实现云南边境数字化管控，进而从整体上提升云南社会治理的现代化水平。[1]

近年来，云南省加大投入力度持续推进数字边境、智慧边境建设，包括视频监控、车辆卡口等智能采集前端设备，以及高清视频监控、电子围栏、手机信号采集等技防设施，全力打造"高效通关、精准核验"智慧边境检查站。云南各边境地区检查站依托MB大型车辆检查系统、智慧边境查验系统，X光扫描仪等高科技信息化装备，实现对人、车、物等的高效、快速、精准查缉，初步形成智能化、立体化感知网络，有效弥补边境管控"盲区"。基本建成人防、物防、技防相融合的边境立体化防控体系。

2020年12月29日，"云南智慧边境大数据中心"上线。云南智慧边境大数据中心是云南省公安大数据建设成果的集中体现，融合汇聚了全警数据资源，具备"智能发现、智能管控、智能挖掘、智能打击"的能力。依托大数据、云计算和移动警务等技术，云南边境地区实现了重点人员动态管控、警情案件应用、情报研判分析、集成整合禁毒业务等。如通过智能计算"涉毒指数"，云南实现了对活跃在边境的涉毒高危群体的批量发现和精确研判，大幅提升公开查缉准确率。2021年以来，保山边境管理支队通过科技信息化设备累计破获涉毒案件17起，缴获毒品834.7公斤，科技助力边境管理工作提质增效。[2]

现代科技手段也让群众动员工作更加便捷高效。云南各边境地区在传统走访宣传模式的基础上，利用无人机、巡逻车喊话器以及村寨广播等，用当地少数民族语言和汉语定时向辖区群众进行"双语"广播，宣传法律法规。同时，新冠疫情防控

---

1 切实推进云南社会治理现代化 [EB/OL].https://baijiahao.baidu.com/s?id=1720356974632619547&wfr=spider&for=pc,2021-12-28.

2 赵汉斌.云南保山：向科技要警力 智慧边境管理显"神威"[EB/OL].http://www.stdaily.com/index/kejixinwen/202202/9239c19829f543fd8c34c04f2f094d24.shtml,2022-02-22.

期间，新型科技手段还助力云南边境常态化疫情防控工作，增强了疫情防控精准化水平和能力。

（五）推动边境发展，夯实社会治理共同体的物质基础

社会治理共同体的核心理念是"人人有责、人人尽责、人人享有"，在坚持党的全面领导、推进社会治理社会化，实现"人人有责、人人尽责"，形成多元共治社会治理格局的基础上，在党委和政府的坚强领导下，云南边境地区经济社会快速发展，各族群众共享小康社会、共享边境发展、共享社会和谐稳定，真正实现了"人人共享"。

长期以来，云南集边疆、民族、山区、贫困为一体，是全国贫困人口和贫困县最多、贫困程度最深、脱贫难度最大的省份。云南边境地区一直是扶贫和脱贫攻坚重点区域，也是11个"直过民族"和人口较少民族的聚居区。党的十八大后，一场声势浩大的脱贫攻坚战在云南打响，省委、省政府将脱贫攻坚作为重大政治任务、发展头等大事和第一民生工程来抓，建立健全组织动员、责任落实、政策支持、资金投入、合力攻坚、监督检查、考核评估体系机制，一个战役接着一个战役打，一个难点接着一个难点攻坚。随着"兴边富民""脱贫攻坚""现代化边境小康村建设"等行动计划的实施，云南边境地区发生了翻天覆地的变化，一方面，经济发展提速。各地结合实际努力打造"一村一特色，一村一产业"，因地制宜开展咖啡、橡胶、蔗糖、茶树、中药材等特色种植，形成"云茶""云咖""云药"等多样化特色优势产业，成为群众增收致富的"绿色银行"。同时，边境各地区结合自身优势着力挖掘自然生态、历史遗迹、民族民俗文化等资源要素，开发边境风光、民俗风情、休闲度假等旅游产品，涌现出了一批特色边境旅游小镇、民族文化村寨、美丽宜居乡村等，打造边境旅游产业发展新亮点。此外，对外贸易发展迅速，边境贸易总额逐年上升。另一方面，边境地区基础设施建设不断完善，教育、医疗、社会保障公共服务能力大幅提升，公共服务体系更加完善，覆盖城乡居民的社会保障体系基本建立。2020年底，云南88个贫困县全部退出贫困县序列，贫困群众告别绝对贫困，11个"直过民族"和人口较少民族实现了整体脱贫，历史性地解决了绝对贫困问题，夺取了脱贫攻坚战的全面胜利。

在巩固脱贫攻坚成果基础上，2020年，云南投入1.5亿元，试点实施了30个边境小康示范村（自然村）建设。在总结试点成效经验的基础上，2021年7月，印发实施《云南省建设现代化边境小康村规划》。2021年11月，云南省委、省政府提出"用三年时间将374个沿边行政村（社区）初步建设成为现代化边境小康村"的目标，将围绕实现经济发展、社会事业、基础设施、基层治理体系和治理能力、边境防控、

边民思想观念等六个方面现代化任务，按照每个行政村3000万元的标准，统筹投入省级各部门资金112.2亿元，将374个沿边行政村（社区）初步建成"基础牢、产业兴、环境美、生活好、边疆稳、党建强"的现代化边境小康村，成为富边的样板、稳边的示范、守边的屏障。[1]

当前，云南现代化边境小康村建设各项目标任务正在扎实有序推进，各边境县充分挖掘现有资源优势，推动现代化边境小康村建设与强边固防、抵边村寨民族团结进步创建等工作有效衔接，重点围绕基础设施、产业发展以及人居环境提升等方面，着力打造现代化边境小康村。截至2022年8月，云南省省级已统筹下达资金105.33亿元，374个沿边行政村已全面启动建设。[2] 经过建设，云南边境村寨的基础设施不断改善、村容村貌得到大幅提升、增收产业逐步形成、群众收入大幅提高、乡村治理更加有效、基层党建扎实推进。一个个边境小康村犹如一串美丽的珍珠，扮靓了祖国西南边疆，各族群众在共建、共治的基础上共享边境发展、共享社会和谐稳定。

三、结　语

继"人类命运共同体""中华民族共同体"等"共同体"系列政治话语提出后，"社会治理共同体"话语在中国特色社会主义语境中应运而生。"社会治理共同体"这一新时代具有中国特色的概念是对习近平总书记共同体思想的运用和发展，是党在社会治理领域的原创性理论贡献，它将"以人民为中心"的发展理念和"共建共治共享"的治理理念相统一，表明当前中国社会治理观念与实践正在发生深刻变化。

一方面，社会治理共同体的构建在遵循传统的国家和政府主导的格局中，政社关系持续调整，治理主体呈现多元化特征，同时治理重心不断向基层下移，更加注重发挥作为基层和微观治理主体的社会组织和公民个体的活力，同时强调主体间的相互协助。其中关键环节是在社会治理中有效动员社会力量的参与和支持。因此，建设社会共同体的路径必然是人人有责、人人尽责，共治共享，进而达至人人共享。

另一方面，作为一个社会学意义上的概念，共同体指的是人们在共同目标、共同意识及其价值认同等的基础上自觉形成的长期稳定、紧密相连的联合体。1887年，滕尼斯在《共同体与社会》中提到，"共同体"是依赖于记忆和习惯等自然意志，在血缘、地缘和礼俗文化的基础上形成的具有共同价值及融洽感情的结合体。安德

---

[1] 云南：努力把374个沿边行政村建成富边样板、稳边示范、守边屏障[EB/OL].https://baijiahao.baidu.com/s?id=1740854082771843014&wfr=spider&for=pc,2022-08-11.

[2] 我省投入百亿元建设现代化边境小康村[EB/OL].http://ybxf.1237125.cn/NewsView.aspx?NewsID=394655,2022-08-12.

森认为，共同体是充满人情味、温暖的场域。从共同体概念的本质属性来看，社会治理共同体的构建意味着要注重培养社会成员的归属感、认同感等情感纽带，有效激励不同主体主动自愿参与社会治理，在共同参与中共享生活世界，增进相互理解，在此基础上激发各方真正关心并愿意为建设更好的社区生活贡献自己的力量，从而形成个人与社会"共同的情感联结"。

中国幅员辽阔，不同地区经济社会发展水平差距甚大，民族边境地区的复杂的地理、历史、宗教和边境问题为当地社会治理带来巨大挑战。通过对云南边境地区社会治理共同体的考察，我们看到，云南边境地区通过党建长廊等措施强化了党的核心领导；党政军警民齐上阵充分发挥了多元主体的参与协作；实施"协商在基层"的"边寨协商""院坝协商""田埂协商"等议事机制，以"小协商"助推边境"大治理"；"数字边境""智慧边境"建设，为社会治理提供现代技术支撑；"脱贫攻坚"战略推动边境经济社会发展，满足了各族群众对美好生活的向往，真正实现了人人共享；而云南边境地区和谐的民族关系、各族人民深厚的中华民族共同体意识更为社会治理共同体的实践提供了有效的情感向度和社会资本。

边境地区社会治理共同体的建设与完善，既体现为社会治理水平的现代化，更关乎如何回应边境各族群众对美好生活的向往，关乎边境民族的人心凝聚与民族团结。云南的"边境之治"正是在此双重意义上构成了云南的智慧与经验。

云南积极推动全方位民族互嵌之经验

王行健[*]

当前，铸牢中华民族共同体意识是新时代党的民族工作的主线，"全方位民族互嵌"作为实现铸牢中华民族共同体意识的具体途径之一，对推动新时代民族工作高质量发展具有重要意义。从 2014 年中央首次提出"推动建立各民族相互嵌入式的社会结构和社区环境"[1]，到 2021 年中央民族工作会议提出五个维度的全方位民族互嵌，即"逐步实现各民族在空间、文化、经济、社会、心理等方面的全方位嵌入"[2]，"民族互嵌"成为新时代民族关系整合的新模式。云南民族众多，近年来在民族团结进步示范区建设中不断推动各民族的全方位互嵌，促进各民族交往交流交融。

一、民族互嵌的空间维度

民族互嵌的空间维度是指民族互嵌发生的空间场所。空间互嵌因其具有的物理性意涵在多维度民族互嵌中发挥了作为基础条件的作用。空间层面的民族互嵌实践一般通过"缩短空间距离"和"创造共同空间"两个层面表现出来。以高速公路和互联网为代表，民族地区飞速发展的现代化交通通讯体系基础设施建设，直接在物理和虚拟意义上缩短了不同民族之间的空间距离；无论是在城市还是农村社区，在政府的大力推动下，伴随着居民各种共享性生产生活要素的显著增加，各民族之间不断深化共同生活空间的建设，成为民族互嵌式物理与社会空间生成的关键原因。

（一）互联网空间中的民族互嵌

"我是云南的，云南怒江的，怒江泸水市，泸水市六库，六库傈僳族……"，这是近期在短视频平台上非常热门的一首背景音乐，自 2022 年 5 月份突然走红以来，短短几天的时间便收获了高达 18.8 亿次的播放量，与此同时还引发了各国各地区网

---

[*] 王行健，中央民族大学民族学与社会学学院博士研究生。
[1] 《中共中央政治局召开会议研究进一步推进新疆社会稳定和长治久安工作》，载《人民日报》，2014年5月27日，第1版。
[2] 《以铸牢中华民族共同体意识为主线 推动新时代党的民族工作高质量发展》，载《光明日报》，2021年8月29日，第1版。

友的争相模仿。《我是云南的》歌词内容介绍了傈僳族的一些民族语言词汇，伴随着强烈的节奏感，让大家不由得对云南怒江傈僳族的文化产生好奇。作为这段音乐内容的创作者，茶雄军表示"自己创作的歌就这么火下去，让外面的人看到我们这边（泸水）了"。

正如茶雄军所表达的，随着互联网建设在云南省的快速发展和普及，越来越多的群众享受到网络带来的信息便利。一方面，当地群众能够更加方便地获取各式各样的信息，另一方面，也让更多的人看到边疆民族地区的生活图景并形成互动。这首音乐的传播不仅仅宣传了云南怒江傈僳族的语言文化，它背后所引发的大规模模仿、转发和再创作的过程，让更多不同地区、不同民族的人民群众参与这一场以互联网为空间载体的文化互动的"盛会"中来，由此形成了不同文化间的正向交流，进而促进了各民族交往交流交融。

通过这个案例可以发现，民族地区基础设施的建设是构建现代化民族互嵌的先决条件。首先，完善的基础设施是各民族迈向小康社会的物质条件，使各族群众在日常生活中都能享受现代化所带来的便利，拉近了不同地区、不同民族在生活水平上的差距，有利于各族群众在平等的物质条件基础上形成互嵌格局；其次，通过交通条件的改善，缩短了人与人、人与物之间往来的时间，实际上拉近了各族群众交往、物品交流的物理距离，有利于健全人力资源市场体系，促进劳动力、人才跨区域顺畅流动，同时降低了商品流动成本，有利于商品要素资源在更大范围内畅通流动。民族地区的人力与民族地区的特色产品在更大空间充分流动，构成了现代化民族空间互嵌的基本表现。通过现代流通网络的建设，民族地区与东中部地区联系逐步加强，从而有利于各族群众互嵌式发展。最后，以5G为代表的互联网应用与普及至关重要。在大数据时代，网络已成为人们生活中不可分割的一部分，更为重要的是互联网重塑了人们交往交流的时空模式。通过互联网人们打破了空间局限，真正实现了"天涯若比邻"，为不同民族展示自己的文化习俗提供了诸多平台，促进了人们对日常生活中接触不到的中华民族大家庭中的各族兄弟姐妹有了更多的了解，从而推动各民族交往交流交融。因此，基础设施尤其是交通网络与互联网的完善，打破了传统的空间格局，形成了具有现代化特点的民族空间互嵌模式。

（二）特色村寨文旅产业推动民族互嵌

空间意义上的民族互嵌居住格局是云南的人文地理特色之一。在云南的很多地方，历史上自然形成的各民族村落，人口规模相对较小，不同民族之间的生产生活传统与不同海拔的自然条件直接相关，但彼此之间的物理距离并不遥远，这为不同民族之间共享同一个生活世界创造了便利条件。

在现代社会条件下，为进一步加强各民族空间互嵌格局，云南省走出了一条以建设特色村寨深化各民族空间互嵌格局的实践道路。近年来，云南省大力推进特色村镇的建设工作，目前已有30个特色乡镇、780个特色村寨建成，其中有247个特色村寨获得"中国少数民族特色村寨"的命名。

文山市红甸乡席草寨村是文山州最大的傣族聚居村，因生产加工席草制品而得名。席草寨村傣族文化特色项目建设是红甸乡推进乡村振兴工作以来的第一个特色村寨项目。该项目以傣族文化、乡村康养、新型农业为核心，打造功能完善、设施配套齐全、环境优美宜居的特色村寨。现已建成傣族民俗文化体验馆、沿河观光道路、赏荷垂钓中心、大棚观光采摘园（草莓、蔬菜等）、创意手工席草工艺品生活馆，新建综合广场，新建古寨门，改建风雨桥，为两棵古树和一口古井提供保护设施，硬化两公里村内道路，建设100套村内高效节能亮化工程，购置50个垃圾桶。正是由于这些基础设施的建设，极大地改变了席草寨村的村貌，使其成为周边村庄娱乐活动的聚集点，促进了以席草寨村为中心且具有辐射性的公共空间的生成。

进入席草寨村，一个以巨大的孔雀雕塑为标志的喷泉广场在寨子中间格外醒目，广场呈圆形设计，喷泉池面积很大且水深不足半米，专为泼水节而设计。每到泼水节，就会有很多村民穿着自己民族的服饰在一起过节，其他地方的游客也会慕名而来。除此之外，席草寨村通过项目资金改建的风雨桥也成为人们休闲娱乐的主要场所，每天晚饭以后的时间是风雨桥周围最热闹的时候，本村村民和外村村民一起在此跳舞。

在席草寨村的生活图景中，傣族文化为本村及周围村寨提供了一个交流的载体，借助于泼水节的文化符号，以喷泉广场为空间场域，给参与者提供了输出与吸收多样文化的基础条件。通过席草村的案例可以看出，当下的乡村升级以改善基础设施为主要抓手，建成了各族群众可共享的公共空间，并将公共空间嵌入乡村生活中，人们以不同的方式对此加以利用，创造出一个"无族界"的互动场域，在这一互动过程中，各民族同胞通过在公共空间中休闲娱乐、参与节日活动的形式，形成了本村各族村民间、本村与外村各族村民间、当地群众与外地游客间三个层面的交往与互动。

（三）保障性住房促进社区互嵌

空间政治社会学将人视作空间化的存在物，并将社区看作是人们生活的"时空的坐落"。[1] 住房作为民生保障中的重中之重，在人口大规模流动的今天成为亟待解决的问题。社区是社会最基本的单元，是各族居民的集聚场域，也是各种利益汇聚

---

[1] 费孝通：《乡土中国》，生活·读书·新知三联书店，1985年，第94页。

的地方，同时还是弱势群体获得支持的场所，更是族际间进行互动的交融点。[1]因此，构建和谐稳定团结的社区环境，搭建各族人民共治共享的社区空间，是促进民族互嵌的核心关键。在此背景下，云南省文山市以保障性住房为推手，先后投入30亿元，建成小区17个，为低收入家庭、进城务工人员和刚参加工作的年轻人等提供住房21633套，切实解决了80000余人的城市居住和生活问题。[2]

文山市泰民家园小区隶属于新平街道里布嘎社区，取"国泰民安"之意，家园共计有2300余套住房，解决了8000余人的住房问题，居住在小区里的群众，有城市低收入群众、农村进城务工人员、在工业园区的上班族、刚参加工作的年轻人等。走进泰民家园小区，抬头便可以看到"四海哥弟喜居泰民家园、八方姐妹贵为文山市民"的标语。

为了方便居民生活，泰民家园以"进得来、留得住、过得好、能融入"的理念打造社区治理服务体系，在小区内设置了居家养老服务中心、儿童之家、学前教育、社区服务工作站以及超市、商铺等。居住在泰民家园小区的市民，有的就在楼下的超市、商铺务工，有的在城区从事家政服务工作，有的进入三七产业园区和马塘工业园区打工。此外，小区内建设了很多活动场所，生活在这里的各族同胞自发组建了各式各样的文艺队，每逢民族节日之时，例如壮族的"三月三"、苗族的"花山节"、彝族的"火把节"、傣族的"锦库节"，都已成为居住在此的各族居民共同庆祝的节日。

社区空间是各族群共同生活和互动的场所，可以提供机会促进不同民族之间的交流和相互了解，增强彼此之间的信任和友谊。透过文山市泰民家园的案例可以发现，在城市化发展的推进下，少数民族流动人口呈逐渐递增和分散居住的态势，多民族人口交错杂居是目前城市社区居住情况的写照。建设相互嵌入式的社区环境是现如今城市民族工作的重要方面。

在保障性住房政策的推动下，泰民家园俨然已经成为各民族身份群众相互交融的场域。然而，想要这个空间发挥出民族互嵌的功能，就必须匹配高质量的服务设施和管理制度，从就住、就业、就学、就医等方面提供民生保障。正是由于解决了最基本的住房问题，各族群众对未来有了更加积极的信心，更加主动地去自我创造和谐团结的社区氛围。如案例中提到的文艺队的创建，而在这个过程中自然地提升了对社区多民族大家庭的集体归属感。

---

[1] 卢爱国、陈洪江：《空间视角下城市多民族社区互嵌式治理研究》，载《内蒙古社会科学》，2016年第6期。

[2] 数据来源：文山市新闻网，发布日期：2020年4月23日。
网址：http://wsnews.com.cn/ws_fcyw/p/223506.html

二、民族互嵌的文化维度

新时代我国各民族的互嵌在文化维度上有深厚的历史文化传统，中华文化独特的精神内核为我国的民族文化互嵌提供了共享的文化基础。因此，挖掘中华文明内聚力得以生成的文化基础，对于推动我国各民族的文化互嵌具有深远意义。

中华文明传统为云南多民族社会创造共同性提供了深厚的文明根基，新中国成立以来，国家大力投入民族文化建设工作，以现代化手段进一步强化了这一根基。进入新时代，伴随着交通与互联网基础设施建设的空前推进，各族群众相互接触的机会显著增多，各民族文化交流也日益频繁，在此背景下，打牢中华民族共同体文化基础是推动民族互嵌的必要路径。为此，云南省委、省政府从中华民族视觉形象工程、推进铸牢中华民族共同体意识教育、推广普及国家通用语言文字这几方面入手，进一步促进各民族交往交流交融。

（一）深度挖掘中华文化共享符号

习近平总书记曾指出："推动各民族文化的传承保护和创新交融，树立和突出各民族共享的中华文化符号和中华民族形象，增强各族群众对中华文化的认同。"[1]在推动民族互嵌的文化维度的实践中，云南省在"中华民族视觉形象工程"的基础上，在全省范围因地制宜地挖掘中华文化共享符号，坚持"以文化人"，深层次推动各民族间的文化互嵌。

昆明市五华区政府努力打造环翠湖"铸牢中华民族共同体意识"示范圈。五华区是云南省会主城核心区，是昆明历史文化名城的主要承载地。有以"一文一武"（国立西南联大、云南陆军讲武堂）、朱德故居、胜利堂（抗日战争胜利纪念堂）、"重九起义"、"一二·一"运动、云南和平解放纪念馆等为代表的遗迹遗存，历史文化、红色文化、民族文化、传统文化、时尚文化等在此交织交融。

在此背景下，五华区将"历史文化名城核心区"作为其发展定位，创新打造了环翠湖铸牢中华民族共同体意识教育宣传示范圈，其主要内容为重点依托云南陆军讲武堂、国立西南联大2个云南民族团结进步教育基地及翠湖周边16个博物馆和39个文物保护单位，形成以点连线、以线带面的"示范圈"聚集效应，为社会教育活动提供极具现场感的实体空间及教育内容。

自"示范圈"打造以来，已组织全区干部职工开展了"五观、五认同、五维护"

---

[1] 习近平：《习近平谈治国理政·铸牢中华民族共同体意识（第三卷）》，外文出版社，2020年，第300—301页。

主题教育实践活动，并利用每年新生开学、清明节、烈士纪念日等时间节点，面向青少年、党员干部、社会各族群众等，开展系列爱国主义主题教育活动，组织56个民族在校大学生200余人参观示范创建点，通过讲好云南各族群众在党领导下争取民族独立和人民解放的故事、西南联大为党育人的故事、聂耳爱党报国的故事等，逐步提升各族群众对中华民族共同体以及中华文化的认同。

文化空间作为一个地区和国家历史文化资源的物质载体，它承担着启迪思想、陶冶情操、温润心灵的教化作用，是国民认识和了解国家、民族历史文化的重要场所。在环翠湖"铸牢中华民族共同体意识"示范圈中，综合了关于社会主义核心价值观、爱国主义、民族团结进步等多元性的教育内容，不同的空间形式和可视化元素组成了丰富的文化景观，能够全方位地输出中华文化的价值观意涵。

更加值得注意的是，"示范圈"不仅是周边居民重要生活空间，也是游客愿意前往参观的景点。因此，选择此处作为铸牢中华民族共同体意识宣传教育的场域，能够更好地融入广大群众的日常生活，在一种亲近的、悄然的发生状态中，对人们实行了一次潜移默化的民族团结教育，让人们自觉地对国家产生一种心理上的认同，自主地形成对中华民族共同体的归属感。

（二）将铸牢中华民族共同体意识融入基础教育

2021年8月，教育部、中央宣传部、中央统战部、国家民委四部门联合印发了《深化新时代学校民族团结进步教育指导纲要》，对深化新时代学校民族团结进步教育的主要任务进行了相关部署。为进一步落实好文件精神，云南省有机地将铸牢中华民族共同体意识融入到中小学基础教育中来，充分利用学校教育主渠道，以丰富多彩的形式，在青少年中铸牢中华民族共同体意识。在云南省创建民族团结进步示范区的宏观背景下，云南各地中小学不同程度推出了以课程为主体、日常教学活动为主线、校园学习生活环境建设为基础的系列创建活动，把"铸牢中华民族共同体意识，共享民族复兴伟大荣光"融入学校教育的全过程。

学校是培养青少年学生的重地，因此，也就自然成为推动铸牢中华民族共同体意识教育的主要阵地。与国家课程不同的是，校本课程以发展符合学生、学校或地方等特殊需要的课程方案为目标，在实际教学过程中给了学校和教师更多的发挥空间，能够结合当地实情来设置相关内容。正如云大附中所开设的茶文化课程，其教学内容便紧密结合了云南少数民族文化的多样性特点，全面梳理了云南少数民族茶文化的历史和内涵，让来自不同民族的学生对各民族的文化产生兴趣并有所了解，为孩子们搭建了一个文化交流的学习平台。通过校本课程的实施，有效地将民族团结进步教育自然而然地渗透到课程教学中，在学习各民族丰富文化的过程中潜移默化地领会了中华民族共同体意识的历史内涵和现实价值,在教学互动中加深了对"中华民族一家亲"重要意义的认识与理解,为文化互嵌奠定了坚实基础。

云南大学附属中学始建于1927年,至今已有96年的悠久历史。地处民族地区,云大附中无论是在师资方面还是在生源方面都呈现出多民族的集体样态。就一二一校区而言,目前在校学生总人数为4517人,其中少数民族学生人数达943人,多达31个少数民族,包含云南特有少数民族有13个。[1]

为了更好地促进师生了解云南各民族文化与习俗,学校以校本课程开发设计为抓手,在日常教学中融入民族团结内容,在真实情景中实现多民族师生共育共学。目前学校共开设16门相关课程,包括"中国非物质文化遗产初探——滇剧进校园""传承老昆明文化""探寻西南联大""创意中国工笔画""扎染""中国绳结艺术""与茶初识"等,强化关于中华民族优秀文化传统共同性的思想政治教育。

以茶文化课程为例,通过授课老师的讲解,学生们不仅可以了解到少数民族的饮茶习俗和茶艺内涵,如布朗族制作、使用酸茶的方法;哈尼族煎茶的工艺及药用功效;彝族使用限年陈茶治病的过程;拉祜族烧茶、烤茶和糟茶等饮茶方式的特色;佤族烧茶、擂茶以及煮饮流程;傣族竹筒茶的制作工艺;基诺族凉拌茶制作中加入黄果叶、酸笋的饮食特点;景颇族腌茶的来历;白族三道茶的文化内涵;纳西族和怒族的盐巴茶、傈僳族的油盐茶、普米族和藏族的酥油茶和苗族的菜包茶等制作方法等,而且透过教学内容可以使学生真切感受到云南丰富多彩的茶文化,以及包含在云南茶文化中的文化共同性。

（三）推广国家通用语言文字

语言文字是文化交流的基础性媒介。推广国家通用语言文字,有益于各族群众更加准确地表达自己民族的文化,也充分理解他民族的文化,从而在交流互动过程中深入沟通、加深感情。为此,云南省坚持把推广普及国家通用语言作为铸牢中华民族共同体意识的重要途径,把国家通用语言文字作为教育教学基本用语用字的法定要求落实的具体指标。并在全省推进"学前学会普通话"行动,落实"童语同音"项目。2021年期间,有4213名教师参加了普通话培训,完成2294所学校语言文字规范化达标建设,组织54所高校大学生志愿者到民族地区开展推广国家通用语言

---

[1] 少数民族学生中以白族（273人）、彝族（228人）、回族（157人）三种民族为主,另外有纳西族（75人）、傣族（32人）、壮族（25人）、哈尼族（21人）、傈僳族（15人）、苗族（14人）、藏族（13人）、满族（13人）、土家族（12人）、蒙古族（11人）等少数民族,其中不乏拉祜族（7人）、普米族（3人）、布朗族（2人）、阿昌族（2人）、基诺族（1人）、独龙族（1人）这些云南省特有且人口较少的少数民族。数据由云大附中相关教师提供。

文字主题的社会实践活动。[1]

迪庆位于云南省西北部，属于滇、川、藏三地结合部，这里民族文化多元，有以藏族为主的25种少数民族，少数民族人口占88.8%，而且多宗教并存。2021年9月17日，由州委统战部、州民族宗教委和州教育体育局主办的迪庆州宗教界"爱党爱国爱社会主义"国家通用语言文字演讲书法大赛在香格里拉市举行。拥有不同宗教信仰的选手们紧紧围绕"爱党爱国爱社会主义"和"铸牢中华民族共同体意识"主题，讲述了一个个践行"四条标准"，维护民族团结进步，引导信教群众参与社会主义建设、改革开放事业的生动故事。早在2019年，迪庆州便结合当地宗教界实际，通过将普通话纳入学经班教学日程、开展相关活动等形式在宗教场所推广普及国家通用语言，通过学习，有僧人表示收获了很多方便，例如在就医、购物等日常生活行为中不用担心对方会不会说藏语。

除此之外，为了方便少数民族群众学习普通话，云南省教育厅通过企业合作的模式，联合科大讯飞公司，共同开发了有利于普通话学习的手机App——"语言扶贫"，并在中国移动云南公司的支持下，免费配送手机给有需求的群众，并在减免通信费用的基础上继续提供1200元的流量补贴费，以保障大家的学习需要。该软件包含了语音合成、语音识别、口语评测等技术，学习库中囊括了常用语1000句，当地高频词500个，使得学习者可以在常用语境和场景中进行学习，收获更多。

随着经济社会的不断发展，各民族群众在共居共学共事共乐的实践活动中增强了共同性，而共同性的不断增进又反过来为各民族的发展进步提供价值导向。因此，普通话在少数民族群众生活和工作中的重要性越来越凸显。通过迪庆州的案例可以发现，统一的语言文字不仅能为各民族群众提供更加便捷的交流工具，同样也为国家建设和治理提供了重要抓手。"语言相通是人与人相通的重要环节。语言不通就难以沟通，不沟通就难以达成理解，就难以形成认同。"[2] 因此，通过推广国家通用语言文字、推进中华民族共同体意识教育，有利于各族群众在未来更大范围的交往交流交融过程中，以中华民族的身份认同作为前提基础，以国家通用语言作为交流媒介，从而增进中华民族大家庭中各民族兄弟姐妹的了解、尊重、包容、欣赏、学习和帮助，进而在此基础上构建适应现代化发展的民族互嵌式社会结构。

---

[1] 数据来源：云南省教育厅关于报送2021年度民族团结进步示范区建设工作总结，内部资料。
[2] 《以铸牢中华民族共同体意识为主线 推动新时代党的民族工作高质量发展》，载《光明日报》，2021年08月29日，第1版。

三、民族互嵌的经济维度

随着我国社会主义市场经济的发展，大量的人口流动成为必然，人们以个体为单位参与市场竞争当中去，这极大地改变了传统民族分布格局。具体而言，面对工业化和市场的发展，大量劳动力从农村向城市广泛流动，其中自然包括大量少数民族人口，从而形成不同民族群体在城镇、工业区域的聚集现象，城市人口的异质性特征在不断增强，产生了一种民族互嵌的外在表现，但如何使不同民族在城市空间和谐共生，是当前政府和学术界共同面临的议题。民族间经济互嵌应体现为两个方面，第一是分处不同地区的不同民族群众都平等地拥有进入市场体系的机会；第二是行业的分类不能以民族属性为基础。因此，在当前市场化的条件下，构建各民族经济互嵌体系一方面意味着帮助偏远落后地区的民族群众摆脱地理条件的限制，打破区域间经济发展的不平衡，从而为各族群众提供参与市场流动的机会；另一方面则要精准搭桥，积极为边疆民族地区群众开拓劳务输送渠道，提供就业岗位，打破就业结构与民族结构间的重合。从而深化各民族、各地域经济互嵌，有效推动各族群众互嵌式发展。

（一）现代化边境幸福村建设

党的十八大以来，习近平总书记提出"治国先治边、治国必治边"的战略思想。2021年8月，习近平总书记在给沧源佤族自治县边境村老支书们的回信中再次指出发展边疆地区的重要性。

云南4060公里的边境线上，有374个沿边行政村（社区），如何让"边疆"更好地嵌入国家发展，将374个沿边行政村建成"基础牢、产业兴、环境美、生活好、边疆稳、党建强"的现代化幸福小康村，是云南省在推进民族互嵌式社会结构过程中需要实现的目标。可以说，推进现代化边境幸福村的建设，就是要推动各族群众共同迈向现代化，提升边民的自豪感和认同感，进而促进各民族交往交流交融。

自2021年启动现代化边境小康村建设以来，按照省委、省政府的决策部署，云南省民族宗教委会同省财政厅、省乡村振兴局充分发挥"三牵头"作用，不断完善工作机制，督促指导全省8个边境州（市）以及昆明市所托管的磨憨镇，结合自身优势，不断探索创新，因地制宜、扎实有序地推进各项建设任务，持续巩固脱贫攻坚所取得的一应成果，深入拓展乡村振兴和兴边富民工程。可以说，现代化边境幸福村建设已经成为云南省全面推进乡村振兴的新引擎。

边疆地区是我国对外开放的前沿，是展示国家实力和形象的窗口，是确保国土安全和生态安全的重要屏障。只有大力推动边疆地区经济社会发展，实现国内区域经济的均衡发展，才能让边境地区各族人民群众有更高的获得感、幸福感和安全感，随之也才能提高抵边地区各族同胞对国家的归属感和对中华民族共同体的认同感，从而实现各民族互嵌式发展的良好局面。

（二）易地扶贫搬迁工程及其可持续发展

作为全国贫困面最大、贫困程度最深的省份之一，云南虽然拥有丰富的自然风光资源，但美丽景色的背后却是一些"一方水土承载不了一方人"的无奈。作为我国扶贫政策的重要组成部分，易地扶贫搬迁是解决贫困的重要方法之一。

截至 2020 年，云南累计建成 2832 个配套完善、宜居宜业的集中安置区，150 万易地扶贫搬迁人口全部搬迁入住。[1] 从全国最大的跨县易地扶贫搬迁安置区靖安新区，到全国最大的易地扶贫搬迁县城集中安置区会泽新城，云南在脱贫攻坚的过程中，以易地扶贫为抓手，实现了对代际贫困的阻断。

匹河怒族乡托坪村，位于云南省怒江傈僳族自治州福贡县境内，地处怒江西岸，高黎贡山脚下，西邻缅甸，是国家扶贫工作重点县之一。对于当地群众而言，只能住在木板小屋里，陡峭的山坡形成不了大范围的种植区域，只能勉强种种土豆、玉米、核桃等农作物。恶劣的生存条件不是没有让村民想过离开这里奔向更好的生活，但怎么搬？搬哪里？搬了后生计在哪里？等等问题，却是当地人不敢细想也找不到答案的难题。直到易地扶贫搬迁政策推行至此，终于在 2019 年春节前夕，托坪村整村实行了易地扶贫搬迁，来自托坪村、普洛村、架究村、果科村的共计 163 户群众从木板房搬入新家。搬到新家后，乡干部和驻村扶贫工作队员带领村干部帮助群众适应新生活。安置点内，群众活动广场、党员活动室、农家书屋、卫生室、扶贫车间、综治维稳室、村史馆、幼儿园等配套公共设施齐全；新家里，电视、电视柜、组合沙发、电饭煲、电磁炉等配备完善。除此之外，为了能尽快使得村民融入新的生活，当地通过开设扶贫车间，开展培训等方式，为搬迁居民提供就业保障，让大家有活干、有钱赚，明显提升了生活水平。

"发展是解决民族地区各种问题的总钥匙。"[2] 云南民族众多，不同地区之间环境条件、经济发展水平都存在着巨大差异，因此在推进云南少数民族社会转型的过程中，针对不同地区不同特点采取因地制宜的经济政策是稳步推进民族交融的核心关键。通过托坪村的案例可以看出，以国家政策为手段所介入的脱贫过程中，有效

---

[1] 《云南150万易地扶贫搬迁人口全部搬迁入住》，新华社，中国政府网，2021年1月27日。http://www.gov.cn/xinwen/2021-01/27/content_5583061.htm

[2] 中共中央宣传部：《习近平新时代中国特色社会主义思想学习纲要》，学习出版社、人民出版社，2019年，第133页。

地发展生产水平、改善生活条件、完善服务体系、提供就业保障，让贫困地区的少数民族获得了进入市场经济体系的机会，使得区域间经济发展的不平衡得以逐步打破，为各民族间实现经济互嵌提供了最根本的条件。与此同时，脱贫攻坚的全面胜利也使得各族群众切实感受到了党和政府对人民的真切关爱，真正体会到了"各民族都是一家人""不让一个兄弟民族掉队""不让一个民族地区落伍"的庄严承诺正在变成现实。在此过程中，各民族对国家的认同伴随着经济条件的改善而逐渐形成一种"扎根边疆，心向中央"的社会共识。

（三）开拓劳务输出渠道

2022年9月7日，各族群众互嵌式发展计划动员部署会召开。互嵌式发展计划第二项为："鼓励和支持民族地区各族群众到东中部来就业创业；鼓励和支持东中部地区各族群众到民族地区就业创业。"[1]就其内容来说，可以发现其核心要旨就是要推动东中西部一体化发展，推动城乡良性互动发展。在互动发展中，让各族群众在一个园区、在一个企业、在一个产业链上分享发展的成果，结成利益共同体。其主要实施路径包括两个方面，一是要形成有组织的劳务输出工作机制和精准化的岗位供需对接服务机制，定期交换求职需求清单和岗位供给清单；二是要推进东中部地区产业向民族地区有序梯度转移，共建产业园区、发展飞地经济，提高民族地区自我发展能力。总而言之，该项内容的目标就是要实现东中西部在经济发展上达成双向流动的互嵌状态。

会泽县是国家级扶贫开发重点县和乌蒙山片区集中连片特困县，是国家级深度贫困县之一。这里山高、坡陡、谷深，泥石流多发，导致了山里人求学不易，交通不便，求医困难、生活贫困。根据数据显示，当地人均年收入不到3500元，秋收之后农民就没有稳定的收入来源。因此，精准搭桥，推进劳务输出，是会泽县促进互嵌式发展的必经之路。

刘增雄，云南省曲靖市驻上海劳务工作站站长，常年往返于上海与曲靖之间，为的就是让乡亲们能够拥有一次走出大山的机会，让脱贫变得不再那么困难。正如他本人所说："如果（两夫妻）有一个能出来就业的话，他一年的工资收入不会低于3万块钱，足够支撑他们脱贫了。"

"云南省易地扶贫搬迁万人集中安置区就业帮扶行动专场招聘会"在会泽县如期召开，刘增雄回到家的5天时间里，天天都在往各个村子里跑，为的就是动员乡亲们去报名，考虑到乡亲们没有多余的钱财可以来回奔波确认用工信息，于是他与

---

[1] 《中央统战部 国家民委 国家发展改革委 人力资源社会保障部 公安部 国务院国资委 全国工商联关于实施各族群众互嵌式发展计划的意见》，国家民委文件，2022年5月，内部资料。

用人单位沟通促成了线上面试的方式，最终，他带着25名村民踏上了去上海务工的路。候车的时候，刘增雄向乡亲们嘱咐道："见不到天的地方就不能抽烟，过马路一定要注意红绿灯。另外就是垃圾分类，上海分为四类，很严格，但大家也不用着急，到了会有人教你们……没坐过火车的要注意，厕所的门推不开就说明里面有人，如果能够进去，进去了以后你们记得，要把门栓插过来，不然你们上个厕所有人进来，就尴尬了。车上的开水在车厢中间，开水免费，泡方便面免费……火车来了，注意安全，上车的时候不要踩空了。"

历经34个小时后，刘增雄和乡亲们终于抵达了上海。将村民一一安排妥当后，他又开始了下一轮的用工信息对接工作，详细地了解企业的用工需求，是否提供住宿，住宿条件如何，与用人单位谈判，希望放宽年龄、学历的限制，能给乡亲们多谋得一些好的就业机会。

王银花，女，苗族，家里主要靠种烟叶为生，烟叶一年一收成，大概能挣5万块钱。但两个孩子的教育加上丈夫腿脚不便干不了重活，5万的年收入只能维持一家人基本的开销。如她自己所说："这些年种了很多的地，很拼，但是收入都没有我想得那么好。所以我就是想出去外面打工，然后收入能更高一点，只要能挣钱我都吃得了苦。"

为了改变家中贫困的状态，王银花报名参加了曲靖市总工会马龙家政服务业培训班，并最终被上海一家家政公司录用，但身边的家人朋友却并不支持她外出务工，认为大城市报酬高消费自然也高，离开家后不利于夫妻关系，也不利于陪伴管教孩子。

在家人朋友的劝说下，王银花试图放弃这个走出去的机会，但思前想后，最终她还是决定出去看看，成为刘增雄外出务工队中的一员，坐上了去上海的火车。王银花说："昨天晚上想了一夜，我说我还是来吧。他们都说不能去，去了这个家庭就散了，他（丈夫）就说你在家里面，虽然辛苦一点，但现在日子过得还算可以，你如果打工了，你就是放弃了对孩子的管教，你是不是要下一代也跟着你一样打工。（但）我说我出来一定要试试。"

下了火车，看着繁华的都市，王银花直呼："感觉太繁华了，和我做梦一样。真的是，和我做梦一样。"下车后，负责送她的司机还鼓励道："不拿个几万块回去不叫成功！"但初次踏入这个陌生的大都市，语言上的一窍不通，工作内容的不熟悉，照顾技巧的不熟练，都让王银花在新岗位上无所适从。三天过后，当院长提问各位老人的姓名、身体情况以及病症是什么的时候，王银花一个问题也答不出来。

"做这个护理老人的工作对我来说还是比较难，但是我觉得我也能够学好。"面对困难，王银花选择了坚持和克服，她用笔纸记录下来每位老人的姓名、年龄和身体情况，反反复复地记忆。工作之余，她来到外滩，跟丈夫和女儿视频，她向女儿展示着外滩灯火通明的繁荣景象，问女儿"漂不漂亮？你可想来？"女儿连呼"想想想！太漂亮了，真的太漂亮了！"看着女儿渴望的表情，王银花连忙回应道，"妈妈再过两个月就能带你来了啊！"[1]

会泽县的案例生动诠释了贫困地区各族群众外出务工的困难和开拓劳务输出渠道的重要性。发达的铁路网络使东中西部的地理隔绝已成为历史，但民族地区各族群众囿于自身传统却依然难以自发成规模地外出务工。因此，发挥好政府的作用，通过政府组织各族群众成批量地外出务工，与用工企业牵好线、搭好桥，着力做好协调联系、信息发布、组织输出、服务保障等工作，成为当下推进互嵌式发展的重要途径。

从案例中可以发现，务工者本身由于学历、年龄、语言、文化观念等原因，在外出务工方面会存在诸多困境，尤其是在文化观念方面，受到传统社会价值观的影响和对外面世界未知的担忧，部分村民对于出远门打工这件事还是伴有抵触心理的，自身家庭的牵绊以及对大城市生活习惯的不了解、语言方面的不畅通、工作技术的不熟练等，会加剧务工者的抗拒心理和畏难情绪，从而不愿出门打工。

因此，像刘增雄一样的工作干部就在推进劳务输出的过程中显得至关重要。作为乡村与城市之间的"理想中介"，刘增雄不仅是熟悉乡村社会地方文化的本地人，还是熟知大城市生活规则的引路员。面对第一次外出务工的乡亲们，他会用简单易懂的语言提醒大家最容易出错或是出现尴尬情况的事项，也深知花销是务工者最顾虑的事情，所以会贴心地告知火车上的热水是免费供应的。他将外出务工的村民当成自己人，所以在与用工单位对接的时候会拜托对方多多照顾"他的人"，还会共情地表达乡亲们能走出这一步不容易。这些细节都在无形中稳定了务工者不安、无措的情绪，能够更好地帮助务工人员接受新环境、融入新环境。

除此之外，当地政府所扮演的角色和所需要完成的工作依然重要。首先，准确的用工信息，良好的合作机制，仍然是促进东中部地区与西部民族地区有效连接的根本性条件；其次，关注务工者在身份转变过程中面临的文化观困境，以及种种担忧，是需要政府部门形成更完备的服务措施来作出基本保障，例如对留守儿童、留守老人需要辅助以政策性照顾，对务工者的培训需要做得更加扎实，对流动人口的管理和服务要更加细致等等，只有政府、干部、个体三方面共同努力，才能为最终达成互嵌式发展提供动力。从而为实现边疆民族地区各族群众到东中部地区就业创业、居住生活提供全方位保障的条件，进一步深化各民族、各地区间的经济互嵌。

---

[1] 该案例整理于纪录片《人生第一次》，第7集《进城》。

四、民族互嵌的社会维度

民族互嵌的社会维度意味着各民族同胞的社会交往并非单一的族内交往，而是形成与多民族同胞交往的族际交往网络。首先，民生保障体系的完善，有利于缩小民族间存在的生活差距，减少民族间的嫉妒、歧视，从而有利于民族间交往交流交融。其次，民族互嵌的社会维度意味着民族互嵌式社会关系网络的建立，依托多种资源进行跨族际关系的建立是重要手段。最后，在城市化的背景下，促进少数民族流动人口的服务进一步完善有利于其社会融入，从而深化社会互嵌。

（一）民生保障体系助推民族互嵌

习近平总书记强调，"扎实推动共同富裕，不仅要提高发展的平衡性、协调性、包容性，而且要促进基本公共服务均等化。"[1]基本公共服务是旨在保障全体公民生存和发展基本需求的公共服务，是由政府主导、保障全体公民生存和发展基本需要、与经济社会发展水平相适应的公共服务。因此，需要把公共服务均等化建设视作实现各族人民平等权利，最终迈向共同富裕的关键一步。由于历史上的客观因素，边疆民族地区在社会发展方面处于相对较为落后的水平，尤其是在医疗卫生保障上，受制于地理、经济、文化等条件的制约，其卫生观念、医疗设施、医生资源等方面都有待提升。在此发展不均的背景下，通过资金投入、政策支持、点对点服务、惠民保险等一系列措施，从根本上将民族贫困地区的医疗保障服务拉到与全国其他地区的同一水平线上是非常必要且急切的一项工作。通过富民县的案例可以看出，从讲解医保政策到实地义诊活动，一方面能够帮助当地群众形成更加健康的卫生观念，让老百姓了解国家政策消除就医顾虑，另一方面也使得各族群众在享受惠民政策的过程中感受到党和国家对自身的关心，从而增强对国家和中华民族共同体的向心力。只有切实做到公共服务均等化，才能让社会成员真正参与国家与社会的建设治理当中，才能提升社会成员的幸福感和获得感，形成共建共享的社会格局。

富民县位于昆明主城区西北部。2021年，富民县常住人口15.1万人，户籍人口15.32万人，居住着汉、彝、苗、回、白等民族。长田村是该县罗免镇下辖的一个纯苗族村，有苗族群众45户，西与禄丰县、北与武定县接壤，距县城30多公里。为了切实做好苗族同胞的医保惠民政策宣传工作，2022年7月7日，县医保党支部组织党员干部一行13人，到罗免镇石板沟委会长田村开展送医保政策"进乡村"主题党日活动。活动现场，县医保局副局长、医疗保险局局长李绍锋以"昆明市城

---

[1] 习近平：《扎实推动共同富裕》，载《求是》，2021年第20期。

镇职工、城乡居民筹资及待遇医疗保险政策"为题讲授了相关医保政策，县医保局信息科负责人为参会群众解答了疑问，使得当地苗族群众对参保缴费、医保门诊、住院、特殊病和慢性病待遇等医保政策有了深入了解。县医保局党支部还走进了5户特困户、特慢病人家庭进行了慰问，入户发放了宣传资料200余份。

除此之外，为了进一步提升公共卫生服务，每年富民县人民医院与上级三甲医院医疗专家一同深入民族村落开展送医送药、健康宣教、健康体检等一系列的义诊活动。对家庭困难的患者送医送药上门，主动深入民族地区，主动接近患者，主动和患者朋友心手相连，使困难群众不仅看得上病，还要看病方便，同时也看得起病，看得好病，防得住病，保证困难群众的身体健康有人管理、病者有人治、治者可以报销，大病也可得到救济。从根源上构筑起各族人民的健康保障线。

基层治理与民生保障关乎人民群众的切身利益，也是推进共同富裕、为创造高品质生活所需的基础性工程。完善社会治理体系，需完善共建共治共享社会治理体系，提高社会治理效能，进一步健全网格化管理，搭建信息化的基层治理平台，使其服务更优质，管理更细致。党的十九大召开后，云南省把脱贫攻坚作为经济社会发展的总揽，坚定不移地实施精准扶贫精准脱贫基本方略，聚焦怒江州、迪庆州等地以及诸如昭通市这样的深度贫困地区和深度贫困县；并关注"直过民族"和人口相对稀少的民族地区，着力解决"两不愁三保障"的突出问题，促进脱贫攻坚扎实推进，取得了决定性的成果。2013年至2018年，全省707万贫困人口脱贫，5068个贫困村出列，48个贫困县实现脱贫摘帽，贫困发生率由2012年末的21.7%降至5.39%，在2020年按时全面完成脱贫攻坚任务，云南各族人民同全国一起跨入了全面小康社会的门槛。在这一进程中，省委、省政府坚持把扶贫开发作为头等大事来抓，符合各族人民美好生活愿望。在持续增投入保基本，补短板兜底线，建机制促公平的基础上，继续强化农村基础设施的完善工作，教育和卫生等公共服务设施也得到显著改善，城乡统筹水平稳步提高，社会保障体系逐步完善，生态环境质量明显改善，扶贫开发取得新成效。群众收入水平提高，城镇居民人均收入由1950年117.6元提高到2018年3.35万元，提高了283.7倍，农村居民人均收入由1952年47.5元提高到2018年1.08万元，提高了226.7倍，实现县域内义务教育的基本平衡，城乡居民基本养老保险制度实现了全覆盖，全面提高了医疗服务水平，行政村卫生室建设已全面达标，人民群众的获得感和幸福感、安全感越来越强，各族人民由衷地感受到了党对他们的关心，体会到中国特色社会主义制度之优越。

（二）传统互助机制拉近社会关系

在长期交往交流交融的过程中，我国各民族内自然生成了许多互帮互助、团结进步的交往机制。云南民族众多，宗教文化复杂多样，但在历史发展的进程中，不同民族之间在生计互补的前提下，通过生产互助、生活互帮、婚姻互通的交往形式，逐渐拉近了彼此的社会关系，"宾弄赛嗨"便是这样一种传统互助机制，为促进互嵌式社会格局提供了新思路。

孟连县为云南省25个边境县之一，居住着傣、拉祜、佤等22个民族，少数民族人口占全县人口的86.5%。这里有许多美丽的传说和故事，其中流传最广的是傣家人"宾弄赛嗨"这一习俗。"宾弄赛嗨"为傣语的音译，"宾弄"是亲属的意思，"赛嗨"是朋友的意思，"宾弄赛嗨"是指傣族人民在日常生产和生活中同其他民族接触所形成的一种无血缘，却又如亲人般的民族团结互助关系。"宾弄"一词来源于傣语，意即"亲戚间的友谊之路"。这种关系建立于家庭基础之上，立足家庭日常的生产生活，是一种自发结交且代际相承的机制，并一直沿用至今。

2018年以来，在当地政府的引导下，"宾弄赛嗨"在传统的"人帮人、户帮户、民族帮民族"的互帮互助关系的基础上，升华为普洱当地"县际互帮、东西互助、城乡互联、干群互系、村组互包"的崭新模式。升华后的"宾弄赛嗨"，不仅为当地开展民族团结进步创建工作、助力脱贫攻坚等方面发挥关键作用，而且逐渐成为云南，尤其是普洱市民族互助精神的象征，引领各民族团结互助，互通融合。

构建民族互嵌式的社会结构，一方面要协调好不同族际间的关系，另一方面则要在协调关系的基础上进一步维系各族群间的共同体结构。通过"宾弄赛嗨"的案例，可以看到民族关系在地缘、血缘以外，以及不同生计方式和文化特质面前主动融合，相互适应的自然取向，这种共生结构随着时间的发展自然建构起族际间的共同体关系，从而使得民族间的边界在逐步增多的多重社会关系前变得模糊，族际边界引发的族群隔阂也随之减少和消失，为民族交融提供了健康正向的社会交往机制。

（三）城市民族工作促进和谐共居

伴随着大规模的少数民族流动人口落脚城市，完善对少数民族流动人口服务体系，转变旧有的管理理念，精准施策，促进该群体在城市中长期留住并积极融入社会，是构筑民族社会互嵌的核心关键。

昆明作为云南省省会及经济中心，正处于城市化进程的上升阶段。根据第七次全国人口普查数据，到2020年，昆明城市常住人口达到846万，有少数民族人口130万，其中流动人口有40万之多，流动人口占少数民族总人口近1/4。鉴于此，昆明市在承担着吸纳周边地区人口就业的重要责任的同时，积极提升少数民族流动人口服务管理工作的质量，营造平等有序的就业环境，努力使40万少数民族流动人口留得下来、融得进来、富得起来。

昆明市注重将社区少数民族服务体系建设与社区党建相结合，通过基层组织强化服务，在日常生活层面，昆明各社区成立了45个"一家亲"工作站，切实帮助社区流动人口解决就学、就医、就业、租房、租店、技能提升等问题，确保流动人口在公共服务上可享受到同城待遇。"一家亲"工作站通过5级网络体系[1]的设定，在基层党组织的领导下，实现了楼栋全覆盖和结对到户的管理局面。

完善少数民族流动人口服务与管理是各民族实现社会互嵌的城市保障。一方面，培育开放包容的城市社会环境，有助于提供平等的就业机会；另一方面，有助于促进城市本土居民与少数民族流动人口之间开展广泛的交往交流交融，帮助少数民族流动人口提升自信，以主人翁的角色参与城市的社会关系互动中去，这是社会互嵌的重要方面。

五、民族互嵌的心理维度

在推进民族互嵌式社会结构的现代化转型的过程中，促使各民族人心归聚、精神相依，从而铸牢中华民族共同体意识无疑是我们的奋斗目标。但共通的心理情感并非能够在短时期内迅速产生，而是在各族群众长期的交往过程中、基于共同生活共同体验自发生成的。我国作为统一的多民族国家，各族群众在长期的生产生活中，形成了许多有助于维护民族团结的传统机制，在抵御外侮的过程中，也产生了许多本土爱国主义精神。因此，挖掘历史上形成的本土民族互嵌传统基因，加以升华、古为今用，从而使之成为今日各族人民生成共通情感信念的有力文化资源，走出一条适宜当地的各民族心理互嵌的构建之路。为此，云南省积极挖掘可资利用的民族团结传统资源、本土生发的爱国主义精神资源，促使各民族群众形成强大的精神力量与心理认同。

（一）集体记忆凝聚民族情感

法国著名的社会学家莫里斯·哈布瓦赫最早提出了"集体记忆"的概念。他认为："集体记忆具有双重性质，既是一种物质客体、物质现实，比如一尊塑像，一座纪念碑，空间中的一个地点，又是一种象征符号，或某种具有精神含义的东西，某种附着于并被强加在这种物质现实之上的为群体共享的东西。"[2]而出现在日常生活中的许多社会活动，实际上可以将其视为一种为了强化该记忆而实践的集体回忆活动，如国庆日的庆祝活动与演讲，是为了强化作为"共同起源"的开国记忆，以凝聚国

---

[1] 五级网络体系为："区—街道—社区—居民小组（庭院）—楼栋"。
[2] 莫里斯·哈布瓦赫：《论集体记忆》，毕然、郭金华译，上海人民出版社，2002年，第335页。

民对国家认同。在此理论框架下，我们可以将铸牢中华民族共同体意识理解成，就是要引导各族人民去树立一种共同体理念，达成一种社会共识。而最能引发群众形成共识的，就是植根于中华民族精神谱系，又发源于本土的精神。为此，云南省文山州在建设民族互嵌式社会结构的工作中，充分挖掘发源于文山本土的"老山精神"，在其传统精神内涵的基础上，赋予"老山精神"新的时代内涵，以唤起各族群众的民族情感，从而达到强化个体对国家的认同感。

老山，又被称为"战事之山、悲壮之山、英雄之山"，位于麻栗坡县猛硐瑶族乡境内，地处中越边境12、13号界碑之间的骑线点上。所谓"骑线点"，就是在山地边境线上的制高点，一般是山脉的主峰。老山主峰高达1400多米，山顶上有界碑，中越军队都有权在山上巡逻。按照国际惯例，"骑线点"同属两国，但山顶上不允许驻军，包括边境两侧20公里内也不能大规模驻军，否则视作挑衅。

1979年"对越自卫反击战"结束后，越南派兵反扑中国边境，抢夺云南、广西边境的"骑线点"。在1979年底至1984年3月期间，越军向麻栗坡境内发射近4万发弹药，不仅造成无辜边民伤亡，还导致群众经济生活严重损失，差点引起边境难民问题，国家安全遭受严重威胁。中央军委随即决定在两山地区开战。直至1993年，历经十年的中越战争以中国人民解放军胜利收复老山、者阴山告终。在此期间，老山地区各族人民与参战官兵同心同德，一起为捍卫国家领土完整而浴血奋战，诞生了无数的英雄人物和感人故事，"老山精神"也由此孕育而成。

2015年1月21日，习近平总书记在昆明视察第十四集团军时，称赞该集团军在1984年老山收复战中牺牲的战士王建川"为了祖国不惜血染战旗的军人血性"，在全军上下引起强烈反响。

目前，文山州政府在铸牢中华民族共同体意识工作中，大力弘扬"老山精神"，比如在麻栗坡民族中学，开展重读、重解、重用"老山精神"活动，融入"忠诚担当、创新实干、奋发进取、跨越赶超"的新时代精神内涵，在县级建立"新时代'老山精神'大学堂"，在乡镇成立"新时代'老山精神'学堂"，在各村（社区）成立"新时代'老山精神'讲习所"。成立爱国主义教育基地，对来自全国各地的党员干部、各族群众、青少年学生进行以"老山精神"为主题的理想信念教育，并在麻栗坡烈士陵园建造了"老山精神万岁"主题雕塑，雕塑由手握钢枪的战士，运送弹药的壮族青年和照顾伤员的苗族妇女组成，体现了民族团结、亲如一家、军民融合、鱼水情深的时代风采与精神内涵。

费孝通先生曾经提出过，"中华民族作为一个自觉的民族实体，是近百年来中国和西方列强对抗中出现的"[1]。其中蕴含的道理是各民族共同抵御外侮的历史具有巨大的感召力,而这种历史所具有的情感力量是炽烈的。关于战争的记忆是令人感到悲痛的,而悲痛的情绪往往更容易让人产生情感上的共鸣。在麻栗坡烈士陵园内,安放着在老山、扣林山和八里河东山地区守土卫国作战中英勇献身的960位烈士的忠骨,他们来自全国19个省市、19个民族,年龄最小的只有16岁。老山作战纪念馆中,陈列着参战烈士的遗物、战争中使用的武器、从敌方缴获的各种物资以及边疆各族人民支援前线的画面、国家领导人和军队首长到前线视察时的题词、战地诗抄和部分军事机密文件。作为开展爱国主义、革命英雄主义教育活动的重要场所,当参观者进入承载着记忆与历史的场域时,通过讲解与观看,人们在时空交织下体验着那个年代的苦痛、艰难、团结、抵抗和最后的胜利,使得身处后战争时代的国民形成了更为深厚的对于群体内部成员的认同。可以说,老山精神本身就是中华民族共同体意识的集中表现,也是铸牢中华民族共同体意识的重要思想资源。

通过文山州的案例可以发现,共同的历史记忆能够使个体在心理层面对国家产生更高的文化认同和政治认同。在长期的历史发展过程中,在共同的历史记忆中形成了诸多民族团结的传统机制和爱国主义精神,这些传统机制和精神正是当今可资利用的重要文化资源,赋予这些传统优秀资源以时代意涵,升华为一种时代精神以统领各族人民的交往交流交融实践,促进生成各民族共通的心理情感,是推进各民族心理互嵌的重要途径,从而引导各族同胞将心比心、以心换心。

(二)英雄形象构建国家认同

英雄形象的树立对社会大众会产生不同程度的激励作用,引领不同时代、不同年龄人群的行为,可以对社会起到了整合、示范的作用,从而产生了凝聚人心、升华精神、塑造品质、引领风尚的效果。党的十八大以来,党中央高度重视弘扬英模精神,习近平在多个重要场合表达出对英雄和英模的崇敬之情。2015年9月2日,在颁布"中国人民抗日战争胜利70周年"纪念章仪式上,习近平指出:"一个有希望的民族不能没有英雄,一个有前途的国家不能没有先锋。包括抗战英雄在内的一切民族英雄,都是中华民族的脊梁,他们的事迹和精神都是激励我们前行的强大力量。"[2]2019年9月29日,习近平再次提出:"崇尚英雄才会产生英雄,争做英雄才能英雄辈出。党和国家历来高度重视对英雄模范的表彰。"[3]

英模精神体现为以忠诚为主要品格的爱国精神、以执着为主要品格的敬业精神、

---

[1] 费孝通:《中华民族的多元一体格局》,载《北京大学学报(哲学社会科学版)》,1989年第4期。
[2] 《习近平在颁布"中国人民抗日战争胜利70周年"纪念章仪式上的讲话》,人民网,2015年9月2日。
[3] 《习近平在国家勋章和国家荣誉称号颁奖仪式上的讲话》,人民网,2019年9月29日。

以朴实为主要品格的奉献精神,其精神本质与社会主义核心价值观在思想渊源、内在特质和价值追求上高度契合,从而成为社会主义核心价值观传播的有效载体。因此,需要更好地发挥出英雄模范人物在凝聚共识、情感赋能、道德教化和价值引领等方面的作用,为形成民族心理互嵌提供精神力量。

昆明市五华区长春小学始建于1908年(清光绪三十四年),是"国之歌者"人民音乐家聂耳的母校。"我的同学是聂耳"是长春小学孩子们最为自豪的活动。学校围绕聂耳文化开展了"五旗、五徽、五认同"主题教育,以"我的同学是聂耳"为线索,开展多层次、多形式、多内容的全覆盖教育,通过系列主题教育活动,引导低年级学生认识"五旗、五徽",知道"五个认同";引导高年级学生熟记"五旗、五徽",主动学习和探究"五个认同"内容,激发全校师生增强文化自信,进一步铸牢了全校师生的中华民族共同体意识。同时,以"国歌声中话聂耳"为主题,通过班队会、手抄报、绘画、劳动实践、戏剧表演、民乐演奏、宣讲红色故事,开展"高唱国歌跟党走 红色基因代代传""我的同学是聂耳""传承弘扬聂耳情"等由校内到校外红色活动,通过听小聂耳的故事,强化对伟大祖国和中华民族的认同;通过欣赏和练习各种民族乐器,感受中华各民族的文化魅力,通过排演话剧,让师生身临其境感受聂耳精神体验英雄经历。

聂耳,原名聂守信,1912年2月出生于云南昆明市。1930年到上海,参加反帝大同盟,并积极投身中国共产党领导下的革命文艺活动。1935年,聂耳创作了《义勇军进行曲》,反映了在民族危亡时,中华民族万众一心、团结御侮的爱国主义精神。该曲诞生后,立马在全国范围内广泛传唱,后来将其确定为中华人民共和国国歌。聂耳所创作的国歌凝聚了当时中华儿女和云南各族人民对国家炽烈的爱,表达了中华民族共同体强烈的自觉意识,聂耳精神和他所创作的国歌精神,是以爱国主义为核心的民族精神和以改革创新为核心的时代精神的体现,为此作为英雄模范聂耳的母校,深度挖掘聂耳文化,打造了符合学生认知的课程和活动,使得学生们更易理解中华民族的文化内核,从心理层面对国家产生认同感,对中华民族产生归属感。

(三)历史文物团结民族关系

民族团结对多民族国家政治稳定的重要性毋庸置疑。作为统一的多民族社会主义国家,中国共产党历来对民族团结工作非常重视。而对云南来说,民族团结更是一个稳定边疆、巩固国防的重要保证。

民族团结誓词碑位于云南省普洱市宁洱哈尼族彝族自治县县城西北侧的普洱民族团结园内,碑身高142厘米,宽65厘米,厚12厘米。[1] 又被称为"新中国民族团

---

[1] 鲁国华:《碑魂:民族团结誓词碑史料专辑》,云南人民出版社,2017年,第2页。

结第一碑"，上面记载了1951年普洱专区第一届兄弟民族代表会议剽牛喝咒水，团结一心跟着共产党走的誓词，并有26个民族的部分头人代表及党政军代表47人，用傣、拉祜、汉文书写的签名。誓词内容为："我们二十六种民族的代表，代表全普洱区各族同胞，慎重地于此举行了剽牛，喝了咒水，从此我们一心一德，团结到底，在中国共产党的领导下，誓为建设平等自由幸福的大家庭而奋斗！此誓。"

新中国成立初期的普洱专区，辖区辽阔，民族众多，各民族在社会经济发展、文化宗教习俗等方面差异巨大，民族之间也存在比较深的隔阂。1951年元旦，普洱26个民族的34名民族头人和代表到北京参加国庆周年观礼，受到毛泽东等党和国家领导人亲切接见，回到宁洱，在召开宁洱专区第一届兄弟民族代表会议期间，组织出席会议的48名代表按照佤族习俗，举行剽牛喝咒水盟誓立碑，表达了各民族团结到底的决心。如今，民族团结誓词碑已成为"全国民族团结进步教育基地"，并获批"全国重点文物保护单位"，被载入《中华人民共和国民族工作大事记》。矗立在民族团结园中的誓词碑不仅见证了当年各族人民为维护和谐的民族关系和稳定边疆所做出的努力，也在当下继续承载着凝聚人心，保障多民族社会民族团结的重要使命。

从民族团结誓词碑树立的背景和过程来看，誓词碑本身已经成为"民族团结"的象征符号，其所印刻着的各族代表名称及各族语言文字已经在表现形式上凸显了民族关系的和谐统一；同时，以佤族剽牛喝咒水吃鸡血酒的民族仪式来会盟表示民族团结，体现了中国共产党对民族文化的尊重，此决策更加受到了各族同胞的支持和拥护，为进一步巩固民族团结奠定了坚实基础；此外，作为少数民族重要文化现象的"盟誓"，其实践行为本身便隐含着一种永恒的且极富神圣性的约束力，也就意味着尽管时间逝去但其依然能够在社会治理中发挥重要的规范作用，使得民族团结的理念成为世代所传承的最高信念，并转化为对祖国、对中华民族的强烈认同。

自2015年以来，云南省在示范区建设工作中始终朝向铸牢中华民族共同体意识的目标，全力构建各族群众互嵌式发展的新样板，为实现全方位民族互嵌不懈努力。云南省在不同互嵌维度上做出了积极探索与实践，可概括为以空间互嵌创造场域条件，以文化互嵌铸牢精神根基，以经济互嵌激发发展动力，以社会互嵌构建社会网络，以心理互嵌凝聚人心力量。通过具体实践路径促进了省内各民族交往交流交融的良好格局。

民族地区"四个特别"好干部标准

刘荣 吴鹏 张琦[*]

习近平总书记在2021年中央民族工作会议上指出:"要坚持新时代好干部标准,努力建设一支维护党的集中统一领导态度特别坚决、明辨大是大非立场特别清醒、铸牢中华民族共同体意识行动特别坚定、热爱各族群众感情特别真挚的民族地区干部队伍,确保各级领导权掌握在忠诚干净担当的干部手中。"[1] "四个特别"标准是党对民族地区干部队伍建设实践的最新总结,为加强新时代民族地区干部队伍建设提出了新要求、明确了新方向。我们应当从民族地区好干部标准演变的理论脉络、基本内涵、时代使命三个维度对这一重要论述深入学习领会。

一、民族地区"四个特别"好干部标准形成的历史之维

自建党之初,中国共产党就高度重视民族工作,强调民族地区要大量使用本地区的民族干部。民族干部是党联系少数民族群众的桥梁,是贯彻执行党的路线、方针和政策,团结带领广大人民群众为完成党的历史任务而奋斗的骨干力量。民族干部长期生活在本民族人民群众之中,熟悉本民族的历史和现状,通晓本民族的语言文字,了解本民族、本地区的资源优势和经济特点、民族文化、风俗习惯、宗教信仰,同本民族人民有着天然的联系和感情。有利于通过民族干部在民族地区更好地贯彻党和国家的路线、方针、政策,促进民族地区的稳定和发展。党在民族地区的干部选任标准是根据不同历史时期革命、建设、改革的实践和民族工作主线的变化不断创新发展、总结完善的。"四个特别"好干部标准的提出,既是新时期党的民族干部政策创新的体现,也充分反映了党在民族地区干部选任理论创新的历程。建党百年来,历经新民主主义革命时期、社会主义革命与建设时期、改革开放和社会主义现代化建设时期、中国特色社会主义新时代四个历史时期不断践行理论创新与实践

---

[*] 刘荣,云南民族大学党委副书记、二级教授、博士生导师;吴鹏,云南民族大学云南省民族研究所(民族学与历史学学院)研究实习员;张琦,女,云南大学马克思主义学院博士研究生。
[1] 《以铸牢中华民族共同体意识为主线 推动新时代党的民族工作高质量发展》,载《人民日报》,2021年8月29日,第01版。

创新相统一，民族地区干部队伍建设工作取得了巨大成就，为各民族和民族地区经济社会的发展进步，为维护祖国统一、民族团结、社会稳定提供了强大的组织保障。

（一）新民主主义革命时期的干部标准

新民主主义革命时期，党的民族工作主要是参考苏联经验，并结合近代中国社会的具体实际加以创新运用。斯大林在《苏维埃政权对俄国民族问题的政策》一文中提出执政党需要在边疆地区拥有同广大居民群众有联系的、可靠的本地马克思主义干部的观点。他指出要尽可能由熟悉当地居民生活方式、风俗、习惯和语言的当地人组成边疆民族地区的苏维埃机关。为了达到这种目的，就必须把当地人民群众中的一切优秀人士吸引到这些机关中来，必须把当地劳动群众吸引到国家各个管理部门包括军事部门里来。列宁、斯大林认为要真正实现民族自治，少数民族地区的主要领导人应该由当地少数民族来担任。为了达到这一目标，苏联共产党制定了一系列政策：第一，放宽入党标准，大力发展少数民族党员；第二，广泛吸收农民参加国家管理；第三，吸收少数民族干部参加中央部门的工作；第四，吸收比较"忠顺"的旧知识分子参加管理工作。[1] 参照苏联经验，为广泛争取和发动边疆民族地区各民族参与革命中来，新民主主义革命时期，中国共产党大量吸收少数民族干部参与革命斗争的领导指挥、革命根据地和解放区革命政权的管理当中。尤其注重吸收少数民族知识分子和精英阶层，并不断加强对民族干部的无产阶级世界观、民族观教育，提高他们的政治觉悟和思想水平，由此形成了新民主主义革命时期的民族地区干部标准。

一是少数民族身份标准。主要表现为广泛使用民族地区的少数民族干部，大量吸收少数民族身份的干部参与新民主主义革命中来。1941年8月9日，《中共中央对大青山工作的指示》中强调指出"特别注意本地干部"[2]。1941年11月，《陕甘宁边区民族事务委员会向第二届边区参议会报告与建议书》中报告："本年十月，成立民族事务委员会，聘请蒙回贤能人士参与工作。"[3] "1945年2月，《中共中央西北局座谈伊盟工作记录》中提出："在蒙古军队、民族学院和各种事业团体中培养蒙古青年，使之成为革命的干部。"[4] 二是少数民族地方精英。包括地方精英、知识分子、宗教界优秀人士等。1937年11月5日，《少数民族工作委员会关于宁夏工作报告》提出，为了做好抗战中的回民工作，要"用一切方法，找一批回民干

1　斯大林：《斯大林全集》第四卷，人民出版社，1983年，第317—318页。
2　中央统战部编：《民族问题汇编》，中共中央党校出版社，1991年，第687页。
3　中央统战部编：《民族问题汇编》，中共中央党校出版社，1991年，第942页。
4　中央统战部编：《民族问题汇编》，中共中央党校出版社，1991年，第735页。

部和阿訇来加以训练和培养"[1]。"1938 年 8 月 1 日，关锋、德生、汪锋等人的《我们对于第三期抗战中保卫陕西与保卫西北的意见》中提出："吸收回、蒙人民中的优秀人士参加政府工作，加强政府与回、蒙人民的联系。"[2]1938 年 10 月 15 日，张闻天在中共六届六中全会报告中提出："多找少数民族中的知识分子，给以教育，使之成为少数民族工作的干部。"[3]1940 年 11 月 7 日，《中共中央对琼崖工作的指示》中提出："将当地知识分子、工人农民在斗争中培养成为党和军队干部。"[4]三是数量比例标准。新民主主义革命时期，中国共产党高度重视少数民族干部在各级革命政权中的比例。在 1936 年中国工农红军总政治部关于回民工作的指示中就规定："在回汉人杂居的乡或区，在回民自己管理自己的事情的原则之下，组织回汉两民族的乡或区的混合政府，其正副主席、代表及政府的委员人数，以该乡或区的回人与汉人数量多少为比例决定。"[5]四是干部队伍的阶级性和纯洁性。这一时期，中国共产党明确提出要提高少数民族干部的阶级觉悟和民族觉悟，给予他们正确的世界观、民族观的教育。1936 年 8 月 20 日，《中共中央西北局关于扩大红军运动的指示》提出："回、番民的武装组织的社会基础应带着更宽的民族性。""惟其领导骨干必须注意建立在贫苦的阶级身上。加强内部的政治教育，巩固党的影响和领导。防止反动分子混入破坏或窃取领导权。"[6]五是吸收和培养少数民族军事干部。抗战时期，中国共产党强调要培养少数民族干部，加强少数民族的抗日斗争。在中国共产党的高度重视下，大批少数民族军事干部迅速成长起来，为抗日战争的胜利做出了重大贡献。

（二）社会主义革命与建设时期的干部标准

新中国成立后，为了国家的社会主义制度建设和实现民族区域自治的需要，中国共产党明确提出要尽量吸收少数民族知识分子，普遍而大量地培养各少数民族干部。并制定了培养普通政治干部为主，专业技术干部为辅的方针。同时，为了培养少数民族军事人才，要逐步在军事学校开设民族班。帮助各个少数民族的解放事业与建设工作，要培养适当的愿意做少数民族工作的汉族干部。这一时期国家的中心任务是完成社会主义改造，建立社会主义制度，因此，社会主义革命与建设时期民族地区干部选任的标准和要求也紧扣这一中心任务。

1　中央统战部编：《民族问题汇编》，中共中央党校出版社，1991 年，第 509 页。
2　中央统战部编：《民族问题汇编》，中共中央党校出版社，1991 年，第 726 页。
3　中央统战部编：《民族问题汇编》，中共中央党校出版社，1991 年，第 605 页。
4　中央统战部编：《民族问题汇编》，中共中央党校出版社，1991 年，第 666—667 页。
5　中央统战部编：《民族问题汇编》，中共中央党校出版社，1991 年，第 363 页。
6　中央统战部编：《民族问题汇编》，中共中央党校出版社，1991 年，第 415 页。

一是继续坚持少数民族身份标准。1950年11月24日政务院批准了《中央人民政府政务院关于培养少数民族干部试行方案》明确提出："为国家建设、民族区域自治与实现共同纲领的需要，从中央至有关省、县，要普遍而大量地培养各少数民族干部。"[1]二是民族地区干部应具备较高的政治文化水平。其目的是有意识地在少数民族干部中培养共产主义领导骨干。1954年3月《西南局民族工作委员会关于培养少数民族干部的意见》指出："大力提高现有少数民族干部的质量，有意识有计划地培养共产主义的领导骨干，特别是县、区领导骨干。边疆及其他民族干部还少的地区，应在提高现有干部水平基础上，根据工作发展和需要，继续有计划地吸收少数民族中有培养前途的优秀青年知识分子和群众积极分子，相应地培养各方面的初级工作人员。"[2]1951年，李维汉在中央民委扩大会议上提出了"实行有计划的学校训练，以提高民族干部的文化和政治水平"[3]的具体要求。三是提出民族地区干部的专业技术要求。新中国成立后，中国共产党充分认识到培养少数民族专业技术干部的重要性，毛泽东等党和国家领导人多次强调在培养少数民族党政干部的同时也要注意培养专业技术干部。1950年11月，中央人民政府政务院颁布了《培养少数民族干部试行方案》，其中明确了以培养普通政治干部为主，迫切需要的专业与技术干部为辅的要求。1961年毛泽东同志在同班禅的谈话中指出："西藏人中不仅要有行政干部，还要有文教、医生、宗教各方面的干部，而且还要有科学技术干部。"[4]1956年刘少奇在中国共产党第八次全国代表大会上所作的政治报告中正式提出培养少数民族科学技术干部和企业管理干部。1958年12月，第11次全国统战工作会议提出，今后在少数民族干部工作方面的主要任务，是进一步实现民族干部的共产主义化，并且根据社会主义生产建设发展的需要，继续培养一批少数民族出身的又红又专的政治干部和文化、科学、技术干部。在培养提高政治干部的同时，注意培养为发展农、牧业生产所迫切需要的技术干部以及医药卫生干部。这就是说，少数民族干部不仅要有党的行政领导干部，还要有医生、工程师、科学家、文学家和艺术家，要有办牧场、办农场、办工厂、搞地质、搞气象等各方面的专门人才。

---

[1] 中共中央组织部调配局、中共中央统战部二局、国家民委人事司：《培养选拔少数民族干部》，中华工商联合出版社，1994年，第323页。

[2] 中共中央组织部调配局、中共中央统战部二局、国家民委人事司：《培养选拔少数民族干部》，中华工商联合出版社，1994年，第334页。

[3] 李维汉：《统一战线与民族问题》，人民出版社，1982年，第518页。

[4] 中共中央组织部调配局、中共中央统战部二局、国家民委人事司：《培养选拔少数民族干部》，中华工商联合出版社，1994年，第260页。

（三）改革开放和社会主义现代化建设时期的干部标准

党的十一届三中全会后,党和国家服务社会主义现代化建设,大力培养现代化所需要的具有共产主义觉悟的少数民族政治干部和专业技术人才,实现干部队伍革命化、年轻化、知识化、专业化,成为民族地区干部队伍建设的新要求。民族地区干部队伍的"四化"标准正式被提出。1987年4月中共中央、国务院批转《关于民族工作几个重要问题的报告》的通知要求:"各地要积极培养、配备具备革命化、年轻化、知识化、专业化条件的少数民族干部和各种专业人才,要放手使用少数民族干部,要抓紧对少数民族干部的培训工作,要解决少数民族干部来源少、数量不足的问题。"[1]1993年12月,中央组织部、中央统战部和国家民委联合下发了《关于进一步做好培养选拔少数民族干部工作的意见》,进一步明确了以邓小平理论和党的基本路线为指导,贯彻执行党的民族政策和民族区域自治法,紧密围绕经济建设这个中心,按照干部"四化"方针,加强领导班子建设,培养造就一支德才兼备,廉洁从政,密切联系各民族群众,门类齐全、专业配套、结构合理,能够适应改革开放和发展社会主义市场经济需要的少数民族干部队伍。[2]世纪之交,为适应西部大开发,中国共产党少数民族干部培养的指导方针调整为紧紧围绕贯彻执行党的基本路线,围绕民族地区改革、发展和稳定的大局,坚持干部队伍"四化"方针和德才兼备原则,坚持"三支队伍"一起抓,坚持"稳定、充实、提高"并举,努力造就一支德才兼备,数量充足,结构合理,坚定地与中共中央保持一致,坚决维护民族团结和国家统一,善于领导改革开放和社会主义现代化建设的高素质的少数民族干部队伍。[3]2005年11月,中央组织部、中央统战部、国家民委联合召开的全国培养选拔少数民族干部工作座谈会明确了新形势下中国共产党少数民族干部培养的指导方针以邓小平理论和"三个代表"重要思想为指导,紧紧围绕全面建成小康社会和构建社会主义和谐社会的宏伟目标,牢牢把握"共同团结奋斗、共同繁荣发展"的主题,全面贯彻党的民族政策,坚持干部队伍"四化"方针和德才兼备原则,扩大源头,加强培养,分类指导,健全机制,推进选拔,努力建设一支政治坚定、业务精通、数量充足、结构合理、善于领导改革开放和社会主义现代化建设、深受各族群众拥护的高素质的少数民族干部队伍。[4]从这一时期几代中央领导集体制定的方针政策可见,"四化"标准是改革开放和社会主义现代化建设时期确立并长期坚持的

---

[1] 中共中央组织部调配局、中共中央统战部二局、国家民委人事司:《培养选拔少数民族干部》,中华工商联合出版社,1994年,第371页。

[2] 陇兴:《中国共产党少数民族干部政策研究》,中央民族大学博士论文,2006年,第18—19页。

[3] 陇兴:《中国共产党少数民族干部政策研究》,中央民族大学博士论文,2006年,第19页。

[4] 陇兴:《中国共产党少数民族干部政策研究》,中央民族大学博士论文,2006年,第19页。

民族地区干部选拔任用标准。为加快少数民族和民族地区经济社会发展、推进我国民族团结进步事业、维护祖国统一和社会稳定，提供了强有力的组织保障。

（四）中国特色社会主义新时代的干部标准

十八大以来，民族地区干部队伍建设进入了新阶段。2013年6月，在全国组织工作会议上，习近平总书记提出了好干部的五条标准，即信念坚定、为民服务、勤政务实、敢于担当、清正廉洁。这些标准已写入党的十九大修改后的《中国共产党章程》，成为新时代衡量好干部的基本标准。在好干部标准引领下建设一支政治上跟党走、群众中有威望、工作上有实绩的高素质少数民族干部和人才队伍，保障党的路线方针政策在各民族中得到全面落实，就需要深化民族干部队伍建设。信念坚定、为民服务、勤政务实、敢于担当、清正廉洁五个标准主要内容属于政治标准范畴，或属于"德"的范畴，是针对党的所有干部提出的一般性标准。[1] 习近平总书记在2014年中央民族工作会议上提出了民族地区好干部的"三个特别"标准，即"明辨大是大非的立场特别清醒、维护民族团结的行动特别坚定、热爱各族群众的感情特别真诚"[2]。"三个特别"标准是依据党章并结合民族工作任务对民族地区干部提出的更具针对性的政治要求和标准，是党在民族地区干部选拔任用标准的又一次创新。在2021年中央民族工作会议上，习近平总书记进一步提出"四个特别"标准，即"维护党的集中统一领导态度特别坚决、明辨大是大非立场特别清醒、铸牢中华民族共同体意识行动特别坚定、热爱各族群众感情特别真挚"[3]。从"三个特别"标准上升到"四个特别"标准是一个理论创新不断深化的过程。把维护党的集中统一领导，提到了新时代好干部标准的首位，体现了习近平总书记对民族干部提出的"政治过硬"的培养目标和选用标准。用"铸牢中华民族共同体意识"取代了"维护民族团结"，反映了中国特色社会主义进入新时代，民族工作主线发生了新变化，民族地区好干部标准紧扣时代的发展变化，做到"坚持正确的，调整过时的"。

当前，中国特色社会主义建设已经进入新时代，在全面建设社会主义现代化国家、全面深化改革、全面依法治国、全面从严治党日益深化的时代背景下，"四个特别"好干部标准必将有效提升民族地区干部队伍建设水平，进而有效地发挥民族干部在维护国家统一、促进民族地区经济社会全面发展、铸牢中华民族共同体意识、促进民族团结进步中的组织作用。新标准也充分体现了在新时代中国特色社会主义建设

---

[1] 国家民族事务委员会：《中央民族工作会议精神学习辅导读本》，民族出版社，2015年，第304页。

[2] 中央民族工作会议暨国务院第六次全国民族团结进步表彰大会在北京举行，载《人民日报》，2014年9月30日，第01版。

[3] 习近平在中央民族工作会议上强调以铸牢中华民族共同体意识为主线推动新时代党的民族工作高质量发展，载《人民日报》，2021年8月29日，第01版。

进程中，少数民族干部培养、选拔、任用的标准始终坚持与时俱进品质。历经百年的实践历程，民族地区干部标准不断丰富、发展和完善。从"数量型"向"质量型"转变、"政治型"向"经济型"转变、"单一型"向"复合型"转变是民族地区干部选拔任用标准演变的轨迹。[1]总之，建党以来民族地区干部队伍建设的标准，始终与不同历史时期民族工作发展变化的基本规律相适应，始终围绕各历史时期党和国家的中心工作及民族工作主线而确定，既体现出一定区别又一脉相承，这是民族地区干部标准演变的基本逻辑。

二、民族地区"四个特别"好干部标准的理论之维

民族地区"四个特别"好干部标准分别从增强民族地区干部队伍理想信念、坚守意识形态阵地、牢固树立共同体理念、坚持人民立场秉持服务理念的角度对民族地区好干部标准做了新的具体要求，内涵丰富。

（一）维护党的集中统一领导态度特别坚决

"维护党的集中统一领导态度特别坚决"这一标准的提出旨在强化对民族地区干部队伍的政治立场和理想信念教育。是加强和完善党的全面领导，做好新时代党的民族工作的根本政治保证。坚持党的全面领导，其核心要义就是坚持党中央权威和党的集中统一领导，这是我们党最大的政治优势、组织优势、制度优势，也是习近平新时代中国特色社会主义思想的基本内涵。民族地区干部应当完整、准确、全面地把握新时代我们党关于加强和改进民族工作的重要思想，切实增强"四个意识"、坚定"四个自信"、做到"两个维护"，自觉在思想上政治上行动上同党中央保持高度一致。民族地区干部是党的干部的一部分，是国家公职人员，坚定理想信念和政治立场必须放在行为准则的首要位置。当前，应当切实提高民族地区干部队伍的政治判断力，坚决贯彻执行党的理论和路线方针政策；切实提高政治领悟力，不折不扣把党中央的决策部署落到实处；切实提高政治执行力，把党的领导贯穿民族工作全过程。只有强化民族干部队伍的理想信念教育，提高思想政治觉悟，才能不断增强履行民族地区经济社会发展、铸牢中华民族共同体意识主体责任的自觉和能力。

不折不扣贯彻落实党在民族地区的方针政策，是做好新时代党的民族工作的必由之路，坚定不移走中国特色解决民族问题的正确道路，是我们党长期民族工作实践中获得的宝贵经验。要确保党和国家政令畅通，政策在具体执行过程中不走样。落脚点是民族地区干部队伍建设，着力点是加强民族地区干部队伍的理想信念教育。

---

[1] 刘荣：《中国共产党民族干部政策研究》，社会科学文献出版社，2010年，第144页。

为此，首先，要强化政治理论学习，要针对民族地区干部队伍强化马克思主义基本原理、习近平新时代中国特色社会主义思想、习近平总书记关于加强和改进民族工作的重要思想、党的民族工作实践及伟大历程等开展理论学习。为增强民族地区干部队伍理想信念教育的实效性，应当加强党史、新中国史、改革开放史、社会主义发展史学习。最终目标是增强广大民族地区干部对中国特色社会主义道路的自信，对马克思主义理论特别是中国特色社会主义理论体系的科学性、真理性的自信，对中国特色社会主义制度优势的自信，对中国特色社会主义文化先进性的自信，最终增强对实现中华民族伟大复兴的信心和动力。第二，要坚定政治信仰，坚决维护习近平总书记党中央的核心、全党的核心地位，坚决维护党中央权威和集中统一领导。民族地区干部系统深入地学习习近平新时代中国特色社会主义思想、习近平总书记关于加强和改进民族工作的重要思想，用党的科学理论武装头脑，牢固树立共产主义远大理想和中国特色社会主义共同理想，坚定理想信念。第三，要始终同以习近平同志为核心的党中央保持高度一致。民族地区干部要增强思想自觉和行动自觉，坚定捍卫"两个确立"，坚决做到"两个维护"，在民族地区全面贯彻落实党中央重大决策部署，要做到党中央提倡的坚决响应、党中央决定的坚决执行、党中央禁止的坚决不做。总之，维护党的集中统一领导态度特别坚决这一标准是党对民族地区干部的最新要求，更是时代赋予民族地区干部队伍的使命。

（二）明辨大是大非立场特别清醒

"明辨大是大非立场特别清醒"标准是当前民族地区干部队伍建设的重要标准和基本要求。当前，民族地区意识形态领域工作风险和压力不断提高，敌对势力各种渗透活动依旧猖獗，意识形态领域斗争形势依然严峻。只有不断强化民族地区干部队伍的意识形态教育、民族团结教育、中华民族共同体意识教育和反分裂斗争教育，使广大民族地区干部在大是大非面前站稳政治立场，在维护国家统一和民族团结的行动中始终保持头脑清醒，在反分裂斗争中敢于挺身而出，在铸牢中华民族共同体意识建设中勇于担当，以上路径和目标是当前和今后民族干部队伍建设的重点任务。明辨大是大非、立场特别清醒是民族地区干部队伍提升政治觉悟、坚定政治立场的内在要求，"理论上清醒，政治上才能坚定，才能确保加强和改进民族工作方向不偏移。"[1] "民族地区干部要坚定马克思主义立场，坚决站稳政治立场和人民立场，自觉同党的基本理论、基本路线、基本方略同向同行，同党中央决策部署不偏不倚，才能提高政治站位，把准政治方向，坚定政治立场，明确政治态度，严守政治纪律，经常校正偏差，坚决同一切违背、歪曲、否定党的政治路线的言行作斗争，

---

[1] 许星杰：《民族地区好干部要做到"四个特别"》，载《内蒙古日报》，2021年10月11日。

始终做到在任何时候都同党同心同德。"[1] 民族地区干部是做好新时代党的民族工作的依靠力量，始终保持清醒头脑和战略定力，在大是大非面前讲原则，以前所未有的意志品质维护国家主权、安全、发展利益。不断提高自身政治判断力、政治领悟力、政治执行力是时代赋予民族地区干部自我提升、自我革命的使命任务。民族地区干部要不折不扣落实党在民族地区的方针政策和重大决策部署，确保党中央政令畅通，确保国家法律法规在民族地区顺利实施。

改革开放以来，我国经济发展进入快车道，广大民族地区经济社会发生了翻天覆地的变化，人们的思想意识领域也发生着巨变。尤其是党的十八大以来，改革开放全面深入推进，中国的城镇化过程正席卷着广大民族地区，人口的区域流动加速，各民族交往交流交融比以往任何时期都频繁，各种思想意识、价值观念在民族地区交汇杂糅。西方的商品经济裹挟着的新自由主义思潮侵入广大民族地区，侵蚀着民族地区干部队伍。在这样的时代背景下，对广大民族地区干部提出明辨大是大非立场特别清醒的标准和要求，切实提高广大民族地区干部的政治觉悟，在大是大非面前站稳政治立场是时代赋予民族地区干部队伍的使命。

（三）铸牢中华民族共同体意识行动特别坚定

"铸牢中华民族共同体意识行动特别坚定"标准是新时期民族工作主线的内在要求。2021年中央民族工作会议上，习近平总书记明确指出，要把铸牢中华民族共同体意识作为新时代党的民族工作的主线。铸牢中华民族共同体意识，就是要引导各族人民牢固树立休戚与共、荣辱与共、生死与共、命运与共的共同体理念。民族地区干部要自觉肩负起铸牢中华民族共同体意识的使命责任，牢固树立休戚与共、荣辱与共、生死与共、命运与共的共同体理念，坚定对伟大祖国、中华民族、中华文化、中国共产党、中国特色社会主义的高度认同，始终把中华民族利益放在首位。要按照增进共同性的方向改进和做好新时代党的民族工作，做到共同性和差异性的辩证统一、民族因素和区域因素的有机结合、局部利益与整体利益的有机协调。全面推进铸牢中华民族共同体意识，确保共同走向社会主义现代化的道路上一个都不能少。因此，当前民族地区干部队伍建设工作中，要将铸牢中华民族共同体意识教育放在重要位置，引导民族地区干部准确把握铸牢中华民族共同体意识的深刻内涵、重要意义。正确把握共同性和差异性的关系、中华民族共同体意识和各民族意识的关系、中华文化和各民族文化的关系、物质和精神的关系。民族地区干部要坚持正确的历史观，要充分认识辽阔的疆域是各民族共同开拓的、悠久的历史是各民族共同书写的、灿烂的文化是各民族共同创造的、伟大的民族精神是各民族共同培育的。

---

[1] 许星杰：《民族地区好干部要做到"四个特别"》，载《内蒙古日报》，2021年10月11日。

民族地区干部应当准确把握我国是统一的多民族国家的基本国情，深化对中华民族多元一体格局的认识，内化于心、外化于行，以实际行动推动铸牢中华民族共同体意识建设。

铸牢中华民族共同体意识是习近平总书记关于民族理论的重大原创性论断，是习近平新时代中国特色社会主义思想的重要组成部分，是我们党对民族工作认识的一次历史性飞跃，是新时代民族工作的鲜明主线和战略性任务。民族地区干部应深刻理解和准确把握铸牢中华民族共同体意识这一重大原创性论断。中央民族工作会议不仅把铸牢中华民族共同体意识作为中国特色解决民族问题的十二条宝贵经验之一，同时还进一步系统阐发了铸牢中华民族共同体意识的深刻内涵、核心要义、精神实质和实践要求，指出铸牢中华民族共同体意识是维护各民族根本利益的必然要求。是实现中华民族伟大复兴的必然要求，是巩固和发展平等团结互助和谐社会主义民族关系的必然要求，是党的民族工作开创新局面的必然要求。同时，民族地区干部要自觉做铸牢中华民族共同体意识的表率，牢固树立休戚与共、荣辱与共、生死与共、命运与共的共同体理念。深刻领会把铸牢中华民族共同体意识作为新时代党的民族工作的"纲"的重大意义，坚定对伟大祖国、中华民族、中华文化、中国共产党、中国特色社会主义的高度认同。始终把中华民族利益放在首位，做到本民族意识服从和服务于中华民族共同体意识，引导各族群众共同向现代化迈进。铸牢中华民族共同体意识行动特别坚定标准的提出，正是顺应时代变化，在增进共同性的方向上加强和改进民族工作，做到共同性和差异性的辩证统一、民族因素和区域因素的有机结合、局部利益与整体利益的有机协调的内在要求和现实需要。

（四）热爱各族群众感情特别真挚

人民立场是党的根本立场。

民族地区干部要树立真挚的为民情怀，坚持以人民为中心，始终把人民放在心中最高位置，不断实现各族人民对美好生活的向往。想问题、作决策、办事情都要从人民利益出发，着力解决人民群众最关心、最直接、最现实的利益问题，实现好、维护好、发展好各民族根本利益。民族地区干部要把支持各民族群众发展经济、改善民生、缩小城乡区域发展差距、实现人的全面发展和全体人民共同富裕作为工作的目标任务，在民族地区经济社会建设中牢牢把握新发展阶段的特征、贯彻新发展理念、融入新发展格局。要立足民族地区资源禀赋和比较优势，以推进乡村振兴为着力点，带领各民族群众不断取得经济社会发展新成就。在此过程中，民族地区干部要发挥"火车头"作用，带动广大群众共同努力，以有效手段畅通城乡经济循环，延展产业链条，提高抗自然风险、市场风险的能力，建立更加稳定的利益联结机制，让发展红利更多更好惠及民族地区群众。特别是要加快补齐民族地区基础设施建设和公共服务短板，让民族地区群众的获得感成色更足，幸福感更可持续，安全感更有保障。[1] 热爱各族群众感情特别真挚标准的提出是坚持人民立场、加快服务型政党建设的内在要求，也是保障民族地区经济社会快速可持续发展的必然要求。

三、民族地区"四个特别"好干部标准的价值之维

民族地区"四个特别"好干部标准的提出是当前中国民族地区经济社会各项事业健康可持续发展的现实需求。当前，铸牢中华民族共同体意识被确立为党的民族工作的主线，民族地区经济社会发展进入新阶段，面临更多复杂问题和困难，提升民族事务治理能力现代化水平，防范民族领域重大风险隐患已经成为当前民族工作和民族地区发展最迫切的任务。基于当前民族工作实际，紧扣时代使命任务，"四个特别"好干部标准取代"三个特别"标准，成为新时代民族地区干部队伍建设的新方向。

（一）新时代党的民族工作的根本政治保证

新中国成立之初，面对我国民族众多、各民族发展阶段和发展水平差异较大的实际，为充分尊重各民族发展上的差异，更好地制定符合各民族发展的政策措施，我们进行了民族识别工作，建立民族区域自治制度。在民族地区大量选拔任用本民族自己的干部来管理本民族事务，充分保障各民族平等的政治参与权利和经济社会发展权益。经过70多年的改革发展，各民族不断深入交往、交流、交融。在广大民族干部和各族人民共同的努力下，民族间、区域间的经济生活已经高度共享，各民族发展阶段和发展水平差异已经极度缩小，2020年全国56个民族已经携手全部建成小康社会。在这样的时代背景下，各族人民牢固树立休戚与共、荣辱与共、生死与共、命运与共的共同体理念成为民族工作的新方向，并把铸牢中华民族共同体意识确立为当前和今后民族工作的主线。习近平总书记在2021年中央民族工作会议上强调："做好新时代党的民族工作，要把铸牢中华民族共同体意识作为党的民族工作的主线。铸牢中华民族共同体意识，就是要引导各族人民牢固树立休戚与共、荣辱与共、生死与共、命运与共的共同体理念。铸牢中华民族共同体意识是维护各民族根本利益，实现中华民族伟大复兴，巩固和发展平等团结互助和谐社会主义民族关系和推进党的民族工作开创新局面的必然要求。铸牢中华民族共同体意识是新

---

1 许星杰：《民族地区好干部要做到"四个特别"》，载《内蒙古日报》，2021年10月11日。

时代党的民族工作的'纲',所有工作要向此聚焦。"[1]铸牢中华民族共同体意识,是习近平总书记在党的民族理论方面作出的重大原创性论断,深刻理解和准确把握这一重大理论创新和实践创新,对维护国家统一和长治久安、促进民族团结与社会和谐、实现中华民族伟大复兴中国梦,具有重大而深远的意义。

民族地区干部队伍尤其是广大少数民族干部,他们既是各民族平等政治参与权的代表,又是国家公务员。因其身份的双重性特征,在协调本民族利益和中华民族整体利益的时候,既要维护国家整体利益,又要保障各民族群众的发展权益,当民族利益需要服从国家整体利益的时候,如何抉择便是对广大民族地区干部尤其是少数民族干部的重大考验。习近平总书记强调,党的民族工作创新发展,就是要坚持正确的,调整过时的,更好保障各民族群众合法权益。要正确把握共同性和差异性的关系,增进共同性、尊重和包容差异性是民族工作的重要原则。引导各民族始终把中华民族利益放在首位,本民族意识要服从和服务于中华民族共同体意识,同时要在实现好中华民族共同体整体利益进程中实现好各民族具体利益。民族地区"四个特别"好干部标准的提出是全面推进中华民族共有精神家园建设,推动各民族共同走向社会主义现代化的必然要求,更是铸牢中华民族共同体意识这一主线的必然要求。通过强化民族地区干部队伍的理想信念教育,切实增强"五个认同",进而确保国家对民族地区治理体系和治理能力的提升,最终达到强化各民族群众的国家意识、公民意识、法治意识的目标。

(二)促进民族地区经济社会发展的组织保障

习近平总书记指出:"要推动各民族共同走向社会主义现代化。要完善差别化区域支持政策,支持民族地区全面深化改革开放,提升自我发展能力。民族地区要立足资源禀赋、发展条件、比较优势等实际,找准把握新发展阶段、贯彻新发展理念、融入新发展格局、实现高质量发展、促进共同富裕的切入点和发力点。要加大对民族地区基础设施建设、产业结构调整支持力度,优化经济社会发展和生态文明建设整体布局,不断增强各族群众获得感、幸福感、安全感。"[2]这是当前和今后一段时期民族地区经济社会发展的总体设计和路径安排。

民族地区的发展中,广大民族干部起着关键作用,通过民族干部的实践,对少数民族地区政治、经济、社会的发展产生促进效应。第一,民族干部是贯彻民族区域自治制度,切实保障各族群众利益,树立党的威信,维护各民族安定团结局面的

---

[1] 习近平在中央民族工作会议上强调以铸牢中华民族共同体意识为主线推动新时代党的民族工作高质量发展,载《人民日报》,2021年8月29日,第01版。

[2] 习近平在中央民族工作会议上强调以铸牢中华民族共同体意识为主线推动新时代党的民族工作高质量发展,载《人民日报》,2021年8月29日,第01版。

责任主体，为民族地区经济社会发展提供了重要的组织保障。依靠民族干部特别是民族党员干部认真贯彻党的民族政策，发挥模范带头作用，团结和带领广大群众不断促进本地区经济社会的发展，改善人民的生活，增强了党的凝聚力和号召力，进而增强了各族群众对民族政策的理解与支持，对党的各项方针政策更加拥护，促进了各民族之间的平等与团结，为民族地区的发展提供了可持续的巨大动力。第二，改革开放以来，民族地区始终依靠大批懂经济、会管理的民族干部，带领和团结各族群众积极投身经济建设，促进了民族地区经济的快速发展。第三，民族干部对改变本民族地区落后面貌具有强烈愿望，对加快本民族经济社会发展有较高的责任感。长期以来，各行各业民族干部积极投身民族地区的教育文化、医疗卫生事业，取得了巨大的社会成效。[1]总之，少数民族干部是各民族利益的代表者和实现者。他们对加快民族地区经济、文化的发展具有强烈的使命感和高度的责任心，肩负着实现党和人民利益的历史使命。在推进民族地区的改革开放和经济建设方面，在处理民族地区局部利益与国家整体利益方面，在维护民族地区和少数民族群众的各项合法权益和协调民族关系方面，都有着不可替代的作用。民族地区"四个特别"好干部新标准，旨在深化对民族地区干部队伍建设的改革，推进民族地区干部队伍质的提升，以适应当前和今后民族地区经济社会发展所面临的日益复杂的局面。只有不断强化民族干部的理想信念教育、提升思想政治素养、增强服务能力和服务意识才能顺应时代发展的需要。建设一支能不断适应新形势发展的民族地区干部队伍是民族地区经济社会发展长期可持续的组织保障。

（三）提升民族事务治理能力现代化的组织保障

习近平总书记指出："要提升民族事务治理体系和治理能力现代化水平。要根据不同地区、不同民族实际，以公平公正为原则，突出区域化和精准性，更多针对特定地区、特殊问题、特别事项制定实施差别化区域支持政策。要依法保障各族群众合法权益，依法妥善处理涉民族因素的案事件，依法打击各类违法犯罪行为，做到法律面前人人平等。"[2]进入新时代，我国民族工作面临的新形势、新任务，决定了必须持续推进民族事务治理体系建设和提升民族事务治理能力。

一方面，当前我国社会主要矛盾已经转化为人民日益增长的美好生活需要和不平衡不充分的发展之间的矛盾，发展是解决社会主要矛盾最根本的路径。为适应我国社会主要矛盾的变化，更好满足人民日益增长的美好生活需要，必须把促进全体

---

[1] 刘荣：《中国共产党民族干部政策研究》，社会科学文献出版社，2010年，第244—248页。
[2] 《习近平在中央民族工作会议上强调以铸牢中华民族共同体意识为主线推动新时代党的民族工作高质量发展，载《人民日报》，2021年8月29日，第01版。

人民共同富裕作为为人民谋幸福的着力点，不断夯实党长期执政的物质基础。2020年，我国已经全面建成小康社会，在中国特色社会主义道路上，中华民族迎来了从站起来、富起来到强起来的伟大飞跃。但是由于历史、自然环境等因素影响，民族地区自我发展能力仍然有所欠缺，自主创新能力和造血能力较弱、生态环境开发与保护不协调、城乡区域发展和收入分配差距依然较大、基本公共服务有待改善等发展不平衡不充分的问题比较突出，离习近平总书记提出的推动各民族共同走向社会主义现代化的要求有一定差距，提高民族事务治理能力迫在眉睫。[1] 另一方面，百年来，我们党创造性地把马克思主义民族理论同中国民族问题具体实际相结合，走出了一条中国特色解决民族问题的正确道路，确立了党的民族理论和民族政策，把民族平等作为立国的根本原则之一，确立了民族区域自治制度。民族区域自治制度是我国的一项基本政治制度，是中国特色解决民族问题正确道路的重要内容和制度保障。我们要坚决贯彻落实统一和自治相结合、民族因素和区域因素相结合，以宪法为根本，坚持和完善民族区域自治相关法规，增强中国特色社会主义制度自信，依法推进民族事务治理体系和治理能力现代化，不断提升各族群众的获得感、幸福感、安全感。[2]

民族地区干部是国家民族事务治理最直接的参与者和践行者，承担着民族地区各项社会事业不断发展进步的重任。以"四个特别"好干部标准打造一支能切实承担起提升民族事务治理能力现代化任务的民族地区干部队伍，是当前确保民族地区经济社会可持续发展和全面推进依法治国的迫切需求。

（四）防范民族领域重大风险隐患的组织保障

当前，中国特色社会主义进入了新时代，但中华民族伟大复兴的道路上我们还会面临这样那样的风险挑战，我们必须有"绝不能犯战略性、颠覆性错误"的底线思维，不断增强忧患意识，充分做好防范和化解各种重大风险的准备。习近平总书记强调："要坚决防范民族领域重大风险隐患。要守住意识形态阵地，积极稳妥处理涉民族因素的意识形态问题，持续肃清民族分裂、宗教极端思想流毒。要加强国际反恐合作，做好重点国家和地区、国际组织、海外少数民族华侨华人群体等的工作。"[3] 我国正处在改革开放的关键时期，随着经济体制深刻变革、社会结构深刻变动、利益格局深刻调整、思想观念深刻变化，各种社会矛盾逐渐显露。尤其是世情、国情、党情的发展变化，使我们党面临着许多前所未有的新考验，党的建设任务比以往任

---

[1] 吴开松：《持续推进民族事务治理体系和治理能力现代化》，载《中国民族》，2022年第2期，第12页。
[2] 吴开松：《持续推进民族事务治理体系和治理能力现代化》，载《中国民族》，2022年第2期，第12页。
[3] 《习近平在中央民族工作会议上强调以铸牢中华民族共同体意识为主线推动新时代党的民族工作高质量发展》，载《人民日报》，2021年8月29日，第01版。

何时候都更加繁重。民族复兴梦想越接近,改革开放任务越繁重,越要加强党的建设。安不忘危,才是生存发展之道。全党要以自我革命的政治勇气,着力解决党自身存在的突出问题,不断增强党自我净化、自我完善、自我革新、自我提高能力,经受"四大考验",克服"四种危险"。[1]

民族地区"四个特别"好干部标准从理想信念、意识形态、人民立场、服务宗旨等方面对今后民族地区干部队伍建设提出新要求、制定出新标准,充分考虑了当前党的建设和民族地区经济社会发展中面临的考验、存在的风险隐患。民族干部新标准的制定紧扣时代任务,聚焦问题隐患,为民族地区建设一支理想信念坚定的干部队伍指明方向。只有不断强化民族地区干部队伍的建设,使其成为防范民族领域重大风险隐患的主体力量,才能为民族地区的稳定发展提供强有力的组织保障。

四、结 语

民族地区"四个特别"好干部新标准是党根据新时期民族工作的新变化,对民族地区干部队伍建设提出的新标准、新要求。为当前和今后一个时期加强和改进民族工作提供根本遵循。"四个特别"标准的形成体现了我们党百年历程的实践创新和理论创新之路。建党之初,中国共产党在充分采借苏联革命和建设实践经验的基础上,从近代中国社会实际出发,高度重视民族和民族地区工作。尤其是土地革命战争时期、长征时期、延安时期和解放战争时期,最广泛争取和吸纳民族干部参与到新民主主义革命中,成为我们党最终取得新民主主义革命胜利的重要保障之一。民族身份标准、民族精英阶层、民族比例与代表性等便成为早期民族地区干部的基本标准。新中国成立以后,党的中心任务转为社会主义革命与建设探索,一方面,我们继续坚持少数民族身份和代表性标准,同时,对民族地区干部的政治素质、文化素质、专业素质等方面提出了新要求,形成了新的民族地区干部标准,反映了社会主义制度建设时期的新要求。进入改革开放和社会主义现代化建设时期,根据国情和时代任务的新变化,我们党对民族地区干部提出了革命化、年轻化、知识化、专业化的标准。"四化"标准历经邓小平、江泽民、胡锦涛等三代中央领导集体的接续发展,成为促进民族地区经济社会快速发展、各民族团结进步的重要组织保障。党的十八大以来,我国各项事业进入一个发展的新时期、新阶段,面对全面建成小康社会和实现"两个一百年"奋斗目标的时代任务,习近平总书记在2014年中央民族工作会议上对民族地区干部提出了明辨大是大非的立场特别清醒、维护民族团结

---

[1] 张荣臣、蒋成会:《做新时代合格领导干部》,中共中央党校出版社,2019年,第61页。

的行动特别坚定、热爱各族群众的感情特别真诚的"三个特别"标准。2021年中央民族工作会议上，习近平总书记进一步发展了民族地区干部标准，提出维护党的集中统一领导态度特别坚决、明辨大是大非立场特别清醒、铸牢中华民族共同体意识行动特别坚定、热爱各族群众感情特别真挚的"四个特别"新标准。纵观建党以来民族地区干部标准的演变历程，其背后的逻辑是中国共产党民族工作实践创新与理论创新的有机统一。

"四个特别"好干部标准是习近平新时代中国特色社会主义思想的重要组成部分。要全面、准确地把握我们党关于加强和改进民族工作的重要思想，就要深刻领会其丰富内涵。"维护党的集中统一领导态度特别坚决"即从增强民族干部队伍理想信念层面提出的新要求，民族地区好干部应当切实做到增强"四个意识"、坚定"四个自信"、做到"两个维护"、拥护"两个确立"，进而不断提高民族地区干部队伍的政治判断力、政治领悟力、政治执行力，增强服务民族地区经济社会发展、民族团结进步主体责任的能力。"明辨大是大非立场特别清醒"即从强化干部队伍的意识形态教育层面提出的新要求。面对当前民族地区意识形态领域渗透与反渗透的斗争依然存在严峻复杂的形势，民族地区干部应当不断强化意识形态、民族团结和反分裂斗争教育，切实提高自身政治判断力、政治领悟力、政治执行力，坚守政治原则。"铸牢中华民族共同体意识行动特别坚定"即从强化中华民族共同体意识教育层面提出的新要求，铸牢中华民族共同体意识已经确立为民族工作的主线，这就要求民族地区干部要切实承担起引导各族人民牢固树立休戚与共、荣辱与共、生死与共、命运与共的共同体理念的主体责任。"热爱各族群众感情特别真挚"即从增强服务意识、为民意识层面提出的新要求，人民立场是党的根本政治立场，民族地区干部要践行全心全意为人民服务的根本宗旨，始终不渝坚持党的群众路线，坚持以人民为中心，树立真挚的为民情怀。

民族地区"四个特别"好干部标准的提出是在全面总结建党百年以来党的民族工作实践历程中积累的把握民族问题、做好民族工作的宝贵经验，并形成新时代党关于加强和改进民族工作的重要思想的前提下提出的。这一标准的时代性和意义指向落脚于新时期党的民族工作的新要求，紧扣时代使命。民族地区干部必须坚持"四个特别"好干部标准，不偏离铸牢中华民族共同体意识这一民族工作的时代主线和"纲"，才能更好地促进民族地区经济社会发展、提升民族事务治理能力现代化、防范民族领域重大风险隐患。这是民族地区"四个特别"好干部标准的时代和意义之维。因此，民族地区干部必须坚持"四个特别"好干部标准，更加紧密地团结在以习近平同志为核心的党中央周围，坚决贯彻落实党中央决策部署，不断加强和改进民族工作，为实现全面建成社会主义现代化强国的第二个百年奋斗目标而团结奋斗。

案例研究

中国式现代化是全体人民共同富裕的现代化。习近平总书记在云南考察时指出,"全面实现小康,一个民族都不能少。"在脱贫攻坚后焕然一新的阿佤山,佤族群众敲响木鼓,传颂总书记给边境村老支书们的回信;在曾经人迹罕至的独龙江,独龙族社会发生了跨越式发展的沧海桑田的蝶变。示范区建设的成就,凝结在这两个生动鲜活的案例之中。

案例研究

阿佤山的总书记回信

李绪阳[*]

2021年6月，沧源佤族自治县班洪乡、班老乡9个边境村的10位老支书给习近平总书记写了一封信，细数佤山巨变，报告阿佤人民幸福生活，表达边疆人民心向党、心向国家的拳拳之心。8月19日，老支书们接到了总书记的回信，信中希望他们继续引领乡亲们永远听党话、跟党走，建设好美丽家园，维护好民族团结，守护好神圣国土，唱响新时代阿佤人民的幸福之歌。这封回信不仅表达了总书记的殷殷嘱托与美好祝福，并且对于党的民族工作而言具有重要历史意义。

阿佤山曾经是中国的"南蛮"之地，西方学者将之视为"文明上不了山"的地方。中国共产党的到来，给当时依然刀耕火种的阿佤山真正带来了现代文明。党怀着为中国人民谋幸福的初心进入阿佤山，实行"直接过渡"政策，阿佤人民直接从原始社会末期跨入社会主义社会。新时代以来，打赢脱贫攻坚战，使得阿佤山初步实现了现代化，标志着"直接过渡"的彻底完成。

给总书记写信的10位老支书，不仅是阿佤山沧桑巨变的目击者和参与者，也是创造出这个"人间奇迹"的中国共产党的基层组织带头人。曾经的中英"1941年线"把沧源班老部落等地划归缅甸，但阿佤山的爱国头人和佤族群众始终认同自己是中国人。1953年，保卫国、胡玉堂等部落头人联名给毛泽东主席写信，表达回归中国的愿望。1960年，周恩来总理与缅甸联邦政府总理共同签订《中华人民共和国和缅甸联邦边界条约》，班老、班洪等地得以回归祖国。今天，老支书们给总书记写信，报告脱贫攻坚给阿佤山带来的深刻变化，字里行间饱含阿佤人民对党的感恩之情。

一、从"直接过渡"到"脱贫攻坚"

新中国成立以前，阿佤山区作为佤族聚居区，基本还处于原始社会末期。佤族社会生产水平十分低下，过着"吃粮靠刀耕火种、吃肉靠追山打猎、花钱靠种卖罂粟"的生活。原始平均主义盛行，等级分工不明显、商品生产和交换不发达。社会组织方面，保持着"家庭—家族—村寨—部落"的传统社会组织。在宗教和习俗方面，

---

[*] 李绪阳，云南大学民族学与社会学学院博士研究生。

信奉原始宗教，凡遇大事必须"做鬼看卦"，甚至保留着猎人头祭谷的习俗。

20世纪50年代末，阻碍阿佤山生产力发展的主要不是剥削，而是社会分工和商品经济不发达等因素。党组织鉴于这样的实情，在阿佤山区实行不分土地、不划阶级，而是通过互助合作，发展经济和文化，直接向社会主义过渡的政策。首先，国家加大资金扶持力度。拨出一大笔钱帮助群众发展生产，劈山造田、开沟引水，引进农药、良种等先进农业畜牧业生产技术，组织铁业、犁头、缝纫等专业性手工业生产。其次，加强基础设施建设。1958年修通了第一条可通往临沧、昆明的公路（勐沧公路），并建起银行、学校、卫生所，设立贸易小组和供销社，改善了群众生活。再次，改善民族关系。安排照顾好佤族、傣族等各民族的上层人物，调解民族纠纷，消除民族械斗仇杀。最后，培养大批民族干部和积极分子，逐步建立起党的基层组织，改造佤族社会传统权威。通过一系列民主改革，阿佤山区的剥削因素基本消除，民族关系转向正常，猎人头祭谷等落后习惯基本改变。

在阿佤山从传统转向现代的过程中，党的十八大以来打响的脱贫攻坚战，具有决定性意义。诚然，新中国70年来的发展，使阿佤山发生了翻天覆地的变化，但中国特色社会主义进入新时代后，阿佤山人民生活水平迈上了新的台阶，全面进入了小康社会，人们的获得感、幸福感、安全感大大提升。

脱贫攻坚带来的巨大国家投入，直接加速阿佤山的现代化进程。通过茅草房改造工程、佤山幸福工程，全县2019年全面消除农村危房。建制村道路通畅率达100%、硬化率达90%以上，农村饮水集中供水率达98.7%，实现所有沿边行政村（社区）5G网络、光纤网络和动力电全覆盖。健全了公共服务体系，全县人均受教育年限达10.2年，养老保险、医疗保险全覆盖。打造了一批"佤"字头品牌特色产品，推出一批特色旅游名村。建成全省技术最先进的CTC红碎茶生产线，培育了7个亿元以上产值支柱产业和15户规模以上工业企业。用"企业+合作社+农户"的模式，开发茶叶、橡胶、蔬菜、养牛、养鸡等一批产业，促进群众增收，沧源县农村居民人均纯收入由2011年的3780元（占全国农村居民人均纯收入54.2%）增长到2021年的13692元（占全国72.3%）。

如果说20世纪50年代末阿佤山区的佤族作为直过民族开启了通往现代社会的大门，那么2019年打赢脱贫攻坚战，才真正意味着阿佤山彻底进入现代社会，才使得阿佤山人民的生活水平有了彻底的改善。

二、党对阿佤山社会结构的改造

阿佤山实现现代化的开端，始于党对当地传统社会结构的改造。20世纪50年代初，阿佤山区最基本的社会组织体系还是"家庭—家族—村寨—部落"体系，其特点是规模较小、相对分散和势力均衡。佤族传统家庭多为一夫一妻制的父系小家庭，同一个父系祖先的若干家庭组成一个家族。一个或者若干个家族组成一个村寨，每个村寨有自己的头人班子（头人一般没有特权）和地域范围。几个有联系的寨子组成一个部落，各个小寨子虽然奉大寨的头人为共同领导，但这种联系比较松弛。民国期间，阿佤山区基本形成了部落头人、土司、保甲制度交错并存的统治权威。

党在阿佤山的工作始终坚持密切联系群众、尊重地方习俗的传统，成功地改造了传统社会结构。早在1948年，李培伦受党组织委派到沧源地区开展革命工作时，就总结出"打开阿佤山工作的金钥匙"就是跟头人搞好关系。他同头人们广交朋友，在"串门子"和在各头人家里的"火塘茶话"中宣传党的政治主张和政策，获得了头人们的认可。例如，班坝部落头人肖哥长通过他的宣传认可了党的主张，于1952年成为沧源县代理副县长，并派其子肖子升去云南民族学院学习。1959年，党组织在各个领域建立了44个党支部，逐步替代了部落头人等传统政治权威结构。

新时代以来，阿佤山基层党组织忠实践行为人民谋幸福的初心使命，继续秉持走群众路线的传统，成为基层社会秩序的组织核心。基层党组织有意识地把会开到寨子里，就是其组织力的生动体现。佤族村寨一年中至少有春节、播种节（农历一至三月）、七月节、新米节（农历八月十四）和元旦等5个集体节日，要到寨头家聚餐庆祝，庆祝之余还会讨论整个寨子的重大事项。基层党组织有效利用这种节日聚餐的时机，充分发扬民主，广泛听取意见，讨论重大事项。例如，勐董镇刀董村党总支（下辖7个寨子）就利用节日聚餐的机会与各寨群众讨论重大事项，某寨举行节日聚餐时，负责联系该寨的村"两委"成员和该寨所属村民小组的小组长就要到场参加。若有新的医保社保、市场动向、修路修渠等重要政策，村"两委"成员和小组长就会在聚餐期间及时传达并引导全寨讨论。脱贫攻坚中建档立卡贫困户的评选，也是包寨的村"两委"干部和小组长在节日聚餐时宣讲政策标准，寨头与村民们按照政策深入讨论筛选名单后，再上报审核确定的。由于寨子里各家各户之间都彼此熟悉家庭情况，这样讨论确立的名单既符合"精准"要求，又让全寨上下心服口服。在尊重地方习俗的过程中，基层党组织的权威不仅体现在政治上，而且深入阿佤人民日常生活，无论是公事还是私事，"有事找党支部"都成为群众的优先选择。

阿佤山基层党组织的组织力还表现在其一直维持着良好的群众代表性，它进一步增强了党的政治合法性基础。这种群众代表性根植于地方社会的历史与现实，在面对重要的村寨传统时，党组织给予了合理尊重。基层党组织在发展党员时，特别注意寨别结构的平衡，除了要考虑发展对象的政治和业务等标准外，还要考量其寨别分布。对此,勐董镇刀董村党总支书记陈强介绍道,阿佤人民讲求公平,如果不考虑寨别结构,没有发展对象的寨子就会觉得村党支部有失公平。陈强说:"我们把寨别结构和年龄结构、文化结构、性别结构放在一起来考虑,这样左看右看上看下看都公平了,群众就不会有意见。"

正是由于党组织的建立,阿佤山区结束了分散弱小、各自为政的社会组织样态,历史上第一次依靠党组织形成了地方性的整体社会,并且与党中央和国家紧密联系在一起。新时代以来,阿佤山就在此基础上,通过党组织直接获得了其自身无法创造的大量物质和文化资源,加速实现了现代化。2017年至2021年,面对经济下行压力,沧源县一般公共预算支出虽然从210659万元减少到164418万元,但其中的上级补贴资金仍有增长,从165902万元增长至196732万元,年均增长1.96%。若没有党组织的领导和国家的大量投入,阿佤人民不可能如此快速地迈入小康生活。

党组织通过真情细致的群众工作,完成了对阿佤山社会结构的成功改造,打开了阿佤山利用外部资源实现现代化的大门,塑造了"党的光辉照边疆、边疆人民心向党"的从党中央直接贯通到村组的政治结构,总书记的回信就是这种政治结构的生动体现。

三、阿佤山基层党组织的道德力量

社会变化最核心的是文化的变化,文化变化最核心的是价值观的变化。道德作为价值观和社会行为的准则,它的改变意味着社会发生了深刻变迁。阿佤山基层党组织始终坚持一切为了群众、一切依靠群众的群众路线,在帮助阿佤人民实现现代化的过程中,把党和国家的道德规范与佤族优秀传统道德紧密嵌合起来,逐渐形成了一套新的整体性道德体系。

阿佤人民的传统道德准则包括平等、互助、尊老等观念。寨子里的男性打猎所得猎物不管多少,都要"一串兽肉,大家共分",宰一只鸡要煮成一大锅鸡肉烂饭,以便每个人都可以吃到。佤族社会还有"一人有难,众人相帮"的互助精神,人们还常常在忙完自己的农活后帮助亲朋好友干农活,等到以后自己农忙时,对方再以同等的劳动相助。村寨的公益活动一般由寨头领导,大家共同负担,有故不参加者,可出若干谷子或换算成人民币,由头人收取,为寨公用。佤族很尊敬老人,儿女成年后,每年至少要给父母设两次敬老宴,若老人失去劳动力,儿女要负责赡养。在交往过程中,说话或行为如果违犯了"阿佤理",使别人在物质上或精神上受到损失,要以实物赔偿损失,后果严重时甚至可以抄违犯"阿佤理"者的家。

阿佤山基层党组织深入整合佤族优秀传统道德规范的力量,不仅成为法治领导核心，更是成为德治和自治的权威。党的初心和使命在国家意识形态上集中表现为社会主义核心价值观，佤族传统道德与民主、和谐、平等、公正、诚信、友善等社会主义核心价值观深度契合，基层党组织顺势将二者结合起来，构造了既能代表党和国家意志，也能顺应佤族社会传统的新的道德规范。它是一种整体性的道德体系，不仅是政治道德和社会道德的结合体，也是传统道德与现代道德的结合体。

在新道德的形成过程中，党组织重塑了传统社会组织的统治权威和道德规范，成为阿佤山社会秩序的核心节点。从现行党员积分制管理规则中，就可窥见新道德力量之一斑。阿佤山基层党组织把佤族社会道德规范融入加分和扣分细则中，例如，勐董镇刀董村党总支部党员日常行为积分的15条加分细则中，有6条融入了传统道德规范，包括"积极向党组织提出合理化建议为本村经济社会发展献计献策并被采纳的每项记5分""积极热心为群众办实事结对帮扶低收入农户等弱势群体的记2分，帮扶效果比较明显的记5分""见义勇为行为一次记5分""积极为村寨跑项目争取资金的每1万元记5分"等。11条扣分细则中有2条融入了传统道德规范，包括"因生活作风或邻里矛盾造成不良影响的、不尽赡养老人或不尽抚养教育子女义务、直系亲属孩子有辍学行为每个孩子扣25分"等。这样的积分规则既符合党章的要求，又满足当地群众的期待，从而使党组织在当地社会积累起强大的道德感召力。党员身份成为一种光荣的政治身份，以至于入党名额的分配问题会引起各个村寨的强烈关注。党员们提高积分的动机，除了希望获得洗洁精、鸡苗、飞机票等物质奖励以外，更希望获得本村群众的认可，正如六组的一位群众说的，"党支部和我们想的一个样子"，获得党组织的认可也就获得了群众的认可。

党的规章制度提供了党组织行动的方向，而阿佤山基层党组织在本土实践中形成的新道德，则提供了正确处理党群关系的具体举措，拓展了党的规章制度的外延。这种道德感在村党支部书记的考核评价工作中也生动地展现出来，考核评价指标虽然由上级党组织制定，但道德规范也对党支部书记的自我评价形成强大约束力。例如，勐董镇龙乃村党总支部书记赵爱军自2010年当了书记后，就没有时间做生意赚钱，现在的工资也只有两三千元，可是一想到这些年带领村民增收致富的成就并因此获得赞许时，他就感到很满足，觉得村民给的称赞弥补了自己的经济损失，进而想把工作干得更好。再如，刀董村党总支书记陈强在2007年换届选举时得了总960票中的910票，之后任村委会主任和村党总支书记"一肩挑"至今，每次都是高票当选，虽然他说自己专心养鸡养猪能赚得更多钱，但是每当想起那910票，就觉得自己不能辜负村民们的信任，有责任继续带领大家开拓市场、提高收入。由此可见，融合了国家意志和地方传统的新道德，激励了基层党支部书记服务群众的热情，降低了纯粹的经济理性动机，营造了党群之间良性互动的局面。

在这种新的道德体系的引导下,党的正确主张很容易变成阿佤人民的自觉行动。党组织的号召往往能够在群众中产生一呼百应的效果,例如,沧源县需要沿着国界线架设铁丝网以防止疫情输入和巩固边防,各边境村的群众积极响应党组织号召,不仅义务出工,还捐款捐物,帮助完成架设工作。2021年8月至10月间,仅勐董镇刀董村就累计投入义务工7303个,户均出工17.1个,完成了全村3.28公里的边境铁丝网架设任务;469名外出务工人员不方便出工,就按照一个人工100元的标准捐钱给村党总支部,用于补贴架设工作中产生的燃油费、伙食费等。

党的政治道德与佤族社会道德融合在一起,党组织因此具备了深厚的道德感召力,党和国家意识形态得以顺利深入阿佤人民社会生活中。这种国家与基层民族社会紧密嵌合的社会样态,生动诠释了总书记回信中肯定的"阿佤人民心向党、心向国家的真挚感情"。

四、以人民群众美好生活为中心

阿佤山的现代化是在国家的直接帮助下完成的,阿佤人民对现代化生活也完成了从被动学习到主动创造的转变,二者共同的连接点就是以人民群众美好生活为中心。

国家的帮助和地方的主动性共同营造出一种可持续的发展生态。这种可持续性首先表现为商品在市场上的循环流通。国家投入大量资源,完善水、电、路、网等基础设施,搭建合作社等经营平台,帮助阿佤山进入国内国际大市场。阿佤人民立足本地生态资源,给市场持续供应茶叶、橡胶、蔬菜、蜂蜜、肉鸡等商品。此外,持续性还表现为生态友好的生产方式。阿佤山区不需要改变原有的以种植、养殖为主的土地利用方式,只需要改变经营管理模式,就借助外来市场提升了农业产品的经济价值,这个过程中并未增加生态压力和不可再生资源消耗。

新时代以来,国家加大投入帮助阿佤山完善基础设施,实现了阿佤山与外界的物理联通和信息联通,商品得以顺畅进入市场。"十三五"以来,沧源县建成了航空、公路并存的交通网络。2016年,沧源佤山机场建成通航,筑起了阿佤山与外界联系的"空中通道"。在实现"千年飞天梦"的基础上,先后启动瑞丽至孟连沿边高速公路(沧源段)、双江至沧源(勐省)高速公路、农村扶贫公路等建设项目,截至2020年,全县乡(镇)通油路,建制村通畅率100%,自然村通路率100%,公路密度达104.67公里/百平方公里,高于全市平均水平。信息化建设脚步加快,在4G网络覆盖率100%、自然村百兆以上光纤宽带覆盖率超过94%的基础上,2021年在班洪乡、班老乡开通了首个5G基站,2022年的现代化边境小康村建设项目又给44个边境村建设开通56个5G基站,促进了人与人、人与物、物与物的连接互通。物理联通和信息联通的实现,彻底改变了阿佤山历史上交通闭塞、与世隔绝的状态,促进了阿佤山与外界人流、物流、资金流、信息流的高效协同利用,阿佤山因此可以持续给市场提供商品。

正是在物理联通与信息联通的基础上,阿佤山能够有效利用低污染的环境友好型种植养殖技术,实现绿色发展。例如,勐董镇芒摆村党总支部与碧丽源(云南)茶叶有限公司以"公司+基地+合作社+农户"的合作模式,2014年建成了1.5万亩有机茶园。茶叶生产全程采用清洁化管理技术,不施用化肥农药,生产出来的有机茶获得中国、欧盟、美国、日本的有机认证。此外,还通过"茶旅结合"发展休闲观光、文化体验的多元化茶叶庄园,延长茶叶产业链条。再如,2022年8月18日,沧源县政府承办了第七届中华蜜蜂产业发展大会暨乡村振兴高质量发展论坛,论坛探讨了建立蜂蜜标准和成品蜜标准体系、专家驻点提供养殖技术服务等主题。阿佤山有着丰富的天然蜜粉源植物,其中独具特色的米团花多达17万多亩,但落后的养殖和加工技术压制着蜂业的品牌和市场效应。中国农业科学院蜜蜂研究所的科研团队推出的沧源蜂蜜保健功能、蜜蜂育种平台、《沧源中蜂饲养管理技术规程》等研究成果,能够助力提升佤族黑蜜品牌和市场。这种依靠科学技术改变生产方式的经营模式,不仅充分发挥了资源优势,还有效保护了生态环境。

面对竞争激烈的国内外市场,阿佤山区基层党组织积极搭建"合作社+""企业+"等经营平台,把分散的农户组织起来,形成规模效应,提高生产效率和市场竞争力。基层党组织坚信实现人民群众美好生活的物质基础是产业兴旺,通过"党支部+合作社+农户"或者"党支部+企业+农户"的经营方式,帮助农户巩固提升茶叶、橡胶、烤烟等传统产业,发展养牛、养鸡、蔬菜种植、竹木加工、旅游服务等新兴产业。例如,勐董镇刀董村党总支于2014年成立了生态鸡养殖专业合作社,通过统购统销统管理的方式与中国东方航空集团有限公司、云州公司等企业合作,形成了规模和品牌效应。企业向合作社提出质量要求、提供技术指导,合作社按照企业的要求培训农户,然后根据订单向农户收购产品卖给企业。合作社同时也在县城开设刀董村土鸡销售门店,向本地买家售卖土鸡和鸡蛋。由于土鸡品质好并且能够满足大宗订单需求,"刀董鸡"发展成一个响亮的品牌,村党总支书记陈强开玩笑说,"别的寨子出去卖鸡也说自己的是刀董鸡"。2021年,合作社带动全村发展1000羽以上林下养鸡大户18户、养猪大户30头以上16户,带动养殖大户人均纯收入最高达5万余元,最低2万余元,达成了农户分散经营不能企及的产品和收入规模。

基层党组织通过合作社和企业把农户组织起来,不仅能产生规模效应,还能通过集体帮扶农户发展、抵御市场风险。例如,在扶持农户发展方面,勐董镇刀董村的生态鸡养殖专业合作社在集体经济和上级党组织的注资下设立了产业基金（合作社提留交易金额的5%作为运营资金以及充实村产业基金），把钱借给想要发展产业而又资金不足的农户，借款年利息率为5%，最多可借5万元，借款期限3年。目前全村累计借款68户121万元，用于发展养鸡、养猪等产业。在抵御市场风险方面，由于形成了规模和品牌效应，合作社提高了议价权，可以跟想要合作的企业商定最低保护价。村党总支书记陈强2022年与两家甜竹企业商谈甜竹产业合作时，其中一家给的保护价是每公斤5元，另一家是每公斤10元（目前甜竹市场零售价是每公斤30元），陈强书记说还要继续和企业商谈，争取得到最优保护价。

在基层党组织的带动下，阿佤人民完成了从自然经济到市场经济状态的转变，他们不仅能适应，而且能敏锐感知市场。民主改革以前，阿佤山区一直处于自然经济状态，市场观念弱，商品经济落后，交易中普遍存在以物易物现象。基层党组织坚持从观念上引导佤族群众融入市场经济，例如，勐董镇龙乃村大部分村民在20世纪90年代还不好意思做生意，市集上的摊贩多是汉族和傣族群众；如今在村党总支的引领下，在勐董镇农贸市场生意摊贩、环卫工人、酒店服务员、安保人员等队伍里随处可见龙乃村村民。通过长期的带动和参与，很多佤族群众能够敏锐感知市场需求，例如，勐董镇芒摆村部分村民看到肉牛市场有供应缺口，多次向村党总支表达想得到肉牛养殖扶持的愿望。于是，村党总支部第一书记尹红青在与两家屠宰加工企业商谈完销售问题后，在2022年5月26日又请来中国农业银行沧源分行的经理到村座谈，介绍养殖产业发展贷款政策，主动来参会的村民有40余人。

在国家帮助和地方主动性的共同作用下，阿佤人民完成了脱贫攻坚，但这只是阿佤山现代化的开始，正如总书记在回信中说，"脱贫是迈向幸福生活的重要一步，我们要继续抓好乡村振兴、兴边富民"。尽管阿佤山区的基础设施、市场效率和营商体制还没有东部沿海地区那么完善，但在基层党组织的带领下，阿佤山与外界的物理联通和信息联通彻底实现，经济发展的内生动力已经形成，生态友好的发展模式初具雏形。有足够的理由相信，阿佤人民的美好生活既在当下，更在未来。

五、结　语

总书记的回信在阿佤山引起了巨大震动，总书记的期待指明了阿佤山未来的发展方向。老支书们纷纷表示一定要按照总书记的要求，继续发挥模范带头作用，引领乡亲们永远听党话、跟党走。

总书记的回信肯定了老支书象征的党、人民和领土有机合一的社会样态，昭示出党的民族工作的巨大成就。老支书们生长于斯的阿佤山班老班洪等地，曾经被迫离开过祖国怀抱，直到1960年才得以回归，他们正如总书记回信所写，"长期在边境地区工作生活，更懂得边民富、边疆稳的意义"，因此，他们象征着边疆领土对祖国的依恋，对于中国领土的感知尤为敏感，对中国身份的感情尤为热烈。阿佤山真正实现现代化是以党对地方社会结构的改造开始的，阿佤人民通过党组织获得了国家大量资源投入，完成脱贫攻坚，迈入小康生活，老支书们作为基层党组织的代表，见证并参与了党组织带给阿佤山的沧桑巨变过程。党的初心使命与阿佤人民的利益人心相向而行，党组织因此在阿佤人民中获得了强大的道德感召力，造就了"听党话、跟党走"的坚实社会基础，老支书们作为阿佤人民的代表，在写给总书记的信件中，自然而然地流露出真挚的爱党爱国之心。这种社会样态生动诠释了中国特色解决民族问题的正确道路。

70多年沧桑巨变的过程中，阿佤山生成了党、人民和领土有机合一的社会样态。党中央的意志因此直接贯通到村组，基层阿佤人民的心声也直接送达党中央。在此过程中同时生成了阿佤人民的中华民族共同体意识，这种中华民族共同体意识不需要经过专门教导，而是在中央与地方、国家与边疆、人民与领土的紧密联系中，越铸越牢。虽然从阿佤山到中南海有千山万水之隔，但是总书记与阿佤人民的心却毫无距离。新时代新征程，阿佤人民的幸福之歌，必将在总书记回信的鼓舞下，越唱越响亮。

独龙江社会的蝶变

郭建斌　念鹏帆　张　乐[*]

1949年新中国成立，独龙江独龙族实现了社会历史的"第一次跨越"，即从原始社会直接跨入社会主义社会。2018年底，独龙江独龙族脱贫摘帽，则是完成了"第二次跨越"。这样两次跨越均是自上而下的国家权力直接深入基层，使得地方社会性质、经济生活、文化传统产生"脱胎换骨"的巨变。但具体来看，这两次跨越的性质又有所不同，"第一次跨越"主要实现了独龙江独龙族社会性质的转变，"第二次跨越"则是让独龙江独龙族较为彻底地融入了现代社会，融入了中华民族共同体。

关于独龙族女性文面的各种传说中，有一种讲的是独龙人经过人生的苦难去世后，亡魂"阿西"会变化成各色蝴蝶。如果说这仅仅是一种传说，那么，独龙江独龙族社会历史的"第二次跨越"，则是现实版的"蝶变"。以下将结合笔者实际调研的所见所闻对独龙江独龙族社会历史的"蝶变"历程进行讲述。

一、栖生树干：独龙江脱贫攻坚征程中的政府帮扶

独龙江位于云南省怒江傈僳族自治州贡山独龙族怒族自治县西部的独龙江峡谷，中间有高黎贡山与贡山县其他乡镇阻隔，北与西藏察隅县相连，西、南两面与缅甸接壤。国土面积1994平方公里，人口4000余人，绝大多数是独龙族。这里也是我国56个民族之一的独龙族最大的聚居地。据2020年第七次人口普查数据，独龙族共7310人，超过百分之五十的人口居住在独龙江。

千百年来，由于高黎贡山的阻隔，独龙江一年有半年时间因大雪封山，人员无法进出。居住在独龙江的独龙族，长期过着与世隔绝的生活，1999年9月9日，独龙江公路毛路贯通，此举被媒体称为"中国最后一个通公路的民族"。虽然独龙江公路贯通，但由于公路所翻越的高黎贡山海拔较高，并未解决独龙江一年有半年封山的问题。2010年独龙江实施"整乡推进，整族帮扶"的扶贫攻坚，其中一项最大

---

[*] 郭建斌，云南大学民族学与社会学学院教授；念鹏帆，云南大学民族学与社会学学院博士研究生，云南省社会科学院助理研究员；张乐，云南大学民族学与社会学学院博士研究生。

的工程就是解决独龙江区域半年大雪封山的问题。

2014年,中共中央总书记、国家主席、中央军委主席习近平做出重要批示[1],独龙江公路隧道得以贯通。2015年1月20日,正在云南考察的中共中央总书记、国家主席、中央军委主席习近平在昆明亲切会见了怒江州贡山独龙族怒族自治县干部群众代表。[2] 2019年4月10日,中共中央总书记、国家主席、中央军委主席习近平给云南省贡山县独龙江乡群众回信,祝贺独龙族实现整族脱贫,勉励乡亲们为过上更加幸福美好的生活继续团结奋斗。习近平强调,脱贫只是第一步,更好的日子还在后头。希望乡亲们再接再厉、奋发图强,同心协力建设好家乡、守护好边疆,努力创造独龙族更加美好的明天![3]

随着独龙江公路的贯通,独龙族拥有了新的"栖生树干",成功完成了社会历史的"第二次跨越",与全国各民族一道迈入乡村振兴的征程,真正融入了中华民族共同体中。这一过程,有迷茫、痛苦,也有喜悦与欢笑,甚至存在着剧痛。接下来将从"化蝶羽飞"的历程着手,讲述独龙江独龙族社会历史"第二次跨越"所发生的蜕变。

二、化蝶羽飞:独龙族社会历史的"第二次跨越"

(一)蜕皮:破除交通信息之封闭

独龙江独龙族从封闭到开放,主要表现在两个方面:一是独龙江公路隧道贯通,彻底结束了独龙江一年有半年大雪封山的历史;另一个是现代通讯的联通,以及相应的电力等基础设施保障。

先说第一个方面,虽然1999年独龙江公路通车,但是并未解决独龙江一年有半年大雪封山的问题。2014年4月10日,全长6.68公里的独龙江公路隧道贯通,这标志着独龙江从此结束了每年半年大雪封山的历史。当时在贡山县城工作的李金荣,自他离开独龙江后,每年春节因大雪封山都无法回老家迪政当过春节。2015年春节,由于隧道贯通,他第一次在春节期间从县城进入独龙江,回到迪政当老家,与兄弟姊妹欢度春节。

2016年8月笔者去独龙江调研,前一天晚上从昆明乘夜班车,第二天一早到

---

[1] 《习近平总书记就云南省贡山县独龙江乡高黎贡山独龙江公路隧道即将贯通作出重要批示》,载《人民日报》,2014年1月4日,第001版。
[2] 李斌、李自良:《"全面实现小康,一个民族都不能少"——习近平总书记会见贡山独龙族怒族自治县干部群众代表侧记》,载《人民日报》,2015年1月23日,第002版。
[3] 《总书记深情牵挂独龙江乡亲》,载《云南日报》,2022年4月10日,第004版。

怒江州州府六库，然后搭乘从六库开往贡山的班车，下午三四点抵达贡山县城。在县城坐上了独龙族同胞陈永群的面包车，当天晚上八九点钟到达迪政当村。这是笔者自1994年第一次去独龙江以来从昆明到独龙江乡迪政当村最快的一次，用时二十五六个小时。据独龙族学者李金明回忆，20世纪80年代初他从老家迪政当到贡山县城，"往返一趟要步行十几天"[1]。

2002年3月笔者在独龙江调研，此时独龙江已经大雪封山。笔者从最北边的迪政当村出发，带着手指受伤的独龙族少年李斌徒步一整天到位于孔当村的独龙江乡卫生院治疗。李斌那时上二年级，他从电视上看过汽车，但是从未坐过汽车。看完病那天，在孔当刚好遇到封山在独龙江的云南省民族工作队的司机开车到几公里之外的地方去办事，和司机说明了意图，司机爽快答应和他一同往返。那是年近10岁的独龙族少年李斌第一次坐车。李斌回到迪政当后的几天内，多次和其他村里人讲起第一次坐车的经历。近20年后的2021年底，李斌的夫人通过微信发来消息，他们家刚刚买了一辆哈弗H6的越野车。当年带李斌从迪政当走到孔当，花了整整一天（如果负重，当地人通常要走一天半），如今随着独龙江乡境内公路北段改造的完成，从迪政当开车到孔当，不到一个小时。

再说第二个方面。2001年10月至2002年4月笔者在独龙江调查期间，独龙江还未开通移动电话，仅在当时乡政府临时驻地孔当村安装了一部可供民用的电话，由于通话效果差，通话双方很难听清每一句话。

2004年，独龙江开通移动电话，由于电力供应、山洪泥石流等原因，通讯时常中断。为了保证6个行政村基站的供电，除了线路供电，在较为偏远的迪政当等村还配有一套庞大的太阳能板，以保证移动通讯基站供电。但独龙江雨季较长，有时连续几天见不到太阳。若此，移动基站的太阳能蓄电池耗尽后，村民只好等着日出，基站有电之后才能恢复通讯。

2006年，独龙江乡第一座真正意义的水电站——孔目电站建成投产；2008年，云南电网公司启动了独龙江乡无电人口"户户通电"工程，投资3025万元，于2012年10月竣工，独龙江乡真正实现了户户通电；2014年5月，独龙江乡建成了全国首个20千伏独立电网，同年11月，投资建成麻必当电站，改变了独龙江乡单电源供电的现状，形成了"北有孔目、南有麻必当"的"双电源"供电格局；2018年，独龙江乡建成400千瓦柴油发电及200千瓦储能系统，实现水电、柴发、储能多能互补的微型智能电网，为独龙江的经济社会发展提供了强大的动力支撑；2019年，云南电网公司又下达822万元资金，用于独龙江乡重过载台变改造、存在安全隐患

---

1 政协怒江州委员会文史资料委员会编：《独龙族》，德宏民族出版社，1999年，第157页。

的线路改造，完成新建和改造20千伏线路11.2公里，低压线路11.93公里，改造"一户一表"89户。近年来，南方电网公司累计在独龙江乡投入1.399亿元用于农网改造、"户户通电"工程等。[1]

2019年5月14日，云南省怒江州贡山独龙族怒族自治县"老县长"高德荣在自己的家乡独龙江乡拨通了云南首个5G电话，连线对话工信部组织的中央媒体云南行采访团，这是云南首个双向5G语音和高清视频通话[2]。2022年5月11日，南方电网独龙江乡35千伏联网工程正式投运，通过这条翻越高黎贡山雪线、最高海拔4000米的"电力天路"，独龙江乡结束了历时8年独立电网的历史，正式接通南方电网主网。[3]

（二）破茧：拆除木板房

独龙江独龙族传统民居，南北有差别，北部为木板房，南部为竹篾房。据当地人介绍，独龙江北部更为传统的房子是木垒房，是用一根根原木垒起来的，房顶也是用刀砍出来的木片。条件稍好点的地方，用的是铁皮瓦顶。在清代的文献中，对于独龙江独龙族的居住环境，还有穴居、树居等记载。2001年10月底，笔者到独龙江乡迪政当村调查，房东单独安排了一间小木屋。房东家的大房子是较为传统的独龙族民居，从墙壁到房顶，均为木结构，那些木板，全是用砍刀砍出来的。

除了全家人生活起居的大房子，独龙江独龙族每家还有多间小木屋，有仓库、晾晒粮食的高脚屋（斯邦），有的人家孩子多，还会在大房子周围建盖一些小木屋，供孩子居住。

2010年，随着独龙江"整乡推进，整族帮扶"项目的实施，每个行政村均有几个安置点，这些安置点上的独龙族民居被全部拆除，统一规划，建盖了整齐划一的"安居房"。至2014年10月，总投资1.34亿元的云南省贡山独龙族怒族自治县独龙江乡农村安居房建设工程项目已全部完成。该乡40多个村寨的1068户4000多名独龙族村民彻底告别了低矮破旧的茅草屋，全部住进了新式稳固的安居房。[4]

独龙江乡迪政当村有6个村民小组，此前这6个村民小组分布在独龙江北部的麻必洛和克洛隆两条河沿岸，尤其是向红和木当两个村民小组，居住十分分散。目

---

1 参见：《一步跨千年 电力搭桥梁——独龙江电力发展见证独龙族跨越式发展》，云南网（怒江频道），2022年6月8日浏览，http://nujiang.yunnan.cn/system/2020/08/13/030880692.shtml。

2 参见：《云南省首个5G电话在独龙江乡打通》，央广网，2022年6月8日浏览，http://www.cnr.cn/yn/ynkx/20190515/t20190515_524612885.shtml。

3 参见：《接入大电网 独龙江告别孤网供电历史》，新华网，2022年6月8日浏览，http://www.xinhuanet.com/energy/20220512/862f6cced3334f68826875f15b6f005a/c.html。

4 参见：《独龙族全部住进了安居房》，人民网（图片频道），2022年6月8日浏览，http://pic.people.com.cn/n/2014/1020/c1016-25865340.html。

前迪政当村的6个村民小组集中居住在迪政当、雄当和向红（包括班和南代）三个安置点，共有安居房162栋，人口580人。这些"安居房"的建盖，由国家全额投资，百姓不需要出一分钱。

前述独龙江公路隧道贯通彻底结束独龙江千余年来大雪封山的历史，同样是在2014年，随着独龙江全乡安居工程的完成，独龙江独龙族彻底告别了传统的木板房、竹篾房，并且独龙江6个行政村的村落空间也发生了彻底的改变。关于独龙江村落及家庭空间变化对于当地人生活带来的影响，笔者在另一篇文章里做过更为具体的讨论[1]，不再赘述。

（三）成蝶：参与市场经济

独龙江独龙族社会历史的"第二次跨越"，对于相当一部分当地人而言，其中一个较为突出的变化是生活从依赖"自然"转向"市场"。虽然新中国成立之后不久在独龙江的各个村就组建了贸易组，市场体系已经进入了独龙江，但是由于此时实行的是统购统销，市场的影响体现得并不十分明显。进入20世纪80年代以后，随着市场经济改革，市场化浪潮也波及了独龙江，当地人的确通过挖药材、熬黄樟油等获得收入，但是当地人的主要生活来源，仍然是源自"自然"，粮食主要是自己种植（有一段时期还是国家提供的返销粮），肉食主要通过打猎或捕鱼的方式获得，建房所需要的各种材料，以及生活所需燃料，同样来自山林。2001年底笔者在马库村迪兰当小组调查，当时迪兰当小组背后的山林刚被划入高黎贡山国家级自然保护区不久，相应的补偿尚未跟上，一位老人万分不解地对作者说："山都被国家收了，地也不让种了，我们吃什么？"这也从一个侧面表明了当时当地人的生活对自然的依赖程度。

在几年前笔者与独龙族学者李金明的一次谈话中，他说居住在独龙江的独龙族人观念的巨大转变，直接源于20世纪80年代开始的熬黄樟油。这当然也是独龙江独龙族进入市场体系的一个例证，但这些"商品"的原材料，均是自然生长的，说到底还是依赖"自然"。除了土法熬制黄樟油对樟树进行毁灭性采伐，以前每年挖野生重楼、黄精等药材，也是当地老百姓最为重要的收入来源。每年5、6月，独龙族同胞成群结队地到山上挖重楼等药材，最远的已经跨过中缅国界，到达缅甸境内曾经称为"野人山"的区域。此举一直延续到四五年前。

随着独龙江各方面的改变，虽然现在当地群众也会从山上挖一些野粮，如葛根、芒等，但这些均不是作为主食，独龙江独龙族的日常生活来源，包括粮食、肉食、副食、

---

[1] 郭建斌、王亮：《"家"作为一种传播研究视角——基于"独乡"20年田野资料的讨论》，载《新闻与传播研究》，2021年第11期。

甚至是蔬菜等，几乎都是通过市场购买。近年来独龙江独龙族的经济收入有所增加，但是由于生活主要依靠市场，开销同样迅速增长。这方面还可以再做进一步的深入研究。

1999年独龙江公路毛路贯通以后，独龙江逐步开始发展产业。在种植业方面，最为突出的是草果种植。独龙江的草果种植，与高德荣有直接关系。2007年，高德荣用不多的积蓄建起独龙江斯达草果种植苗圃培训站，这里不仅试种草果，更重要的是对全乡的老百姓进行种植、苗圃管理、杀虫等方面技术的培训，并将质量优等的品种进行分苗，免费分发给老百姓。由于气候原因，独龙江草果种植最早在南边的孔当、巴坡和马库三个行政村。到2014年，独龙江全乡草果种植面积达4万多亩。到2021年，独龙江乡草果种植面积超过7万亩，鲜果产量超过2000吨，按当年的收购价，总收入达1600万元。

家住马库村的村民迪多，大学毕业后回到村里，他家是马库村较早种植草果的。前些年父亲意外去世，家境受到一些影响。但是凭着每年种草果的收入，迪多家在2018年就买了车。目前迪多还在高黎贡山国家级自然保护区设在马库钦郎当的管护站上班，每天上下班都是开着自己的车子。

近年来，除了较为稳定的草果产业之外，独龙江还在推广羊肚菌、黄精、重楼、灵芝等种植。同时，也在发展独龙牛、独龙鸡、独龙蜂等养殖。

市场价格的波动，也成为影响当地人生活质量的一个重要指标。2017年，独龙江草果价格创历史新高，每斤收购价接近10元，2018年断崖式跌落，2021年底的草果收购价，每斤还未达到4元。

从靠山吃山到发展种植业、养殖业，独龙江独龙族目前已经基本摆脱传统的生计方式，逐步转向了以产业为依托的现代农业发展道路，加入更大范围的市场经济之中，在蝶群中成长。

（四）翩飞：融入"中华民族共同体"之中

"互嵌—共生"是学者对中国西南既往民族关系的一种理论表达[1]，它与詹姆斯·斯科特的"逃避统治"的理论表述不同，强调的是该区域各民族之间政治、社会、经济与文化的相互依存与交融。我们认为这一理论对于独龙江独龙族与周边民族之间的关系，同样具有解释力，但是也仅限于过去。并且，这样一种互嵌—共生主要是在依赖"自然"的时代。

1949年新中国成立，此后独龙族被视作一个单列民族，独龙江独龙族社会历史的"第一次跨越"使得独龙江独龙族被纳入一个新的民族国家体系中，但这只是解

---

[1] 马光选、刘强：《民族关系的"互嵌——共生模式"探讨——对云南省民族关系处理经验的提炼与总结》，载《云南行政学院学报》，2016年第6期。

决了国民、民族身份的问题。独龙江独龙族社会历史的"第二次跨越",才真正使独龙江独龙族融入"中华民族共同体"之中。

2001年笔者在独龙江调查期间,曾从马库村随村民出境到过缅甸的木克木岗（Mukømgang）。当时独龙江公路虽然只修到孔当,并未通到巴坡、马库等地,但是当时缅甸木克木岗一带的村民的大多日常生活用品,都是到独龙江购买。虽然当时从木克木岗到独龙江孔当村徒步要走两天的路程,但是相较于到缅甸境内公路通达的葡萄（通常是一个星期的路程）,要近了很多。当时他们也听说了独龙江境内各村公路正在修筑的消息,当笔者离开木克木岗时,村里的基督教长老请向导转达,他们愿意回到中国。对这一区域历史稍有了解的人都知道,在英国殖民势力全面占领缅甸之前,缅甸西北的葡萄（中国古籍称为"坎底"）属于丽江木氏土司管辖的范围,俗称"木王地",中国境内的独龙族,与木克木岗的日旺同属于一个族群（甚至与马库等村的独龙族同属于一个支系）。1960年中缅北段界线正式划定后,同一个支系被国界分开。2019年春节期间,笔者再次从独龙江马库出境,过了界桩之后,那些10多年前走过的路,几乎没有变化,而此时的独龙江,和2001年相比,已经发生了翻天覆地的变化。从这一例子我们可以看出,虽然在1960年中缅边界划定之后,同一族群甚至同一支系具有了不同的国家归属,但是由于1960年之后独龙江独龙族与缅甸木克木岗等地的日旺民族的社会经济发展并无太大差别,因此对于国家的归属感也并无太大差别。

随着独龙江独龙族社会历史的"第二次跨越"的完成,中缅两国原来同一族群的社会发展的差别越来越大。基于国家战略的"扶贫攻坚",使得独龙江独龙族顺利完成了其社会历史的"第二次跨越"。并且,这一过程同样使得独龙江独龙族完全地融入了"中华民族共同体"之中,在中华民族这个大家庭中翩然起飞。

三、大破大立：独龙族蝶变之思考

独龙江独龙族社会历史的"第二次跨越",是中国新时代民族团结进步示范工作的典型,充分彰显了中国特色社会主义制度的优越性,也有学者曾对此进行过总结[1]。在此,结合近三十年来对独龙江的实地调研,谈一点看法。

独龙江独龙族社会历史的"第二次跨越",简单来说,就是国家权力直接深入中国社会最基层,用通俗的话来说,就是"一竿子插到底"。但是这样的"一竿子插到底",并非随意的一个地方,而是一种"边缘突破"。这里所讲的"边缘",

---

[1] 何祖坤、侯胜、韩博、平金良、王成熙:《人类减贫事业的"独龙江样本"》,载《云南社会科学》,2020年第6期。

有这样几层含义：（1）边疆；（2）一个人口较少的民族；（3）一个面积不大的区域；（4）一个深度贫困地区。独龙江正是这样一个地方。关于我国当代民族工作，早在20世纪90年代费孝通先生就提出了把重点转向人口较少民族的想法。按照人口较少民族的界定，独龙族无疑也属于此列。但是在我们看来，仅仅是人口数量标准还不足以解释独龙江独龙族社会历史的"第二次跨越"，"边缘突破"显然更具理论上的解释力。

独龙江独龙族社会历史的"第二次跨越"，离不开国家政策以及国家最高领导人的直接关心关怀，但是国家政策的落实、最高领导人的指示，需要得到基层很好地贯彻、落实，需要型塑基层领导"核心"。在独龙江独龙族社会历史的"第二次跨越"中，从基层的角度来看，作为独龙族代表的"老县长"高德荣，起到了至关重要的作用，无疑充当了一个中间人的角色，他一方面是党的干部，从一个乡村教师成长为基层领导干部，历任独龙江乡乡长、贡山县副县长、贡山县人大主任、贡山县县长、怒江州人大副主任。无论在哪个岗位上，独龙江的工作，均是高德荣所有工作中最为重要的方面。党和政府始终对高德荣寄予高度的信任，即便在他到怒江州人大工作之后，也把独龙江独龙族发展最为艰巨的任务交给他。另一方面，作为"土生土长"的独龙江本地人，高德荣在独龙族群众中具有较高的威信，老百姓了解"老县长"的做事风格，对"老县长"安排的事情，不敢怠慢。纵观新中国成立以来70余年的历史，和高德荣可以相比的，应该就是贡山独龙族怒族自治县的第一任县长孔志清，孔志清见证并参与了独龙江独龙族社会历史的"第一次跨越"，高德荣则是见证并参与了独龙江独龙族社会历史的"第二次跨越"。

独龙江独龙族社会历史的"第二次跨越"，是一种"再生型"的发展模式，虽然独龙江独龙族经历的社会历史的"第一次跨越"也具有某种突变的意义，但是其意义完全无法与"第二次跨越"相比。"第二次跨越"，完全是自上而下的，通过行政与市场合力所完成的。这是通过国家权力对村庄的一种彻底"再造"。

结　语

2022年7月22日，笔者站在从迪政当村到雄当的公路转弯处眺望迪政当村，此番景象，与2001年第一次到迪政当村时的模样完全不同，只有滔滔不绝的独龙江、东边的高黎贡山和西边的担当力卡山提醒笔者这是同一个地方。路边草丛上有一群翩翩起舞的蝴蝶，它们正是过去独龙族文面"美"的根源之一。独龙江独龙族崇拜蝴蝶，社会历史的"第二次跨越"则是独龙族自身的一次"蝶变"，尽显独龙江独龙族群众的翩翩之美。

州市风采

　　为深入贯彻中央民族工作会议和省委民族工作会议精神，全面总结2015年习近平总书记考察云南以来，省委、省政府团结带领全省各族人民推进建设我国民族团结进步示范区取得的成效和经验，省委民族团结进步示范区建设暨民族宗教工作领导小组于2022年组织全省16个州市党委开展了民族团结进步示范区建设工作情况调研。各州市党委对此高度重视，认真组织开展调研，聚焦民族团结进步示范区建设的重点工作，提炼总结具有本地特点的经验和亮点，深入分析存在的问题和困难，并突出目标导向和问题导向提出对策建议，形成了一批高质量的调研报告和典型案例。

　　"州市风采"所收录的文章由本书编写组在各州市调研报告基础上整理、提要后形成，以此呈现各州市推进民族团结进步示范区建设的实践与思考。

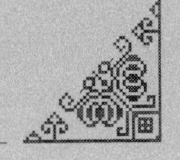

昆明市民族团结进步示范区建设情况

党的十八大以来，特别是2015年1月习近平总书记考察云南以来，昆明市深入贯彻习近平总书记关于加强和改进民族工作的重要思想、考察云南重要讲话精神以及中央和省委民族工作会议精神，科学把握新发展阶段、深入贯彻新发展理念、主动融入新发展格局，将民族工作融入"五位一体"总体布局和"四个全面"战略布局各项工作中，以铸牢中华民族共同体意识为主线，按照"全面小康和现代化同步、公共服务同质、法制保障同权、精神家园同建、社会和谐同创"的思路，紧扣"中华民族一家亲、同心共筑中国梦"的总目标，全面深入持久开展民族团结进步示范区创建工作，扎实推动新时代昆明民族团结进步示范区建设迈上新台阶。

一、打造"枝繁干壮工程"，构筑各民族共有精神家园

一是夯实宣传工程。扎实开展党的民族理论和政策学习以及民族团结教育，充分挖掘脱贫攻坚中蕴藏的中华民族共同体意识丰富资源。全力打造"两馆一街区"、19个"铸牢中华民族共同体意识"现场教学点、100个社会主义核心价值观主题公园（广场），教育引导效应不断增强。建成一批新的铸牢中华民族共同体意识教育馆、基地以及"融荣与共实践中心"。二是夯实沁润工程。开展"各族人民心向党·唱支山歌给党听"系列活动，在社区举办主题宣传教育活动，如春晖社区的"春融万物·共建共享"等；编印"融荣与共"系列丛书；拍摄创建"宣传片""汇报片"；制作宣传铸牢中华民族共同体意识昆明故事"一家人·好日子"系列微视频；印制并发放宣传海报7.2万份；协调全市公交、气象、地铁1万余块电子显示屏投入示范区宣传工作；依托七彩公交频道实现示范区宣传公交全覆盖；扎实推进"互联网+民族团结"创建，"微信""微博""抖音公众号"平台、地铁"阿诗玛号""春城号"持续发力，民族团结进步教育宣传工作实现线上与线下互动、同向精准发力。昆明市民族团结进步创建成果网上展厅获得省委网信办百篇图文精品奖。三是夯实红色工程。充分挖掘昆明市丰富的红色资源优势，建成各级爱国主义教育基地166个，其中云南陆军讲武堂旧址、"一二·一"纪念馆、聂耳墓被命名为"全国爱国主义教育基地"，云南民族博物馆、云南铁路博物馆、昆明郑和纪念馆被命名为"全国民族团结进步教育基地"，推出党史学习教育6条主题路线、20条现场教学路线和

64个教学点，形成《昆明市民族团结进步创建工作与红色基因传承相融合相促进研究》等重要成果。四是夯实铸魂工程。把推广通用语言文字作为铸牢中华民族共同体意识的基础性工程，全面推广普及国家通用语言文字，创建393所国家级、省级、市级语言文字规范化示范校、777所市级语言文字规范化达标校。在全市中小学开展"五旗五徽五认同"主题教育活动，引导青少年树立正确的国家观、民族观、历史观、文化观。推进优秀传统文化进校园，把"霸王鞭""大三弦""狮子舞""秧佬鼓"等民族传统舞蹈融入部分学校阳光体育大课间，增强各族学生对中华传统文化的自信心和自豪感。扶持民族文学、音乐、舞蹈、戏剧和新媒体的创作传播，加大对民族元素出版物的开发、编写和出版支持力度，用中华优秀传统文化振奋人心、鼓舞士气。

二、聚焦保民生促发展，推动各族群众共同迈向社会主义现代化

一是聚焦高质量发展。"十三五"期间，投入民族宗教专项资金2.1858亿元，实施了1043个项目，其中"十百千万"工程及民族经济跨越发展工程255个，实施民生保障全覆盖工程360个，实施民族文化教育振兴工程280个，少数民族人才引领工程60个，民族团结保障示范工程88个。二是聚焦产业扶持。推进"一村一品、一乡一业、一县一示范"工程，培育发展了石林台湾农民创业园、呈贡斗南国际花卉产业园、禄劝茂山高原特色农业示范区等一批特色园区，民族地区产业结构调整步伐持续加快。积极鼓励和支持民族经济发展，认真落实民族贸易、财政、金融、税收政策，扶持民族贸易企业和民族特需商品定点生产企业的发展。三是聚焦基础设施建设。实现了民族地区"县县等级化、乡乡油路化、村村都硬化、小组通达化"的"四化"目标。加大民族地区水利设施投入，民族地区水源工程、集镇供水、河道治理等民生项目建设不断增加。提升城乡体育设施覆盖率，实现城乡群众体育设施均衡发展目标。四是推进城乡教育一体化发展，实现城乡义务教育全免费，2017年3个自治县实现义务教育基本均衡发展；扎实推进"三名"（名校、名校长、名老师）工程，落实和完善民族地区学生招生倾斜、资助补助工作，各学段助学政策指标分配向民族地区倾斜，在昆一中等4所优质中学开办普通高中"民族班""阿诗玛班"，2016年至2021年共招收少数民族学生1115人。深入推进民族团结进步"进校园"活动，建成省级民族团结教育示范学校、民族文化教育示范学校195所。五是聚焦脱贫攻坚与乡村振兴相衔接。统筹推进脱贫攻坚和全国民族团结进步示范区创建"双融合、双促进"，深入开展精准扶贫、精准脱贫，"十三五"期间投入各类扶贫资金489.3亿元，9.13万少数民族贫困人口脱贫，民族地区脱贫发生率下

降至零。

三、打造"石榴红工程",促进各民族广泛交往交流交融

一是重视做好社区民族工作搭好台。搭建服务联系、信息服务、创业促就业服务、纠纷调处、法律援助"五位一体"服务平台,创新推进城市民族工作数据化、信息化、网格化服务管理,让各民族群众获得优质高效的便民利民服务。积极创建嵌入式居住示范社区,加强社区、社会组织、社会工作者、社区志愿者和社会慈善资源"五社"联动,在全市100%的社区建立协商议事委员会,共建、共治、共享格局初步显现。开展评选社区民族团结楼院、民族团结家庭活动。突破社区创建工作地域限制,成立全省首个社区创建联盟。二是重视提升流动人口服务管理水平。为少数民族流动人口提供就业培训、就业信息、法律咨询、社会救助等服务,使各民族流动人口交流有去处、诉求有说处、困难有帮助、发展有空间。完善流动人口居住证制度,简化办证流程,缩短办证时限,拓宽居住证在公交爱心卡申领、社会保险缴纳、公租房申请等社会领域的运用。着力提升少数民族流动人口公共服务水平,在全市基层社区推广设立"一家亲工作站",为少数民族流动人口提供精准服务。三是重视开展群众性活动强引导。大力实施中华优秀传统文化传承发展工程,持续举办"火把节""花山节""泼水节""开斋节"等传统民族节庆活动,把民族传统节庆办成各族群众大联欢、大聚会、大交流、大团结的盛会;打造"春城文化节""百家宴""社会文化大舞台"等群众性文化活动品牌,引导各民族同声歌唱、同台娱乐;开展"中华民族一家亲"书画展、文艺晚会及"丝路云裳·昆明民族时装周""守好民族团结生命线 续写民族团结誓词碑""浓情石榴籽 奋进新时代"等系列主题活动,凝聚"中华民族一家亲"社会共识;举办"昆明民族大舞台"系列活动,"一州一舞台、一期一专场",生动展现其他兄弟州(市)丰富多彩的民族文化和风土人情,搭建起全省各民族沟通交流的桥梁和纽带,促进了各民族交往交流交融。四是重视创建联盟广交友。充分发挥省会中心城市的示范带动作用,建立创建联盟联动和跨区域协作机制,先后与普洱、德宏、临沧、怒江4州市共建创建联盟;帮助德宏、怒江成功创建全国民族团结进步示范州;昆明市富民县、五华区、禄劝县、寻甸县与楚雄州禄丰市等地建立民族团结进步创建联盟;与全省15个州市全部签订《少数民族流动人口服务管理跨区域联动协作协议》;与四川省攀枝花市、凉山市等省外州市签订《少数民族流动人口服务管理跨区域联动协作协议》;建立5个"融荣与共实践中心",帮助兄弟州市销售扶贫产品,五华区春晖社区"融荣与共实践中心"——惠农时邦,广泛交往、全面交流、深度交融的格局进一步形成。

四、保障民族团结，推进民族事务治理体系和治理能力现代化

一是积极做好民族政策法规宣传教育。坚持将每年 6 月定为民族政策法规宣传月，持续开展民族团结政策法规宣传月、周、日等活动；举办民族政策法规培训班，编印《民族工作法律法规文件选编》，将民族区域自治法等法律法规编入《全市普法教育读本》，把民族工作纳入法治化轨道，筑牢民族地区和谐稳定、长治久安的法治根基。二是积极防范化解民族领域重大风险。依法妥善处理涉及民族因素事件，制定并长期坚持市级部门涉及民族宗教因素情报信息协作和研判工作机制、涉及民族宗教因素矛盾纠纷市县乡村四级同步监管机制、涉及民族宗教网络舆情处置机制，做到日报告、周分析、月总结、季研判。成立"昆明市少数民族法律维权中心"，储备各族律师 170 余人，依法保障各族群众的合法权益。为市级宗教团体聘请法律顾问，强化"依法办事、遇事找法、解决问题用法、化解矛盾靠法"的意识。

昭通市民族团结进步示范区建设情况

把云南建设成为我国民族团结进步示范区，是以习近平同志为核心的党中央着眼民族工作大局作出的重要部署，是坚持中国特色解决民族问题正确道路的重大举措，是新时期全省经济社会发展的三大战略定位之一。2015年以来，昭通市委、市政府坚持以习近平新时代中国特色社会主义思想为指导，认真贯彻习近平总书记考察云南重要讲话特别是视察昭通重要指示精神，深入学习习近平总书记关于加强和改进民族工作的重要思想，坚持以铸牢中华民族共同体意识为主线，全面加强党对民族工作的领导，全面推进少数民族和民族地区经济社会加速发展，全面依法治理民族事务，确保全市民族团结、经济发展、社会进步。

一、抓组织领导，在加强党对民族工作的领导上示范成效明显

坚持党委领导、政府负责、部门协同、全社会通力合作的工作要求，不断健全完善政策体系，确保示范区建设深入持久高效推进。2020年，制订印发《中共昭通市委、昭通市人民政府关于印发〈昭通市深入创建全国民族团结进步示范市行动方案〉的通知》（昭委通［2020］5号）、《中共昭通市委办公室、昭通市人民政府办公室印发〈昭通市深入推进民族团结进步创建活动"十进十促"实施方案〉的通知》（昭办发［2020］9号），深入推动示范创建。定期召开常委会议、常务会议和专题会议，研究示范创建工作中的实际困难和问题，推动示范区建设高质量高标准发展。

二、抓工作主线，在铸牢中华民族共同体意识上示范成效明显

深入开展干部教育，把铸牢中华民族共同体意识纳入各级各部门党委（党组）理论学习中心组的必学内容，纳入干部教育、党员教育，培训党员干部6200人次；组织各级各系统2万余人次参加铸牢中华民族共同体意识知识测试，推动铸牢中华民族共同体意识入脑入心。深入开展学校主题教育，创建73所省级民族团结进步教育示范学校，引导学校把铸牢中华民族共同体意识教育融入思想政治课程，扎实开展各类主题教育实践活动，持续推进中华民族共同体意识进学校、进课堂、进头脑。

深入开展群众教育，举办民族团结进步宣传月"五个一"活动，在《昭通日报》开辟"团结奋进、同心筑梦"专栏，举办"中华民族一家亲，同心共筑中国梦"征文活动，开展摄影大赛、广场舞比赛等活动，各族群众"三个离不开""五个认同"的政治自觉、思想自觉和行动自觉明显增强。

三、抓经济发展，在促进民族地区跨越式发展上示范成效明显

中央和省投入民族宗教专项资金4.71亿元，建成示范县1个、示范乡（镇）21个、示范村（社区）241个。采取差别化扶持政策和措施，整合农业、扶贫、美丽乡村、农村公路等各类建设资金投入民族地区建设，推动少数民族和民族地区经济稳步增长、社会明显进步。依托民族地区特色资源优势，优化空间布局，转变发展方式，大力发展种养业和农村经济合作组织等特色经济和实体经济，促进群众增收、农村发展。到2020年末，19个民族乡农村居民人均可支配收入从2014年末的5020元增加到8814元。

四、抓民生保障，在提高民族地区公共服务保障上示范成效明显

把解决民族地区发展不平衡不充分的问题作为示范区建设的重要任务，全面提高少数民族和民族地区公共服务保障能力和水平。完成12条高速公路建设，13个民族乡镇直接或间接通高速，19个民族乡、145个民族村实现通硬化路、通客运、网购物流全覆盖。建成各类农村供水工程8484件，实现巩固提升人口251万余人，农村集中供水率由72.6%提高到97.3%，自来水普及率由69%提高到95.2%。实施直播卫星"户户通"工程，145个民族自然村全部实现通广播电视，所有行政村实现光纤宽带和4G网络全覆盖。完成少数民族危房改造5.03万户，农村危房改造全面"清零"，各族群众从"忧居"到"安居"并迈向"宜居"。同时，民族地区养老、失业、工伤保险参保人数实现全覆盖，城乡医保报销比例达到75%以上，城乡低保标准分别提高到每年7680元和4500元，社会保障和救助体系不断完善，各族群众获得感、安全感、幸福感明显增强。

五、抓共同富裕，在实现各族群众同步全面小康上示范成效明显

坚持以脱贫攻坚统领经济社会发展全局，把脱贫攻坚作为最大政治任务。汇聚中央和省定点单位、东西部扶贫协作、社会扶贫和各族干部群众磅礴力量，扣好精

准识别、精准施策、精准退出、巩固提升"四粒扣子",突出做好基础设施改善、产业培育、易地扶贫搬迁、劳动力转移就业"四篇文章",全力打好各类问题清零战、易地扶贫搬迁巩固战、劳动力稳定就业攻坚战、高原特色产业发展突破战、人居环境整治提升人海战"五大战役",24.14 万少数民族贫困人口全部脱贫,144 个贫困民族村全部出列。创新易地扶贫搬迁模式,建成集中安置点 373 个,其中万人以上集中安置区 9 个,全市 3.6 万少数民族贫困群众彻底搬出大山,一步实现由贫困山区到现代城镇、由传统农民到城镇市民的跨越。

六、抓民族教育,在提高民族地区教育教学质量上示范成效明显

坚持把教育摆在优先发展的战略位置,义务教育薄弱学校基本办学条件改善向民族地区倾斜,深入实施"教育兴昭"战略,全面提高民族地区教育教学质量和水平。投入资金 5.4 亿元完成市民族中学、永善省立民族小学和镇雄、彝良、威信 3 所民族中学迁建和改扩建工作,民族中小学各项指标基本达到国家标准。提高民族中学生均公用经费,3 所县级民族中学少数民族学生生活补助分别由每年的 8 万元提高到 15 万元。积极与省内外 12 所大中专院校开展联合办学,招收并资助少数民族大中专生 4550 人;实施特困优秀少数民族高中学生资助工程,资助学生 905 名。举办市级双语教师培训班 6 期,培训民族地区一线骨干教师 690 人次,组织少数民族教师参加全省、全国的各类培训,少数民族教师队伍建设得到有力加强。

七、抓文化繁荣,在推动创造性转化创新性发展上示范成效明显

19 个民族乡综合文化站建设全部完成,建成部分民族村、民族自然村文化室和文化活动场所,9 个村寨被命名为"中国少数民族特色村寨"。争取并完成省级民族文化建设项目 74 个,省级投入专项资金 782 万元,建设了一批民族优秀传统文化项目。鼓励支持各民族举办丰富多彩的传统节日庆祝活动,市四套班子主要领导和分管联系领导坚持开展走访慰问并组织召开座谈会。举办全市第二届民族民间文艺会演、民族赛装文化节和少数民族迎新春绘画作品展等活动,推动民族文化交融互鉴。积极组队参加全省、全国举办的文艺比赛和展演,舞蹈《心路传承》和声乐《则》《嘿!玖啦》先后获得全省金奖。深入开展民族文化研究,出版《昭通少数民族服饰图集》《苗乡唱响新时代》等文化作品,昭通作家吕翼作品《马嘶》获全国第十二届少数民族文学创作"骏马奖",民族文化实现创新性传承和创造性发展。

八、抓依法治理，在推进民族事务治理能力提升上示范成效明显

建立民族团结教育示范学校110所、教育基地24个，深入开展民族团结月、周、日宣传教育活动，不断夯实"两个共同""三个离不开""五个认同"的思想基础。建立云贵川毗邻地区涉及民族宗教因素矛盾纠纷调处协作机制；与曲靖、昆明等州市签订《云南省九州市少数民族流动人口服务管理跨区域联动协作协议书》，成立以鲁甸县、水富市、威信县牵头，突出以"基层民族宗教事务治理""促进各民族交往交流交融""传承红色基因促乡村振兴"为重点的三个创建联盟，推动资源共享、信息互通、密切协作、权益保障、维护稳定。定期开展民族团结稳定形势分析研判，将民族地区矛盾纠纷排查纳入网格化管理，成功调处多起涉民族因素影响团结稳定事件。坚持我国宗教中国化方向，开展宗教界和信教群众爱国主义和社会主义教育，推进"五进"宗教活动场所，积极引导宗教与社会主义社会相适应。通过持续深入开展创建，威信成功创成全国民族团结进步示范县，罗炳辉将军纪念馆、扎西会议纪念馆创成全国民族团结进步教育基地，镇雄、盐津、永善、水富4个县（市）和129个单位创成省级示范县和示范单位，市博物馆、鲁甸地震纪念馆创成省级民族团结进步教育基地，昭通学院被命名为省级铸牢中华民族共同体意识研究基地，示范区建设取得重要进展。

曲靖市民族团结进步示范区建设情况

曲靖地处乌蒙之巅、珠江之源，是中原文化与西南各民族文化融合荟萃及爨文化的发祥之所，素有"滇东门户、滇黔锁钥"之誉。辖3区5县1市1个国家级经济技术开发区，国土面积2.89万平方公里，居住有汉、彝、回、苗、壮、布依、水、瑶等50余个民族共672万人，其中少数民族57.43万人，占全市总人口的8.55%，主要聚居在8个民族乡、161个民族行政村、1437个民族自然村，交错融居于各城乡社区（村），是中华民族大家庭的一个鲜活"缩影"。

一、强化思想引领，为示范区建设注入强大精神动力

首先，加强主线教育。搭建线上线下平台，结合巩固拓展党史学习教育成果，充分发挥融媒体中心和新时代文明实践中心作用，以机关单位、乡镇村居、企业、学校为主阵地，常态化开展铸牢中华民族共同体意识教育，深化"传承党的百年光辉史基因、铸牢中华民族共同体意识"主题教育活动，将铸牢中华民族共同体意识纳入干部教育、党员教育和国民教育、社会教育全过程，纳入居民公约、村规民约、行业公约等，进一步深化各族干部群众国家观、历史观、民族观、文化观、宗教观的宣传教育。

其次，增强文化认同。深入实施文化惠民工程，保护、传承和开发优秀民族文化，推进民族文化创造性转化和创新性发展，使各民族文化繁荣发展的过程成为各民族相知相亲相惜的过程。10年来共投入专项经费1001万元，完成省级民族文化项目88个；通过挖掘"段氏与三十七部会盟碑"等历史文化，编演话剧《乌蒙镌铭》，创作本土题材剧本集《滇南往事》，打造具有鲜明中华文化底蕴、充分汲取各民族优秀文化营养、融合现代文明的演绎作品。成功举办市第四届少数民族传统体育运动会、市第五届少数民族歌舞乐展演、纪念改革开放四十周年——世居少数民族无伴奏合唱创作演唱会、"中国梦·珠源情"民族器乐专场公益音乐会、"山歌水谣"新年民族音乐会等，充分展示了各族群众团结奋进的精神风貌，彰显了"汇聚民族团结之力，共创和谐美丽曲靖"的示范区建设成果。

再次，强化主线宣传。建立健全宣传教育常态化机制，大力推进国家通用语言文字的普及和提升工程，深入开展民族知识网络竞答、民族团结进步微视频展播等

活动，整合传统媒体、新型媒体、文艺界等宣传资源，重点在曲靖日报、曲靖电视台等开设专栏专刊专版，针对不同受众和对象，以标语、墙体画、文艺演出、理论文章、历史故事、舞台剧目等生动活泼、群众喜闻乐见的形式，采取线上线下等方式，分众化做好社会宣传，唱响民族团结进步主旋律，传递民族团结进步好声音，使各族群众铸牢中华民族共同体意识内化于心、外化于行，"三个离不开思想""五个高度认同"更加深入人心。

最后，深化主线实践。深度挖掘整理曲靖大小爨碑、会泽扩红、宣威虎头山战役、三线建设、易地扶贫搬迁等历史资源、宝贵精神财富和改革开放成就，广泛传播党团结带领各族人民从胜利走向新的胜利的故事。坚持铸牢中华民族共同体意识从娃娃抓起，开展"青春心向党""童心向党"等主题实践活动，厚植各族干部群众和青少年爱党、爱国、爱社会主义的情感，形成争当民族团结石榴籽的浓厚氛围。

二、强化协同发展，把改善民生福祉作为示范区建设的重点任务

第一，着力补齐少数民族和民族地区发展短板，全面建成小康社会。全市构建了专项扶贫、行业扶贫、定点扶贫、社会扶贫、沪滇扶贫协作的大扶贫格局，整合各级资金781.83亿元、实施各类项目1.58万个，其中全市民宗系统协调争取中央财政专项扶贫资金、省民族宗教专项资金2.2亿元，同步安排市级创建资金2320万元，联合打造省市示范点100个，助力民族地区脱贫攻坚。瞄准曲靖少数民族人口众多、分布面广、基础薄弱的特点，采取分类指导，因地制宜，因村因户精准施策，将更多资金、项目、力量和公共服务等资源倾斜支持少数民族聚居区，着力补齐发展短板。以"三联三争""五面红旗""爱心超市"等激励机制为载体，全面消除"空壳村""薄弱村"，贫困村集体经济收入年均5万元以上，现行标准下82.72万建档立卡贫困人口全部脱贫、1203个贫困村全部出列、5个贫困县（市）高质量摘帽，师宗县龙庆彝族壮族乡、高良壮族苗族瑶族乡、会泽县新街回族乡3个贫困民族乡和58个贫困民族村委会、394个贫困民族自然村与全国、全省、全市同步建成小康社会。

第二，立足区位优势和资源禀赋，贯彻"五大发展"理念，以建设先进制造基地、高端食品基地、城乡融合发展示范区、云南副中心城市"四个定位"为着力点，统筹推进对内对外双向全方位开放，推动城乡区域协调发展，公共服务保障能力和水平得到较大提升。把示范区建设与全国文明城市创建、全国卫生城市创建、全国市域社会治理现代化试点合格城市创建、新型城镇化建设、巩固拓展脱贫攻坚成果同全面推进乡村振兴有效衔接等重点工作、重大项目深度融合，助推经济社会高质量

跨越式发展,赋予所有的改革和发展成果以彰显铸牢中华民族共同体意识、维护祖国统一、反对分裂和促进民族团结的意义。市内生产总值从 2015 年的 1738 亿元增加到 2021 年的 3393 亿元、年均增长 11.8%,2021 年进入全国地级城市 100 强第 70 位,在全省率先实现县县通高速,实现高质量发展新跨越。

三、强化示范引领,全面创建全国民族团结进步示范市

第一,强化战略思维,全域部署推进创建工作。以深入开展"十进十创"示范单位为载体,把铸牢中华民族共同体意识为主线和根本方向的民族团结进步创建工作列入"五位一体"总体布局和"四个全面"战略布局,融入全社会各行业各领域各方面全过程,融入各级各部门中心工作和职能职责,构建横向到边、纵向到底的示范创建工作格局和浓厚创建氛围。

第二,聚焦工作主线,着力打造示范典型。紧扣中华民族多元一体格局,结合曲靖丰富的人文历史资源和红色文化、旅游文化等特点,指导各地各单位深度挖掘、整理、研究当地历史文化脉络、爱国基因资源、民族关系状况、经济社会发展、城镇化建设等线索,把准创建脉络、深化创建内涵、丰富创建形式、创新创建方法,在全市打造了一批富有时代气息、体现地域特征、具有行业特点的多样化创建工作示范样板,形成以点串线、以线连片、以片带面的创建格局。涌现出麒麟区的"心心相融、共美麒麟"、罗平县的"大美罗平、同心筑梦"和市人大常委会机关、市民族宗教委与马龙王家庄街道建立的"架起共创共建连心桥、画好民族团结同心圆"创建联盟,师宗"疫情下的一座城,党旗下的一条心,手牵手的一家人",鲁布革布依族苗族乡与贵州兴义三江口镇、广西西林马蚌镇建立跨省区联合党工委"共创党建一盘棋、生态一体化、发展一条路、幸福一家事、和谐一幅画的民族团结进步示范区"等一大批示范典型。

四、强化团结意识,以和谐稳定作为示范区建设核心

第一,加强法治宣传教育。把民族团结进步创建和宗教工作融入平安曲靖、法治曲靖建设、全国市域社会治理现代化试点合格城市创建等,颁布《曲靖市多元化解纠纷促进条例》,创建法治示范村、平安社区、枫桥式司法所和派出所,构建以人民调解为基础的"大调解"工作格局。把民族宗教法律法规列入"八五"普法内容,利用民族团结宣传月、宣传周、宣传日和传统节日节庆活动,加强法治宣传教育,教育和引导各族群众和宗教界人士、信教群众增强法治意识,自觉尊法学法守法用法

法，办事依法、遇事找法、解决问题用法、化解矛盾靠法，做到法律面前人人平等。

第二，健全防范化解民族宗教领域风险隐患体制机制。定期开展团结稳定形势分析研判，不断完善影响团结稳定问题省市县三级同步监测监管机制、涉及民族宗教因素突发事件应急处置机制、网络舆情联动处置机制和属地管理、受理接访、化解纠纷的联动机制，建立健全少数民族流动人口服务管理跨区域联动协作联席会议制度，认真落实流动人口流出地和流入地信息互通、协调合作、社会服务、法律援助等工作机制。坚持德才兼备的原则，按照"四个特别"的标准，大力培养使用民族宗教工作干部，解决好民族宗教工作有人干、干得好的问题，推进自治、法治、德治融合发展，持续提升民族事务治理体系和治理能力现代化水平。

第三，守牢民族宗教领域意识形态阵地。牢固树立总体国家安全观，坚持底线思维，成立由宣传、统战、政法、公安、民宗等多部门联动的民族宗教领域意识形态调处工作机制，依法严厉打击利用网络挑拨民族关系、煽动民族歧视和仇恨、破坏民族团结的言行，坚持打造正面宣传矩阵，在网络空间形成有利于铸牢中华民族共同体意识的正能量、好声音，牢牢掌握网络意识形态阵地主导权。

玉溪市民族团结进步示范区建设情况

玉溪地处滇中，少数民族人口占全市总人口数的 34.98%，民族自治地方占全市国土面积的 57.5%，有中国第一个彝族自治县峨山、"花腰傣之乡"新平、云南唯一一个蒙古族乡兴蒙。促进各民族共同团结奋斗、共同繁荣发展，实现中华民族一家亲、同心共筑中国梦的总目标，是玉溪改革发展稳定全局的着力点，也是玉溪民族团结进步示范区建设的主攻点。

一、以"十二个必须"为纲，纲举目张

按照中央、省委、市委工作要求，玉溪民族团结进步示范区建设工作以"十二个必须"为纲，三个自治县在坚持和完善民族区域自治制度的道路上，坚持党的领导，坚持巩固和发展平等团结互助和谐的社会主义民族关系，携手迈进社会主义现代化新征程。以增强"四个意识"、坚定"四个自信"、做到"两个维护"为举，全市每一级党组织、每一名党员都从讲政治的高度执行和遵守上级决策部署，切实把中央和省委对民族团结进步示范区建设的部署要求转化为谋划和推进玉溪高质量发展的思路举措。

二、以"四个关系"为要，突出重心

一是把握好共同性和差异性的关系。以增进共同性、尊重和包容差异性的民族工作为原则，共同性为主导，增强各族人民对伟大祖国、中华民族、中华文化、中国共产党、中国特色社会主义的认同。各民族同步实现全面小康，157 个少数民族聚居贫困村寨全面脱贫。民族地区教育工程系统推进，基本医疗大病保险、医疗救助等保障机制全面建立；农村危房改造任务全面清零。民族文化繁荣发展，实施民族文化保护传承项目，一大批少数民族语言、音乐舞蹈、传统技艺得到有效保护和传承。民族工作机制更加健全，启动新的民族团结进步示范区建设 5 年规划编制，推动党的民族政策落实落地。

二是把握好中华民族共同体意识和各民族意识的关系。全市各级各部门利用理论中心组学习、专题会议、党校和院校培训等开展教育培训，组织开展民族团结进

步宣传教育活动月及启动仪式，发放《云南省民族团结进步示范区建设条例》等宣传资料1万余份，参与线上知识竞赛和观看网络直播人数共10万余人次。利用新媒体及市、县区融媒体中心普遍开展专题宣传，中华民族共同体意识深入人心。

三是把握好中华文化和各民族文化的关系。利用"花灯""歌舞""巡回演出"和"聂耳大众社区宣讲团""小喇叭宣讲团""我们的中国梦"等活动载体，推进民族文化交往交流交融，让各民族文化"美人之美，美美与共"。抓住文化认同的根脉，打造"聂耳音乐之都"，建成"南疆丹娘"孙兰英纪念馆等红色教育基地。实施中华优秀传统文化传承发展工程，创建"中国最佳楹联文化城市"和"中华诗词之市"；推进民族团结进步创建进博物馆、进历史文化公园，各地相继制定保护条例，奠定了保护、传承、发展民族文化的法治基础。实施民族文化精品工程和濒危文化抢救保护工程，全市少数民族文化保护项目达到319个，认定非物质文化遗产传承人115人。

四是把握好物质和精神的关系。坚持以铸牢中华民族共同体意识为主线，以社会主义核心价值观教育为核心，充分挖掘各县（市、区）被人民群众共享、认同的文化元素中蕴含的精神，进一步凝聚人心，汇聚力量。在红塔区，讲好"为党奋斗、为国而歌、为民呐喊"的聂耳与国歌故事和弘扬好"山高人为峰"的精神；在澄江市，以"同心共抓大保护、团结共融大发展"为主题，讲好"绿水青山就是金山银山"的生动实践；在峨山县，讲好坚定不移走中国特色解决民族问题正确道路的70年成就等等。

三、以"五大工程"为引，全域推进

一是实施共有精神家园建设工程，铸牢中华民族共同体意识。在各族群众中深入培育和践行社会主义核心价值观，把铸牢中华民族共同体意识与党史学习教育相融合，编印《党史学习教育熟读熟记》《党史学习教育应知应会》，开展"我为群众办实事"、"永远跟党走·奋进新征程"百姓宣讲、"进企业，办实事，助发展"等特色教育活动；打造"聂耳和国歌的故事"红色学习体验线路，组织开展访、听、温、唱"四合一"特色学习体验活动。

二是实施繁荣发展共享工程，推动各民族共同走向社会主义现代化。加快民族地区基础设施建设，坚持项目、资金向民族地区倾斜，2016—2020年累计完成投资686.93亿元，实施民族地区"五网"建设项目，有效改善交通、水利、通信等基础设施条件。提升改善农村人居环境，开展生活垃圾分类试点工作。继续为各民族低收入群众代缴城乡居民医疗保险，23.45万人次享受到了政策的实惠，实现民族地区城乡居民基本医疗保险人口全覆盖。壮大"烟菜花果药畜"特色优势产业，云南省"10大名品""10强企业""20佳创新企业"数量稳居全省第2位。成功举办首届中国（玉溪）品质生活论坛。系统推进民族地区教育工程，2021年，全市学前三年毛入园率、九年义务教育巩固率、高中阶段毛入学率分别排名全省第2、第3、第2位，玉溪市民族中学晋升一级二等学校，玉溪市一级普通高中占比达54%，比例位居全省前列；加快发展中等职业教育，五年来，共投入专项资金1.8亿元，打造县区"特色职校"，形成"一县（校）一品、一县（校）一特"的中等职业教育新格局。

三是实施融荣社会构建工程，促进各民族交往交流交融。印发《玉溪市关于建立"双绑"利益联结机制推进产业帮扶全覆盖实施方案》等文件，支持农村少数民族群众到城镇务工经商、求学就业、安居定居，加快构建互嵌式社会结构和社区环境，创造各民族共居共学、共建共享、共事共乐的社会条件。通过统筹城乡建设布局规划和公共服务资源配置、易地搬迁安置、优化产业布局吸引就业等方式，把县城打造成为农业转移人口市民化的重要平台，引导人口、产业有序集聚，以村（社区）为基础单元构建互嵌式居住模式，逐步实现在空间、文化、经济、社会、心理等方面的全方位嵌入。强化服务做好城市民族工作，将少数民族流动人口纳入城市流动人口服务管理体系，帮助解决就业落户、社会保障、就医就学、公共法律服务等问题。建立健全宣传教育常态化机制，把铸牢中华民族共同体意识纳入干部教育、党员教育、国民教育体系，认真落实《深化新时代学校民族团结进步教育指导纲要》，将铸牢中华民族共同体意识融入办学治校、教书育人全过程。大力推进文化繁荣，全市建有12个公共文化馆、90个乡级文化站、861个村级文化活动中心，文化活动广场1100个。新平县《花腰恋歌》荣获第十三届世界民族电影节两项大奖，并在人民大会堂首映。

四是实施市域治理现代化工程，提升民族事务治理水平。全面贯彻落实宪法和民族区域自治法，在法律范围内处理涉及民族因素的问题，完善市、县、乡"三级"同步监测监管涉及民族宗教因素影响团结稳定问题机制，把民族事务治理法治化作为维护民族团结的基本路径，用法治思维解决现实问题，维护公平正义。以创建全国第一批市域社会治理现代化试点城市为契机，制定《关于推进党建引领基层社会治理网格化服务管理"多网合一"的实施意见》，积极探索推进党建引领"多网合一"网格化服务管理，推动自治、德治、法治"三治融合"，深化智治支撑，推动全市基层社会治理现代化工作实现长足发展。

五是实施典型示范建设引领工程，打造创建工作实践标杆。在深化"玉溪之变"，打造"一极两区"，推进民族团结进步示范创建过程中，突出铸牢中华民族共同体意识的鲜明导向，加大公共文化服务场所、重点行业、窗口单位、政法单位、旅游景区、群团组织、新经济组织等创建力度，以"八+N进"为抓手，坚持把创建任务项目化、清单化、具体化，用好"民族团结+"、创建联盟等模式，积极探索实践出一批具有代表性、典型性、引领性的好经验、好做法、好成效。深入持续推进"十县百乡千村万户"示范引领建设工程。2016—2021年，向上争取资金1.86亿元，市级配套资金3000万余元，实施了2个示范县、5个示范乡镇（特色乡镇）、165个示范村（特色村）、6个示范社区项目建设。元江县因远镇等被命名为"云南省少数民族特色小镇"，19个村被命名为"中国少数民族特色村寨"，28个村被命名为"云南省少数民族特色村寨"，130个项目点被命名为"云南省第一批民族团结进步示范县示范单位"。

保山市民族团结进步示范区建设情况

保山古称永昌，面积1.9万多平方公里，国境线长170公里。有腾冲市、龙陵县2个边境县（市）、4个边境乡（镇）。有汉、彝、白、傣、傈僳、回、苗、布朗、佤、阿昌、景颇、满、德昂13个世居民族，少数民族占总人口的10.9%。有14个民族乡（镇）、187个民族聚居村（含边境村、人口较少民族村、直过民族村和其他民族聚居村）。近年来，保山市认真贯彻落实习近平总书记关于加强和改进民族工作的重要思想和考察云南重要讲话精神，以铸牢中华民族共同体意识为主线，牢牢守好民族团结这条"生命线"，始终把民族团结进步示范区建设作为全市经济社会发展的重大定位，推动示范区建设和民族团结进步创建工作一体统筹谋划、一体推进落实，谱写了新时代保山民族团结进步事业发展的新篇章。

一、深化示范创建，全面铸牢中华民族共同体意识

2015年以来，保山市全面推进民族团结进步创建工作，实施两轮沿边三年行动计划、三轮"十百千万"示范引领工程、人口较少民族整族帮扶、直过民族脱贫攻坚、高黎贡山移民等一系列补短板强弱项的民生工程，为民族团结进步示范区建设打下了坚实的基础、取得一定成效。已成功创建500多个各级民族团结进步示范村寨和示范单位，10余万民族团结进步示范户，26个少数民族村寨被命名为全国、全省少数民族特色村寨。腾冲市被命名为全国民族团结进步示范市，龙陵县和190个单位被命名为云南省民族团结进步示范县、示范单位，杨善洲精神教育基地等2个基地被命名为云南省首批民族团结进步教育基地，保山学院被命名为首批云南省铸牢中华民族共同体意识研究基地。建成了以边境乡镇为支点的"边疆民族团结进步示范长廊"、城乡融合发展的"民族团结进步示范带"、相邻州市共建共享的"民族团结进步示范联盟"，"保山—美美与共的乐土""唱响新时代边疆人民幸福之歌""党建引领共育民族团结花"等创建经验做法以及微纪录片《情满司莫拉》等在中央、省级主流媒体刊播，打造了"民族团结进步+红色教育""民族团结进步+模范人物"等系列品牌，创建工作内涵不断深化，民族团结进步的"保山模式"持续巩固、拓展和提升。

二、抓实项目建设，全面加快民族地区经济高质量发展

第一，抓实"十百千万"示范引领建设工程示范点建设。共实施示范点264个，补助资金2.94亿元，形成了一批产业强、环境好、民富村美人和谐的民族团结进步示范点，有力助推全市经济社会发展跨越发展。第二，抓实沿边三年行动计划。整合投入资金14.17亿元，实施了两轮沿边三年行动计划，通过项目实施，不断补齐沿边地区发展"短板"。第三，抓实边境小康示范村建设。腾冲市、龙陵县编制了县级实施方案，修改完善了"一村一方案"，其中：腾冲市规划编制项目264个、资金3.69亿元，龙陵县规划编制项目227个、资金3.02亿元。第四，抓实高黎贡山移民工作。根据省委、省政府部署，制定了《保山市高黎贡山移民脱贫发展行动计划（2017—2020年）》，完成投资8.8亿元，建设移民安置点8个，909户4910人移民群众实现住有所居、学有所教、病有所医、收入稳定、融入社会，让高黎贡山搬迁群众真正实现了"移跃跨千年"的梦想。第五，抓实民族地区乡村振兴。保山市9.4万户39万建档立卡贫困人口全部脱贫退出，现行标准下贫困发生率下降为零，4个贫困县全部摘帽、413个贫困村全部出列。建档立卡脱贫人口人均纯收入由2016年的4681元增加到2021年的12940元。佤族、傈僳族等实现"两次跨越"绘就乡村振兴的美好图景，持续巩固拓展脱贫攻坚成果同乡村振兴有效衔接，健全防止返贫动态监测机制和精准帮扶机制，脱贫人口稳定脱贫、持续致富，重点打造了隆阳区潞江坝新寨咖啡等一村一品示范村，全市86%的村集体经济收入达10万元以上。

三、改善民生保障，各族人民生活更加美好

一方面，持续加大民生投入。财政民生资金累计支出1193.7亿元、年均占比74.8%。城镇登记失业率控制在4%以内，农村劳动力转移就业总量保持在100万人以上。社会保障制度基本实现人均覆盖。基础教育巩固发展，顺利通过国家义务教育基本均衡发展验收，职业教育产教融合、高等教育应用型本科建设开辟新空间。公共卫生应急救治短板加快补齐，三级医院增加到6所，创成全国中医药基层工作先进单位。公共文化、体育等社会事业蓬勃发展。社会治安防控体系建设效果显著，边境疫情防控和稳边控边能力实现质的提升，禁毒和防艾人民战争成效明显，扫黑除恶专项斗争取得重要成果，连续多年被评为全省平安建设先进市。安全生产事故连续5年下降，入列全国社会信用体系建设示范区，三县一市获全国信访"三无"

县表彰。另一方面,民生扶持持续发力。整合各类资金,大力实施"十百千万"示范引领工程示范点建设、兴边富民行动,扎实做好扶持"直过民族"和人口较少民族发展、整族帮扶整乡推进等重点扶持政策,优势特色产业得到持续培植,各族群众生活水平大幅提高,民族团结进步示范区建设达到了示范引领的目的。

四、坚持统筹协调,全面推进民族地区社会事业繁荣发展

高度重视少数民族和民族地区经济社会发展,在科技、教育、文化、卫生、体育等社会事业上给予尽可能倾斜支持,推动民族地区各项事业蓬勃发展。一是民族文化体育事业繁荣发展。深入实施中华优秀传统文化传承发展工程,完善了519项中华优秀传统文化数据库,实施了一批世居民族文化精品工程,拥有各级非物质文化遗产名录项目337项、非遗传承人601人,推动各民族文化互嵌交融、创新发展。2015年来,共实施少数民族文化项目89个,总投资2000余万元,项目涉及12个民族的语言文字、民间故事、音乐、传统体育、手工技艺等收集、整理、翻译等工作。对全市少数民族文化进行全面普查,建设了隆阳区芒宽乡民族文化广场等一批世居民族文化精品工程。组织推荐阿昌族原创声乐作品《蹬窝啰》参加全国性表演,实现了保山市在本类别展演活动中零的突破,《草球乐》《挑箕乐》等少数民族传统体育表演项目获全国、全省民运会金奖,大型少数民族风情歌舞《金布朗》在云南省第二届少数民族文艺会演上获剧目创作金奖。二是民族教育事业优质发展。腾冲市猴桥民族小学入选云南省铸牢中华民族共同体意识主题教育实践活动试点,潞江镇丛岗小学等5所学校被命名为"云南民族优秀文化教育示范学校"。在保山一中开设民族高中班(混班制)。5县(市、区)设立民族中学或县级优质民族高中班。三是国家通用语言文字广泛普及。深入开展"普通话上街下乡进村寨""小手拉大手、同讲普通话""推普路上一起走"等活动,"直过民族"和人口较少民族聚居村创建普及普通话示范村全面达标,全市各级各类学校学生使用国家通用语言率、教师使用国家通用语言教学率、学校国家通用文字宣传覆盖率、教师国家通用文字应用培训率均达100%。

五、夯实培训质效,全面提升干部队伍能力素质

高度重视民族干部和民族地区干部培养工作,制定出台了相关政策措施,通过加大招考力度、优化配置、强化培训等方法,加大少数民族干部培养选拔力度。一是强化政策保障。结合保山实际,先后制定出台了《关于进一步加强少数民族干部

队伍建设的意见》等系列政策措施，从全局和战略的高度对全市少数民族干部培养选拔工作进行了部署，为打造高素质少数民族干部人才队伍提供了坚强的制度和政策保障。2021年末，全市少数民族公务员1724人，占全市公务员总数的12.7%，主要行业均有少数民族中高级专业技术人才。在党委、人大、政府、政协班子换届中，均配备一定数量的少数民族干部。二是强化学习培训。通过组织开展少数民族青年干部培训班、科级少数民族干部提升班、统战民宗干部履职能力提升班等，加大民族工作干部队伍的教育培训。2015年来共举办民族宗教干部队伍培训30余期5000余人次，选派100多名少数民族优秀干部到省直机关、经济发达地区挂职锻炼。民族地区"四个特别"干部队伍建强用活，广大党员干部成为铸牢中华民族共同体意识的忠诚践行者、守护者、促进者、示范者。

楚雄州民族团结进步示范区建设情况

楚雄彝族自治州是全国 30 个民族自治州中的两个彝族自治州之一。全州辖 8 县 2 市 103 个乡镇，国土面积 2.84 万平方公里。2021 年末全州户籍总人口 265.53 万人，其中少数民族人口 97.93 万人，占总人口的 36.9%。全州有 35 个民族聚居乡（含 4 个民族乡）。

近年来，在党中央、国务院的深切关怀和省委、省政府的坚强领导下，楚雄州深入贯彻落实习近平总书记关于加强和改进民族工作的重要思想和考察云南重要讲话精神，以铸牢中华民族共同体意识为主线，认真履行守护民族团结生命线的政治责任，进一步推动共建共治共享社会治理格局的日臻完善。2017 年 12 月，楚雄州成功创建"全国民族团结进步创建示范州"；2016 年至 2021 年，民族团结进步示范区、铸牢中华民族共同体意识考核连续 6 年获省优秀等次，示范区建设取得阶段性成效，武定县、楚雄市栗子园社区等 8 个单位被国家民委命名为全国民族团结进步创建示范县示范单位，创建省级示范县市 6 个、示范单位 268 个，州级示范县市 10 个、示范单位 1417 个；创建州级、省级、国家级和谐寺观教堂 223 所；楚雄市紫溪彝村等 21 个村被国家民委命名为中国少数民族特色村寨，形成了全州各民族和谐共处、携手并肩、团结奋斗共同建设美好家园的生动局面。

一、强化宣传教育，铸魂凝聚共识

楚雄州坚持把铸牢中华民族共同体意识作为基础性、长期性、战略性工作，在全社会深入开展铸牢中华民族共同体意识教育。一是健全完善民族团结进步教育常态化机制。把铸牢中华民族共同体意识宣传教育纳入干部教育、党员教育、国民教育、社会教育全过程，纳入各级党委（党组）中心学习组重要内容。强化习近平总书记关于加强和改进民族工作的重要思想、铸牢中华民族共同体意识学习，推动党的民族理论、民族政策、民族法规入脑入心。二是深入推进宣传教育。深入开展"互联网＋民族团结进步"行动，建立创建工作专题网站、微信公众号，精心组织开展"喜迎党的二十大·中华民族一家亲·同心共筑中国梦"等主题宣传。扎实开展"党史学习教育＋民族团结进步"活动，传承红色基因，赓续红色血脉，教育引导各族群众牢固树立"四个与共"的共同体理念，不断增强铸牢中华民族共同体意识的自觉性和坚定性，推动各族群众树立"五个认同"意识，凝聚各民族共同团结奋斗、共同繁荣发展的强大合力。

二、加强文化引领，构筑共有精神家园

始终遵循习近平总书记关于"中华文化是各民族优秀文化的集大成"的重要论断，正确把握中华文化和各民族文化的关系，以增强中华文化认同为基础，构筑各民族共有精神家园。一是抓实优秀民族文化传承保护，推动中华优秀传统文化创造性转化和创新性发展。深入实施"双百工程"、少数民族文化精品工程，先后出版了《楚雄民族文化丛书》《楚雄彝族文化丛书》《楚雄乡土志丛书》等民族文化书籍；成功打造《云绣彝裳》《古薇噜》《彝乡之恋》等民族文化演艺精品和彝族火把节、丝路云裳民族赛装文化节、中国原生民歌节等文化节庆品牌，有效推动了各民族文化的传承保护和创新交融，增强文化认同，打牢中华民族共同体思想基础。二是大力推广普及国家通用语言文字，促进各民族语言互通、心灵相通。持续开展"全国推广普通话宣传周"活动、中华经典诵写讲系列比赛，实施"语言扶贫APP"项目和农村职业技能培训，广泛开展普通话示范村、示范学校创建工作，全州270所中小学、幼儿园等学校（园）通过了学校语言文字工作规范化达标验收，20个行政村被省语委认定为"普及普通话示范村"，10县市中心城市分别完成了国家二类、三类城市语言文字规范化达标评估，国家通用语言文字规范化达标走在全省前列。

三、深化创建内涵，推动各民族交往交流交融

始终高举中华民族大团结的旗帜，采取多种形式，促进各民族广泛交往、全面交流、深度交融，系紧铸牢中华民族共同体意识的情感纽带，守住民族团结这根"生命线"。一是以城乡社区为中心搭建各民族交往交流交融平台。创新少数民族流动人口服务管理方式，与四川省攀枝花市、丽江市等地建立了少数民族流动人口服务管理跨区域城市民族工作联动协作机制，做好少数民族人口流出地和流入地对接工作，让各少数民族群众更好融入城市社区，在城市能立足、能安居、能融入、能致富，逐步实现各民族全方位嵌入。进一步加强城市民族工作，与红河、玉溪、丽江建立民族进步创建联盟，着力推动民族团结、社会和谐、区域发展。二是以群众活动为纽带增进各民族交往交流交融。持续举办各类民族节庆活动、新编剧目文艺汇演和州内少数民族传统体育运动会，积极组织参加全国、全省少数民族传统体育运动会、全国少数民族文艺汇演、全省民族民间歌舞乐展演等活动，搭建起各民族沟通交流

的文化桥梁和组织纽带，创造共居、共学、共建、共享、共乐的社会结构和社会条件，促进各民族在理想信念、情感文化上的团结统一。三是以示范创建为抓手促进各民族交往交流交融。打造民族团结进步旅游景区、商会、党史教育基地、博物馆规划馆非遗中心"四个创建联盟"，推进不同行业、不同领域深度融合创建。以民族团结进步创建"十进"为载体，广泛开展全领域创建，实现创建工作常态化广覆盖。把民族团结进步纳入村规民约、居民公约，持续开展"中华民族一家亲，同心共筑中国梦"主题活动，把中华民族共同体意识的价值理念融入基层细胞，根植于各族干部群众生产生活实践，形成全面动员、全域覆盖、全体参与的大创建格局。

四、以高质量发展，推动现代化建设步伐

始终遵循习近平总书记关于"脱贫、全面小康、现代化，一个都不能少"的重要嘱托，以找准把握新发展阶段、贯彻新发展理念、融入新发展格局、实现高质量发展、促进共同富裕的切入点和发力点，全面深化改革开放，提升自我发展能力，不断推动各民族共同走向社会主义现代化，民族地区实现了高质量发展。第一，坚持脱贫攻坚与民族团结进步示范创建"双融合、双推进"，深入实施民族团结进步"十百千万"示范引领工程，累计投入各类扶贫资金508亿元，7个贫困县摘帽、25个贫困乡镇退出、644个贫困村出列、33.4万贫困人口脱贫，脱贫攻坚战取得全面胜利，与全国全省同步全面建成了小康社会，顺利实现了第一个百年奋斗目标。第二，坚持把发展作为解决民族地区一切问题的"总钥匙"，以发展促团结、以团结聚人心，让各族群众共享改革发展成果和民族团结红利。高速公路里程达766公里，实现县县通高速公路，铁路里程达602公里，楚雄进入高铁时代。全州GDP总量在全国30个民族自治州中排名由2015年的第11位晋升到第7位，人均GDP全省排名第四位。第三，民生保障能力显著提高，民族教育事业长足发展，学前三年毛入园率提高29.1个百分点，义务教育巩固率提高5.8个百分点，高中阶段毛入学率提高13.9个百分点，民族地区所有义务教育学校"20条底线"全部达标。州、县、乡、村四级医疗卫生服务网络基本形成，县市和乡镇覆盖率均达100%。第四，坚决打赢打好污染防治攻坚战，生态环境持续改善，森林覆盖率达70.01%，坚决全面彻底如期安全高质量抓好环保督察、审计等各类反馈问题整改，被授予"国家生态文明建设示范州"称号。第五，人民生活水平显著提升。2020年，城乡居民收入分别达38285元、12861元，比2015年分别增加11522元、4534元，均高于全省平均水平，民族团结的物质基础不断夯实。

五、加强法制建设，提升治理能力

始终遵循习近平总书记关于"不断增强边疆民族地区治理能力"的重要嘱托，着力加强"法治楚雄"和"平安楚雄"建设。一是坚持用法治保障民族团结进步工作。发挥民族区域自治制度的显著优势，注重制度建设，相继颁布实施1部自治条例、11部单行条例、5部地方性法规，用制度保障民族团结进步成果。二是坚持用基层治理巩固民族团结进步工作。把民族事务纳入共建共享的社会治理格局，建立统筹协调、联动推动、问题解决、督促问效"四项机制"的社会治理体系，不断完善党建引领"一部手机治理通"平台功能。三是坚持在解决堵点痛点问题中发展民族团结进步工作。坚决防范民族宗教领域重大风险隐患，健全涉及民族宗教因素、网络舆情、预警引导处理机制，妥善处理涉及民族宗教网络舆情，抵御民族分裂、宗教极端思想渗透，切实维护政治安全、意识形态安全，坚决守住不发生区域性、系统性风险的底线。全州没有发生因民族宗教因素引发的重大群体性事件，连续5次荣获"全国社会治安综合治理优秀州（市）"称号，连续3次荣获全国社会治安综合治理最高荣誉奖"长安杯"，民族团结、宗教和顺、边疆稳定的良好局面更加巩固。

红河州民族团结进步示范区建设情况

2015年，习近平总书记考察云南，明确要求云南"建成我国民族团结进步示范区"。2020年，习近平总书记再次考察云南，要求云南"要在民族团结进步示范区建设上不断取得新进展"。红河州坚持以习近平新时代中国特色社会主义思想为指导，全面贯彻落实习近平总书记关于加强和改进民族工作的重要思想、考察云南重要讲话及给沧源县老支书们的回信精神，坚持以铸牢中华民族共同体意识为主线，高举中华民族大团结旗帜，坚定不移走中国特色解决民族问题的正确道路，全面推进民族团结进步示范区建设取得新成效，为云南省创建"民族团结进步示范区"作出贡献，为全国民族团结进步事业创新发展提供了宝贵经验，书写了"建设好美丽家园、维护好民族团结、守护好神圣国土"的红河新答卷。

一、党的全面领导更加坚定有力

切实加强党对民族工作的全面领导，增强建设民族团结进步示范区的政治自觉、思想自觉、行动自觉，确保政治上、思想上、行动上与党中央保持高度一致。一是落实政治责任。采取各级各部门党委（党组）"第一议题"学、理论中心组学习等多种方式，认真学习领会相关精神，自觉把推进民族团结进步示范区建设作为增强"四个意识"、坚定"四个自信"、忠诚拥护"两个确立"、坚决做到"两个维护"的政治体检，有效转化为各级各部门和党员干部的自觉行动。把中央、省委民族工作会议精神等列为"万名党员进党校"的必修课，纳入全州少数民族干部培训班、全州统战民宗系统干部培训班、红河州中青年干部培训班的重要内容，2015年以来，开展党的民族理论、民族政策各级干部培训250余期4.5万余人次。二是落实主体责任。成立示范区建设工作领导小组，制定《关于全面深化民族团结进步创建工作铸牢中华民族共同体意识实施方案》《红河州建设民族团结进步示范区规划（2021—2025年）》等系列配套政策文件，列为党的建设、意识形态责任制、年度综合绩效、政治巡察、党组织书记述职评议等监督检查及考核评价内容，常抓常议、跟进落实。三是落实工作责任。严格落实州级领导和州属部门挂包示范区建设工作责任制。州委州政府主要领导带头，强化督导问效，推动把示范区建设纳入各级党委政府重要议事日程，细化《铸牢中华民族共同体意识考评细则》3个大项31个小项，切实把铸牢中华民族共同体意识各项工作任务向基层延伸并落实落细。

二、民族地区经济社会发展取得两个历史性成就

始终坚持以人民为中心的发展思想，推动各民族共同走向社会主义现代化，实现了全面小康路上一个民族都不掉队，一名群众都不落伍，着力推动经济社会高质量发展。一是脱贫攻坚取得历史性成就。累计投入各类财政扶贫资金331.27亿元，实施"脱贫攻坚""兴边富民""沿边三年行动计划"等工程，7个贫困县脱贫摘帽，60个贫困乡镇、798个贫困村出列，91.32万建档立卡贫困人口全部脱贫，拉祜族、布朗族2个"直过民族"整族脱贫，实现了"一步跨千年"的历史性飞跃。二是全面建成小康社会取得历史性成就。经济总量保持全省第三位，跃居全国30个少数民族自治州首位，实现了六个历史性跨越：经济发展实现历史性跨越，地区生产总值年均增长9.1%，跨上两千亿元大关，达2742.12亿元；基础设施建设实现历史性跨越，区域综合交通枢纽形成态势，水网、能源网逐步完善，基础设施从瓶颈制约向成网成体系迈进；开放发展实现历史性跨越，对外开放跨入"自贸时代"，红河州在云南建设成为我国面向南亚东南亚辐射中心中的地位日益凸显；城镇化水平实现历史性跨越，省域副中心、滇南中心城市定位更加清晰、引领作用明显增强，建成一批"美丽县城"和特色小镇；生态文明建设实现历史性跨越，建成15个城市森林（湿地）公园，元阳哈尼梯田遗产区创建成为国家"绿水青山就是金山银山"实践创新基地，13县市全部创建为"天然氧吧"，红河州成为全国第一个"天然氧吧州"；人民生活水平实现历史性跨越，13县市义务教育实现均衡发展，"云上梯田·梦想红河"文化旅游品牌更加响亮，"健康红河"行动深入实施，基本医疗卫生体系逐步健全，覆盖城乡居民的社会保障体系基本建立，建成红河州一中、滇南中心医院等一批民生工程。

三、中华民族共有精神家园更加牢固

坚持以习近平新时代中国特色社会主义思想为指导，用共同理想信念凝心铸魂，构筑共有精神家园。一是阵地宣传实。以社会主义核心价值观为引领，弘扬新时代民族团结誓词碑精神，签订《新时代红河哈尼族彝族自治州民族团结进步爱国公约》达78.03万人次；在红河会堂南广场矗立"铸牢中华民族共同体意识石碑"，全州先后建成铸牢中华民族共同体意识理论研究机构3个、教育基地7个、教育馆（室）10个、主题广场（公园）65个、教育示范学校16所，在城乡规划馆建设"数说红

河——铸牢中华民族共同体意识平台"。二是群众性宣传广。举办"铸牢中华民族共同体意识理论与实践"研讨会，开展"铸牢中华民族共同体意识——高质量建成民族团结进步示范区"新闻发布会，承办云南省铸牢中华民族共同体意识与少数民族语言培训班，2015年以来，开展以"铸牢中华民族共同体意识"为主题的群众性宣传活动1500余场次，受众35万余人次，发放党的民族理论、民族政策法规等宣传资料120万余份（册）。

四、各民族交往交流交融更加深入

创造各民族共居共学、共建共享、共事共乐的社会结构和社会条件，不断促进各民族广泛交往交流交融。一是着力搭建各民族融合平台。有序推进与东中部地区各族群众跨区域双向流动，建立徐汇区、长宁区、昆山、广州、深圳等多个"红河娘家人""乡村蓝店"综合性就业服务工作站。建立"红河州中小学示范综合实践基地"，培养各族中小学生爱党爱国、社会责任、创新精神和实践能力，利用"夏令营"活动加强与东中部协作省区及重庆大学、中国海洋大学青少年交流谈心，让边疆各族学生真切感受到社会主义大家庭温暖，逐步实现边疆各民族与东中部地区各民族在理想、信念、情感、文化上团结统一。二是加快构建互嵌式社会结构平台。按照"中心引领、两翼齐飞、南部振兴、沿边开放、廊带联动"的总体布局，推进滇南中心城市"五个一体化"和"六个融合"，引导各民族流动人口主动融入社区服务和管理。主动融入大滇西旅游环线、昆玉红旅游文化带，利用中共云南一大会址、西南联大蒙自分校纪念馆、建水古城5A级旅游景区、蒙自碧色寨滇越铁路、弥勒山水田园城市等旅游资源，促进各民族交往交流交融。以打造哈尼梯田"世界级旅游目的地"为目标，突出中华民族共有共享的中华文化符号和形象，推出铸牢中华民族共同体意识精品旅游路线和"梯田韵·中华情"全域旅游模式，让国内外游客亲身体验各民族共同创造的梯田壮美景观。三是深入推进民族团结进步示范创建工作。深化拓展"7+N进"主阵地，推动示范创建提质扩面增效、走深走实走心。4个县市、4个单位成功创建为"全国民族团结进步示范县市示范单位"，20个村寨被国家民委命名为"中国少数民族特色村寨"；共创建省级示范县市7个、示范单位404个，20个云南省少数民族特色村寨（小镇），创建省级民族团结进步示范学校86所、云南省民族优秀文化教育示范学校4所；命名州级民族团结进步示范县市12个、示范单位1075个、教育基地38个、示范家庭4800户。先后有22个单位、16名个人被表彰为全国民族团结进步模范集体和模范个人，民族团结进步之花开遍红河大地。

五、民族宗教事务治理更加有效

坚持统筹发展和安全，着力把党的全面领导这一中国特色社会主义制度的最大优势转化为边疆治理的强大效能。一是治理体系更加健全。制定《关于贯彻党的十九届四中全会精神推进治理体系和治理能力现代化的实施方案》及重点任务分工方案，修订完善《云南省红河哈尼族彝族自治州自治条例》，出台《红河哈尼族彝族自治州多元化解矛盾纠纷促进条例》等32件单行条例，用法治思维和方式处理民族宗教问题，协调民族宗教关系。二是治理效能更加有力。聚焦民族团结进步、宗教和顺和谐、法治边境三项重点，深入开展"民族团结活动月"和"法治边关行"等活动，依法保障各民族群众合法权益。2015年以来，组织集中宣讲360场次，受众7.3万余人次。建设13个法治文化广场，成功创建民主法治村（社区）国家级7个、省级30个。积极引导宗教与社会主义社会相适应，坚持我国宗教中国化方向更加坚定，共创建5个国家级、16个省级和谐寺观教堂。

文山州民族团结进步示范区建设情况

文山州是全国唯一的壮族苗族自治州，与越南、广西接壤，是云南省面向粤港澳大湾区开放合作的前哨和走廊，通往南亚、东南亚的重要通道。长期以来特别是 2015 年以来，文山州深入贯彻落实习近平总书记关于加强和改进民族工作的重要思想，始终牢记习近平总书记建设民族团结进步示范区的殷殷嘱托，围绕铸牢中华民族共同体意识这条主线，举全州之力、汇全州之智全面深入推进民族团结进步示范区建设，各族群众手牵手扎根边疆、心连心心向中央，2021 年成功创建全国民族团结进步示范州，形成了独具边疆特色的民族团结进步"文山样板"。

一、坚持党的全面领导，一盘棋谋、一把手抓

一是书记抓、抓书记。州委、州政府主要负责同志始终坚持把民族团结进步工作作为"一把手"工程、书记工程，部署成立了"文山之干"作战楼，抽调人员集中办公，对民族团结进步示范区建设等工作实行专班调度。同时，实行州、县、乡、村四级书记同抓民族团结，作为各级党委（党组）考核的重要事项和书记述职评议内容，严格落实层级负责。二是强基础、重引领。先后实施了"红旗飘飘"工程，开展了"边疆党建长廊"建设、"智慧党建"、基层党支部标准化规范化建设等工作，建立健全了"乡（镇）党委—行政村党组织—村民小组党支部—党员中心户"的乡村党组织体系。三是抓思想、聚力量。文山州坚持把发挥党的思想引领作用作为民族团结进步的重要抓手，结合"两学一做"、党史学习教育等活动，组建"感党恩、听党话、跟党走"宣讲团，创新开展"五个一"主题活动，讲好习近平总书记关心民族地区发展、牵挂边疆人民的故事，讲好党领导边疆各族群众共同团结奋斗的故事，讲好边疆人民扎根边疆、心向中央的故事，把党的民族制度和政策的优越性讲清讲透，让各族群众切身感受到党的关怀和温暖，自觉感党恩、听党话、跟党走。

二、坚持共同繁荣发展，大抓发展、改善民生

一是树牢大抓发展、抓大发展的鲜明导向。文山州立足后发展和欠发达地区的实际，找准与全国其他 29 个少数民族自治州和周边州市差距，围绕建设"三张牌"

示范区、兴边富民示范区、民族团结进步示范区定位，提出了到2025年经济总量翻一番，进入全省前5位，占全省比重达5%以上，实现由"总量居中、人均靠后"向"总量靠前、人均居中"转变；到2035年再翻一番的"两个翻番""两个5"奋斗目标。在全州创新开展"干在实处、走在前列"行动，以"强边固防"、打造"中国绿色铝谷"核心区、文砚同城化建设、创建国家开发区、综合交通网络建设、"七城创建"等"六大战役"和乡村振兴示范工程、生态环境保护与治理、扩大沿边开放水平等十项重点工作为切口，以打仗的样子、打仗的作风、打仗的状态推动高质量跨越式发展。全州绿色铝产能达343万吨、再生铝产能达100万吨，成为全国绿色铝产能最大州市；6个百万亩（头）基地加快建设，实施粤港澳大湾区"菜篮子"项目，文山市以三七为重点的生物医药产业产值达260亿元，成为全国农业全产业链典型县；文山市、砚山县、广南县、丘北县成为全省"一县一业"示范县、特色县，砚山县荣获全国辣椒产业十强县，普者黑是云南省6年来唯一新增的5A级旅游景区。2021年，完成地区生产总值1298.77亿元，增长8.1%。二是不让一个民族在全面小康中掉队。针对性制定花倮、山瑶、偏苗、僰人等少数民族社区帮扶政策，推动各族群众共同发展进步，累计投入各类扶贫资金723亿元，突出解决"两不愁三保障"及饮水安全等问题，8个贫困县819个贫困村65.25万贫困人口全部脱贫退出。严格落实"五年过渡""四个不摘"要求，及时调整乡村振兴定点帮扶单位1020个，向重点村选派843名驻村第一书记、843支工作队2563名队员，用好"政府救助平台"，做实线上、线下动态监测帮扶，持续增加农村居民和脱贫人口收入，2021年脱贫人口人均纯收入达13285元，牢牢守住了不发生规模性返贫底线。三是全力改善民生共享发展成果。创新提出了打好"七城创建"战役、综合交通网络建设战役，开展以房地产开发项目为重点的历史遗留问题整治、以普者黑湖和盘龙河"一湖一河"为重点的生态环境保护治理等重点工作，实施就地就近就业行动、健康文山建设、10件重大民生实事。文山成为全省率先迈入高铁时代的州市之一，基本实现县县通高速；制定了教育高质量发展12条措施，一次性新建15所普通高中学校，历史性解决了普通高中学位不足的问题，8县市全部实现义务教育基本均衡；县市人民医院全面提质达标，新晋级三级医院3家，8县市均达到国家卫生县城（城市）标准；城乡居民基本养老、医疗保险实现"应保尽保"，城乡低保、特困人员供养等社会救助实现"应救尽救"，城镇和农村居民人均可支配收入分别达36810元、13249元。四是全面推进乡村振兴促进共同富裕。提出把文山打造成为名副其实的中国"绿色铝谷"核心区、世界"三七之都"、世界的"世外桃源"的目标，确定了所有乡村都按照"村庄景区化"的理念进行规划建设，突出抓好农村人居环境整治提升五年行动、城乡绿化三年行动、裸房改造、城乡"两污"治理等工作，全域打造和谐、美丽、富裕的"江南农村"。高标准规划建设42个现代化边境小康村和乡村振兴"百千万"示范工程,已启动建设29个现代化边境小康村、20个乡村振兴示范乡镇、116个精品示范村、373个美丽村庄。

三、坚持交往交流交融,增进共同、美美与共

一是围绕"多元一体"大力弘扬中华优秀传统文化。创新开展"老山精神""西畴精神"大学习、大研讨,以孕育在文山本土的精神内核,深刻阐释中华文化"多元一体"精髓,激发各族群众齐心协力建家乡、守边疆的家国情怀,夯实铸牢中华民族共同体意识的思想基础。开办了具有文山特色的"壮乡苗岭大讲堂",邀请中央统战部、国家民委和省民族宗教委专家进行授课,举办了"融媒体+民族团结进步——全国民族媒体云南行"、铸牢中华民族共同体意识理论研讨会、民族团结进步示范区建设"书记县(市)长"访谈节目、短视频小故事创作大赛等特色宣传宣讲活动,编制了《吾国吾家·文山州民族团结进步创建典型案例汇编》《吾国吾家·文山州民族团结进步创建纪实》。二是围绕美美与共大力传承发展优秀民族文化。先后实施少数民族传统抢救保护、少数民族文化精品工程、"双百工程"培养工程等民族文化项目56个,抢救整理《云南壮族背带装饰图案研究》《文山苗族婚礼古歌》等一批文献古籍和民间文学,壮族纸马舞、苗族响蔑乐器等一批民族民间文化技艺得到保护传承,全州有国家级非物质文化遗产5项、省级非物质文化遗产44项,文山三七文化、坡芽文化、句町文化、老山红色文化等成为民族团结进步文化亮丽名片,创作《狼兵吼》《铜鼓姑娘》《石漠花开》《幸福花山》等700余个。在党的领导下,少数民族和民族地区取得伟大成就的影视和舞台文艺作品,获全国比赛奖项7个、省级奖项30个。《坡芽歌书》走向全国、走出国门,马关壮族农民版画被选定为国礼赠与意大利国家领导人,民族舞剧《幸福花山》获第六届全国少数民族文艺会演"圆梦奖"优秀剧目奖、舞台美术奖。三是围绕增进共同着力构建各民族互嵌式社会结构。全面推广普及国家通用语言文字,深入开展"学前学会普通话"行动,实施"童语童音"等项目,全州3至6岁在园学前儿童普通话普及率达99%以上。坚持用群众喜闻乐见的方式推动各民族群众大流动、大融居,加强少数民族外出和流入管理,承办了第六届全省少数民族运动会,举办了文山建州60周年庆祝活动、文山国际三七节、全州少数民族传统体育运动会,多形式开展壮族"三月三"、苗族"闹兜阳"等民族节庆活动,建成广南县圆梦社区、马关县南山社区等易地扶贫搬迁社区,有效推动各族群众共居、共学、共事、共乐。

四、坚持共建共治共享，稳边固边、团结和谐

一是积极推进民族区域自治制度实践创新。认真做好民族立法和政策制定工作，先后修订《云南省文山壮族苗族自治州自治条例》等地方性民族法规条例33件次，把民族团结进步示范创建工作上升至法律层面，用法律教育引导各族群众树牢国家意识、民族意识、法治意识。二是创新乡村治理"三治融合"模式。坚持以自治聚"人心"、以法治构"和谐"、以德治树"新风"，健全完善"一约四会"制度，探索出"六子登科"石漠化综合治理、"四轮驱动"农村公路建设、"五分钱工程"、红黑榜等乡村治理机制和"十户联防"网格化管理模式，创新建立治安联防联合队、护村护寨队等队伍，加强矛盾纠纷化解，形成了"小事不出组、大事不出村、矛盾不上交"的"西畴新现象"。以创建全国文明城市等"七城创建"为抓手，深入推进农村文明创建工作，因地制宜打造乡贤文化巷、家风展示墙、乡村明星榜、聚贤榜和核心价值观主题公园，全面开展美丽庭院示范村、农村文明家庭、星级文明户等创建评比活动，通过正面激励与反向约束相结合，有效引导各族群众遵循公序良俗，传播正能量，形成崇德向善风尚。

普洱市民族团结进步示范区建设情况

2015年以来，普洱市委、市政府把民族团结进步示范区建设纳入"五位一体"同布局，与争当生态文明排头兵、建设面向南亚东南亚前沿中心同部署，与建设国家绿色经济试验示范区、决战脱贫攻坚同推进，以铸牢中华民族共同体意识为主线，认真履行"中华民族一家亲，同心共筑中国梦"新时代民族工作历史使命，带领全市各族干部群众共同团结奋斗、共同繁荣发展。

一、抓宣传教育，强思想基础

建立健全宣传教育常态化机制，将铸牢中华民族共同体意识纳入干部教育、党员教育、国民教育体系，搞好社会宣传教育。市委党校的民族团结专题课程"民族团结誓词碑的光荣历史和现实意义""普洱民族团结故事——誓言无悔""誓言无悔·永远跟党走"等精品课程被中组部、省委组织部认定为全国、全省党校系统"好课程"。民族团结誓词碑被国家民委复制并立于中央民族干部学院石榴园，充分发挥了干部教育作用。全市各级各类学校都开设民族团结教育课程，切实做到民族团结进校园、进课堂、进学生头脑，获得全国未成年人思想道德建设工作先进城市称号。丰富宣传教育载体和内容，建成普洱民族团结誓词碑纪念馆、普洱学院民族团结博物馆、江城铸牢中华民族共同体意识主题教育馆等教育基地。2021年12月，普洱市成功举办了民族团结誓词碑建碑70周年系列纪念活动，"誓言如钟70周年"主题文艺演出、铸牢中华民族共同体意识之"建国初期全国少数民族敬献党和国家领导人礼品展"等活动取得圆满成功，在全国、全省产生了深远影响。坚持将民族团结周、团结日活动与民族自治县成立纪念日活动相结合，组织开展群众性宣传教育和民俗节庆活动，促进各族群众尊重差异、包容多样、团结和谐、共同发展。"普洱民族团结进步论坛"、文化纪录片《民族团结誓言》、微电影《誓词碑的往事》等，广受社会各界好评。

二、抓科学发展，强民生基础

贯彻新发展理念，将创建全国民族团结进步示范市与脱贫攻坚深度融合，普洱国家绿色经济试验示范区建设全力推进，"直过民族"和人口较少民族整族脱贫，延续千百年的绝对贫困问题得到历史性解决，少数民族地区经济社会的快速发展，民族地区各族群众生产生活条件的大幅改善，成了促进民族团结进步的重要"助推器"。一批重要的交通、水利、能源等基础设施网络建设完成，高速公路网、铁路网、航空网有力推进。着力实施67项示范工程，国家绿色经济试验示范区建设稳步推进。特色生物产业、清洁能源、现代林产业和休闲度假四大产业基地建设初见成效，绿色GDP占全部生产总值的90%以上。坚定践行"决不让一个兄弟民族掉队，决不让一个民族地区落伍"的承诺，60万建档立卡贫困人口全部脱贫，9个贫困县摘帽，761个贫困村出列，10万余人通过易地扶贫搬迁实现"挪穷窝""斩穷根"，"直过民族"和人口较少民族整族脱贫。中央单位定点扶贫、东西部扶贫协作和社会扶贫帮扶成效显著。全市27家企业、商会参与"万企帮万村"精准扶贫行动，结对帮扶213个贫困村，累计投入1.73亿元，实施帮扶项目233个。先后涌现出孟连县的"宾弄赛嗨"民族团结机制助推脱贫攻坚、镇沅县的"昔日懒汉"变"今日好汉"的脱贫攻坚创举、西盟县的党建引领脱贫工作委员会机制、澜沧县的科技扶贫新路子等全国先进典型。其中孟连的"宾弄赛嗨"在脱贫攻坚工作中升华为"县际互帮、东西互助、城乡互联、干群互系、村组互包"的新型模式，闯出了一条边疆民族地区脱贫攻坚的新路子。产生了"时代楷模"朱有勇、"全国脱贫攻坚奋进奖"李娜倮等先进典型，西盟县荣获"全国脱贫攻坚组织创新奖"。

三、抓文化弘扬，强交融基础

把民族文化繁荣发展作为民族团结的润滑剂、催化剂、黏合剂，扶持民族文学、艺术歌舞、影视和媒体的创作传播，保护民族文化多样性。每年坚持开展哈尼族"太阳节"、彝族"火把节"、拉祜族"葫芦节"、佤族"木鼓节"、傣族"泼水节"等群众性民俗节庆活动。民族题材史诗电视剧《茶颂》在中央电视台播出，荣获中宣部"五个一工程"奖；人文纪录片《天赐普洱》登录中央电视台并在22个国家播出；原生态歌舞《佤部落》走进国家大剧院并在全国大中城市演出；拉祜族舞蹈《摆出一个春天》走上2022年春晚舞台受到全国关注。从20世纪脍炙人口、家喻户晓的《阿佤人民唱新歌》《芦笙恋歌》到《快乐拉祜》《想那个地方》《马帮情歌》《人走茶不凉》等民族歌曲传唱大江南北，传承千年的拉祜族创世史诗《牡帕密帕》和哈尼族创世史诗《洛奇洛耶与扎斯扎依》等，各民族在长期的交往交流交融中树立了充分的文化自信。创作打造民族团结脱贫攻坚剧目《宾弄赛嗨》、音乐剧《阿佤人民再唱新歌》进京汇报演出，反映普洱民族团结誓词碑的花灯歌舞剧《盟誓》在民族团结誓词碑建碑 70 周年纪念大会期间首演。切实加强遗产保护，对茶马古道遗址、传统古村落等进行修缮保护。有国家级非物质文化遗产名录 5 项基地 1 个，省级非物质文化遗产名录 43 项基地 1 个，各级非物质文化遗产项目代表性传承人 999 人 54 个。景迈山古茶林景观申报世界文化遗产正在加快推进。民族体育工作不断创佳绩，成功举办了全市第四届少数民族传统体育运动会，代表云南省参加全国第十一届少数民族传统体育运动会民族健身操比赛，获得规定操比赛二等奖、综合奖三等奖的好成绩。组织参加 2021 年 12 月省少数民族传统体育运动会锦标赛 3 个项目的比赛，普洱代表队荣获陀螺比赛项目 3 枚金牌、射弩比赛项目 1 枚铜牌和民族健身操第二名的好成绩。为推动云南高原特色体育强省建设，普洱市体育职业高级中学被认定为云南省首批少数民族传统体育基地（陀螺）。

四、抓机制建设，强和谐基础

不断提升依法治理民族宗教事务的能力和水平，加强边疆民族地区治理能力建设。坚持完善民族区域自治制度法制化，累计立法 46 件。建立完善协调处理民族关系工作机制、市委领导联系民族宗教代表人士制度、民族宗教领域形势研判分析机制等。将孟连县少数民族杂居村寨的"宾弄赛嗨"传统活动，创新发展为族际交流、群众交往和互帮互助、和谐发展的民族团结工作机制并在全国推广；在普洱市与邻近州市接边的黑树林地区建立三级对接协作、八联工作法和三个保障的"383"维稳工作机制。积极探索民族团结进步示范创建创新模式，普洱市先后与玉溪市、红河州、临沧市和昆明市共同打造了 3 个民族团结进步创建联盟，墨江、镇沅、江城、澜沧、西盟、孟连 6 县与接边的外州市相关县签订了《民族团结进步创建联盟公约》，突破行政区划，通过整合资源、创新载体方式，统筹谋划、协同推进民族团结进步创建工作，深化接边和沿边各族群众交往交流交融。强化民族团结典型带动和示范引领作用，推动民族团结进步创建和先进评选制度化，树典型，强示范。普洱市成功创建为全国民族团结进步示范市，多家单位、集体及个人受到表彰。

五、抓队伍建设，强组织基础

把少数民族干部人才培养使用纳入全市干部人才工作大体系中，着力加强少数民族干部人才队伍建设。2015 年 12 月成立云南省第一所民族团结进步干部教育学院，并将其设立为中央民族干部学院现场教学点，举办民族团结进步、铸牢中华民族共同体意识专题培训班 20 期，培训省内外干部近 2000 人次，国家民委领导多次亲临培训班授课。加大少数民族干部使用力度，全市处级领导干部中少数民族干部占53.1%；10县（区）县处级领导干部中少数民族干部占64.1%，培养造就了维护党的集中统一领导态度特别坚决、明辨大是大非立场特别清醒、铸牢中华民族共同体意识行动特别坚定、热爱各族群众感情特别真挚的民族地区干部队伍，成为推进全市经济社会发展，维护团结稳定的中坚和骨干。加强"人口较少民族""直过民族"等少数民族人才培养。积极培养推荐少数民族人才，有4名少数民族人才被列为省委联系专家，认定青年拔尖等6个领域本土人才490名。

西双版纳州民族团结进步示范区建设情况

西双版纳州有13个世居民族，少数民族人口占户籍人口77.9%。州委、州政府历来高度重视民族工作，将其作为推动全州经济社会发展的现实之需、战略之策、固本之举。2015年以来，西双版纳全面完整准确贯彻习近平总书记关于加强和改进民族工作的重要思想，牢记"建设好美丽家园、维护好民族团结、守护好神圣国土"的殷殷嘱托，紧扣"世界旅游名城、沿边开放示范区、民族团结进步示范区"目标定位，以铸牢中华民族共同体意识为主线，巩固第一轮全国民族团结进步创建示范州成果，推进民族团结进步创建工作提质提效，在千里边疆绘就民族团结进步壮美画卷。

一、唱响"凝心曲"，构筑中华民族共有精神家园

首先，开展中华文化视觉形象融入行动。发动党政机关、人民团体、社会各界共同构建中华民族共同体宣传矩阵，在主要街道、景区景点、车站机场、口岸港口、社区学校、示范创建点等场所，建成11个铸牢中华民族共同体意识主题教育馆（街道、广场、公园）。利用大型广告牌、宣传栏、灯标灯箱、文化墙、出租车显示屏等，广泛设置政治性强、内核丰富、意蕴厚重、接受度高的中华文化形象和符号，以润物无声的方式促进中华民族大家庭理念深入人心。

其次，开展分众化宣传教育行动。常态化开展爱国主义教育，针对学生重点开展中华传统经典诵读、各族少年手拉手、"童心向党"等活动，针对干部职工重点开展演讲比赛、知识竞赛、巡回宣讲等活动，针对市民重点开展"民族团结故事我来讲"等活动，创建工作主题曲《石榴籽籽心连心》广为传唱。开展"同心同行 共建共融——民族团结进步看西双版纳"媒体行活动，编印11本民族团结进步创建工作系列丛书，改版升级民族团结进步小程序，设计推广创建主题LOGO，制作推出一批宣传片、短视频、微电影等。以基诺族等5个"直过民族"聚居区、69个边境村（社区）和学校为重点，实施推广国家通用语言文字工程，建成省级以上语言文字规范化学校136所。

最后，开展"微细胞"行动。结合世界旅游名城文化推介，运用"三微一端"平台开展"互联网+民族团结"行动，启动实施各民族青少年交流、各民族互嵌发展、

旅游促进各民族交往交流交融"三项计划",举办中国印象"七彩西双版纳"国际青少年原生态艺术节等青少年交流活动,成立州民族团结进步促进会,打造文旅深度融合的和谐美丽新家园。拓展宣教广度深度,将民族团结进步创建向楼院、向家庭、向施工班组延伸,推出具有孔雀、大象、雨林元素的陶器、油纸伞、民族服饰等一批文创产品,设计发放抽纸、水杯、台历、手提袋、扇子等"五小"宣传品6.5万份。

二、画好"同心圆",共同走向社会主义现代化

第一,提升脱贫攻坚成效。全面总结在全省率先实现整州脱贫、5个"直过民族"整族脱贫的经验做法,推广运用曼班三队"既富口袋又富脑袋"、河边村"小云助贫"等脱贫经验,得到党中央肯定。把培育产业、稳边富民作为乡村振兴战略的治本之策,打造了"一村一品"示范村67个,建立专业合作社2640个,形成了290个新型经营主体与1.7万脱贫户的稳固利益联结机制。启动乡村振兴"百千万"示范工程和48个现代化边境小康村建设,创新开展美丽乡村大比武、万吨水泥进农村活动,建设了打洛村等一批基础牢、产业兴、环境美、生活好、边疆稳、党建强的示范村。

第二,提升经济发展实力。紧扣三大发展定位,立足区位优势和资源禀赋发力,"水陆空铁"国家级口岸增至6个,中国老挝磨憨—磨丁经济合作区成为首批中国(云南)自贸试验区联动创新区,文旅康养、普洱茶、天然橡胶、现代农业四个重点产业链条延伸拓展,西双版纳成为全球12个最热旅游目的地之一,普洱茶产值、税收、中国驰名商标数全国第一,天然橡胶面积、产量、单产全国第一,人均水果产量全省第一,制定傣药材标准114个。借助中老铁路开通契机,加快沿边开放开发,成功冠名第一列"西双版纳号"列车、第一架"西双版纳号"飞机,经济发展实现换挡加速。

第三,提升绿色生态质效。传承"有林才有水、有水才有田、有田才有粮、有粮才有人"的朴素生态观,践行"绿水青山就是金山银山"理念,大力实施雨林保护、雨林修复、雨林回归、林城融合、环境治理"五大行动",绘就好民族团结进步的生态底色。全州森林覆盖率81.34%、固碳释氧功能价值59亿元/年,均居全省第一,动植物种类分别占全国的1/4和1/6,先后获得国家森林城市、国家园林城市、中国天然氧吧等荣誉。亚洲象成为COP15会场的重要元素,"北上南归"之旅得到习近平总书记点赞,西双版纳应势成为"象往的地方"。

第四,提升民生保障水平。全州迈入动车时代,城乡实现"县县通高速、村村通硬化路"。每年75%以上财力用于民生,城镇新增就业和农村劳动力转移均超额完成年度任务,社保制度城乡全覆盖,学前三年毛入园率、九年义务教育巩固率、

高中阶段毛入学率均在90%以上，人居环境、饮用水安全、"两污"设施覆盖率显著提升，"幸福在哪里，西双版纳告诉你"成为各族群众一致心声。

三、搭建"连心桥"，促进各民族交往交流交融

一是实施服务管理嵌入工程。借助"沪滇合作"平台，与上海松江等9地签订《少数民族流动人口服务管理跨区域联动协作协议》，在就业帮扶、产业扶持、教学培训、医疗健康等领域，推进各民族跨区域双向流动。完善流动人口服务管理体系，建立流动人口服务管理工作站，推行网格化管理、精细化服务、人文化关怀，加强劳动技能培训和就业指导，15万户市场主体、5个园区积极招引各族各地群众入职，建设嵌入式的社区环境和社会结构；以促进符合条件的外来人员快速落户为重点，全力优化营商环境。

二是实施"文化润边"工程。在铁路沿线、边境一线深入开展"红旗飘飘"、国门党建工程，建设一批国门学校，实现讲习亭、大喇叭、大舞台、村史馆、演艺队边境村组全覆盖，广泛实施"同升一面旗、共爱一个家"主题活动，边境各族群众国家、国土、国民、国门、国防意识切实增强。同时，注重挖掘、保护和传承优秀民族传统文化，建成州古籍保护中心、少数民族文字出版基地和33所非物质文化遗产传习馆等，傣族慢轮制陶、基诺大鼓舞等23个非遗项目列入国家、省级名录，推出《西双版纳的黎明》《行走的贝叶》等一批优秀文艺作品，使中华优秀传统文化浸润民族团结进步事业。

三是实施旅游带动工程。致力于世界旅游名城建设，将创建工作融入旅游文化宣传、旅游产业链延伸，培育构建各民族共有精神家园、促进交往交流交融、带动各族群众发展等社会功能。"坚持一个景区就是一个展示铸牢中华民族共同体意识成果的窗口，坚持一名导游就是一名民族团结进步宣讲员"，搭载"一部手机游云南"App，用好春节、泼水节、嘎汤帕节等民族节庆，向各族群众和全世界游客展示民族团结"西双版纳风采"。依托澜沧江·湄公河"一江连六国"优势，打造中老缅泰"四国九方"跨境旅游合作平台、澜沧江·湄公河流域国家文化艺术节和边境贸易旅游交易会，西双版纳被评为国家级文化和旅游消费试点城市。

四、增强"向心力"，提升边疆地区民族事务治理现代化水平

一是在法治保障上着力。坚持统一与自治、民族因素与区域因素相结合，用好自治州立法权，先后出台《西双版纳傣族自治州自治条例》及14个单行条例，涉

及城乡规划建设、生态环境保护、精神文明建设等政治经济社会各方面；完善"州县乡村"四级法律服务体系，扎实推进"七五"普法和"法律八进"活动，推动"四个全面"战略布局和"五位一体"总体布局法治化具体化，有力保障民族团结进步事业。

二是在自治赋能上着力。实施"强基层党建、固千里边疆"工程，建成县乡村（社区）三级网格化管理体系，民族团结进村规民约（居民公约）实现全覆盖。在城市，建立"党支部+物业+业委会+网格单位+社区"五方共治模式，全面推进"楼长制""街长制""片长制"；在农村，出台《进一步推进移风易俗建设文明乡风实施意见》，充分发挥村民理事会、村"五老"、老庚组等作用，使民族团结价值理念浸入人心。

三是在德治铸魂上着力。加强现代文明实践教育，大力弘扬社会公德、职业道德、家庭美德、个人品德，引导各族群众在思想观念、精神情趣、生活方式上向现代化迈进。推动民族团结进步创建与创文、创卫、创平安、创双拥深度融合，聚合力量抓成效，景洪市荣获第六届"全国文明城市"称号，"省级卫生城市"实现县市全覆盖，勐海县、勐腊县成为第十届"全省双拥模范城"，涌现出全国最美公务员玉喃溜、全国道德模范周琼、全国最美家庭朱黎家庭、中国好人单西云等先进典型，促进各民族在中华民族大家庭中像石榴籽一样紧紧抱在一起。

大理州民族团结进步示范区建设情况

2015年1月，习近平总书记到云南考察工作，并来到了大理看望各族群众，希冀云南"努力成为我国民族团结进步示范区"。2020年1月，时隔5年习近平总书记再次考察云南，要求云南"不断增强边疆民族地区治理能力，努力在建设我国民族团结进步示范区上不断取得新进展"。习近平总书记考察云南考察大理，给大理带来了千载难逢的重大历史机遇。八年来，大理州始终坚持深入学习宣传贯彻落实习近平总书记关于加强和改进民族工作的重要思想和习近平总书记考察云南重要讲话精神，扎实推进创建全国民族团结进步示范县市三年行动计划，探索开展铸牢中华民族共同体意识示范州试点工作，以建设环洱海铸牢中华民族共同体意识示范圈为重点，打造具有大理辨识度、全国引领性的"苍洱处处石榴红"品牌，推动各民族政治上团结统一、经济上共富共享、文化上美美与共、社会上互嵌互融、生态上和谐共生。

一、围绕主题主线，打牢共同思想基础

一是积极构建宣传教育常态化机制，将习近平新时代中国特色社会主义思想、关于加强和改进民族工作的重要思想纳入各级党委（党组）党史学习教育、理论学习中心组，纳入党校、干部学院学习培训主体班，列为"三会一课""主题党日"的必学内容，结合开展"大理之问"大讨论暨政府系统作风整治活动、"书记院坝（楼宇）协商会"等活动，积极开展铸牢中华民族共同体意识宣传教育，引导各族群众增进五个认同。二是国家、省铸牢中华民族共同体意识研究基地分别落户大理，在大理大学建设州级铸牢中华民族共同体意识主题教育馆（一期投资800多万元）。成立大理州中华民族共同体研究中心、2个研究基地，建立"中华民族共同体讲坛"学习制度。三是以换届后乡镇村"两委"委员、民族宗教专干及宗教界代表人士等为重点，对全州各级干部职工、宗教界全员开展民族宗教政策和铸牢中华民族共同体意识专题培训，共有5.3万人次参训，让基层干部全面掌握做好新时代党的民族宗教工作所需的理论和知识。四是与大理大学深度合作，借助专家智库力量开展以"在各级各类学校开展铸牢中华民族共同体意识教育的实践探索研究"等4个重点课题研究，积极推动和构建符合新时代党的民族工作要求的政策体系、工作体系和

话语体系。五是与人民网、新华网、中国民族报、云南报业集团等开展铸牢中华民族共同体意识大型主题系列宣传活动。在新华网、人民网、中国民族宗教网等网站设立网页、链接，与中国民族报、云南日报、大理日报和大理广播电视台建立长期合作关系，开展"中国·大理，铸牢中华民族共同体意识"等系列全媒体主题宣传教育。在腾讯、抖音、快手、新浪微博等平台设立"苍洱石榴红"账号，与大理旅游集团联合组织开展导游讲解大赛，与大理州企业家协会组织开展"进企业促团结奋进"活动等丰富多彩的活动，"多维一体"深入宣传大理州民族团结进步、铸牢中华民族共同体意识的生动实践和典型经验，讲好大理州民族团结进步、铸牢中华民族共同体意识新故事。六是着力在中华民族大视角和中国特色社会主义大格局中，把脱贫攻坚、洱海保护、乡村振兴等取得的历史性成就作为素材，开展了三期"建党百年·幸福大理"有奖短视频征集等活动，大力宣传在党的民族政策光辉照耀下，各族干部群众共同守护共有精神家园、创造幸福生活的生动实践，感恩共产党、赞美新中国、歌颂新时代，为实现中华民族伟大复兴凝聚磅礴的精神力量。

二、着力加快发展，不断改善民生福祉

一是构建新发展格局，统筹发展和安全，将改善民生、凝聚人心作为民族地区经济社会发展的出发点和落脚点，赋予彰显中华民族共同体意识、维护国家统一、反对分裂和民族团结的意义。二是认真贯彻落实省委、省政府大理现场办公会精神，围绕"两城一区、三个走在前"的战略目标，支持民族地区全面深化改革开放，提升自我发展能力。三是实施省"十百千万"示范引领工程，建成了3个示范县、25个示范乡镇、286个示范村（社区）。四是实施州"百村（社区）示范创建行动"、世居少数民族特色村寨建设工程，建成了96个州级民族村寨及15个世居少数民族特色示范村。五是洱海保护治理取得阶段性重要成效，实现从"一湖之治"向"全域之治""生态之治"转变，形成了湖泊保护治理的"洱海案例"。六是脱贫攻坚取得决定性成就，全州11个贫困县、34个贫困乡镇、541个贫困村、42.08万建档立卡贫困人口全部脱贫退出。七是乡村振兴试点成效显著，持续抓好37个试点村建设，着力打造"农村人待得住、城里人喜欢来"、"干干净净、清清爽爽"的农村绿色生活综合体验地。八是基础设施建设实现历史性突破，新增铁路里程192公里，昆楚大、大丽、大临动车通车营运，迈入了"高铁时代"。高速公路通车总里程达547公里，即将实现"县县通高速"目标。民族地区行政村公路硬化率100%，50户以上自然村公路通路率100%，行政村和人口聚集自然村民族文体活动场所全覆盖。九是打造世界一流"三张牌"初见成效，在高质量发展中促进共同富裕，铸牢中华

民族共同体意识的物质基础不断夯实。

三、增进文化认同，构建共有精神家园

一是广泛开展爱国主义教育和民族团结进步、铸牢中华民族共同体意识宣传教育，牢固树立正确的国家观、民族观、历史观、文化观、宗教观。全面推广使用国家通用语言文字和国家统编教材，2019年起在各级各类学校全面开展铸牢中华民族共同体意识教育，让民族团结进步理念和爱我中华意识深入每个青少年的心灵深处。二是以社会主义核心价值观为引领，结合"大气明理、崇尚礼仪、诚信进取、德化和谐"的大理精神，加强现代文明教育，深入实施文明创建、公民道德建设、时代新人培育等工程，引导各族群众在思想观念、精神情趣、生活方式上向现代化迈进。大力挖掘和讲好"南诏德化碑""苍山会盟碑"等大理各族人民心向国家统一、维护民族团结的好故事，创造性传承和发扬以张伯简、周保中、王德三等革命前辈为代表的红色革命文化和爱国主义情怀，用共同理想信念凝心铸魂，赓续精神血脉。三是实施三期中华文化视觉形象工程建设，在全州重要场所、主要路段、公共区域、旅游景区等，集中展示反映祖国灿烂文化的形象展示、标识标牌，切实增强各族群众对中华民族、中华文化的认同。四是在重要传统节日，深入开展共过中国传统节日、共享中华文化等系列活动，潜移默化地把"中华民族一家亲"理念根植于内心深处，润物无声地增强中华民族共同体意识。五是运用"三月街"民族节、州庆纪念日等各民族共同的传统节日和州庆等重大纪念日，广泛组织开展便于群众参加、群众喜闻乐见的节庆活动，促进各族群众广泛交往、全面交流、深度交融。持续开展"民族团结进步创建活动月"系列活动（2022年更名为铸牢中华民族共同体意识创建活动月），设立民族团结进步日，大力宣传普及民族团结进步和铸牢中华民族共同体意识知识。六是大力实施民族文化保护传承工程、少数民族文化精品工程和民族文化"双百"工程，打造了《洱海情深》《不一样的大理》等一批文艺精品，南涧跳菜、剑川木雕、鹤庆银器等非物质文化遗产享誉国内外。

四、深化全域创建，石榴之花处处绽放

一是把创建工作作为铸牢中华民族共同体意识的重要抓手，以民族团结进步创建"十进"为主阵地、主渠道，推动创建工作下沉到基层政法单位、新经济组织、新社会组织和其他事业单位，延伸到家庭和岗位，着力创新载体、提质扩面，高标准、高质量打造了剑川桑岭村、永平曲硐村等一批示范效用明显、特色亮点鲜明的新示

范典型。二是探索民族团结进步跨地区、跨行业的联建联创、共建共创模式，与周边州市、州企业家协会、大理旅游集团、社区等成立了一批"创建联盟"，打造环洱海铸牢中华民族共同体意识"示范带""示范圈"。三是突出铸牢中华民族共同体意识的鲜明导向，全面深入持久开展民族团结进步创建工作。先后有剑川县人民政府等14家单位、何国祥等15人被国务院表彰为全国民族团结进步模范集体和模范个人。巍山彝族回族自治县等13家单位被命名为"全国民族团结进步创建示范单位"，鹤庆县金翅鹤村等38个村被国家民委先后挂牌命名为"中国少数民族特色村寨"，数量全省第一。大理市获全国少数民族流动人口服务管理示范市，大理市、南涧、宾川、云龙等8县市和州教育体育局等278个单位被省民族宗教委命名为省级民族团结进步示范县、示范单位。张伯简纪念馆等4个教育基地被省民族宗教委命名为省级民族团结进步教育基地。洱源郑家庄"七个民族一家亲"、大理市湾桥镇古生村"记得住乡愁"等成为全国民族团结进步的典范。

德宏州民族团结进步示范区建设情况

德宏州于2017年10月启动全国民族团结进步示范州创建工作，于2020年12月通过省级验收，2021年12月获得国家命名。在这5年里，德宏州始终坚持党对民族工作的全面领导，深入学习贯彻习近平总书记关于加强和改进民族工作的重要思想，认真落实中央民族工作会议、云南省委民族工作会议各项决策部署，全面深入持久开展民族团结进步创建工作，让民族团结进步的新时代标杆树得更高更稳，"同心同行心向党、美丽德宏更美丽"的创建品牌更具价值。

一、坚持全域谋划，民族团结进步合力显著增强

德宏州历届党委政府认真践行"在德宏，不谋民族工作就不足以谋全局"的理念，始终把民族团结进步事业作为基础性事业抓紧抓好，构建领导小组会、执委会、办公室主任会、调度会，不定期研判和一月一督查的"四会一研判一督查"机制。全州各级各部门自觉主动地把创建工作融入本地区、本部门、本领域的主责主业当中。制定出台《德宏州创建全国民族团结进步示范州实施意见》《德宏州建设民族团结进步示范区实施方案》等指导性文件，形成了党委统一领导、政府依法管理、统战部门牵头协调、民族工作部门履职尽责、各部门通力合作、全社会共同参与的新时代党的民族工作格局。5年来，州委常委会、州政府常务会专题听取研究42次，召开了15次创建工作领导小组执行委员会、90次创建办工作会、120余场业务培训会，实时制发工作动态、工作专报、督查专报60余期，推动创建工作向更大范围、更广领域、更深层次拓展。

二、坚持守正创新，创建工作宣传教育深入人心

制定出台示范州创建宣传工作方案、"互联网+民族团结进步"宣传工作方案，先后到昆明、怒江、文山等地交流学习，在州政府网站开设民族团结进步专栏，成功链接至省民族宗教事务委员会网站，形成强大的舆论声势。近年来，在"三微一端"、电视、报刊等媒介上先后发布民族理论政策类信息6万余条，推出经验总结类新闻3000余条，200多条反映德宏民族团结进步经验稿件被中央、省级媒体采用。

谋划开展国家、省、州媒体联合集中采访3次，民族画报和今日民族两家媒体，合作出版了两套民族团结进步专刊并在全国发行。拍摄制作了汇报片《民族团结进步的德宏答卷》，指导5个县市分别拍摄制作汇报片作为迎检工作支撑。同时，把民族团结进步教育纳入干部教育、学校教育、社会教育、理论学习中心组和"五用""五化"宣讲内容，构建了课堂教学、网上宣传、社会实践、主题教育多位一体的宣教平台，唱响"不忘初心忠于党、牢记使命兴边疆"主旋律，在公园、广场、旅游景点、城区主干道制作了一批符合最新话语体系、体现中央民族工作会议精神的宣传标语、文化墙绘、灯箱广告，营造出抬眼可见、举足即观的浓厚氛围，创建工作的渗透力和影响力得到不断增强。

三、坚持提质扩面，示范创建经验典型亮点纷呈

通过典型引路、先锋开路，对全州50余个示范储备点进行优化打造，把"一花独放"转变为"百花齐放"，推进"7+N进"提质扩面，坚持将机关、企业、社区、乡镇、学校、宗教活动场所等作为民族团结进步创建的主阵地、主渠道，拓展创建载体，增加了进医院、进家庭、进景区、进家风家训教育基地等创建工作路径，搭建了更多群众便于、乐于参与的平台，培育了"生态宜居有特色，民富边稳奔小康""三台山直过区的千年跨越""卑妥瓦党的光辉照耀的地方""因鸟致富的石梯村"等一批让人眼前一亮、耳目一新的创建品牌，建成陇川边境一线强边固防＋民族团结进步示范带、芒市民族团结进步教育主题街区，形成了以点带面、点上开花、面上结果的创建局面。

四、坚持研究探索，创建工作制度机制更加健全

经过5年的努力探索和实践，德宏州在民族团结进步创建方面从无到有，从有到优，研究出台了一系列精细化的政策措施，打造出"四个特别"的民族工作干部队伍，形成了一整套办法和时间表、路线图，让创建工作有目标、有思路、有标准、有措施、有成效。编印《德宏州创建全国民族团结进步示范州系列丛书》10余册（知识手册、文件汇编、典型经验汇编、媒体采用汇编、创建画册汇编、在疫情防控一线铸牢中华民族共同体意识画册、贯彻落实中央民族工作会议精神汇编、铸牢中华民族共同体意识论文集等）。建立德宏州民族团结进步示范创建信息数据库，切实做到底数清、情况明、数据准。培养储备了一批高素质专业化解说员队伍，精心打磨解说词，强化观摩演练，让德宏的创建工作不仅做得好而且说得好。持续完善痕

迹档案，严把档案的政治关、文字关、政策法规关，确保创建工作有迹可循。建成德宏州铸牢中华民族共同体意识研究中心和铸牢中华民族共同体意识教育馆并投入使用，形成集科研、教学、培训、实践等多功能为一体的智库平台，推出了一批有质量、有深度、有分量、可转化、可借鉴的研究成果，编写《铸牢中华民族共同体意识教育论文集》《铸牢中华民族共同体意识教育读本》《思政教育实践探索——学习习近平考察云南重要讲话精神理论文章专辑》等期刊，为研究和探索中国特色解决民族问题的正确道路在德宏边疆地区的具体实践提供了理论支撑和智力支持。

五、坚持融合发展，各族群众民生福祉不断增进

德宏州认真贯彻落实习近平总书记关于"脱贫、全面小康、现代化，一个都不能少"的嘱托，始终把改善各族群众生活作为创建工作的出发点和落脚点。结合德宏口岸开放、资源富集优势，主动融入"一带一路"发展格局，集中精力抓发展，经济总量从2015年的326.59亿元增至2021年的556亿元，人均GDP从25686元增至42268元。坚持脱贫攻坚与民族团结进步示范州创建"双融合、双推进、双达标"，累计投入各类扶贫资金129.43亿元，4个贫困县全部脱贫摘帽，186个贫困村（含53个深度贫困村）全部出列，15.25万建档立卡贫困人口全部脱贫，"直过民族"和人口较少民族整族脱贫，区域性整体贫困和绝对贫困问题得到历史性解决。接续推进乡村振兴，制定出台《德宏州打造乡村振兴示范区实施方案》，深入实施兴边富民、"十县百乡千村万户"示范引领工程和现代化边境小康村建设，全州22个边境乡镇、57个抵边村全部实现"五通八有三达到"目标。坚持把生态文明建设作为各族人民最普惠的民生和最根本的福祉，坚决守护好祖国西南生态安全屏障，"绿水青山就是金山银山"理念得到生动实践。制定出台《德宏州建设沿边开放示范区实施方案》，加快中缅交通互联互通设施建设，做大做强进出口加工产业。建设了一批民族特色村镇，实现民族文化与旅游产业融合发展，边境群众"五个认同"不断增强。

六、坚持凝聚共识，中华民族共有精神家园筑得更牢

从各族群众居住生活、工作学习、吃穿娱乐、医疗卫生、婚丧嫁娶等日常事务入手，构建相互嵌入式的从业结构、教育结构、社区环境，实现空间、文化、经济、社会、心理全方位嵌入。建设了盈江县五和家园、梁河县聚缘村等一批各民族群众共居共学共事共乐的移民新村和社区，与上海青浦区等地建立了少数民族流动人口

沟通协作机制，在北京、上海、深圳、昆明等地设立劳务输出服务站，建立流出地和流入地对接机制，让各少数民族群众更好地融入城市社区。在社区建立"红石榴之家"、为民服务站等，搭建社区与村委会、社区与农特产品企业等联建共创平台。每年10月民族团结月和民族节庆已经成为各民族增进团结、不分彼此、同欢共乐的节日。"海峡两岸一家亲·同心共筑中国梦""七彩云南·运动德宏体育文化旅游节""中缅瑞丽·木姐国际马拉松"等多领域多样化的活动，构建了各民族深层次交往交流交融的社会环境。实施《景颇族传统织锦技艺编织法》、"少数民族传统体育器械制作""助力乡村振兴共筑民族团结微电影"等民族文化保护传承和"双百"工程项目，傣族剪纸、景颇族目瑙纵歌节、阿昌族户撒刀锻造技艺、德昂族酸茶等一批国家非物质文化遗产不断凝聚人心、汇聚力量。以党史学习教育为契机，主办了"奋斗百年路，启航新征程"书法美术摄影展、"党的光辉照边疆——德宏州庆祝建党100周年革命文物展"，展现出德宏各族儿女始终心手相连、亲如一家、你中有我、我中有你、谁也离不开谁的大交融格局。

怒江州民族团结进步示范区建设情况

怒江州委、州政府始终以习近平总书记考察云南重要讲话精神为推进民族团结进步示范区建设的"纲"和"魂",将之贯穿示范区建设的全过程,以铸牢中华民族共同体意识为主线,紧扣各民族"共同团结奋斗、共同繁荣发展"主题,聚焦脱贫攻坚、生态保护、民族团结三大重点任务,全州基础设施建设有了新提升、产业培植有了新突破、民生保障有了新改善,社会发展综合实力不断增强,民族团结进步事业得到全面发展。

一、不断夯实各民族共同团结奋斗、共同繁荣发展的思想基础

深入开展"党的光辉照边疆、边疆人民心向党""感恩共产党,感恩总书记""听党话、感党恩、跟党走""升国旗、唱国歌"等主题教育实践活动。以易地搬迁为契机,着力创造各族群众共居共学共事共乐的社会条件,推进各族群众睦邻而居、手足相亲、守望相助。大力推广普及国家通用语言文字,全面打破各民族交往交流交融障碍。强化优秀文化传承保护,全面推进文化惠民工程,建设非遗传习馆,培养各级非遗传承人334人,成功申报8项国家级、15项省级非物质文化遗产。实施少数民族传统文化抢救保护项目64个、世居民族文化精品工程19个、民族民间传统文化"百名人才"培养工程5个。支持开展民族传统节日传承保护,四个怒江世居民族都有了自己的大型民族歌舞剧目。实施民族团结进步创建"十进"活动和"四级"联创机制,成功创建6个国家级、193个省级、481个州级、9502个县(市)级示范单位(家庭),3个基地被命名为云南省第一批民族团结进步教育基地;2个模范集体和3名模范个人获国务院表彰,4个模范集体和8名模范个人受到省政府表彰,40个先进集体和109名先进个人被州委、州政府表彰。民族团结进步故事以更加生动、形象、具体的形式在怒江各族群众中广泛流传,"四个与共""五个认同"成为怒江各族儿女的共同追求,中华民族共有精神家园更加牢固,中华民族共同体意识更加深植,各民族像石榴籽一样紧紧抱在一起,全州处处呈现出各民族和衷共济、和睦相处、和谐发展的生动局面。

二、决战脱贫攻坚，共进小康社会

坚持把各族群众对美好生活的向往作为奋斗目标，凝心聚力决战脱贫攻坚、决胜全面小康，全州26.96万贫困人口全部脱贫，249个贫困村全部出列，4县市全部摘帽，10.2万农村群众搬迁进城入镇，改造农村危房4.3万户，千百年来的绝对贫困问题历史性终结，独龙族、怒族、普米族、傈僳族等"直过民族"和人口较少民族实现整族脱贫，兑现了"全面建成小康社会，一个民族都不掉队"的庄严承诺。珠海市、浦东新区、中交集团、三峡集团、大唐集团倾情相助，援建一批重大基础设施和产业培育工程。成功举办"贫困治理与现代化发展国际论坛"。防返贫致贫动态监测和精准帮扶持续跟进，顺利通过国家巩固脱贫成果后评估，巩固拓展脱贫攻坚成果同乡村振兴有效衔接开局良好，坚决守住了规模性返贫的底线，实现了从区域性深度贫困到全面建成小康社会的历史性转变。2021年，全州地区生产总值完成234.1亿元，社会消费品零售总额增长到40.1亿元，农村常住居民人均可支配收入增长到8602元，城镇常住居民人均可支配收入增长到29639元；2017年到2021年，固定资产投资累计完成906.7亿元，全州经济发展迈上新台阶。

三、进一步夯实高质量跨越式发展基石

保泸高速公路结束了怒江无高速公路历史，怒江美丽公路惠及3个县（市）22个乡（镇、街道）30余万群众，乡镇全部通油路，行政村100%通硬化路、通邮、通客车，自然村通硬化路率达77.16%（高出全省平均水平25.66%），全州公路总里程达6705公里。建成145座跨江大桥，过江靠溜索的日子一去不复返。黄木水库、瓦姑水库等重点水源工程下闸蓄水，板瓦水库、弥勒坝水库等项目开工建设。农村饮水安全全面巩固提升。泸水成功撤县设市，怒江新城、福贡新城、兰坪新城拔地而起，城镇棚户区、老旧小区改造扎实推进，美丽县城、特色小镇、美丽村庄建设取得新进展，城镇化率从2015年的40.42%提高到2021年的52.6%。怒江大道、怒江西岸、兰坪滨江生态走廊等一批重大市政工程相继建成。4县市县城全部达到国家级卫生县城（城市）标准。试点推进独龙江等5个示范乡镇、丰华等12个精品示范村、马库等89个省州县美丽村庄建设。20户以上自然村实现公厕全覆盖。着力推进79个沿边行政村建成现代化边境小康村。核桃、漆树、花椒等木本油料种植面积达240多万亩，草果等香料种植面积达144万亩，新增农民专业合作社157个，全州"三品一标"增加至121个。泸水市老窝镇和福贡县上帕镇、马吉乡入选全国"一

村一品"示范村镇，兰坪县通甸镇入选全国农业产业强镇。黄登、大华桥水电站建成投产，独龙江35千伏电网联网工程等一批骨干电网建成运营，绿色能源产业建设成效显著。兰坪工业园区总体规划通过初审。怒江建筑产业园入园企业368家。打造老姆登·知子罗等5个重点片区，创建独龙江4A级旅游景区，建成傈僳音乐特色小镇等8个3A级旅游景区、11个游客服务中心和一批半山酒店。

四、持续改善民生，增进各族群众福祉

全面落实14年免费教育政策，9.17万名各族学生享受免费教育，6.17万名各族学生享受生活费补助，"控辍保学"进一步加强，九年义务教育巩固率提高13.7个百分点，小学适龄儿童入学率、学前三年毛入园率、高中阶段毛入学率明显提升，推普攻坚任务全面完成，输送2137名"两后生"接受职业教育。县域义务教育基本均衡发展通过国家评估认定，农村学前教育普及普惠水平不断提高，全州新增校舍面积72.75万平方米。州人民医院成功创建三级甲等医院，县市人民医院全部达到二级医院水平，一批重大医疗卫生项目相继建成。乡镇卫生院等级评审有效推进，全州所有行政村（社区）都有了标准化卫生室。建立23个医疗专家工作站，15个临床专科列入云南省重点专科建设项目。结核病、艾滋病等重大传染病防治全面加强。城乡居民基本医疗保险、基本养老保险参保率分别达到96.2%、93.62%，大病保险参保率为100%；城乡居民最低生活保障应保尽保。为20万沿边群众和人口较少民族购买人身意外伤害保险，为2.71万户农村家庭购买农房保险。行政村（社区）综合性文化服务中心实现全覆盖，公共文化服务整体水平明显提高，全州广播电视综合覆盖率达99.71%。就业服务体系逐步健全，累计实现农村劳动力转移就业73.15万人次，城镇新增就业达3.13万人。社会保障体系不断完善，建成5个农村特困供养机构、53个农村养老服务设施、180个儿童之家。

五、全力筑牢国家西南生物生态安全屏障

全面落实河湖长制，深入推进"怒江花谷"生态建设，实施"保生态、兴产业、防返贫"生态建设巩固脱贫成果行动，组建191个生态扶贫专业合作社，3万多群众当上了生态护林员。累计完成营造林81.75万亩，治理水土流失面积748平方千米，全州森林覆盖率从2015年的75.31%提高到78.90%，居全省第二位。坚决打好污染防治攻坚战，空气质量优良天数比例达99%，地表水监测断面好于Ⅲ类水体比例达97%，怒江、澜沧江等干支流水质持续改善，创建国家生态文明建设示范州、3个

省级生态文明县、28个生态文明乡镇、218个省州级生态村，48个国家、省级森林乡村。贡山县被命名为国家第三批"绿水青山就是金山银山"实践创新基地，兰坪箐花甸国家湿地公园成为云南省新增3个国家级生态品牌之一，全州生态环境质量稳居全省前列。

六、多措并举提升民族事务治理法治化水平

修订完善《怒江傈僳族自治州自治条例》《贡山独龙族怒族自治县自治条例》《兰坪县白族普米族自治县自治条例》和12个单行条例，先后出台了《关于加强和改进新形势下民族工作的实施意见》《关于进一步推动怒江民族工作创新发展的实施意见》等，有效保障怒江州民族区域自治、资源开发利用、民族团结进步健康有序推进。深入开展民族政策法规宣传教育，全面增强各族群众的政策法规意识。坚持依法处理民族矛盾、协调民族宗教关系，建立健全规范高效的矛盾纠纷处理机制，畅通愿望诉求表达渠道，减少和避免群体性事件发生，全州多年来没有发生因民族宗教因素引发的重大群体性事件，各民族之间没有发生过大的纷争，民族团结、宗教和顺、边疆稳定的良好局面更加巩固。

迪庆州民族团结进步示范区建设情况

迪庆，藏语意为"吉祥如意的地方"，位于滇、川、藏三省（区）交界处，辖香格里拉市、德钦县、维西傈僳族自治县和香格里拉经济开发区，共29个乡镇，197个村（社区），2276个村（居）民小组，常住人口38.75万人。境内居住有藏族、傈僳族、纳西族、白族等26个民族，有藏传佛教、基督教、伊斯兰教、天主教等多宗教、多教派并存。

一、把握核心要义，强化示范区建设政治基础

迪庆州作为云南省唯一的涉藏州，始终坚定贯彻落实习近平总书记的重要指示精神和省委、省政府对迪庆的工作要求，把铸牢中华民族共同体意识作为示范区建设的核心要义和成效标准，作为新时代民族工作的鲜明主线和涉藏工作的战略任务贯彻始终。州委、州政府以"三村七进一行动""红旗工程""一村民小组一支部"等具有迪庆特色的党建工作为载体，深入开展党史学习教育、"忠诚"教育和"拥护核心·心向北京"等教育实践活动，强化基层党组织建设，推动基层组织创新提质，不断增强内生动力，加强爱党护党的政治教育。制定实施少数民族干部人才培训规划，出台了千人以上的民族都应配备一名以上处级领导职务的政策，全州公务员和专业技术人员中，少数民族干部达80%左右。组织优秀少数民族干部到省内外进行考察学习和挂职锻炼，实现了全州领导干部教育培训全覆盖，少数民族干部队伍整体素质得到了提高。2021年州民族宗教事务委员会成立了迪庆州民族团结进步协会，并在州民族宗教委增设民族团结进步促进中心机构，为民族团结进步示范区建设工作提供强有力的组织保障。

二、坚持发展促进，打牢示范区建设物质基础

迪庆州作为"三区三州"深度贫困地区，始终坚定"中华民族是一个大家庭，一家人都要过上好日子"的信念，牢牢把握各民族共同团结奋斗、共同繁荣发展的民族工作主题，坚持把发展作为解决迪庆各种问题的总钥匙，所有发展都赋予民族团结进步的意义，把全面打赢脱贫攻坚战作为建设民族团结进步示范区的底线任务，

实现脱贫攻坚与民族团结"双推双促"发展，着力实施民族团结进步创建与乡村振兴"双融合、双促进"，坚持以人民为中心的发展思路，创造更多看得见、摸得着、体会得到的共同发展，不断办好民生实事，确保全州各族群众共建共享发展成果。全州地区生产总值由2015年的161.14亿元增加到2020年的266.94亿元，年平均增速9.5%，增速位居全国十个涉藏州首位、全省第2位。人均生产总值达68622元，高出全省平均水平16647元。2021年，全州实现"十四五"良好开局，GDP达293.27亿元，城镇常住居民人均可支配收入42402元，农村常住居民人均可支配收入11339元。坚持"精准扶贫、精准脱贫"脱贫攻坚方略，构建起"党政领导负总责""五级书记抓扶贫、党政同责促攻坚"的工作格局，全州3个深度贫困县（市）中率先实现脱贫摘帽、147个贫困村全部出列，7.4万名贫困人口全部清零，历史性解决了千百年来的绝对贫困问题。乡村振兴全面启动，建立健全返贫监测和动态帮扶机制，坚决防止发生规模性返贫。始终把改善民生、凝聚人心作为经济社会发展的出发点和落脚点，在全省率先实现了15年免费教育政策，学前教育快速发展，义务教育在省内率先实现基本均衡，农村学生中职教育实现全覆盖；医疗卫生公共医疗服务能力稳步提高，群众健康需求进一步得到满足；社会保障水平不断提升，"各民族都是一家人，一家人都要过上好日子"成为示范区建设的生动写照。

三、坚持法治保障，完善示范区建设法治基础

始终坚持把全面贯彻执行《宪法》《民族区域自治法》和《迪庆藏族自治州自治条例》作为落实民族区域自治制度的重点来抓，修订完善《迪庆藏族自治州民族团结进步条例》，不断推进符合地方实际的民族宗教工作法规体系建设。坚持依法管理民族宗教事务，开展重大风险防控应急处理演练、民族宗教领域矛盾纠纷大排查大化解行动、行政执法监督检查，提高风险研判和处置化解工作能力，依法保障各族群众的合法权益，依法妥善处理涉民族宗教因素的案、事件。坚持法治宣传教育，开展"七五"普法、"两条例五办法"等，引导各族干部群众尤其是宗教教职人员自觉遵法学法守法用法。坚持我国宗教中国化方向，推进宗教中国化健康传承，有效引导宗教特别是藏传佛教与社会主义社会相适应，开展政治理论学习、爱国主义教育、"五进"活动、关心关爱工程，不断增强"五个认同"，规范宗教界讲经、加强宗教文物保护，制度化管理宗教活动场所建设和宗教团体，不断推进民族宗教事务治理体系和治理能力现代化建设，确保民族宗教事务治理在法治轨道上运行。

四、坚持文化浸润，丰富示范区建设思想基础

建立健全宣传教育常态化机制，在全州开展"一日一播报""一日一说法""一周一访谈"，把凝聚人心的工作做在平时、形成常态，引领全州各族群众向善向上、感恩奋进、永跟党走，在全社会广泛凝聚了热爱家乡、建设家乡、赞美家乡的共识。建立健全民族团结进步宣传教育常态化机制，在自治州成立日、民族团结进步月、民族团结节及传统节庆等重要时期，深入开展民族团结进步宣传教育活动，尤其以"互联网＋民族团结"效果显著，不断促进各民族相互了解、相互帮助、相互欣赏、相互学习。弘扬中华传统优秀文化和民族优秀文化，深入挖掘迪庆各民族优秀传统文化中蕴含的各民族交往交流交融的历史物证和丰富内涵，举办"藏历新年""阔时节""二月八""火把节"和香格里拉五月赛马节等民族节庆活动，采取群众喜闻乐见的文体活动形式，教育引导各族群众爱护民族团结，珍惜民族团结。实施"文化兴州"战略，保护传承共享各民族优秀传统文化。实施少数民族优秀文化项目63个，培养了8名民族民间文化传承创新"百名人才"；有序推进奔子栏锅庄、建塘锅庄、阿尺木刮、纳西东巴文化、藏医药等优秀民族文化传习中心建设项目，精心打造出迪庆锅庄、德钦弦子和维西"阿尺木刮"等一大批风格各异的民族文艺精品，推动各民族文化交融、创新，把迪庆各民族优秀传统文化融入光辉灿烂的中华文化一体之中，有力增进各族群众对中华文化的认同感、归属感和荣耀感。稳步快速发展藏医药事业，全州藏药研发生产能力得到提升，"藏族医药"被列为省级非物质文化遗产，"藏医药（藏医骨伤疗法）"被列为国家级非物质文化遗产。全面发展民族文艺体育，成功举办建州60周年庆典、第十届康巴艺术节等民族文化体育盛会，多届少数民族传统体育运动和民族民间歌舞乐展演中获得优异的成绩，有力推动民族文艺体育大繁荣、大发展。

五、坚持交融促和，巩固示范区建设社会基础

始终坚持把加强各民族交往交流交融作为促进民族团结进步、促进社会和谐稳定的根本途径，认真挖掘、整理、宣传迪庆自古以来各民族交往交流交融的历史事实，深入开展以"中华民族一家亲，同心共筑中国梦"为主题的新时代感恩教育，引导各族群众感恩奋进、守望相助。制定出台《关于进一步加强和改进少数民族流动人口服务管理工作的实施意见》等政策措施，签订《迪庆州三县（市）少数民族流动人口服务管理跨区域联动协作协议》，与大理州、保山市签订跨区域联动协作协议书，

与昆明市专门建立跨区域联动协作机制，帮助解决少数民族流动人口就业落户、社会保障、就医就学等方面问题，推进少数民族流动人口服务管理工作，积极创造各族群众共居共学共事共乐的社会条件。"十三五"时期，全州累计实现城镇新增就业3.4万人，农村劳动力转移就业18万人次，使各族群众在城市和乡村之间双向流动、安居乐业；实施教育集中办学模式，在昆明、曲靖、玉溪等对口支援地区举办迪庆高中班，使各民族学生同校共班同享优质教育教学资源；全面完成3601户13879人易地扶贫搬迁，有力缩小地区之间、民族之间的发展差距，促进各族群众共建美好家园。在全州各级各类学校全面推广和普及国家通用语言文字，促进各民族语言相通、心灵相通，加强学校思政课教育，把爱国主义精神贯穿学校教育全过程，引导各族青少年树立正确的国家观、历史观、民族观、文化观，不断强化常态化思想教育引领，中华民族共同体思想基础不断巩固夯实。

丽江市民族团结进步示范区建设情况

丽江历史悠久，因文化而兴，因旅游而名。丽江市地处云南省西北部，滇、川、藏三省区交汇处，是古代"南方丝绸之路"和"茶马古道"的重要通道，也是我国西南地区经济文化交流的长廊和多种宗教传播的交汇点。丽江自古以来就是一个多民族聚居、多宗教并存、多元文化交融的地区。

近年来，特别是2018年丽江市全面开展创建全国民族团结进步示范市工作以来，丽江市委、市政府始终坚持以习近平新时代中国特色社会主义思想为指导，以铸牢中华民族共同体意识为主线，完整准确全面把握贯彻习近平总书记关于加强和改进民族工作的重要思想和考察云南重要讲话精神以及中央、省委民族工作会议精神，以铸牢中华民族共同体意识为主线，以旅游促"三交"为抓手，围绕把丽江创建成全国乃至世界各民族交往交流交融的大舞台、心心相融的大热土、幸福生活的大家庭、构建人类命运共同体的大基地的目标，所有工作向此聚焦，各族群众生活和民族地区经济社会发展取得了前所未有的进步，民族团结进步示范创建的引领作用进一步彰显，谱写了新时代丽江市民族团结进步事业发展的新篇章。

一、加快民族地区发展抓示范区建设

市委、市政府坚持把"一个民族也不能少""一家人都要过上好日子"作为实现民族地区高质量发展的基本要求和目标导向，团结带领全市各族人民凝心聚力谋发展，并以此彰显中华民族共同体意识的意义。

首先，经济发展迈上新台阶。"十三五"期间，全市地区生产总值年均增长8%，固定资产投资年均增长14.7%，社会消费品零售总额年均增长8.7%，城镇常住居民人均可支配收入年均增长7.5%，农村常住居民人均可支配收入年均增长9.3%，各族人民获得感、幸福感、安全感显著提升。脱贫攻坚取得全面胜利，全市17.91万贫困人口全部脱贫，250个贫困村全部出列，玉龙、永胜、宁蒗3个贫困县全部摘帽，直过民族傈僳族、人口较少民族普米族整族脱贫。玉龙县县域贫困治理体系和宁蒗县易地扶贫搬迁成为全国脱贫攻坚典型案例。

其次，基础设施建设不断加快。大丽铁路完成提速改造，丽香铁路即将建成；宾永、鹤关、丽香高速和华丽高速永胜段相继建成通车，高速公路通车里程增加到

341公里，公路通车总里程突破1万公里；丽江机场通航城市达88个，成为西南地区第五大、云南第二大航空港，综合交通网络基本形成。"十百千万"项目有序实施，共争取、投入少数民族发展资金1.95亿元，实施了162个民族团结进步示范创建项目，建成了一批在脱贫攻坚、产业发展、人居环境改善、民族关系和谐等方面具有示范引领作用的创建点。

最后，人民生活品质不断提升。财政民生支出占比保持在75%以上，市二幼、市二中、市妇女儿童医院、古城区人民医院等一批医疗卫生补短板项目相继建成投入使用，就业形势保持稳定，城镇登记失业率控制在4.2%以内。社会保障实现城乡全覆盖，被评为全国居家和社区养老服务改革优秀试点地区。

二、切实保障改善民生抓示范区建设

一是以脱贫攻坚促进民族团结进步。丽江牢记习近平总书记"全面建成小康社会决不让一个兄弟民族掉队，决不让一个民族地区落伍"的谆谆教诲，推进脱贫攻坚与民族团结进步示范创建"双融合、双促进、双达标、双亮点"，累计投入扶贫资金249.3亿元，发放精准扶贫贷款89.8亿元，4.43万户17.91万贫困人口脱贫，250个贫困村、3个贫困县摘帽，直过民族（傈僳族）、人口较少民族（普米族）整族脱贫，现行标准下农村贫困人口全部脱贫。二是以改善民生促进民族团结进步。聚焦贫困地区、民族地区民生福祉，加快补齐教育短板，丽江职教园区、市第二幼儿园、市第二中学建设正在加快推进，永胜民族中学建成办学，华坪民族中学迁建进展顺利。医药卫生体制改革取得阶段性成效，分级诊疗制度有序推进，市人民医院成功创建三甲医院，市人民医院门诊大楼、市妇女儿童医院、古城区人民医院、永胜县医院妇儿科综合楼建成投入使用，市中医院项目扩建项目等医疗基础设施建设正在加快推进。全市实现生产生活用电全覆盖，广播电视信号全覆盖，网络宽带全覆盖，人民群众文化生活水平全面提高。

三、深化主题宣传教育抓示范区建设

围绕"各美其美丽江美，心心相融一家亲"的创建主题，加大宣传教育力度，努力营造人人知晓、人人参与的良好创建氛围。一是深化民族团结进步教育。深入开展十九大和十九届历次全会精神宣传，革命历史教育，中国特色社会主义、中国梦宣传教育；深入开展"自强、诚信、感恩"主题实践活动，把脱贫攻坚与民族团结进步宣讲相结合，引导各族群众听党话、感党恩、跟党走；积极培育和践行社会主义核心价值观，定期开展践行社会主义核心价值观主题活动，引导各族群众自觉践行社会主义核心价值观。二是传承中华优秀传统文化。持续开展"我们的节日"、经典诵读、家风家教家训传承等活动，把中华传统优秀文化融入生产生活。认真实施好民族文化保护传承和"双百"工程，2018年丽江市成功承办中国少数民族古籍珍品暨保护成果展（丽江站）活动，保护了文化，传承了精神。三是健全民族团结进步教育新机制。坚持把习近平总书记考察云南重要讲话精神和关于民族宗教工作的论述，以及中央、省委关于创建工作重要文件纳入各级党委（党组）理论学习中心组、各支部学习和全市干部职工集中学习内容，把民族团结进步宣传教育纳入"万名党员进党校"课程。组建了丽江市民族团结进步宣讲团并深入县（区）、"10+N"民族团结进步创建单位，共开展专题宣传活动20余场次。四是丰富民族团结进步宣传新载体。公开征集了丽江市民族团结进步创建标识，推出了民族团结进步示范市创建主题歌《团结花开丽江美》，并推送到"学习强国"平台。"十三五"期间在民族团结宣传月、民族民间节庆活动中开展民族团结进步歌舞乐展演文化活动2000多场次，形成了"人人会唱团结歌、人人会跳团结舞、人人会办团结事"的良好氛围。在人流密集区域投放创建动漫视频。组织"铸牢中华民族共同体意识，丽江市创建全国民族团结进步示范市"主题宣传活动，10多家中央、省级驻滇媒体参与采访报道丽江市民族团结进步创建工作。五是开辟民族团结进步宣传新阵地。开办"丽江民族团结进步"微信公众号，调动各级各部门公众号开展主题宣传，逐步形成民族团结进步创建宣传工作微信矩阵。2020年9月丽江市创建全国民族团结进步示范市专题网页在新华网云南地方频道上线，全市创建工作宣传平台进一步拓宽。

四、促进交往交流交融抓示范区建设

一是加强各民族交往。始终把各族群众交得了知心朋友、做得了和睦邻居、结得成美满姻缘作为开展民族工作的重要内容之一。把民族节庆活动作为民族团结进步创建的重要舞台，借助举办古城区"和美大研"系列活动、纳西族三多节、傈僳族阔时节、彝族火把节等民族节庆活动的有利时机，把民俗文化与民族团结进步创建自然融合，以民族服饰巡展、民族歌舞展演、民族团结长街宴、民族特色美食展示等群众喜闻乐见的形式，引导各族群众和睦相处，亲如一家，共创美好生活。二是增进各民族交流。各级机关、企事业单位高度重视少数民族干部、专业技术人才培养。目前全市共有公务员1.1万人，少数民族干部占58%。全市事业单位工作人员2.7万人，其中少数民族占51%。全市事业单位有专业技术人员2.3万人，其中少数民族占48%。截至2019年底，全市高技能人才10748人，其中少数民族4299人，占 40%。各级各类学校混班教学、混合宿舍，各族学生互学互鉴、共同进步。目前全市有在校随迁就读学生 1.9 万人，其中小学 1.4 万人，初中 5000 人。真正实现了进城务工农民随迁子女"报名无障碍，待遇无差别，融入无距离"，并且 100% 进入了公办学校就读。三是促进各民族交融。积极参与共建完善攀枝花凉山楚雄大理丽江五市（州）少数民族流动人口服务管理跨区域城市民族联动协作机制，完善少数民族流动人口服务管理体系。加强国家通用语言文字推广，搭建各民族交融的文化桥梁，全市目前建成国家和省级语言文字示范校 28 所，语言文字规范化达标校 100 所，开展了"直过民族"和人口较少民族不通国家通用语言劳动力普通话培训 3972 人次，完成了 56 个普通话示范村的创建任务。财政部帮扶永胜，大唐集团、三峡集团帮扶傈僳族、普米族，沪滇协作、宁海支教等一项项对口帮扶工程更是成为促进各民族交往交流交融、促进民族团结的民心工程。

临沧市民族团结进步示范区建设情况

近年来，临沧认真贯彻习近平总书记关于加强和改进民族工作的重要思想，全面落实习近平总书记考察云南重要讲话和给沧源县边境村老支书们重要回信精神，高举中华民族大团结伟大旗帜，把民族工作融入全市发展大局，以"全面开展'党的光辉照边疆，边疆人民心向党'实践活动，不断铸牢中华民族共同体意识"为主题，深入持久创建全国民族团结进步示范市，谱写了新时代民族团结进步临沧新篇章。

一、思想带动

首先是强化教育，构建铸牢中华民族共同体意识宣传教育常态化机制。抓实干部教育、党员教育、国民体系教育和社会宣传教育，把铸牢中华民族共同体意识教育纳入各级党校（行政学院）干部教育培训必修课，纳入居民公约、村规民约、行业公约，构建课堂教学、网上宣传、社会宣讲、主题教育多位一体的宣教体系。依托学习强国、云岭先锋等平台和铸牢中华民族共同体意识教育基地、研究基地、民族团结进步教育基地，让铸牢中华民族共同体意识入脑入心。全面推广普及国家通用语言文字，加强青少年爱国主义教育，把爱我中华的种子埋入每个孩子的心灵深处。

其次是凝聚思想，形成民族团结进步思想共识。把贯彻落实习近平总书记给沧源县边境村老支书们重要回信精神作为重要政治任务，制定出台贯彻落实意见，举行"学回信、见行动、办实事"系列主题实践活动。深层次挖掘"班洪抗英""班老回归""民族团结誓词碑"等爱国主义和红色资源，在"今日临沧"公众号、临沧市政府公众信息网开设民族团结进步宣传专栏，制作推出一批宣传片、短视频、微电影等，刊播民族团结进步临沧故事、做法、经验，引导各族群众发扬好民族团结光荣传统，讲述好民族团结进步故事。

最后是守正创新，推动各民族优秀传统文化融合发展。实施民族文化保护传承和"双百"工程项目，开展民族民间文化挖掘、收集、整理和保护，"沧源佤族木鼓舞"等6项文化项目列为国家级非物质文化遗产名录，另有20项列为省级非物质文化遗产名录。培养47名民族民间文化优秀传承人，打造120个少数民族文化精品项目。创建5所云南民族优秀文化教育示范学校，3所全国中小学优秀文化艺术传承学校。

建设2个民族传统文化生态保护区、3个少数民族特色乡镇、69个特色村寨、28个国家传统村落。组织开展民族民间歌舞乐展演，打造民族民俗文化节庆品牌，提升民族文化活动知名度。推出一批民族优秀文化文艺精品如文学作品《我的乡村》，歌舞《宏仲嘎光》《菩仿》《陶趣》，微电影《魔巴的新房》等。

二、社会发动

一是多措并举，全力推动各民族交往交流交融。构建互嵌式社会结构和社区环境，努力推动实现各民族群众共享城市均等化服务。扎实做好城市民族工作，将少数民族流动人口纳入城市流动人口服务管理体系。以各族青少年为重点，借助沧源自治县"海峡两岸民族文化交流基地"等平台，组织开展跨区域、全方位、多样化的交流活动。以沪滇协作和对口支援工作为重点，从推动本地和内地双向就业创业、投资兴业等方面入手，推动本地和内地各民族人口流动融居。加快推进边境3县旅游产业，以旅游业的高质量发展推动各民族全方位融入。

二是积极谋划，深入开展民族团结进步示范创建。如在创建"进企业"方面，突出企业社会责任，建立"国企民企共抓"机制，让企业在发展中积极"反哺"社会，讲好"共谋发展、共同富裕"的故事。在"进社区"方面，运用大数据抓好城市民族工作，突出社区服务功能，搭建干群交流平台，创造城市各族群众共居共学共事共乐的社会条件，打造守望相助互嵌式社区共同体。在"进乡（镇、街道）"方面，突出解决干部服务群众"最后一公里"问题，注重提升基层治理能力，架起党和政府紧密联系各族群众的桥梁。在进医院方面，把创建医共体框架体系建设融合推进，形成以"医共体＋医保总额打包＋医防融合促健康管理与服务"的"云县模式"，建立起联结各族群众家庭的医疗服务体系，实现"小病不出村，常见病不出乡（镇），大病不出县，疑难危重病再转诊"的就医新模式。在"进景区"方面，突出优秀的中华文化符号，展示中华民族形象，挖掘优秀传统文化、红色文化、爱国主义和民族团结故事。

三、整体联动

一是突出重点，城乡发展实现历史性跨越。9.4万户36.9万贫困人口全部脱贫，6个"直过民族"和人口较少民族及彝族支系俐侎人全部实现整族脱贫。完成23万户农村危房改造，率先在全省消除了农村危房。全面推进乡村振兴，创新开展"万名干部规划家乡行动"，以人、物、问题、项目"四张清单"破局开篇，率先开启乡村振兴的"临沧实践"。建成高原特色农业产业基地 2200 万亩。在全省率先启动 3 个边境县 10 个沿边乡镇 44 个行政村（社区）沿边小康村建设，临沧沿边小康村模式被列入国家典型案例。民族地区发展后劲不断增强，从 2017 年到 2021 年，地区生产总值年均增长 7.8%；固定资产投资年均增长 21.6%，增速连续四年保持全省前列；城镇常住居民人均可支配收入突破 3 万元大关，年均增长 7.7%；农村常住居民人均可支配收入突破 1 万元大关，年均增长 9.7%。

二是夯实基础，基础设施建设取得重大突破。大临铁路提前建成通车，开工建设 11 条（段）667 公里高速公路，墨江至临沧、镇康至清水河等高速公路建成通车，实现了高速公路方面的重大跨越。临沧机场完成改扩建，沧源佤山机场建成通航，凤庆通用机场建设加快推进。水网、能源保障网、现代物流网、互联网建设加快推进。开工建设耿马灌区等 58 件重点水利项目，水库总库容达 6.1 亿立方米。临沧火车站、云县火车站和清水河口岸物流园区项目顺利实施。中缅印度洋新通道海公铁联运试通首发成功并开展了第二、三批次试运，中缅天然气管道临沧支线一期建成通气。开工建设光伏发电项目装机规模 98.4 万千瓦，全市电力总装机达 877.3 万千瓦。有线宽带网络和移动通讯 4G 网络实现行政村全覆盖，8 县（区）城市实现 5G 网络覆盖。

三是守住底线，可持续发展取得良好进展。贯彻 COP15 大会精神，坚决守住民族地区自然生态的安全边界，山水林田湖一体化保护与修复、"8 个标志性战役"和蓝天、碧水、净土保卫战持续推进，澜沧江、怒江、南汀河等生态保护和系统治理得到加强，建立自然保护地 17 处，森林覆盖率提高到 70.2%，单位地区生产总值二氧化碳排放累计下降 26.7%。爱国卫生"7 个专项行动"深入开展，8 县（区）全部达到国家卫生县城（城市）标准。成功获批国家可持续发展议程创新示范区，30 项考核指标通过省级评估，重点科技帮扶项目取得显著成效，特色资源转化能力不断提升，科技成果转化应用步伐加快。

四是以人为本，民生保障水平持续提升。民族地区教育水平实现高质量跨越发展，7 所普通高中完成改扩建，临沧教育品牌在全省打响，高考成绩连续 5 年位居全省前列，人均受教育年限提高 1.5 年。健康临沧行动深入推进，云县"医共体"改革作为典型在全国推广实施，8 县（区）列为国家紧密型县域医共体建设试点县，基本医疗保险参保率持续稳定在 95% 以上。落实就业优先战略，养老服务体系基本建成，社会兜底保障网进一步筑牢，改革发展成果更多更公平惠及各族人民，"心向总书记、心向党、心向国家"成为各族群众的思想共识。

四、持续常动

一是加强治理，依法促进民族团结。坚持和完善民族区域自治制度，全面落实党的民族政策。深入推进法治政府建设，积极开展"七五"普法，扎实开展"平安临沧"建设，政治、自治、法治、德治、智治"五治"融合乡村治理体系不断健全，积极探索党建引领边疆基层治理"临沧模式"，依法保障各族群众合法权益，坚持在法治轨道上处理涉民族因素的案事件，妥善做好民族宗教矛盾纠纷排查化解工作。

二是守好国门，扎实强边固防责任。把守护好神圣国土作为首要政治任务，深入实施临沧市强边固防钢铁长城培训工程，坚持"五级书记抓边防"，严格落实"五级段长制"，强化边境立体化防控体系建设，做实党政军警民合力强边固防机制，推动人防物防技防深度融合，有效解决边境线"看不到、走不到、管不了"的问题，守住了边境安全的底线，涌现出张子权、毕世华等一批英雄模范和先进典型。

三是依法依规，加强宗教事务管理。落实抓党建促农村宗教治理工作，巩固宗教领域专项治理成果，组织宗教界开展学习习近平总书记重要回信、学习"四史"活动，教育和引导宗教人士和信教群众感党恩、听党话、跟党走的思想自觉和政治自觉，92所宗教活动场所被命名"和谐寺观教堂"。

云南省建设我国民族团结进步示范区规划

接续编制"十三五"和"十四五"示范区建设五年专项规划并将其列入省级重点专项规划，推动示范区建设实体化、工程化、项目化、大众化，是省委省政府贯彻落实习近平总书记考察云南重要讲话精神，推进民族团结进步示范区建设的重要举措。两轮规划均由云南省民族宗教事务委员会牵头编制，先后经省政府常务会议和省委常委会议研究审议后，以省委文件印发实施。本部分收录的是《中共云南省委 云南省人民政府关于关于印发＜云南省建设我国民族团结进步示范区规划（2016-2020年）＞的通知》（云发〔2017〕8号）和《中共云南省委 云南省人民政府关于关于印发＜云南省建设我国民族团结进步示范区规划（2021-2025年）＞的通知》（云发〔2021〕29号）。

2021年11月，国家民委《民族工作简报》（第43期）刊发专文向全国民委系统全面介绍《云南省建设我国民族团结进步示范区规划（2021-2025年）》的主要内容和特点，对云南以铸牢中华民族共同体意识为主线，编制实施专项规划推进民族团结进步示范区建设，以实际行动及时推进中央民族工作会议精神落地见效的做法予以充分肯定。

云南省建设我国民族团结进步示范区规划
（2016—2020年）

云南是一个多民族的边疆省份，是我国统一的多民族大家庭的缩影。把云南建设成为我国民族团结进步示范区，是以习近平同志为核心的党中央着眼民族工作大局作出的重要部署，是新时期云南经济社会发展的三大战略定位之一，意义十分重大。为全面贯彻落实习近平总书记重要指示，把云南建设成为我国民族团结进步示范区（以下简称示范区），编制本规划。

第一章 总体思路

一、指导思想

深入贯彻落实习近平总书记系列重要讲话和考察云南重要讲话精神以及中央民族工作会议精神，紧紧围绕统筹推进"五位一体"总体布局和协调推进"四个全面"战略布局，牢固树立创新、协调、绿色、开放、共享的发展理念，牢牢把握"中华民族一家亲，同心共筑中国梦"的目标任务，把发展作为解决民族地区各种问题的总钥匙，不断打牢民族团结进步的物质基础，提高民族工作法治化水平，促进各民族交往交流交融，构建各民族共有精神家园，把云南建设成为我国民族团结进步示范区。

二、基本原则

（一）打牢民族团结进步的思想基础。坚持"在云南，不谋民族工作就不足以谋全局"的指导思想和"各民族都是一家人，一家人都要过上好日子"的信念，坚定不移走中国特色解决民族问题的正确道路。

（二）打牢民族团结进步的发展基础。坚持"决不让一个兄弟民族掉队，决不让一个民族地区落伍"的承诺，以共同发展促进民族团结，以边疆繁荣促进边疆稳定。

（三）打牢民族团结进步的制度基础。坚持全面贯彻落实民族区域自治制度，健全完善民族宗教工作法治化体系，依法保障民族团结进步，依法维护各族群众合法权益，依法协调民族关系和宗教关系。

（四）打牢民族团结进步的社会基础。坚持促进各民族和睦相处、和衷共济、和谐发展，相知相亲相惜、交往交流交融，构筑各民族共有精神家园，构建同呼吸、共命运、心连心的中华民族共同体。

三、主要目标

到 2020 年，通过着力补齐少数民族和民族地区全面建成小康社会的短板、着力增强少数民族和民族地区跨越式发展的动力、着力促进民族团结和宗教和谐，实现全面小康同步、公共服务同质、法治保障同权、精神家园同建、社会和谐同创，在民生持续改善、发展动力增强、民族教育促进、民族文化繁荣、民族团结创建、民族事务治理等 6 个方面作出示范，努力建成我国民族团结进步示范区。

——少数民族和民族地区如期实现全面脱贫、全面小康。少数民族和民族地区农村建档立卡贫困人口如期脱贫，贫困县、贫困乡、贫困村如期摘帽出列。民生持续改善，基本公共服务主要领域指标达到全省平均水平，义务教育、基本医疗、社会保障条件显著改善，少数民族优秀传统文化得到有效保护和传承，生态环境质量持续改善，各族群众生活水平和质量普遍提高，与全省同步实现全面小康。

——民族自治地方经济保持中高速增长。民族自治地方经济增长速度和城乡居民人均可支配收入增长幅度高于全省平均水平，基础设施建设达到全省总体水平，城镇化水平明显提高，对内对外开放水平不断提升，形成一批特色优势产业，民族地区发展动力明显增强。

——民族团结和谐局面更加巩固。民族团结进步创建活动不断向基层延伸，示范引领作用得到充分发挥。民族宗教工作法治化水平不断提高，维护团结稳定长效机制不断完善。形成一批具有国际影响、国内一流的民族宗教理论研究成果。民族宗教事务治理体系更加健全、治理能力不断提升。少数民族干部人才队伍不断成长，比例与其人口比例大体相当。

云南省建设我国民族团结进步示范区规划主要指标体系

分类	序号	指标	2015 年	2020 年	年均增速[累计数]	属性
经济发展	1	民族自治地方地区生产总值（亿元）	5535.7	8400	≥ 8.5%	预期性
	2	民族自治地方人均地区生产总值（元）	23917	35000	≥ 7.8%	预期性
	3	民族自治地方一般公共预算收入（亿元）	492.2	800	≥ 10%	预期性
	4	民族自治地方固定资产投资（亿元）	5773.7	14400	≥ 20%	预期性
	5	民族自治地方户籍人口城镇化率（%）	—	40 左右	≥ [9]	预期性

续表

分类	序号	指标		2015年	2020年	年均增速[累计数]	属性
精准脱贫民生改善	6	民族自治地方农村贫困人口脱贫（万人）		53.8	—	[240]	约束性
	7	农村危房改造和抗震安居工程（万户）		50	—	[200]	约束性
	8	城乡居民医疗保险参保率（%）		91.9	99	[7.1]	预期性
	9	基本养老保险参保率（%）		71	90	[19]	预期性
	10	民族自治地方居民人均可支配收入	城镇常住居民人均可支配收入（元）	25160	33200	≥9%	预期性
	11		农村常住居民人均可支配收入（元）	8175	13200	10%	预期性
	12	少数民族聚居行政村通数据网络率（%）		63.7	100	[36.3]	约束性
	13	少数民族聚居行政村通硬化路率（%）		84.9	100	[15.1]	约束性
	14	少数民族聚居村饮水集中供水率（%）		79	85	[6]	约束性
民族教育	15	九年义务教育巩固率（%）		93.3	95	[1.7]	约束性
	16	高中阶段教育毛入学率（%）		80.1	90	[9.9]	预期性
	17	对未能升学并有培训意愿的贫困家庭初高中毕业生实行免费职业技能培训（%）		—	100	—	预期性
民族文化	18	民族文化"双百"工程	扶持全国知名的民族文化精品（个）	—	—	[100]	约束性
	19	培养全国知名的民族民间文化传承创新带头人（名）		—	—	[100]	约束性
民族干部	20	少数民族干部（公务员）占总干部人数比例（%）		—	与少数民族人口占总人口比例大体相当		预期性
	21	省级机关、事业单位和群团组织领导班子至少配备1名少数民族干部（%）		—	100	—	预期性
	22	25个世居少数民族有1名以上干部担任省级机关厅级领导干部（%）		—	100	—	预期性

续表

分类	序号	指标	2015年	2020年	年均增速[累计数]	属性
民族团结宗教和谐	23	"十县百乡千村万户"示范创建	创建民族团结进步示范县（个）	—	—	[10]	约束性
	24		创建民族团结进步示范乡镇、民族特色乡镇（个）	—	—	[100]	约束性
	25		创建民族团结进步示范村、民族特色村、社区（个）	—	—	[1000]	约束性
	26		创建民族团结进步示范户（户）	—	—	[10000]	约束性
	27	和谐寺观教堂创建（个）	—	—	[200]	约束性
	28	党政干部和宗教活动场所管理人员民族宗教政策法规培训（％）	—	95	—	预期性
	29	民族宗教政策法规培训进媒体、窗口行业（％）	—	95	—	预期性
	30	民族团结进步教育进学校（％）	—	100	—	预期性
	31	民族团结进步示范区建设目标责任制签订率（％）	—	100	—	预期性
	32	涉及民族宗教因素矛盾纠纷和隐患排查率（％）	—	100	—	预期性
	33	涉及民族宗教因素矛盾纠纷化解处置率（％）	—	100	—	预期性

注：①固定资产投资不含农户。② GDP 增长速度按可比价计算。③ [ ] 内为5年累计数。

第二章 主要任务

坚持民族因素与区域因素相结合，坚持释放政策动力与激发内生潜力相结合，瞄准示范区建设过程中的重点领域、短板问题和特殊困难，明确责任、合力推进，实施6项工程、30个项目。

一、民生持续改善工程

坚决打赢脱贫攻坚战，加快民族地区基础设施建设，推进基本公共服务均等化，更加注重补齐发展短板，持续增加民生福祉，使各族人民共享发展成果，有实实在在的获得感。

1. 如期实现民族地区全面脱贫。全面打赢少数民族和民族地区脱贫攻坚战，确保民族地区贫困县、贫困乡、贫困村、贫困人口如期脱贫摘帽出列。实施全面打赢直过民族脱贫攻坚战行动计划，以及11个直过民族和人口较少民族脱贫攻坚实施方案，确保2019年直过民族聚居区建档立卡18.73万户66.75万贫困人口脱贫。实施推进中国三峡集团帮扶怒族、普米族、景颇族，中国华能集团帮扶拉祜族、佤族，中国大唐集团帮扶傈僳族，中烟云南工业公司帮扶保山市布朗族，云南省烟草专卖局帮扶德宏州阿昌族，广东对口帮扶怒江州、昭通市，上海对口帮扶人口较少民族和民族地区等举措，实现"整乡推进、整族帮扶、到村到户、整体脱贫"。抓住国家加大力度支持怒江州、迪庆藏区发展的机遇，实施怒江州脱贫攻坚全面小康行动计划、迪庆藏区脱贫攻坚三年行动计划，为探索集中连片困难地区脱贫攻坚和实现民族地区同步全面小康作出示范。实施易地扶贫搬迁三年行动计划，到2018年基本完成30万户、100万人的易地扶贫搬迁。（牵头单位：省扶贫办；责任单位：省扶贫开发领导小组成员单位，相关州市、县党委、政府）

2. 持续改善沿边群众生产生活条件。继续深入实施兴边富民工程，扎实推进改善沿边群众生产生活条件三年行动计划，确保373个沿边行政村（社区）、19个农场的23.6万户、92.8万人2017年实现"五通八有三达到"目标。适时启动第二轮沿边三年行动计划，重点加大沿边新型城镇化建设力度，探索实施安居守边特殊政策、建立动态边民补助机制，加快推进国门形象工程建设。（牵头单位：省发展改革委、省民族宗教委；责任单位：兴边富民工程领导小组成员单位、沿边三年行动计划协调小组成员单位，边境州市、县党委、政府）

3. 加快民族地区基础设施建设。加快沿边和乡村公路建设，实现有条件的沿边行政村之间公路通畅，直过民族和人口较少民族聚居地区、沿边地区一定规模的自然村通硬化路2.5万公里，提高自然村公路通畅率。加强民生水利建设，少数民族聚居村农村饮水集中供水率达到85%，农村自来水普及率达到80%以上。实施藏区、边境地区、直过民族和人口较少民族聚居区新一轮农村电网改造升级。统筹有线无线卫星技术覆盖方式，推进广播电视全覆盖工程，实现民族地区自然村农户全部通广播电视，所有行政村通光纤，城市、重要场所和行政村4G网络全覆盖。（牵头单位：省发展改革委、省交通运输厅、省水利厅、省新闻出版广电局、省通信管理局；责任单位：省国土资源厅、省能源局、省公路局、云南广电网络集团公司、中国电信云南分公司、中国联通云南省分公司、中国移动云南公司、中国铁塔云南公司、各州市政府）

4. 提升改善农村人居环境。按照人畜分离、厨卫入户和体现地域特色、民族特色的要求，优先实施民族地区、边境地区整体性（D级）危房拆除重建，同步实现建档立卡危房农户基本住房有保障。全省每年推进的4000个美丽宜居乡村建设，重点向民族地区倾斜。创建一批生态文明乡镇、生态文明村。（牵头单位：省住房城乡建设厅；责任单位：省委农办、省发展改革委、省民族宗教委、省财政厅、省环境保护厅、省扶贫办、省农村信用社联合社、人民银行昆明中心支行、国家开发银行云南省分行、农业发展银行云南省分行）

5. 提升医疗卫生条件和服务水平。实现民族地区城乡居民基本医疗保险人口全覆盖，加大对民族地区贫困人口的医疗救助、临时救助、慈善救助力度。加快民族地区县级医院、妇幼保健计划生育服务机构、乡镇卫生院、社区卫生服务中心建设，培养壮大基层医疗卫生人才队伍。支持民族医重点专科和学科、民族医药科研院所建设，支持有条件的民族地区建设民族医医院。（牵头单位：省人力资源和社会保障厅、省卫生计生委；责任单位：省发展改革委、省民政厅、省财政厅）

6. 实施人口较少民族和边民保险保障。采取政府购买服务方式，率先对422个人口较少民族聚居行政村和沿边373个行政村内各族群众购买人身意外伤害险等保险产品给予补助，探索增加保险险种，减少因灾因病因残致贫返贫，提高社会保障水平。（牵头单位：省民族宗教委；责任单位：省财政厅、保监会云南监管局）

7. 保护和改善生态环境。加快推进实施主体功能区规划，严格依照国家相关规定贯彻落实和建立健全不同类型功能区差别化的财政、产业、投资、土地、资源开发、环境保护等政策，实行分类考核评价办法。加大生态文明建设投入力度，实施民族地区重点生态建设工程。建设地质灾害综合防治体系。（牵头单位：省发展改革委、省环境保护厅；责任单位：省财政厅、省国土资源厅、省林业厅、省水利厅）

二、发展动力增强工程

发挥民族地区比较优势，以科技创新为动力，围绕八大重点产业，培育壮大民族地区特色优势产业，改造提升传统产业；加快城镇化进程，构建对外开放新格局，在增长方式转变、结构调整、动力转换等方面实现突破，增强民族地区内生发展动力。

8. 发展特色优势产业。加大对民族地区农业产业化龙头企业和农产品深加工科技型企业的扶持力度，建设一批现代农业、现代林业、现代畜牧业重点县，提高民族地区现代农业水平。发展民族特色旅游文化产业，加大民族地区旅游基础设施建设力度，积极推动跨境旅游、民族民俗文化深度游，打造民族文化旅游节庆品牌和精品演艺产品，培育民族文化旅游休闲、民族文化创意设计、民族民间工艺品等产业。发展以傣药、彝药、藏药等为重点的民族医药产业，支持民族医药研发、药材开发和药品注册，做大做强一批民族药龙头企业，培植发展民族药材种植、研发、加工和营销的新兴产业链。扶持民贸民品和民族特色商品，实施民贸民品"扶强十企，培育百企"工程。发挥民族地区区位优势，加快发展现代生产性服务业，建设"互联网+"高效物流，健全农村电商和城乡配送物流体系，加快推进乡村新型商业中心建设，深化沿边金融综合改革，大力发展普惠金融，创新现代保险服务机制和手段，增加服务有效供给，为民族地区重点产业发展提供支持。（牵头单位：省民族宗教委、省农业厅、省卫生计生委、省旅游发展委；责任单位：省发展改革委、省工业和信息化委、省科技厅、省财政厅、省林业厅、省商务厅、省工商局、省质监局、省食品药品监管局、省金融办、省文产办、人民银行昆明中心支行）

9. 推进新型城镇化建设。优化民族地区城镇空间布局，支持民族地区编制实施城乡建设规划，提高城乡规划、建设和管理水平，改造提升民族地区中心城市、重要通道节点、口岸和沿边城镇功能，促进人口向产业聚集区集中，确保城镇化率增速高于全省平均水平。实施少数民族特色村镇保护与发展，建设 300 个少数民族特色村寨和 30 个少数民族特色集镇。（牵头单位：省发展改革委、省民族宗教委；责任单位：省财政厅、省国土资源厅、省住房和城乡建设厅、省文化厅、省旅游发展委）

10. 提高科技创新能力。围绕民族地区特色优势产业，优先向民族地区选派科技特派员，培养当地科技带头人，布局实施一批省级重大科技项目，培育一批重点实验室、工程（技术）研究中心、企业技术中心、成果转化（示范）基地，扶持一批科技型中小企业，大幅提高科技进步对民族地区经济发展的贡献率。（牵头单位：省科技厅；责任单位：省发展改革委、省工业和信息化委、省财政厅）

11. 加快沿边开发开放。加强开发开放试验区、边（跨）境经济合作区、综合保税区建设，积极争取试点沿边自由贸易试验区建设。加大招商引资力度，积极构建沿边地区与滇中地区联动发展机制，推动一批企业在沿边地区落户发展，打造面向南亚东南亚的加工贸易平台、特色农产品商品交易平台，促进对外贸易转型升级。（牵头单位：省发展改革委；责任单位：省农业厅、省商务厅、省外办、省招商合作局、昆明海关、云南出入境检验检疫局，相关州市党委、政府）

三、民族教育促进工程

坚持民族教育优先发展，推进民族教育现代化，积极开展双语教育，全面提高教育质量，促进教育公平，共享优质资源，提高各族群众科学文化素质，提升各族群众就业创业能力。

12. 推进学前免费教育。实施好迪庆州、怒江州学前 2 年免费教育，并逐步向直过民族和人口较少民族聚居区、沿边行政村、少数民族人口占 30% 以上的行政村推行。（牵头单位：省教育厅；责任单位：省财政厅）

13. 改造义务教育薄弱学校。全面改善民族地区义务教育薄弱学校基本办学条件，逐步使中小学生均占地面积、生均校舍面积、教学仪器配备、图书、体育场、绿化面积等指标基本达到国家标准。（牵头单位：省教育厅；责任单位：省发展改革委、省财政厅）

14. 提升中等教育水平。办好云南师大附中、云南民大附中、云南民族中学高中民族班。扩大省和州市优质高中民族班招生规模，逐步提高民族学校、民族班生均公用经费和贫困学生生活补助标准。率先在怒江州、迪庆州实施普通高中3年免费教育，逐步在直过民族和人口较少民族聚居区、边境县、民族自治地方推行。推广怒江州、迪庆州农村学生中等职业教育全覆盖试点经验，逐步在边境县、直过民族和人口较少民族聚居区实现未能升学初高中毕业生职业技术教育全覆盖。（牵头单位：省教育厅、省民族宗教委；责任单位：省财政厅、省人力资源和社会保障厅、省扶贫办）

15. 发展民族高等教育。建立健全省内高校对口帮扶民族地区的长效机制，鼓励省内高校每年招收一批掌握民族语言的少数民族学生，着力提高少数民族人口接受高等教育的比例。加快培养云南世居少数民族硕士生、博士生。办好云南农业大学、云南林业职业技术学院、云南民族中等专业学校特有少数民族本科及大中专班，给予学费免除和生活费补助。支持云南民族大学少数民族预科教育基地，以及东南亚、南亚和西亚语言文化教育基地建设，办好民族语言文化专业，采取免费等方式培养少数民族语言文化人才，确保云南民族大学在校少数民族学生比例不低于70%。加快发展高等职业教育，建设云南民族文化职业学院，"十三五"期间实现去筹招生目标。（牵头单位：省教育厅、省民族宗教委；责任单位：省发展改革委、省财政厅、云南民族大学、昆明市政府）

16. 普及国家通用语言教育。在直过民族聚居区创建州市级以上语言文字规范化示范学校（园）650所，全面提高国家通用语言普及程度，有计划分批次重点培训13万人次，确保45周岁以下人口能熟练使用国家通用语言。在不通汉语地区小学低年级推行双语教育，确保少数民族学生小学三年级以前通过汉语关，学会普通话。每年完成1000人次少数民族双语教师普通话培训，确保普通话口语达到二级乙等以上水平。在民族地区学校每年举办中华经典诵读写和规范汉字书写比赛，提升学生国家通用语言文字应用能力。（牵头单位：省教育厅；责任单位：省民族宗教委、省人力资源和社会保障厅，相关州市、县党委、政府）

四、民族文化繁荣工程

提升民族文化软实力，保护、传承和开发优秀民族文化，推进民族文化创造性转化和创新性发展，使各民族文化繁荣发展的过程成为各民族相知相亲相惜的过程，成为民族团结的润滑剂、催化剂、黏合剂，形成中华民族共有精神家园和共同体意识。

17.民族文化公共设施和服务体系建设。支持各级民族类博物馆建设，提升管理和服务水平。优先新建和改造民族自治县公共图书馆、文化馆（站），开展公益性民族文化活动，实现民族文化公共设施免费开放。推进边境文化长廊建设，建设一批边境口岸国门文化交流中心。改造提升云南民族博物馆，新建云南民族文化宫。（牵头单位：省文化厅；责任单位：省委宣传部、省发展改革委、省民族宗教委、省财政厅、昆明市政府）

18.民族文化传承保护和创新开发。开展民族古籍典籍整理和翻译出版工作，拍摄制作25个世居少数民族影像志，建成云南少数民族文化资源数据库和云南少数民族语言文字资源数据库。加强各级少数民族传统文化生态保护区、民族民间文化艺术之乡和非物质文化遗产保护利用设施建设。实施一批与科技、旅游、金融等融合互动发展的民族文化创意产业项目。（牵头单位：省民族宗教委；责任单位：省文化厅、省文产办、省文联）

19.民族文化"双百"工程建设。打造100个全国知名的民族文化精品，推出100名全国知名的民族民间文化传承创新带头人，支持建设一批民族文化传习馆和民族民间人才工作室。大力培养乡土民族文化能人和民族民间文化传承人。完善各级非物质文化遗产传承人认定与管理制度。（牵头单位：省民族宗教委；责任单位：省委宣传部、省文化厅）

20.民族文化校园传承。广泛开展优秀民族传统文化进校园活动。在中小学开展民族文化传承和传播活动，引导职业院校和高等院校依托学科及专业优势创新民族文化传承人才培养模式，加强民族文化师资队伍建设和技能人才培养，完善民族文化特色专业和课程建设，建立健全民族文化校外辅导员互动机制。鼓励职业院校和高等院校加强与文化企事业单位合作。做大做强《今日民族·中小学版》。（牵头单位：省教育厅；责任单位：省民族宗教委、省文化厅）

21.民族文艺体育发展。完善民族文艺精品奖励制度，扶持民族民间创作基础队伍和文艺阵地建设，培养民族文艺领军人物和高素质人才。推进"中国少数民族电影工程"云南项目实施，扶持民族戏剧和地方戏发展，支持文艺院团和民族民间文艺团体发展。加强少数民族传统体育挖掘整理和创新发展，建设一批少数民族传统体育基地，在乡（镇、街道）推广少数民族传统体育项目。定期举办全省少数民族文艺会演、民族民间歌舞乐展演、少数民族传统体育运动会和单项锦标赛，组团参加全国少数民族文艺会演、少数民族传统体育运动会及单项锦标赛（邀请赛）。（牵头单位：省民族宗教委；责任单位：省委宣传部、省文化厅、省新闻出版广电局、

省体育局、省文联、云南民族大学）

22. 民族文化传播能力建设。支持少数民族新闻出版事业发展，做大做强云南广播电视台民族语频道，支持有条件的民族自治地方开办少数民族语言广播电视节目、网站，在民族自治地方已开办的电视节目中增加民族语言节目的播出比例。加快建设云南省少数民族语言节目译制中心和少数民族文字出版基地。实施民族文化走出去工程，建设辐射南亚东南亚的民族文化传播体系，继续推广实施中国数字电视地面传输工程，打造文化交流互动、国际文化艺术节品牌，推动民族文化产品和服务出口。（牵头单位：省委宣传部、省新闻出版广电局；责任单位：省民族宗教委、省财政厅、省文化厅、省外办、省文产办）

五、民族团结创建工程

深入开展民族团结进步创建和宣传教育活动，营造民族团结好氛围、聚集民族团结正能量，维护宗教领域和谐稳定，促进各民族和睦相处、和衷共济、和谐发展。

23. 加强民族团结进步创建活动。推进民族团结进步创建进机关、进社区、进学校、进企业、进农村、进部队、进宗教活动场所、进窗口行业，支持各地区争创全国民族团结进步示范州、市、县、乡、村、社区、单位和基地。实施"十县百乡千村万户"示范创建工程，在全省新建10个民族团结进步示范县、100个民族团结进步示范乡镇（民族特色乡镇）、1000个民族团结进步示范村（民族特色村、民族团结进步示范社区）、10000户民族团结进步示范户。支持宁洱民族团结誓词碑等民族团结教育基地建设。支持民族自治地方办好成立逢十周年庆祝活动，鼓励和支持各级民族学会和民族研究会办好民族传统节日。（牵头单位：省民族宗教委；责任单位：省财政厅，各州市党委、政府）

24. 推进民族团结宣传教育。倡导和支持各地区开展民族团结进步宣传月、宣传周、宣传日活动。支持各类媒体开设民族团结进步专栏、专题、专刊，摄制播放民族团结进步教育宣传片和公益广告，讲好云南民族团结进步故事。推进"互联网+民族团结"，加大对民族类宣传媒体支持力度，成立民族宣传微媒联盟，开发民族团结进步多媒体数据库和多形态宣传品。在全省各类学校广泛开展民族团结宣传教育活动。（牵头单位：省民族宗教委；责任单位：省委宣传部、省教育厅、省文化厅、省新闻出版广电局）

25. 促进宗教和谐和顺。贯彻实施《宗教事务条例》《云南省宗教事务规定》，依法保障宗教界人士和信教群众合法权益。支持标志性、文物性宗教活动场所修缮和本土化建设。办好云南佛学院、昆明伊斯兰教经学院、云南基督教神学院、云南迪庆藏语系佛学院，加快推进西双版纳中国巴利语系高级佛学院建设，培养爱国爱教教职人员队伍。每3年创建命名100个省级"和谐寺观教堂",鼓励各地区开展和谐宗教活动场所创建活动。制定加强宗教界代表人士培养意见,充分发挥他们的积极作用。健全完善领导干部联系少数民族代表人士和宗教界代表人士制度,每年至少进行1次走访和听取意见。(牵头单位:省委统战部、省民族宗教委;责任单位:省发展改革委、省财政厅、省人力资源和社会保障厅,各州市党委、政府)

26.开展民族宗教领域交往交流。依托云南佛教文化的影响力和优势,继续办好崇圣论坛、南传佛教高峰论坛等。依托"中华一家亲""七彩云南宝岛行"等平台,组织云南台湾两地少数民族和宗教界代表人士互访,建立完善云南与台湾少数民族、港澳同胞的长效互访机制,增进沟通交流。(牵头单位:省民族宗教委;责任单位:省委统战部、省台办、省外办)

六、民族事务治理工程

加强党对民族工作的领导,培养高素质少数民族人才队伍,完善民族工作服务管理体系,推进民族工作法治化,创新民族宗教理论研究,全面提高民族事务治理能力和水平。

27.培养高素质少数民族人才队伍。编制实施少数民族人才培养规划,逐步实现各少数民族人才与其人口比例大体相当。边境民族贫困地区招录公务员时,可单设岗位招录少数民族公务员,根据工作需要,可定向招录掌握少数民族语言的公务员。艰苦边远山区可采取适当放宽招考条件、合理确定开考比例、单独划定笔试最低合格分数线等方式定向招录。民族自治地方党委领导班子及少数民族人口较多的市、县(市、区)、乡(镇、街道)党政领导班子要各配备1名以上少数民族干部。"十三五"末努力实现省级机关、事业单位和群团组织的领导班子中至少配备1名少数民族干部。保持25个世居少数民族都有1名以上干部担任省级机关厅级领导干部。依托云南民族干部学院、普洱民族团结进步干部教育学院等培训机构,实施党政干部民族宗教政策法规轮训计划,培养大批熟悉民族宗教工作的领导干部,建设一支政治坚定、作风扎实的高素质民族宗教工作队伍。(牵头单位:省委组织部、省人力资源和社会保障厅;责任单位:省委统战部、省民族宗教委,各州市、县党委、政府)

28.完善民族工作服务管理体系。加强民族自治地方和民族工作任务较重地区的民族宗教工作部门力量,改善工作条件。加强城市少数民族流动人口服务管理,建立流出地与流入地之间的协作机制。根据需要在街道、社区设立少数民族服务窗口,引导支持在机场、车站、港口、学校等建立符合少数民族特殊饮食习惯需要的服务设施和网点。加强对清真餐饮企业和清真食品生产企业的监管。开展少数民族离校未就业高校毕业生"一对一"帮扶，"三支一扶"计划名额向少数民族贫困大学生倾斜。探索设立城镇少数民族创业基金，帮助少数民族群众就业创业。（牵头单位：省委组织部、省民族宗教委；责任单位：省委编办、省教育厅、省公安厅、省民政厅、省人力资源和社会保障厅、省食品药品监管局）

29. 提升民族宗教事务法治化水平。适时制定和完善维护民族团结、促进宗教和谐的地方性法规及规范性文件，适时修订《云南省城市民族工作条例》《云南省民族乡工作条例》，指导民族自治地方修订自治条例及相关单行条例。健全民族宗教政策法规贯彻落实督查制度。依法加强宗教活动场所、寺院经堂教育等规范管理，依法开展宗教领域专项整治活动，保护合法、制止非法、遏制极端、抵御渗透、打击犯罪。健全民族宗教关系省、州、县三级同步监测监管体系，完善涉及民族宗教因素矛盾纠纷排查调处机制、突发事件应急处置机制和多部门联动的边境综合治理机制。（牵头单位：省民族宗教委；责任单位：省委统战部、省委政法委、省委防范和处理邪教问题领导小组办公室、省人大民族委、省人大常委会法工委、省公安厅、省安全厅、省司法厅、省外办、省法制办、省综治办，各州市党委、政府）

30. 构建民族宗教理论研究体系。推进研究机构与党政部门协同创新合作，发挥专家咨询作用，形成一批具有国际影响、国内一流的民族宗教理论和民族学研究基地。支持民族宗教理论、民族学和民族工作学科体系建设，建立一批硕士点、博士点和博士后科研流动站，培养学科带头人。支持民族宗教理论研究对内对外交流，每2年举办1次省内外民族宗教理论学术研讨会。对全省民族宗教工作部门优秀调查研究成果实施奖励，支持研究成果出版，促进优秀成果转化应用。（牵头单位：省民族宗教委；责任单位：省委宣传部、省教育厅、省社科联、省社科院、云南大学、云南师范大学、云南民族大学）

第三章 保障措施

为确保规划目标和工程项目落实到位、如期完成，坚持"国家指导、省级统筹、部门合力、州县推进、基层创建、全社会参与"的工作机制，健全完善以下保障措施。

（一）加强组织领导。各级党委、政府成立示范区建设领导小组，由党委主要负责同志任组长。领导小组办公室设在民族宗教工作部门，负责示范区建设的综合协调、督促检查和总结通报。完善示范区建设目标任务责任制、领导小组成员单位年度任务承诺制和目标任务考核奖惩制。完善示范区建设省部合作机制，积极争取国家加大对示范区建设的指导支持力度，进一步加强与国家民委共同推进示范区建设的合作。

（二）强化协调配合。每年第一季度由示范区建设领导小组办公室召开规划建设评估和协调推进会，分析评估上年度工作，协调落实本年度计划。各牵头单位要明确1位分管领导作为协调领导，1位业务负责同志作为联络员，加强与相关责任单位的沟通协调，统筹项目计划，汇总实施情况。各责任单位要按照职责分工主动推进项目实施，落实年度目标任务，形成示范区建设合力。

（三）保障资金投入。省级各单位要积极承诺和落实项目建设资金，每年主动加强与各地区的项目资金衔接，做到计划早安排，资金早下达，项目早见效。各地区要主动对接上级单位，主动整合建设资金，突出重点，集中力量推进。规划实施的项目资金分别按省级单位和州市口径，一年一统计一考核，5年总合计总考核。

（四）完善考核制度。把规划任务实施完成情况纳入全省年度综合考核评价，以及省管领导班子和领导干部年度综合考核内容。省示范区建设领导小组办公室负责年度规划目标任务的考核，建立示范区建设成效评估指标体系，每年第一季度聘请第三方对上年度规划建设项目随机抽检。在规划实施中期和完成阶段聘请第三方进行建设绩效评估。省级单位和州市党委、政府结合本部门本地区实际，制定具体考核办法。省委督查室、省政府督查室每年对规划完成情况进行督查。

（五）加大宣传推广。引导和支持各类媒体多角度、多层次、多形式、多渠道广泛深入宣传示范区建设，营造和培育全社会共同关心、支持和参与示范区建设的良好氛围。加强示范区建设实践经验的总结和提升，形成可复制、可推广的经验。

云南省建设我国民族团结进步示范区规划
（2021—2025年）

"十四五"时期是我国全面建成小康社会、实现第一个百年奋斗目标之后，乘势而上开启全面建设社会主义现代化国家新征程、向第二个百年奋斗目标进军的第一个五年，是云南深入贯彻落实习近平总书记关于加强和改进民族工作的重要思想以及考察云南重要讲话精神，不断铸牢中华民族共同体意识，努力在建设我国民族团结进步示范区上不断取得新进展的关键五年。为高质量推进民族团结进步示范区建设，特编制本规划。

第一章 建设基础和面临形势

"十三五"以来，在以习近平同志为核心的党中央坚强领导下，省委、省政府深入贯彻落实习近平总书记考察云南重要讲话精神，坚持把民族工作融入全省发展大局，着力建设我国民族团结进步示范区，扎实推进各项工作，取得明显成效。

第一节 取得的主要成就

民族团结进步示范区建设步伐加快，民族地区经济社会发展取得了历史性突破，实现与全国同步建成小康社会。

一、民生保障显著改善

推进民族团结进步示范区建设与脱贫攻坚"双融合、双促进"，少数民族群众彻底告别绝对贫困，11个"直过民族"和人口较少民族实现整族脱贫。实施两轮兴边富民工程改善沿边群众生产生活条件三年行动计划，110个沿边乡镇的878个行政村（社区）实现了"五通八有三达到"目标，生产生活条件得到较大改善。民族地区基础设施全面提升，通航运营机场达到10个，4个民族自治州进入高铁时代，8个民族自治州中有48个县通高速公路，水利设施建设深入推进，农村电网供电可靠性和稳定性进一步提高，行政村（社区）实现4G网络全覆盖。民族地区基本公共服务保障水平大幅提升，农村劳动力培训和转移工作有序推进，贫困群众技能培训、岗位推荐全覆盖，全面建立基本医保、大病保险、医疗救助等保障，县乡村医疗卫生服务体系基本健全，人民健康水平显著提高，4类重点对象农村危房改造全部"清零"。生态文明建设持续推进，"蓝天、碧水、净土"三大保卫战深入实施，建设了一批重点生态工程，农村人居环境明显改善。

二、发展动力持续增强

"十三五"时期，全省民族自治地方生产总值年均增长8.4%，经济社会发展主要指标年均增幅高于全省平均水平。实施三轮"十县百乡千村万户"示范创建工程，截至2020年底共建设36个示范县、264个示范乡镇、3711个示范村，有力支撑民族地区加快发展。全力推进"一县一业"示范县创建、特色县培育，产业特色优势逐步显现，民族团结进步示范乡镇和示范村基本形成了"一乡一业、一村一品"的特色产业发展模式。深入推进新型城镇化综合试点，全省36个"美丽县城"中有23个属于民族自治地方、11个为民族自治县，21个特色小镇中有17个属于民族自治地方。沿边开发开放深入推进，口岸建设提质增效，边（跨）境经济合作区、重点开发开放试验区、综合保税区高水平建设。

三、民族教育稳步提升

民族地区学前教育基本实现一县一示范，每个乡镇至少有1所公办中心幼儿园。"全面改薄"任务全部完成，义务教育学校办学条件"20条底线"全部达标。中等职业教育惠民政策深入实施。特有少数民族大中专班持续顺利举办。高等教育及少数民族高层次人才培养成效明显，少数民族在校研究生由2016年的3769人增长至2020年的7538人。大力推广普及国家通用语言文字，创建普及普通话示范村701个，完成7752所学校语言文字规范化建设达标工作，"直过民族"国家通用语言文字普及专项顺利实施。

四、民族文化日益繁荣

实施民族文化保护传承和"双百"工程，完成709个少数民族传统文化抢救保护项目，培养100名民族民间文化优秀传承人，打造102个少数民族文化精品项目。创建102所云南民族优秀文化教育示范学校。建设85个民族传统文化生态保护区、29个少数民族特色乡镇、780个特色村寨。参加第十届、第十一届全国少数民族传统体育运动会和第五届少数民族文艺会演并取得优异成绩，成功举办云南省第十一届少数民族传统体育运动会，第十届、第十一届民族民间歌舞乐展演，第一届、第二届传统戏剧曲艺汇演，七彩云南民族赛装文化节等活动。

五、民族团结不断巩固

全面深入持久开展民族团结进步创建，以"十进"活动为抓手，不断向不同行业和领域延伸，涌现出"宾弄赛嗨"、郑家庄等团结互助示范典型。全省9个州（市）和70个单位被命名为全国民族团结进步示范州（市）和示范单位，10个单位被命名为全国民族团结进步教育基地；3000家单位被命名为云南省民族团结进步示范县示范单位，1065所学校被命名为云南省民族团结进步教育示范学校。39个集体和42名个人被表彰为全国民族团结进步模范集体和模范个人，50个集体和100名个人被表彰为全省民族团结进步模范集体和模范个人。

六、民族宗教事务治理更加有效

依法治理和管理民族宗教事务，制定出台《云南省民族团结进步示范区建设条例》及其实施细则和《云南省宗教事务规定》，用法治思维和手段处理民族宗教问题、协调民族宗教关系，民族团结、宗教和顺的良好局面不断巩固。少数民族流动人口服务管理进一步加强，实施网格化服务管理模式，建立跨区域协作机制。少数民族干部人才队伍不断成长壮大，各层级少数民族干部人数均占到相应层级干部总数的三分之一左右，与少数民族人口占总人口比例大体相当。积极引导宗教与社会主义社会相适应，坚持我国宗教中国化方向更加坚定，全省200个宗教活动场所被命名为云南省"和谐寺观教堂"。民族宗教理论研究体系进一步健全，学科体系建设不断完善。

以上成绩的取得，是以习近平同志为核心的党中央坚强领导的结果，是习近平总书记关于加强和改进民族工作的重要思想以及考察云南重要讲话精神正确指引的结果，是省委、省政府团结带领全省各族群众铸牢中华民族共同体意识，共同团结奋斗、共同繁荣发展的结果。

同时，对标"在全国作出示范"的要求还存在差距，全省民族地区发展不平衡不充分的问题仍然较为突出，巩固拓展脱贫攻坚成果同乡村振兴有效衔接任务艰巨；铸牢中华民族共同体意识、建设民族团结进步示范区工作思路还不宽，创新举措还不多，示范引领效应还有待进一步发挥；民族宗教事务治理能力有待增强，防范化解民族宗教领域风险隐患还需精准施策、久久为功。

第二节 发展形势

从中华民族伟大复兴战略高度把握新时代党的民族工作的历史方位，民族团结进步示范区建设迎来了重大发展机遇，"十四五"时期是示范区建设不断取得新进展的关键五年。

一、铸牢中华民族共同体意识赋予民族团结进步示范区建设新的工作主线

铸牢中华民族共同体意识是习近平总书记作出的重大原创性论断。铸牢中华民族共同体意识是维护各民族根本利益的必然要求，是实现中华民族伟大复兴的必然要求，是巩固和发展平等团结互助和谐的社会主义民族关系的必然要求，是党的民族工作开创新局面的必然要求，是新时代民族工作的"纲"。要坚定不移地将铸牢中华民族共同体意识作为民族团结进步示范区建设的主线和核心要义，贯穿建设全过程和各领域，推动云南各民族共同团结奋斗、共同繁荣发展，增强参与中华民族伟大复兴的能力，共享中华民族伟大复兴的成果，引导各族人民牢固树立休戚与共、荣辱与共、生死与共、命运与共的共同体理念，为推动中华民族走向包容性更强、认同度更高、凝聚力更大的命运共同体作出云南贡献。

二、习近平总书记考察云南重要讲话赋予民族团结进步示范区建设新的历史使命

把云南建设成为我国民族团结进步示范区，是以习近平同志为核心的党中央着眼于全国民族团结进步事业大局作出的重大部署，为新时代云南民族团结进步事业指明了前进方向、提供了根本遵循、注入了强大动力。"十四五"时期，要坚持以习近平新时代中国特色社会主义思想为指导，认真贯彻落实习近平总书记关于加强和改进民族工作的重要思想以及考察云南重要讲话精神，牢记习近平总书记的殷殷嘱托，紧扣云南在全国民族团结进步事业大局中的坐标方位、使命担当，自觉在中华民族伟大复兴的战略全局和世界百年未有之大变局中研究、谋划、推进工作，主动服务和融入以国内大循环为主体、国内国际双循环相互促进的新发展格局，沿着中国特色解决民族问题的正确道路深化实践和探索，推动民族工作创新发展，更好地发挥示范引领效应。

三、云南基本省情新内涵赋予民族团结进步示范区建设新的发展条件

党的十八大以来，省委、省政府坚持以习近平新时代中国特色社会主义思想为指导，把党的民族政策与云南实际紧密结合，团结带领云南各民族手足相亲、同心筑梦，少数民族和民族地区发展取得了前所未有的进步，长期落后的面貌发生了根本性转变，走出了一条具有中国特色、云南特点、时代特征的民族团结进步之路，"民族"基本省情呈现各民族信念更坚定、思想更凝聚、发展更迅速、文化更繁荣、治理更有效的时代新内涵。推进民族团结进步示范区建设，要准确把握云南"边疆、民族、山区、美丽"新省情和"民族问题、宗教问题、边境问题相互交织"的突出特点，

深入研究分析面临的新起点、新形势、新任务，充分发挥多民族的发展优势，坚持在继承中发展、在发展中创新，着力在编制实施建设规划、丰富建设内容、集聚各方资源、提升示范效应等方面探索创新，不断推动边疆民族地区治理的云南实践、不断积累边疆民族地区治理的云南经验、不断作出边疆民族地区治理的云南示范。

第二章 总体要求

第一节 指导思想

高举中国特色社会主义伟大旗帜，坚持以马克思列宁主义、毛泽东思想、邓小平理论、"三个代表"重要思想、科学发展观、习近平新时代中国特色社会主义思想为指导，深入贯彻党的十九大和十九届二中、三中、四中、五中全会精神，全面贯彻习近平总书记关于加强和改进民族工作的重要思想以及考察云南重要讲话精神，增强"四个意识"，坚定"四个自信"，做到"两个维护"，科学把握新发展阶段、深入贯彻新发展理念、主动服务和融入新发展格局，以铸牢中华民族共同体意识为主线和核心要义，坚定不移走中国特色解决民族问题的正确道路，坚持守正创新、慎重稳进，融入全国民族团结进步事业大局，促进各民族共同团结奋斗、共同繁荣发展，努力在加强党对民族宗教工作的全面领导、构筑中华民族共有精神家园、推动各族群众共同迈向现代化、促进各民族交往交流交融、提升民族宗教事务治理能力和水平上争当先进、作出示范，推进新时代民族工作高质量发展，推动民族团结进步示范区建设不断取得新进展。

第二节 建设原则

一、坚持党的领导、高位推动

坚持党对民族工作的集中统一领导，坚定不移走中国特色解决民族问题的正确道路，提高政治站位，加强组织保障，把党的全面领导贯彻到民族团结进步示范区建设全过程和各方面。

二、坚持人民主体、共建共享

坚持以人民为中心，把握人民群众对美好生活的新期待，着力解决各族群众最迫切、最直接的困难和问题，尊重人民主体地位和首创精神，激发内生发展动力，促进各族群众共建美好家园、共享美好生活。

三、坚持围绕主线、示范带动

坚持把铸牢中华民族共同体意识工作摆在"五位一体"总体布局和"四个全面"战略布局中统筹谋划，赋予所有改革发展以彰显中华民族共同体意识、维护统一和反对分裂、改善民生和凝聚人心的意义，创造性地开展各项工作，作出铸牢中华民族共同体意识的云南示范。

四、坚持突出重点、协调发展

完善差别化区域支持政策，推进民族地区全面深化改革开放，统筹推进补齐短板和锻造长板，形成重点突破、协调发展的建设局面，提升自我发展能力。

五、坚持系统观念、整体推进

坚持"一盘棋"思想，统筹发展和安全，加强全局性谋划，整体推进民族团结进步示范区经济、政治、文化、社会、生态文明建设。

第三节　建设目标

紧紧围绕到二〇三五年全面建成我国民族团结进步示范区的远景目标，科学谋划、合理确定"十四五"时期的主要目标。

一、二〇三五年远景目标

展望二〇三五年，云南将与全国同步基本实现社会主义现代化，各民族政治上团结统一、经济上共同富裕、社会上互嵌互融、文化上美美与共、治理上共治共享，中华民族共同体意识深入人心，国家意识、公民意识、法治意识更加牢固，对伟大祖国、中华民族、中华文化、中国共产党、中国特色社会主义的认同成为各族群众的思想和行动自觉，云南民族工作在加强政治建设、提升发展水平、增进民生福祉、繁荣民族文化、增强治理能力等方面走在全国前列，在铸牢中华民族共同体意识上作出云南示范，全面建成我国民族团结进步示范区。

二、"十四五"时期主要目标

着力在加强党对民族宗教工作的全面领导、构筑中华民族共有精神家园、推动各族群众共同迈向现代化、促进各民族交往交流交融、提升民族宗教事务治理能力和水平上争当先进、作出示范，为全面建成我国民族团结进步示范区奠定坚实基础。

——党对民族宗教工作的领导更加坚强有力。用习近平新时代中国特色社会主义思想武装头脑、指导实践、推动工作更加坚定，履行守护民族团结生命线的政治责任更加坚定，各族群众感党恩、听党话、跟党走的思想行动更加坚定。

——中华民族共有精神家园更加美好。社会主义核心价值观和中华民族伟大精神得到大力弘扬，各民族共享的中华文化符号和中华民族形象不断树立，民族优秀传统文化进一步传承保护和创新交融，国家通用语言文字全面普及，各族群众中华文化认同持续增强，构筑起中华民族共有精神家园。

——各族群众共同迈向现代化步伐更加稳健。民族地区经济社会发展水平差距进一步缩小，综合经济实力显著增强，创新驱动能力显著提升，乡村振兴全面推进，生态文明建设卓有成效，各族群众共同富裕迈出坚实步伐，居民收入增长和经济增长基本同步，基本公共服务均等化水平明显提高，实现更加充分更高质量就业，全民受教育程度不断提高，多层次社会保障体系更加健全，卫生健康体系更加完善。

——各民族交往交流交融更加紧密。铸牢中华民族共同体意识宣传教育形成常态化机制，民族团结进步创建全面深入持久开展，全域创建格局和边境民族团结进步示范带基本形成，各民族经济社会文化交往交流更加频繁，互嵌式的社会结构和社区环境不断深化。

——民族宗教事务治理体系更加健全。民族宗教事务法治化水平进一步提升，边境民族地区安全建设进一步加强，防范化解风险隐患能力显著增强，推进坚持我国宗教中国化方向建设更加有力，民族宗教工作信息化体系基本建成，各民族共同团结奋斗、共同繁荣发展的局面更加巩固。

云南省"十四五"时期民族团结进步示范区建设主要指标

分类	序号	指标	2020年	2025年	年均增速[累计]	属性
在加强党对民族宗教工作的全面领导上作出示范	1	每年县级及以上党委专题研究铸牢中华民族共同体意识工作次数（次）	≥2		[10]	约束性
	2	基层党组织标准化规范化率（%）	—	—	[100]	预期性
在构筑中华民族共有精神家园上作出示范	3	中华民族视觉形象工程（项）	—	—	≥[20]	约束性
	4	少数民族优秀文化保护传承工程（项）	1684	2184	[500]	约束性
	5	少数民族文化精品工程（项）	102	202	[100]	约束性
	6	国家通用语言文字普及率（%）	79	85	[6]	预期性

续表

分类	序号	指标	2020年	2025年	年均增速[累计]	属性
在推动各族群众共同迈向现代化上作出示范	7	人均地区生产总值（元）	45606	75165	9.0	预期性
	8	居民人均可支配收入增长（元）	22113	31747	≥7.5	预期性
	9	城镇新增就业人数（万人）	[81.17]	[71.7]	[71.7]	预期性
	10	劳动年龄人口平均受教育年限（年）	10.2	12	[1.8]	预期性
	11	每千人执业（助理）医师数（人）	2.3	2.8	[0.5]	预期性
	12	民族团结进步"十县百乡千村万户"示范引领建设工程（项）	4011	5121	≥[1110]	约束性
	13	现代化边境小康村（个）	0	374	[374]	约束性
在促进各民族交往交流交融上作出示范	14	铸牢中华民族共同体意识研究教育实践场所（个）	—	—	≥[30]	预期性
	15	全国民族团结进步示范州（市）示范单位创建数（个）	79	139	[60]	预期性
	16	全省民族团结进步示范县示范单位创建数（个）	3000	3600	[600]	预期性
	17	全省民族团结进步示范社区创建数（个）	122	222	[100]	预期性
在提升民族宗教事务治理能力和水平上作出示范	18	"一网两单"交办问题完成率（%）	—	—	≥[90]	预期性
	19	涉及民族宗教因素矛盾纠纷排查处置率（%）	—	—	≥[90]	预期性
	20	涉及民族宗教因素网络舆情排查处置率（%）	—	—	≥[90]	预期性

注：1.指标2使用民族自治州、民族自治县、民族乡数据计算；指标7、指标8、指标9、指标11使用民族自治州数据估算；指标13使用8个边境州市数据计算；其他指标使用全省数据计算。

2.指标7地区生产总值绝对数按现价计算，增速按不变价计算。

3.[ ]为5年累计数。

第三章 主要任务

紧扣"十四五"时期建设目标,将铸牢中华民族共同体意识作为民族团结进步示范区建设的核心要义和根本任务,将民族团结进步示范区建设作为铸牢中华民族共同体意识的主要抓手和实践载体,推进民族团结进步示范区建设在经济、政治、文化、社会、生态文明等方面不断取得新进展。

第一节 在加强党对民族宗教工作的全面领导上作出示范,打牢中华民族共同体政治基础

坚持党的全面领导,坚持从政治上把握民族宗教关系、看待民族宗教问题、推动民族宗教工作,促使各族干部群众在思想上政治上行动上同以习近平同志为核心的党中央保持高度一致,自觉成为习近平新时代中国特色社会主义思想的坚定信仰者、忠诚践行者。

一、加强思想引领

把学习贯彻习近平新时代中国特色社会主义思想作为全省各族干部的首要政治任务,坚持不懈用马克思主义中国化最新理论成果武装头脑、指导实践、推动工作,按照学懂弄通做实的要求,不断提高理论思维能力和思想政治水平,提升政治判断力、政治领悟力、政治执行力。着力推进马克思主义中国化时代化大众化,使党的创新理论"飞入寻常百姓家",内化为各族群众的情感意志和自觉行动,激发不懈奋斗创造幸福生活的强大力量。坚持社会主义核心价值观引领,不断提高各族群众的国家意识、思想觉悟、道德水准和文明素养,树立共同理想信念、价值理念和道德观念,深化各族群众拥护党的领导、合力推进民族团结进步示范区建设的价值共识。坚定社会主义先进文化方向,坚持中华文化浸润,深入挖掘中华优秀传统文化中蕴含的民族团结进步内涵,结合时代要求继承创新,不断增强民族团结进步示范区建设的文化凝聚力。

二、完善党对示范区建设的领导机制

建立健全"党委统一领导、政府依法管理、统战部门牵头协调、民族工作部门履职尽责、各部门通力合作、全社会共同参与"的工作格局,将铸牢中华民族共同体意识工作纳入各级党委、政府重要议事日程,纳入党的建设和意识形态工作责任制,纳入政治考察、巡视巡察、政绩考核,切实把党领导民族宗教工作的制度优势

转化为民族宗教事务治理效能。贯彻落实《中国共产党统一战线工作条例》，将民族宗教工作放在大统战格局下统一部署。建立健全各级党委、政府民族团结进步示范区建设领导机制，完善由党委主要负责同志任组长、政府主要负责同志任常务副组长的领导小组工作机制，定期召开专题会议研究部署铸牢中华民族共同体意识、推进民族团结进步示范区建设的目标任务和工作举措，及时协调解决推进过程中的困难和问题。强化民族团结进步示范区建设领导小组办公室的职能职责，在牵头抓总、联动上下、协调左右、督促检查等方面发挥更大作用。建立健全促进民族团结进步的激励机制和协作机制，推动党政机关、企事业单位、民主党派、人民团体共同做好民族工作，强化民族团结进步示范区建设合力。

三、加强基层党组织建设

坚持以组织体系建设为重点，优化组织设置、创新活动方式、严肃组织生活，全面增强民族地区基层党组织的政治功能，提升组织力。落实"整县提升、整乡推进、百村示范、千组晋位"四级联创机制，巩固基层党组织标准化、规范化建设成果，突出加强村民小组党支部建设，持续整顿软弱涣散基层党组织。深化农村"领头雁"培养工程，选优配强乡镇领导班子和村（社区）"两委"班子特别是党组织书记，推进村党组织书记通过法定程序担任村民委员会主任和村级集体经济组织、合作经济组织负责人。强化边疆党建长廊建设，深化抓党建促强边固防工作，实施强边固防"四位一体"建设和红色村组织振兴试点项目。深化抓党建促农村宗教治理。加强民族地区发展党员和党员教育管理监督工作，加大从少数民族、农牧民、青年群体、妇女、致富带头人等人员中发展党员力度。

四、加强爱党护党宣传教育

深化"自强、诚信、感恩"主题教育，着力在中华民族伟大复兴的大视角和中国特色社会主义事业的大格局中，讲好党团结带领各族人民实现全面小康、开启社会主义现代化建设新征程的故事，引导各族群众从身边的新发展新变化新生活中切实感受习近平总书记和党中央的亲切关怀，唱响"党的光辉照边疆、边疆人民心向党""拥护核心、心向北京"的主旋律。坚持把"五个认同"教育当作"人心工程"来抓，持续加强习近平总书记关于加强和改进民族工作的重要思想以及考察云南重要讲话精神的宣传教育，团结带领各族群众永远感党恩、听党话、跟党走。加强党史、新中国史、改革开放史、社会主义发展史宣传教育，推动学史明理、学史增信、学史崇德、学史力行。加强党的民族宗教理论、政策宣传教育，拓展宣传阵地，构建常态化宣传长效机制，把党的声音传到村村寨寨、家家户户，把党的主张和决定化为各族群众的自觉行动。

五、加强干部人才队伍建设

认真贯彻新时代党的组织路线，实施少数民族干部工程，加强少数民族干部、民族地区干部、民族工作干部队伍建设，突出干部选拔任用的政治标准，大力选拔和使用"维护党的集中统一领导态度特别坚决、明辨大是大非立场特别清醒、铸牢中华民族共同体意识行动特别坚定、热爱各族群众感情特别真挚"的好干部，注重在基层一线和艰苦地区锻炼、发现和培养干部。加强干部教育培训工作，加大干部挂职锻炼和多岗位锻炼力度，从省级机关和州（市）、县（市、区）选派一批优秀少数民族干部和熟悉民族工作的干部到中央和国家机关、东部发达地区交流任职、挂职，拓宽思想淬炼、政治历练、实践锻炼、专业训练的平台。加强对少数民族干部的管理监督。坚持党管人才，围绕民族团结进步示范区建设需要，加强民族理论研究重点人才、民族工作重点领域专业技术人才、民族传统文化优秀传承人等培养，引导和支持各类人才到民族地区发展、创业，完善编制管理、职称评审、人才招录和柔性流动等工作机制，壮大"感党恩、听党话、跟党走"的少数民族人才队伍。建立健全领导干部联系少数民族代表人士和知识分子的制度机制，加强政治引领，引导他们发挥桥梁纽带作用。

六、强化民族宗教工作部门能力建设

准确把握民族宗教工作所处的新的历史方位，突出铸牢中华民族共同体意识这条主线，进一步聚焦和强化主责主业，做到职能职责向主线优化、工作措施向主线发力、人员力量向主线加强。完善党委统战部领导民族工作部门的体制机制，推动各级民族宗教工作部门深化职能职责和内设机构改革，强化各级民族宗教工作部门阵地建设，充实民族宗教工作力量，配齐配强基层工作力量，确保基层民族工作有效运转。加强各级民族宗教工作部门政治能力、学习研究能力、改革创新能力、风险防范能力、贯彻落实能力等建设，不断提升部门能力水平。

专栏1　加强党对民族宗教工作的全面领导重点工程

强化边疆党建长廊建设。持续巩固"组织强边、开放活边、守土固边、富民兴边、和谐稳边"工作成果，进一步加强边疆党建长廊建设，深化抓党建促强边固防工作，实施"铸魂"工程、"堡垒"工程、"头雁"工程、"先锋"工程、"稳边"工程，把边疆民族地区基层党组织建设成为推动发展的坚强堡垒、维护稳定的坚固基石、抵御渗透的钢铁长城。

深化"自强、诚信、感恩"主题教育。在民族地区持续开展爱国主义、社会主义核心价值观、民族团结进步教育，不断巩固各族干部群众"感党恩、听党话、跟党走"的思想行动自觉。

续表

专栏1　加强党对民族宗教工作的全面领导重点工程
加强干部教育培训。采取集中轮训、专题培训、任职培训、网络培训、自主选学等方式，分级分期分批对全省少数民族干部、民族地区干部、民族工作干部队伍进行综合培训，在全省民族宗教系统开展大学习、大讨论、大调研、大培训活动，提升全面贯彻党的民族政策、铸牢中华民族共同体意识、推进民族团结进步示范区建设的能力。

第二节　在构筑中华民族共有精神家园上作出示范，打牢中华民族共同体文化基础

坚持马克思主义指导思想，发展社会主义先进文化，坚守中华文化立场，倡导"美美与共"的文化发展观，大力弘扬和践行社会主义核心价值观，发扬中华民族伟大精神，树立和突出各民族共享的中华文化符号和中华民族形象，推动各民族文化传承保护和创新交融，推广普及国家通用语言文字，促进各民族在文化上相互尊重、相互欣赏、相互学习、相互借鉴，构筑中华民族共有精神家园。

一、弘扬和践行社会主义核心价值观

结合实施"文化润滇"行动，把社会主义核心价值观教育覆盖所有学校和受教育者，支持各级各类学校开展社会主义核心价值观教学、主题教育和社会实践等活动。深入挖掘各民族优秀文化蕴含的思想观念、人文精神、道德规范，结合时代要求继承创新，创作生产传播契合社会主义核心价值观的精神文化产品。大力发扬以爱国主义为核心的民族精神和以改革创新为核心的时代精神，学习传承党和人民在各个历史时期奋斗中形成的伟大建党精神等精神谱系，弘扬"民族团结誓词碑精神"、新时代"西畴精神"和"老山精神"。挖掘阐释和传承弘扬民族文化蕴含的红色基因，加大对革命文物、史料等保护传承力度，广泛传播党团结带领各族人民从胜利走向新的胜利的故事，建立健全红色文化传承创新体系。推进社会主义核心价值观主题公园、主题广场、主题街道建设，在省、州（市）主流媒体和县级及以上融媒体中心开设弘扬社会主义核心价值观专栏专题，鼓励开展文明城市、文明村镇、文明单位、文明校园、文明家庭等创建活动。加强现代文明教育，普及科学知识，积极引导各族群众移风易俗，提高道德水准、科学素质和文明素养。

二、树立中华文化符号和中华民族形象

实施中华民族视觉形象工程，深入挖掘和培育各民族共建共享的中华文化符号，推动中华文化元素融入城乡建设和各族群众精神文化生活。鼓励建设或改造提升突

出铸牢中华民族共同体意识、以中华文化符号为主要元素的文化场所，推进云南省民族文化宫项目建设和云南民族博物馆改造提升。创作和传播具有鲜明中华文化特征的优秀文化作品，积极开展中华优秀传统文化展览、展演活动，把优秀传统文化的有益思想、艺术价值与时代特点相结合，运用丰富多样的艺术形式进行展示。依托各级主流媒体制作和播放展示中华民族形象的公益标语、广告和宣传片，加强户外公益广告投放，形象生动展示中华优秀传统文化、革命文化和社会主义先进文化。把中华文化符号融入民族地区旅游线路设计、景区规划、营销推介等环节，让游客在参观游览中深入体验兼容并蓄的中华优秀传统文化。举办构筑中华民族共有精神家园云南实践展，编纂铸牢中华民族共同体意识古籍书系。举办云南省第十二届少数民族传统体育运动会，第三届少数民族文艺汇演，第十二届、第十三届民族民间歌舞乐展演，第三届、第四届传统戏剧曲艺汇演、"丝路云裳·七彩云南民族赛装文化节"等文化交流活动，打造各民族共建共享的中华文化活动品牌，不断增强中华文化认同。

三、推动各民族文化传承保护

按照"保护为主、抢救第一、合理利用、传承发展"的原则，加大对少数民族传统文化保护的扶持力度，深入实施少数民族优秀文化保护传承工程、地方戏和少数民族剧种振兴工程、非遗保护"九大工程"、历史文化名城（镇村街区）和传统村落保护工程、文物保护工程。科学、系统地挖掘、整理、记录、出版和研究中华民族优秀传统文化，做好民族类新闻宣传出版和民族语言文字、文物、古籍保护等文化事业工作。推进省级广播电视节目无线数字化覆盖，提升县级广播电视机构民汉双语互译能力。建设民族传统文化生态保护区、民间文化艺术之乡和民族优秀文化传承基地，强化历史文化名城（镇村街区）保护规划和传统村落保护发展规划编制、修编和实施，开展历史文化名城（镇村街区）和传统村落街巷空间、民居院落、历史环境要素等整体风貌保护，加强建设管控，避免破坏性建设。加强乡村民族文化传承场所保护力度。推进非物质文化遗产目录体系档案数字化建设，加强各民族文物、古籍文献和珍贵实物资料抢救记录和系统保护，扶持藏族、傣族、彝族、白族、壮族等民族传统戏剧和地方戏挖掘整理和创新发展。开展中华优秀传统文化进基层活动，在各级各类学校开设中华经典诵读、中华文化礼仪、中华传统技艺教育，支持举办各民族共享的群众性民族传统节庆活动。大力培养乡土文化能人和民族文化优秀传承人，建设中华优秀传统文化传承志愿者队伍。支持各民族优秀传统手工艺保护和传承，鼓励建设优秀传统手工艺传承基地，支持民族民间手工艺人才带徒授艺，支持大中小学校组织开展体现民族特色的传统手工艺体验活动和比赛。传承和发展少数民族传统体育，将少数民族传统体育项目纳入全民健身计划，创新发展有群众基础的少数民族传统体育健身项目，建设少数民族传统体育基地。

四、推动各民族文化创新交融

坚持创造性转化和创新性发展，实施少数民族文化精品工程，支持出版反映各民族交往交流交融悠久历史和深厚情感的精品出版物，制作讲述各民族手足相亲、同心圆梦故事的影视剧、纪录片和系列微视频，打造弘扬主旋律、传播正能量、展现中华文化魅力的演艺作品，举办促进各民族文化展示、传播、交流、互鉴的品牌活动，开发凸显中华文化经典性元素和标志性符号的文化创意产品。促进民族文化产业发展，着力推动民族文化创意、文化旅游等深度融合发展，把弘扬传承优秀民族民间文化融入新型城镇化、乡村振兴和美丽乡村建设，着力打造民族文化名村、民族传统村落和民族传统建筑组群，实施一批与科技、旅游、金融等融合互动发展的民族文化创意产业项目。加强城乡公共文化设施建设，加快提升公共文化服务数字化水平。推进传统工艺振兴行动计划，支持民族优秀传统手工艺结合现代生活需求改进设计、材料和制作，提升产品设计制作水平和品质，培育民族优秀传统手工艺知名品牌。鼓励民族优秀传统手工艺企业和从业者合理运用知识产权制度，注册产品商标，保护创新成果。推动民族文化互通互学互鉴，鼓励各民族文化相互学习、相互借鉴、融合创作，开展跨区域民族文化演出、展览等活动，支持举办各种文化节、文化周、艺术周、文物展、古籍展、博览会等，形成全方位、多层次、宽领域的民族文化交融格局。

五、全面推广普及国家通用语言文字

坚持把推广普及国家通用语言文字作为铸牢中华民族共同体意识的重要途径、关键工作、基础工程抓紧抓好，以语言相通促进心灵互通、命运相通。加强学校语言文字工作，全面落实国家通用语言文字作为教育教学基本用语用字的法定要求，巩固国家统编教材推行使用工作，加大国家通用语言文字的教学研究力度，举办中华经典诵写讲比赛。全面加强学前儿童普通话教育，推进"学前学会普通话"行动，落实"童语同音"项目。加大民族地区教师国家通用语言文字教育教学能力培训，持续组织高校大学生志愿者到民族地区开展推广国家通用语言文字主题社会实践活动。进一步强化机关、企事业单位、社会团体、新闻媒体等国家通用语言文字使用力度，在旅游景区、交通站场、商业场所、文化场所等公共场所全面推广使用国家通用语言文字，加强新闻出版、广播影视、网络信息、广告中国家通用语言文字的使用，促进各民族使用国家通用语言文字传承展示民族文化、创作文化作品。继续实施少数民族地区国家通用语言文字普及提升工程，开展语言文字示范村创建和广播喇叭推普活动,加强"职业技能+普通话"能力培训,确保45周岁以下人口能熟练使用国家通用语言。

> 专栏2　构筑中华民族共有精神家园重点工程
>
> **中华民族视觉形象工程。**建设铸牢中华民族共同体意识主题场馆、文化广场和教育基地,创作突出中华文化符号和中华民族形象的图书、影视剧、纪录片、动漫作品、微视频等,塑造各民族共建共享的中华文化活动品牌。
>
> **少数民族优秀文化保护传承工程。**扶持少数民族优秀文化的挖掘、整理、记录、研究、出版和数字化保护传承,开展民族优秀文化进校园、进乡村、进社区。
>
> **少数民族文化精品工程。**每年建设15—20个弘扬中华文化精神、艺术精湛、效益突出、促进民族文化创新交融和繁荣发展的少数民族文化精品,巩固提升已有的少数民族文化品牌,推动民族文化创造性转化和创新性发展。
>
> **地方戏和少数民族剧种振兴工程。**加强地方戏曲和少数民族剧种传承与保护,支持地方戏曲剧本创作和戏曲惠民演出,改善地方戏和少数民族剧种生产演出条件,支持地方戏和少数民族剧种院团发展。
>
> **非遗保护"九大工程"。**实施非遗名录体系建设、非遗保护振兴、非遗区域性整体保护、非遗数字化记录、非遗理论研究、非遗人才培养、非遗传承传播、非遗融合发展、边境非遗保护等九大工程。
>
> **历史文化名城(镇村街区)和传统村落保护工程。**强化历史文化名城(镇村街区)保护规划和传统村落保护发展规划编制、修编和实施,加强建设管控,有序推进全省历史文化名城(镇村街区)综合整治提升行动,大力推进传统村落保护发展,完善配套基础设施和公共服务设施,积极推动历史建筑保护修缮和测绘建档。
>
> **云南文物保护工程。**加大可移动文物和不可移动文物保护力度,加强石窟寺保护利用,编撰《中国少数民族文物图谱》。
>
> **"学前学会普通话"行动。**在民族地区幼儿园、幼教点全面推广普通话,努力实现3—6岁学前儿童能够在接受义务教育前使用国家通用语言进行沟通交流,形成国家通用语言思维,达到听懂、能说、愿说、会用普通话的目标。

第三节　在推动各族群众共同迈向现代化上作出示范,打牢中华民族共同体物质基础

进一步加大民族地区发展的政策支持力度,不断增强创新驱动发展能力、特色产业支撑能力、基础设施保障能力、沿边开发开放带动能力,融入新发展格局。推进乡村全面振兴,促进农业高质高效、乡村宜居宜业、农民富裕富足。加强生态文明建设,发掘、传承和弘扬民族生态文化,推动人与自然和谐共生。加强公共设施建设,加大资源投入,推进基本公共服务科学布局、均衡配置、优化整合,加快数字化建设,增进各族群众民生福祉。

一、加大民族地区政策支持力度

完善差别化区域支持政策，持续推动政策、资金、项目向民族地区倾斜，完善转移支付和对口支援机制。实施民族团结进步"十县百乡千村万户"示范引领建设工程，坚持民族因素与区域因素相结合，支持民族自治地方、散居民族地区、高寒山区和人口较少民族地区加快发展，项目和资金安排更多向高寒山区和少数民族聚居区倾斜。落实好民贸民品政策，扶持民贸民品企业发展。严格落实党中央治边方略，深入推进兴边富民行动，继续实施兴边富民工程，加快边境地区口岸城市、中心城镇建设，构建强边稳边富边新格局，坚决为国守好国门，筑牢祖国西南边境安全屏障。全面开展现代化边境小康村建设，围绕"基础牢、产业兴、环境美、生活好、边疆稳、党建强"的目标，推动经济发展现代化、社会事业现代化、基础设施现代化、治理体系和治理能力现代化、边境防控现代化、思想观念现代化，让边境群众过上更好日子，"五个认同"更加深入人心，形成边民富、边疆美、边防固的良好局面。

二、推动民族地区高质量发展

坚持创新在民族地区发展中的核心地位，完善创新体系，培育壮大发展新动能。加强民族地区创新主体建设，强化企业创新主体地位，提升企业技术创新能力，鼓励民族地区企业申报工程研究中心、产业技术创新中心（研究院）、重点实验室、企业技术中心等创新平台。推进科研资源整合，提升民族地区科研院所研发能力。加强先进适用技术推广和科技成果转化应用，推进科技成果转化中心及科技成果转化示范县（市、区）建设，主动承接和转化具有应用价值的科技成果。加大科技项目支持力度，加强对民族地区支柱产业、特色优势产业和新兴产业的科技扶持，提升民族地区产业发展的科技含量。

围绕打造世界一流"三张牌"，深入推进民族地区山区综合开发。以打造世界一流"绿色能源牌"为引领，优化布局绿色能源开发，做强做优绿色能源产业，支持绿色铝、绿色硅下游加工领域在民族地区集聚落地、集群发展。以打造世界一流"绿色食品牌"为引领，优化民族地区农业生产结构和区域布局，深入实施"一二三"行动，加快发展粮食、茶叶、花卉、蔬菜、水果、坚果、咖啡、中药材、肉牛、生猪等重点产业，全链条重塑云南农业，跳过中低端，直接进入高端行列。以打造世界一流"健康生活目的地牌"为引领，全面融入大滇西旅游环线、澜沧江沿岸休闲旅游示范区、昆玉红旅游文化带、沿边跨境文化旅游带，大力发展民族文化旅游、乡村旅游，因地制宜建设半山酒店、旅游民宿（客栈），打造一批集休闲度假、文化娱乐等旅游综合体，推动旅游商品与民族文化深度融合开发。做大做强傣药、彝药、藏药等民族医药产业，加大中药材新品种引进和良种培育力度，加快中药饮片、中药颗粒、民族药等综合开发利用，支持民族药研发和药品注册。加快产业数字化发展，支持信息技术与传统产业深度融合，加快大数据、人工智能、区块链等先进技术应用，推动农业、旅游、商贸、物流等产业数字化转型升级。

以民族乡、少数民族聚居村（寨）基础设施提档升级为重点，加快完善民族地区交通、水利、能源、物流、信息等基础设施建设。推进民族地区、边境地区交通普惠发展，加快县域高速公路、沿边高速公路和"四好农村路"建设，完善相邻县（市、区）、相邻乡镇（街道）、相邻行政村（社区）之间公路网，协调推进高速铁路和普通铁路建设，因地制宜建设支线机场和通用机场，稳步增强航运能力，基本建成覆盖广泛、多式联运、绿色安全的现代综合交通网。加快滇中引水工程和大中型水库、大型灌区、水系连通工程等重点水网工程建设，推进大中型灌区续建配套与现代化改造、抗旱水源工程建设，加强中小河流治理、病险水库除险加固和山洪灾害防治，提升农村供水保障水平。加强城乡配电网建设改造，推进农网巩固提升，加快建设智能电网，因地制宜推动太阳能、风能等新能源多元化利用，鼓励具备条件的地区开展多能互补，优化用能结构。推进物流基础设施建设，构建多式联运物流网，搭建电子商务物流服务平台，完善县、乡、村消费品和农资配送网络，加强农村邮政网点、村邮站、"三农"服务站等邮政终端设施建设。加大民族地区乡村移动通信基站建设力度，推动宽带网络和4G网络向自然村覆盖，推进农村互联网提速降费。大力推进5G网络基础设施规模化部署，推动民族地区县城重点区域深度覆盖、现代化边境小康村全域覆盖。加强交通、公共服务管理、乡村治理等领域重大基础设施数字化、智慧化改造。加快新能源充电基础设施建设。积极推动民族地区应急广播设施建设，加快民族地区有线高清交互数字电视机顶盒推广普及。

发挥边境民族地区区位和人文资源优势，深度融入"一带一路"和面向南亚东南亚辐射中心建设。推动口岸与城市一体化建设，提高口岸管理、通关和综合服务能力。依托中国（云南）自由贸易试验区、重点开发开放试验区、边（跨）境经济合作区、综合保税区、口岸，打造集边境贸易、加工制造、生产服务、展示采购、仓储物流于一体的沿边开放平台。加快边境小额贸易和边民互市贸易发展，推进边民互市场所化建设和边民互市二级交易市场建设，严格规范管理，鼓励边民开展互市产品落地精深加工。支持边境民族地区建设电商平台。支持民族地区绿色经济发展和国际产能合作，拓宽与周边国家在高原特色现代农业、文化旅游、生物医药和大健康产业等领域的合作渠道，培育一批外向型的龙头企业。重点推进一批跨境旅游合作区和边境旅游试验区建设，加快建设边境美丽城市和"国门文化"中心，完善提升沿边地区公共文化服务设施。立足增强国际传播影响力、中华文化感召力、中国形象亲和力、中国话语说服力、国际舆论引导力，推动少数民族文化产品和服务出口,开展对外文体交流活动,培育对外交流文化品牌,鼓励民族文化产业走出去。积极引导、规范宗教对外文化交流活动,提升民间交往水平,提高对外交流影响力,使宗教文化交流成为展示中华文化、促进了解互信、增进国际友谊的重要载体。强化与周边国家新闻媒体的交流合作,讲好云南各民族在党的领导下推动经济社会高质量跨越式发展的生动故事。加强与周边国家民间交往交流,深化教育、人才、科技、卫生、生态环保等领域的交流合作,促进人文交流和民心相通。

三、促进民族地区乡村振兴

推进民族地区巩固拓展脱贫攻坚成果同乡村振兴有效衔接,推动特惠性政策向普惠性政策转变,建立健全"一平台三机制",强化产业培育发展、社会保障兜底、基础设施建设、人居环境整治,突出抓好产业就业、素质能力提升和易地扶贫搬迁后续帮扶。深入实施脱贫村提升行动,积极支持乡村振兴重点帮扶县建设。积极开展"千企兴千村"行动,鼓励和支持民营企业积极参与巩固拓展脱贫攻坚成果并接续推进乡村振兴。全面落实乡村振兴战略,依托"百千万"工程和民族地区乡村振兴试点工作,以铸牢中华民族共同体意识为衡量标准,遴选综合条件好、民族团结进步示范作用明显的乡村,加强政策资金倾斜支持。进一步加强历史遗存、非物质文化遗产、特色民居的保护,积极培育特色农业、手工业、旅游业、文化产业、康养产业等,创新推进民族村镇保护与发展。积极参与打造"中国民族和美乡村"品牌,建设一批团结、和谐、美丽、宜居的乡村,挖掘文化内涵,培育发展动能,提高治理水平,加强宣传推广,引领民族地区实现中华民族共同体意识提升、产业提升、乡村形象提升。在有条件的民族乡创建"团结之家"示范点,引导各族群众生产生活互帮、民族文化互融、思想互促共进。

四、加强民族地区生态文明建设

围绕努力成为我国生态文明建设排头兵,加快美丽云南建设,发掘和传承民族生态文化,加强民族地区生态文明建设。完善生物多样性保护体系和保护网络,推进以国家公园为主体的自然保护地体系建设,加强野生动植物保护、生物安全管理、遗传资源保护,革除捕猎、滥食野生动物的陋习,防范、打击野生动物及其制品走私和非法贸易。发掘、传承、弘扬与生物多样性保护相关的民族传统文化,鼓励涉及生物多样性利用的民族传统知识、技能依法申请专利、商标、地理标志产品保护,支持申报非物质文化遗产项目及其代表性传承人。统筹山水林田湖草沙冰系统治理,持续推进重要生态系统保护和修复重大工程,巩固和提高森林覆盖率、草原综合植被盖度,增加湿地保护面积,着力加强金沙江、澜沧江、怒江沿线地区和边境民族地区的重要生态系统保护与修复。持续推进生态环境治理,加强大气污染防治和土壤污染防治，推进石漠化和水土流失综合治理，加快九大高原湖泊流域生态保护与修复工程建设，推进高原湖泊水质稳定向好。实施农村人居环境整治提升五年行动，积极开展民族地区农村生活垃圾治理、农村生活污水治理、农村"厕所革命"和村容村貌提升，全面实施乡村绿化亮化工程，着力优化提升农村人居环境。鼓励和引导各族群众践行生态文明理念，自觉增强生态保护和公共卫生安全意识，在衣食住行游等方面倡导文明健康、绿色环保的生活方式和消费方式。建立完善自然资源资产有偿使用制度和生态保护补偿机制，加大民族地区重点生态功能区财政转移支付力度，开展多元化生态补偿实践探索。

五、增进各族群众民生福祉

大力实施就业扶持政策，加快培育民族地区新的就业增长点，千方百计扩大就业，帮助少数民族群众实现充分劳动就业。继续把民族地区高校毕业生就业创业作为重中之重，帮助其实现充分就业和更高质量就业。加强民族地区农村劳动力转移就业，发挥东西部劳务协作和省内协作机制作用，加大调结构力度，鼓励异地转移就业，开展民族地区农村劳动稳岗促增收专项行动。完善县乡村组劳务输出四级服务网络，建立驻外务工人员服务站，健全城市少数民族流动人口管理体系，提高转移就业组织化程度，实现有外出务工意愿和能力的少数民族农村劳动力"应转尽转"。积极引导无法外出劳动力在本地帮扶车间、专业合作社等就近就地就业。对符合条件、不能通过市场方式外出就业的少数民族劳动力，通过乡村公益性岗位托底安置就业。开展"定制化培训"，依托村级活动阵地开办"农民夜校"，开展实用技能培训和就业创业政策宣传，着力提升民族地区群众岗位技能和就业创业能力。加强民族地区人力资源市场建设，推进"互联网＋公共就业创业服务"，做好就业岗位推荐，提供职业培训、职业推介、权益维护等"一站式"服务。加大民族地区就业困难人员精准就业帮扶力度，确保零就业家庭至少1人就业，实现零就业家庭动态清零。

推进学前教育普及普惠，大力发展公办幼儿园，积极鼓励社会力量开办幼儿园，扶持普惠性民办幼儿园，进一步提高保教质量。深入推进城乡义务教育均衡发展，加大教育资源配置向民族地区倾斜力度，优化义务教育学校布局，持续改善乡村寄宿制学校寄宿条件。兴建、改扩建必要的义务教育学校，有序扩大城镇学位供给。加强义务教育学校体育、美育场地和劳动教育场所建设，推动教育信息化建设，提升信息技术应用能力。持续抓实义务教育控辍保学，不断提高九年义务教育巩固率，整体推进民族地区城乡基本教育公共服务均等化。巩固提升高中阶段教育普及水平，推进普通高中提质扩容，推进普通高中育人方式改革。办好民族地区职业教育，加快职教基地建设，深化普职贯通、产教融合、校企合作，扶持发展民族优秀传统文化和民间技艺等专业，探索发展具有区域特色的"学徒制"培养模式，增强职业技术教育适应性。积极发展高等教育，加强民族地区高等院校建设，提高工、农、医、林等学科比例，办好师范类专业，提升特色学科发展水平。推进云南民族大学建设高水平大学。办好民族团结进步示范班。提高少数民族预科教育办学水平，适度扩大招生规模。实施好"少数民族高层次骨干人才培养计划"，加快少数民族高素质人才培养。

稳步推进基本医疗保险、大病保险、医疗救助协调发展，实施全民参保计划，巩固提高居民参保率，推进社保转移接续。完善社会救助体系，健全社会救助和保障标准与物价上涨挂钩联动机制，加强民族地区特困人员、残疾人、优抚对象等群体的兜底保障。推动实现适度生育水平，释放生育政策潜力。加强孕前孕产期健康服务，提高出生人口质量，建立健全计划生育特殊困难家庭全方位帮扶保障制度。加大民族地区养老服务设施建设和产品供给，大力发展普惠型养老服务，支持家庭承担养老功能，发展农村互助幸福院等互助型养老服务，创新"老年幸福餐桌"等特色养老服务模式。保障少数民族妇女儿童合法权益，建立妇幼保健服务网络，发展普惠托育服务，完善农村留守儿童和困境儿童关爱服务体系和救助保护机制。加大公益性安葬（放）设施建设，完善殡葬基本服务体系，推行节地生态葬式葬法。

健全民族地区县乡村三级医疗卫生服务网络，推进基层医疗卫生机构提质达标建设，加强社区卫生服务中心（站）、乡镇卫生院和村卫生室标准化建设。加强卫生健康信息化建设，将远程医疗逐步延伸至乡村，建立健全运营机制。完善分级诊疗制度，落实家庭医生签约等各项卫生惠民政策，稳步提升县域就诊率。积极开展对口帮扶，推动优质医疗资源下沉，加大偏远地区药品配送力度，加强民族地区全科医生和急需紧缺卫生专业人才培养。加大民族医药发展投入，推进民族医药医疗机构、研究机构和专业学科建设，加强民族医药文献资料的保护、传承、评价、应用，加大民族药知识产权保护力度，制定民族药地方标准，建立与公立医院药品采购、基本药品遴选、医保目录调整等联动机制。加强民族地区疫情防控能力建设，加快实施重大传染病救治能力、疾控机构核心能力提升工程，推动民族地区各级疾病预防控制机构人员编制、基础设施、设备配备等达到国家标准。完善边境地区传染病联防联控和应急处置机制。加强残疾预防工作。加大健康理念和知识的宣传力度，促进健康生活方式和卫生习惯的养成，提高各族群众健康素养。重视精神卫生和心理健康。全面推进爱国卫生"7个专项行动"，持续开展卫生创建活动，推进民族地区县城全面实现国家卫生县城创建。

专栏3　推动各族群众共同迈向现代化重点工程

民族团结进步"十县百乡千村万户"示范引领建设工程。立足铸牢中华民族共同体意识和推动民族地区高质量发展，每年建设一批民族团结进步示范典型，支持民族自治地方、散居民族地区、高寒山区和人口较少民族聚居区加快发展，巩固以点串线、以线连片、以片带面、覆盖全省的示范建设格局。

兴边富民工程。以推动边境地区高质量发展为主题，以主动服务和融入新发展格局为核心，推进为国守边、强基固边、产业富边、开放活边、集聚兴边、生态美边、惠民强边、和谐睦边，为固防、兴边、富民、强省、睦邻提供有力支撑。

现代化边境小康村建设。将25个边境县（市）374个沿边行政村建设成为现代化边境小康村，实现发展有支撑、民生有改善、素质有提升、团结有保障、守边有动力，让边境群众过上更好日子，不断增强"五个认同"。

扶持"直过民族"和人口较少民族聚居区发展工程。对全省"直过民族"和人口较少民族聚居区行政村，以基础设施配套建设、公共服务提升、产业发展、生态保护、能力素质提升等为重点，改善群众生产生活条件。

民族特色村镇建设。巩固提升已命名少数民族特色村镇建设水平，新建一批少数民族特色村镇，实现民族文化与旅游产业融合发展。

"团结之家"示范点建设工程。在有条件的民族乡创建"团结之家"示范点，通过"团结之家"的民族文化艺术团、民族文化陈列室、民族政策宣传栏等，营造各民族间友好互助、团结和谐的良好社会氛围。

民族地区生态文明创建工程。支持民族地区积极开展国家生态文明建设示范市县、"绿水青山就是金山银山"实践创新基地创建和省级生态文明州市、生态文明县市区、生态文明乡镇创建，鼓励建设民族民间生态文化之乡和民族优秀生态文化传承基地等。

民族地区农村劳动力转移工程。完善民族地区农村劳动力转移管理与服务，强化人力资源市场建设，加强职业技能培训，提高农村劳动力的整体素质，加强劳动者权益保障。

民族团结进步示范班计划。在省内高等院校和优质中学打造民族团结进步示范班，为各族学生营造共学共进的良好氛围。对招收的家庭生活困难学生，按现行学生资助政策给予学费、生活费补助。

民族医医疗机构建设。加快民族医药服务体系建设，加强民族医医院临床学科、专科建设，提升民族医诊疗能力和水平。

第四节　在促进各民族交往交流交融上作出示范，打牢中华民族共同体社会基础

深化中华民族共同体意识宣传教育和研究实践，全面深入持久开展民族团结进步创建，加强少数民族流动人口服务管理和城市民族工作，构建互嵌式社会结构和

社区环境，促进各民族广泛交往、全面交流、深度交融，像石榴籽一样紧紧拥抱在一起。

一、深化铸牢中华民族共同体意识宣传教育

将铸牢中华民族共同体意识纳入干部教育、党员教育、国民教育体系，做好社会宣传教育，坚持不懈开展国家观、历史观、民族观、文化观、宗教观宣传教育，深化各民族铸牢中华民族共同体意识的思想和行动自觉。将铸牢中华民族共同体意识作为各级党委（党组）理论学习中心组的必学内容，作为干部任职培训、公务员培训的必学内容，纳入各级党校（行政学院）社会主义学院（校）干部学院等培训计划，每年至少开展1期铸牢中华民族共同体意识专题培训。组织由专家学者、领导干部、基层先进典型等组成的铸牢中华民族共同体意识宣讲团，深入机关、企业、学校等开展常态化、广覆盖宣讲活动。推动全省各级各类学校把铸牢中华民族共同体意识教育有机融入思想政治课程和民族团结进步教育课程，广泛深入开展民族团结进步教育说课比赛、征文活动、大学生志愿者服务等主题教育和社会实践活动，把各民族共享的中华文化符号和中华民族形象融入校园文化建设，推进中华民族共同体意识进校园、进教材、进课堂、进头脑。创建一批铸牢中华民族共同体意识教育示范学校。建设一批铸牢中华民族共同体意识主题教育场馆、主题公园等，创建命名一批铸牢中华民族共同体意识教育实践基地，支持各州（市）建立铸牢中华民族共同体意识研究教育实践中心。建设"民族团结进步融媒体中心"，以各级主流宣传媒体为主阵地，整合各类媒体资源，运用新技术、新媒体打造实体化的宣传载体，构建中华民族共同体意识宣传矩阵。深化民族团结进步宣传月、宣传周、宣传日活动，举办以中华民族、中华文化、民族团结为主题的宣传教育活动，营造"中华民族一家亲，同心共筑中国梦"的良好社会氛围。

二、加强铸牢中华民族共同体意识研究

深入推进习近平总书记关于铸牢中华民族共同体意识重大原创性论断的学习研究，围绕民族领域重大基础性问题和现实问题，加强"民族团结誓词碑精神"挖掘，开展云南铸牢中华民族共同体意识的基本内涵、历史演进、时代主题、实现路径等研究，推出一批有分量的研究成果。积极开展云南各民族交往交流交融史料汇编工作。推进多学科多部门联合攻关，推动各级民族宗教工作部门深化调查研究，支持云南大学"铸牢中华民族共同体意识研究基地"以及云南民族大学、大理大学"中华民族共同体研究基地"等开展专题研究，引导省内外高等院校、科研院所、社会组织共同参与研究。积极鼓励相关机构创建全国铸牢中华民族共同体意识研究基地，建设一批省级铸牢中华民族共同体意识研究基地，支持各州（市）建设铸牢中华民族共同体意识研究基地或研究中心。举办铸牢中华民族共同体意识研究论坛。

三、持续深化民族团结进步创建

突出铸牢中华民族共同体意识的鲜明导向，推动民族团结进步创建工作全面提质增效，探索开展铸牢中华民族共同体意识示范创建工作。深入推进民族团结进步创建"十进"工作，把重心下沉到社区、乡村、学校、企业、连队等基层单位，探索推进"行政接边地区创建联盟""边境地区创建联盟""高铁沿线创建联盟"等创新做法，形成一批类型多样、各具特色、具有标杆性的创建联盟。积极争创全国民族团结进步示范州（市）、示范单位和教育基地，努力实现16个州（市）、29个民族自治县、25个边境县（市）创建命名全覆盖，打造边境民族团结进步示范带，形成全域创建格局。推动省域开展全面创建，实行省、州（市）、县（市、区）、乡（镇、街道）、村（社区）五级联创，坚持民族地区和散居地区并重、城市和农村并重、机关事业单位与社会各行各业并重，加大重点行业、窗口单位、基层政法单位、旅游景区、新经济组织等创建力度，推动创建工作向纵深拓展。建立完善民族团结进步创建择优申报机制、第三方评估机制和经验交流机制，严格规范评审程序、完善测评体系和考核办法，加强动态管理，建立退出机制。扎实推进"互联网＋民族团结进步"，发展壮大铸牢中华民族共同体意识的网上舆论阵地，及时发布民族团结进步创建相关工作动态、主题宣传片、系列微视频，讲述民族团结进步的生动故事，推广创建工作中的好经验、好做法，打造网上民族团结交流共享平台。持续实施民族团结保障工程，牢牢守好民族团结生命线。加强民族团结进步模范表彰，举办好全省民族团结进步表彰大会。支持民族自治州建设民族团结进步示范区。

四、构建互嵌式社会结构和社区环境

鼓励各族群众在民族地区和非民族地区、城市和乡村双向流动，到民族地区、边境地区定居安居、创业发展，搭建促进各民族交往交流交融的平台，创建各民族互嵌式发展示范单位。通过统筹城乡建设布局规划和公共服务资源配置、开展易地搬迁"插花安置"等方式，以村（社区）为基础单元，引导各族群众互嵌式居住生活。做好新时代城市民族工作，完善各民族融入城市的政策导向、制度保障和表彰激励机制，健全少数民族流动人口服务管理体系，构建省、州（市）、县（市、区）流出地与流入地跨区域协作合作工作格局，利用大数据建立少数民族流动人口信息库。将少数民族流动人口纳入城市流动人口服务管理体系，提供落户、住房、教育、医疗、就业创业、文化生活、婚姻生育、技能培训、法律援助、社会保障等均等化公共服务。实施少数民族流动人口服务管理工作示范试点工程，积极创建全国少数民族流动人口试点和示范城市。切实加强社区民族工作，强化社区服务，引导少数民族流动人

口参与当地社区服务和管理，注重建设多民族共居的互嵌社区。调整完善学校结构布局，有序推进各族学生合校、混班混宿，积极营造有利于各族学生共同学习生活的环境氛围。打造"中华民族一家亲"系列实践教育活动平台，深化"结对子""手拉手""心连心""一家亲""宾弄赛嗨"等多层次多领域多样化的民族联谊活动，广泛开展中华文化讲堂、广场舞等群众喜闻乐见、促进民族团结的文体活动，定期组织少数民族参观团等交流活动，创造各民族共居共学、共建共享、共事共乐的社会条件。

专栏4　促进各民族交往交流交融重点工程

铸牢中华民族共同体意识教育示范学校创建。在全省创建300所铸牢中华民族共同体意识教育示范学校，推动学校铸牢中华民族共同体意识教育常态化。

铸牢中华民族共同体意识教育实践基地创建。创建一批深入开展铸牢中华民族共同体意识宣传教育和实践探索并取得显著成效的教育实践基地，示范带动铸牢中华民族共同体意识深入人心。

铸牢中华民族共同体意识研究基地建设。在相关高等院校、科研单位中建设10个以上省级铸牢中华民族共同体意识研究基地，推出一批有分量的研究成果。支持各州（市）建设本级铸牢中华民族共同体意识研究基地。

民族团结进步创建"十进"工作。深入开展民族团结进步创建"进机关、进企业、进社区（村）、进乡镇（街道）、进学校、进铁路、进医院、进部队、进宗教活动场所、进出入境边防检查机构"，推动民族团结进步创建涵盖不同行业和不同领域。

民族团结进步全域创建。推动民族团结进步创建全覆盖，实现全省16个州（市）全部创建为全国民族团结进步示范州（市），创建60个全国民族团结进步示范县（市、区）、示范单位、教育基地。开展省级民族团结进步示范县示范单位创建命名，创建600个示范县（市、区）、示范单位和教育基地。鼓励州（市）开展本行政区域内民族团结进步创建工作。

边境民族团结进步示范带建设。将边境地区民族团结进步创建与强边固防结合起来，与现代化边境小康村建设结合起来，形成政策合力和工作合力，实现25个边境县（市）全部创建为省级以上民族团结进步示范县（市），打造民族团结、经济发展、社会和谐、治理有效、边疆稳固的边境民族团结进步示范带。

少数民族流动人口服务管理工作示范试点工程。开展云南省少数民族流动人口服务管理示范城市建设和少数民族流动人口服务管理体系建设试点，全面做好城市社区流动人口服务管理、失地群众可持续发展、老年群体服务管理等工作。

第五节　在提升民族宗教事务治理能力和水平上作出示范，打牢中华民族共同体法治基础

坚持总体国家安全观，统筹安全与发展，创造性地做好"边疆""民族"两篇文章，坚决维护国家安全统一，守好意识形态阵地，有效防范化解民族宗教领域风险隐患，将制度优势更好地转化为治理效能，不断推进民族宗教事务治理体系和治理能力现代化。

一、夯实边境民族地区强边固防根基

贯彻落实国家安全战略，维护边境民族地区安全稳定，捍卫政治安全、维护社会安定、保障人民安宁。健全党政军警民强边固防工作机制和边境安全稳定工作协调机制，加快推进人防、物防、技防相结合的边境立体化防控体系，打牢维护边境安全稳定的重要基础。充分发挥边民群防群治作用，教育引导边民自觉履行守边固边的责任和义务。坚定不移开展反分裂反渗透斗争，严密防范和坚决打击各种渗透颠覆破坏活动、暴力恐怖活动、民族分裂活动、宗教极端活动。加强边境检查站建设，加大边境管控专职辅警综合保障力度。加快智慧边境建设，健全边境民族地区安全监测预警体系。加强社会治安综合治理，加大县乡村三级综治中心建设力度，强化网格化管理服务，推进突出治安问题常态化综合治理。创新基层社会治理格局，推动社会治理和服务中心向基层下移，提高社区管理和服务水平。加强交通、校园、医院和旅游景区等领域安全监管，加大食品药品安全保障力度，加快防灾减灾和应急管理体系建设，推进事故灾害综合风险评估和隐患排查治理，提高地质灾害、森林火灾、重大安全事故等各类风险防控能力。

二、依法促进民族团结

加强《中华人民共和国宪法》和《中华人民共和国民族区域自治法》的宣传教育，提高全社会对民族区域自治制度重要性的认识，增强贯彻执行的自觉性。健全民族工作法规体系，适时修订有关民族工作的法规、自治条例和单行条例、规章和其他规范性文件。加强《中华人民共和国民族区域自治法》《云南省民族团结进步示范区建设条例》等法律法规执行情况的监督检查，推动各级人民代表大会常务委员会对民族工作法律、法规和政策执行情况监督检查制度化。坚持在法治轨道上处理涉及民族因素的问题，充分保障各民族合法权益，坚决反对和纠正针对特定民族成员的歧视性做法，巩固和发展平等团结互助和谐的社会主义民族关系。广泛开展法治宣传教育，完善法律援助机制，增强国家意识、公民意识、法治意识，促进各族干部群众自觉尊法学法守法用法。

三、坚持我国宗教中国化方向

坚持我国宗教中国化方向，依法管理宗教事务，积极引导宗教与社会主义社会相适应。加强宗教界人士、信教群众的爱国主义和社会主义教育，推进"和谐寺观教堂"创建，开展"五进"宗教活动场所，鼓励和支持宗教团体、宗教院校、宗教活动场所开展民族团结进步创建工作。坚持社会主义核心价值观引领、中华文化浸润，引导宗教界深入挖掘教义教规中有利于民族团结、社会和谐、时代进步、健康文明的内容，持续开展坚持我国宗教中国化方向为主题的专题研讨和讲经讲道交流活动。坚持"政治上靠得住、宗教上有造诣、品德上能服众、关键时起作用"的标准，强化对宗教教职人员的国民教育、法治教育、政治教育、宗教教育，支持宗教人才队伍建设，加强宗教团体、宗教院校、宗教活动场所组织建设和制度建设。加大《中华人民共和国宪法》和《中华人民共和国民法典》及《宗教事务条例》等法律法规的宣传教育，教育引导宗教界人士、信教群众正确认识和处理国法与教规的关系，提高法治观念。坚持"保护合法、制止非法、遏制极端、抵御渗透、打击犯罪"，依法开展宗教领域热点难点问题治理工作，加强互联网宗教管理，不断提高宗教工作治理能力，维护宗教领域和谐稳定。出台《云南省宗教事务条例》。

四、防范化解民族宗教领域风险隐患

完善防范化解民族宗教领域风险隐患长效机制，加大风险研判和处置化解工作力度。完善影响团结稳定问题省州县三级同步监测监管、涉及民族宗教因素突发事件应急处置和网络舆情联动处置等机制，定期开展团结稳定形势分析研判，实施"高、中、低"风险评估等级制。加强重点区域、边境一线和中心城市团结稳定工作的指导协调，健全属地管理、受理接访和化解纠纷的联动机制。压实意识形态工作主体责任，坚持主管主办和属地管理原则，正确区分政治原则、思想认识、学术观点，旗帜鲜明反对历史虚无主义、极端民族主义、宗教极端主义、大汉族主义和地方民族主义，积极稳妥处理涉民族宗教因素的意识形态问题。加大网络信息安全建设力度，加强网络评论体系和网络人才队伍建设，健全网络舆情管控引导机制，提高引导处置能力，掌握网上舆论主动权，净化网络空间，建设好各民族网上共同家园。加强宗教工作"一网两单"制度建设，健全责任清单内容、范围、层级，进一步提高工作完成率。坚持和发展新时代"枫桥经验"，推进行政调解规范化，加强人民调解组织建设，完善社会矛盾纠纷多元化解机制，健全边境民族地区涉外矛盾纠纷调处机制。积极开展法治示范村、平安社区、枫桥式边境司法所和派出所创建，将各种矛盾和问题解决在基层、化解在萌芽状态，坚决守住不发生区域性、系统性风险的底线。

五、加强民族宗教工作信息化建设

运用移动互联网、云计算、大数据等信息技术，建设以"一基础（网络基础）两平台（公共支撑平台、大数据平台）三应用（综合管理、民族事务管理、宗教事务管理）"为核心的信息化框架体系，整合资源，优化流程，提升数据共享、业务协同能力，推进大数据在民族宗教工作领域的应用，提升民族宗教工作的数字化、网络化、智能化水平。

专栏5　提升民族宗教事务治理能力和水平重点工程

边境民族地区安全监测预警体系建设。以信息化引领治安防控，建设边境民族地区安全监测预警体系，全面提升安全监测、快速处置和便捷服务能力，全面提升对各类风险隐患的自动识别、敏锐感知和预测预警预防能力。

编制实施云南省坚持我国宗教中国化方向中长期规划。着眼基础性和长远性、实践性和可操作性，谋划一批重大政策和重点项目，积极引导宗教与社会主义社会相适应，推进云南坚持我国宗教中国化方向取得新成效。

和谐宗教创建计划。创建一批"全省民族团结进步示范宗教活动场所（和谐寺观教堂）"，深入开展国旗、宪法和法律法规、社会主义核心价值观、中华优秀传统文化、民族团结进步等宗教场所活动。提升改造宗教院校。

民族宗教系工作信息化建设工程。整合现有信息系统及数据资源，建设与民族宗教事务相适应的、统一融合的民族宗教工作信息化框架体系，搭建公共支撑平台、大数据平台及贯穿省州县三级的信息系统。

第四章　实施保障

各地区各有关部门认真组织实施规划，切实发挥规划对民族团结进步示范区建设的指导和调控作用，增强规划的严肃性和约束性，确保规划各项任务顺利完成。

第一节　健全规划体系

省级各部门专项规划、年度计划与本规划相衔接，建设重点、目标任务及项目布局等向民族地区倾斜。州（市）、县（市、区）制定落实本规划的方案和措施。全省形成以省级民族团结进步示范区规划为统领，定位准确、相互协调的民族团结进步示范区规划体系。

第二节 完善实施机制

完善民族团结进步示范区建设领导小组成员单位年度任务承诺制。各地区各部门要强化财政资金保障作用，推进规划实施，落实年度目标任务，形成建设合力。省级各部门要合理规划每年任务所需经费，积极争取并落实项目建设资金，按部门预算申报程序纳入部门预算保障，做到计划早安排、资金早下达、项目早见效。州（市）、县（市、区）要充分保障项目落实，积极整合建设资金，突出重点，集中力量推进。

第三节 加强监督评估

强化监督评估和跟踪落实，明确规划设置的指标、主要任务和重大工程项目的责任主体，把规划任务实施完成情况作为省级有关部门和各级党委、政府领导班子、领导干部考核评价的重要依据。省委民族团结进步示范区建设暨民族宗教工作领导小组办公室要建立健全监测评估制度，组织开展规划实施跟踪监测、中期评估和总结评估，强化监测评估结果应用。省级统计部门要完善《云南省建设我国民族团结进步示范区统计监测工作方案》，开展年度统计监测工作。

第四节 鼓励先行先试

鼓励各地区各部门在规划实施过程中，积极探索、先行先试，把民族团结进步示范区建设与国家和全省发展战略相结合，创新"民族团结进步示范区建设+"工作模式，形成一批在全国、全省可推广复制的典型案例、经验和做法。

主要指标、主要任务和重点工程责任分工

一、主要指标		
序号	指标名称	责任部门
1	每年县级及以上党委专题研究铸牢中华民族共同体意识工作次数（次）	县级及以上党委
2	基层党组织标准化规范化率（%）	省委组织部
3	中华民族视觉形象工程（项）	省委宣传部、省民族宗教委、省文化和旅游厅、省广电局

续表

	一、主要指标	
序号	指标名称	责任部门
4	少数民族优秀文化保护传承工程（项）	省民族宗教委
5	少数民族文化精品工程（项）	省民族宗教委
6	国家通用语言文字普及率（%）	省教育厅
7	人均地区生产总值（元）	省发展改革委、省民族宗教委
8	居民人均可支配收入增长（元）	省发展改革委、省民族宗教委、省人力资源和社会保障厅、省农业农村厅
9	城镇新增就业人数（万人）	省人力资源和社会保障厅
10	劳动年龄人口平均受教育年限（年）	省教育厅
11	每千人执业（助理）医师数（人）	省卫生健康委
12	民族团结进步"十县百乡千村万户"示范引领建设工程（项）	省民族宗教委
13	现代化边境小康村（个）	省民族宗教委
14	铸牢中华民族共同体意识研究教育实践场所（个）	省委宣传部、省民族宗教委
15	全国民族团结进步示范州（市）示范单位创建数（个）	省民族宗教委
16	全省民族团结进步示范县示范单位创建数（个）	省民族宗教委
17	全省民族团结进步示范社区创建数（个）	省民族宗教委
18	"一网两单"交办问题完成率（%）	省委统战部、省民族宗教委
19	涉及民族宗教因素矛盾纠纷排查处置率(%)	省民族宗教委、省公安厅、省司法厅
20	涉及民族宗教因素网络舆情排查处置率(%)	省委网信办、省民族宗教委

二、主要任务

序号	主要任务	责任部门
1	在加强党对民族宗教工作的全面领导上作出示范，打牢中华民族共同体政治基础	省委组织部、省委宣传部、省委统战部、省民族宗教委、省人力资源和社会保障厅，各州（市）、县（市、区）党委、政府
2	在构筑中华民族共有精神家园上作出示范，打牢中华民族共同体文化基础	省委宣传部、省工业和信息化厅、省民族宗教委、省住房城乡建设厅、省文化和旅游厅、省广电局、省体育局，各州（市）、县（市、区）党委、政府
3	在推动各族群众共同迈向现代化上作出示范，打牢中华民族共同体物质基础	省发展改革委、省工业和信息化厅、省教育厅、省科技厅、省民族宗教委、省民政厅、省财政厅、省人力资源和社会保障厅、省自然资源厅、省生态环境厅、省交通运输厅、省农业农村厅、省水利厅、省商务厅、省卫生健康委、省外办、省市场监管局、省广电局、省能源局、省林草局、省乡村振兴局、省医保局、省通信管理局，各州（市）、县（市、区）党委、政府
4	在促进各民族交往交流交融上作出示范，打牢中华民族共同体社会基础	省委宣传部、省委统战部、省民族宗教委、省教育厅、省公安厅、省民政厅，各州（市）、县（市、区）党委、政府
5	在提升民族宗教事务治理能力和水平上作出示范，打牢中华民族共同体法治基础	省委统战部、省委政法委、省民族宗教委、省公安厅、省国家安全厅、省司法厅、省应急厅，各州（市）、县（市、区）党委、政府

三、重点工程

序号	重点工程	责任部门
1	强化边疆党建长廊建设	省委组织部
2	深化"自强、诚信、感恩"主题教育	省委宣传部
3	加强干部教育培训	省委组织部、省民族宗教委
4	中华民族视觉形象工程	省委宣传部、省民族宗教委、省文化和旅游厅、省广电局
5	少数民族优秀文化保护传承工程	省民族宗教委
6	少数民族文化精品工程	省民族宗教委

续表

三、重点工程		
序号	重点工程	责任部门
7	地方戏和少数民族剧种振兴工程	省文化和旅游厅
8	非遗保护"九大工程"	省文化和旅游厅
9	历史文化名城（镇村街区）和传统村落保护工程	省住房和城乡建设厅、省文物局
10	云南文物保护工程	省文化和旅游厅
11	"学前学会普通话"行动	省教育厅
12	民族团结进步"十县百乡千村万户"示范引领建设工程	省民族宗教委
13	兴边富民工程	省发展改革委、省民族宗教委
14	现代化边境小康村建设	省民族宗教委
15	扶持"直过民族"和人口较少民族聚居区发展工程	省民族宗教委、省乡村振兴局
16	民族特色村镇建设	省民族宗教委、省住房和城乡建设厅、省文化和旅游厅
17	"民族之家"示范点建设工程	省民族宗教委
18	民族地区生态文明创建工程	省生态环境厅
19	民族地区农村劳动力转移工程	省人力资源和社会保障厅
20	民族团结进步示范班计划	省民族宗教委、省教育厅
21	民族医疗机构建设	省卫生健康委
22	铸牢中华民族共同体意识教育示范学校创建	省教育厅、省民族宗教委
23	铸牢中华民族共同体意识教育实践基地创建	省委宣传部、省民族宗教委
24	铸牢中华民族共同体意识研究基地建设	省教育厅、省民族宗教委
25	民族团结进步创建"十进"工作	省民族宗教委
26	民族团结进步全域创建	省民族宗教委
27	边境民族团结进步示范带建设	省民族宗教委
28	少数民族流动人口服务管理工作示范试点工程	省民族宗教委
29	边境民族地区安全监测预警体系建设	省公安厅、省国家安全厅
30	编制实施云南省坚持我国宗教中国化方向中长期规划	省民族宗教委

续表

三、重点工程		
序号	重点工程	责任部门
31	和谐宗教创建计划	省民族宗教委
32	民族宗教工作信息化建设工程	省民族宗教委

云南民族团结进步
示范区建设大事记

(2011年5月—2022年12月)

2011 年

2008年11月20日，时任中央政治局常委、中央书记处书记、国家副主席习近平同志到云南调研，在充分肯定云南民族工作取得的成绩时指出，云南"以科学发展促进民族团结、以民族团结保证科学发展的经验值得推广总结"；2009年1月24日，习近平同志批示："云南省委、省政府扎实开展民族工作，促进各民族和睦共处、和衷共济、和谐发展，积累了宝贵经验。希望牢牢把握各民族共同团结奋斗、共同繁荣发展主题，认真搞好深入学习实践科学发展观活动，切实加强少数民族干部队伍建设，全力巩固和发展云南经济繁荣、民族团结、社会稳定的良好局面。"为全面贯彻落实习近平同志重要指示，云南省委、省政府开始探索建设民族团结进步边疆繁荣稳定示范区。

5月6日 国务院批准并出台关于支持云南省加快建设面向西南开放重要桥头堡的意见，"把云南建设成为我国民族团结进步、边疆繁荣稳定的示范区"列为五个战略定位之一。

6月27日 中共云南省委八届十一次全会报告指出：加快推进桥头堡建设，必须坚持把立足云南、服务全国，建设民族团结进步、边疆繁荣稳定的示范区作为总目标。

7月5日 国家民委与云南省委、省政府在北京举行工作座谈会，国家民委与省政府签署了《建设民族团结进步边疆繁荣稳定示范区合作协议》。国家民委主任、党组书记、分管副主任，云南省委、省政府主要领导和分管领导出席座谈会和签字仪式，并分别讲话或致辞。

7月19日 中共中央政治局常委、全国政协主席贾庆林在《中央统战部、国家民委、求是杂志社联合调研组关于云南促进各民族共同团结奋斗、共同繁荣发展的经验与启示的调研报告》上批示：我国是一个多民族的国家，搞好各民族大团结，始终是关系到改革、发展、稳定大局的重要任务和目标。云南省委、省政府重视民族工作，紧紧围绕各民族共同团结奋斗、共同繁荣发展的主题，促进各民族和睦相处、和衷共济、和谐发展，共享改革发展成果。特别是对全省人民作出"现代化进程中决不让一个兄弟民族掉队"的庄严承诺，把人口较少民族比较集中的8个民族自治州作为重点支持地区，极大地调动了全省各族人民齐心协力携手奔小康的积极性。报告总结的这些宝贵经验，具有普遍意义，可供各地借鉴。

7月29日 习近平同志在《中央统战部、国家民委、求是杂志社联合调研组关于云南促进各民族共同团结奋斗、共同繁荣发展的经验与启示的调研报告》上批示：云南省委、省政府从多民族和各民族发展不平衡的省情出发，因地制宜，团结带领全省各族干部群众创造性地贯彻落实中央关于民族工作的决策部署，创造了民族团结和谐的"云南现象"。宣传云南省民族工作的好经验、好做法，有利于推动各级党委和政府围绕促进民族团结、支持民族发展、繁荣民族文化，进一步加强和改进民族工作，使各族人民同呼吸、共命运、心连心的理念深入人心，不断巩固和发展我国各民族共同团结奋斗、共同繁荣发展的良好局面。

8月31日 国家民委发出《关于贯彻落实中央领导批示精神学习借鉴云南民族工作经验的通知》，将《中央统战部、国家民委、求是杂志社联合调研组关于云南促进各民族共同团结奋斗、共同繁荣发展的经验与启示的调研报告》转发各省区市及新疆生产建设兵团民族工作部门和委机关各部门、直属各单位，要求各地各部门认真贯彻落实中央领导批示精神，结合实际认真学习借鉴云南民族工作经验。

9月1日 《求是》杂志（2011年第17期）刊发署名中央统战部、国家民委、求是杂志社联合调研组的文章《团结共谱同心曲 和谐花开彩云南——云南促进各民族共同团结奋斗、共同繁荣发展的经验与启示》。

9月9日 习近平同志给云南省委、省政府作出批示：希望你们紧紧抓住中央支持云南建设面向西南开放重要桥头堡和继续实施兴边富民行动的历史机遇，按照实施"十大工程"、完善"十项保障"、完成"五大任务"的基本思路，继续扎实深入开展兴边富民工程，为把云南建设成我国民族团结进步、边疆繁荣稳定的示范区不懈奋斗。

9月29日 省委主要领导对建设民族团结进步边疆繁荣稳定示范区、做好民族工作进行专题调研，并在省民委召开调研座谈会，指出：在云南，不谋民族工作不足以谋全局。要求进一步明确示范区建设的指导思想、工作目标，努力在民族经济发展、民生改善保障、民族文化繁荣等10个方面为全国作出示范。决定由省委、省政府制定出台建设示范区的实施意见。

9月 由省民委牵头，开展代省委、省政府起草《关于建设民族团结进步边疆繁荣稳定示范区的实施意见》有关工作，到12月底，经多次征求省级有关部门、16个州市和有关专家意见，反复修改完善，40余次易其稿，形成了送审稿。

11月20日 省委民族工作领导小组在玉溪召开云南省民族团结进步创建活动经验交流现场会。省委、省政府分管领导出席会议，就推进示范区建设提出要求、部署工作。

11月25日　省第九次党代会报告指出：必须始终高举民族团结旗帜，以建设民族团结进步、边疆繁荣稳定示范区为抓手，加大对边疆民族地区扶持力度，夯实发展基础，提升发展能力，促进各民族交往交流交融，谱写共同团结奋斗、共同繁荣发展的新篇章。

12月14日　省政府与国家民委在北京就携手合作推进《建设民族团结进步边疆繁荣稳定示范区合作协议》落实举行工作会谈。省委、省政府和国家民委主要领导出席并讲话，省政府分管领导汇报了示范区建设的有关工作情况。双方达成了进一步深入推进示范区建设的共识，明确了相关工作部署。

2012 年

1月4日　省委民族工作领导小组会议审议并原则通过《中共云南省委 云南省人民政府关于建设民族团结进步边疆繁荣稳定示范区的实施意见（送审稿）》。

2月24日　中共中央政治局委员、国务院副总理回良玉在云南考察时强调：党中央、国务院作出把云南建设成为全国民族团结进步边疆繁荣稳定示范区的重大决策，既是对云南民族工作成绩的充分肯定，也是对新形势下做好民族工作提出的新要求。希望云南省在国家有关部委的大力支持下，做好示范区建设的各项工作，真正在全国发挥示范作用。

2月28日　省政府刘平副省长带队赴北京，征求国家民委对《中共云南省委云南省人民政府关于建设民族团结进步边疆繁荣稳定示范区的实施意见》的意见建议。国家民委主要领导出席会议，对《意见》给予了充分肯定。

3月16日　省政府第74次常务会议对《中共云南省委云南省人民政府关于建设民族团结进步边疆繁荣稳定示范区的实施意见（送审稿）》进行了研究审议，原则通过。根据会议要求，会后再次征求了省级29个部门的意见，进一步作了修改完善，经省政府批准同意报省委常委会议研究。

4月21—24日　国家民委主要领导在云南调研时强调：云南省各级党委、政府历来高度重视民族工作，坚持以共同发展促进民族团结、以边疆繁荣促进边疆稳定，取得了良好的民族工作成绩和经验，对全国具有重要启示。在云南建设民族团结进步边疆繁荣稳定示范区过程中，国家民委将给予大力支持。

4月27日　中共云南省委九届第十二次常委会审议通过了《中共云南省委云南省人民政府关于建设民族团结进步边疆繁荣稳定示范区的实施意见（送审稿）》。

会议同意，成立示范区建设领导小组，尽快召开全省示范区建设启动大会；由省委办公厅、省政府办公厅下发《实施意见》任务分解通知。

5月17—22日 中共中央政治局常委、全国政协主席贾庆林在云南视察时强调：要牢牢把握"两个共同"的民族工作主题，大力推进民族团结进步边疆繁荣稳定示范区建设，推动云南民族工作在加快少数民族和民族地区发展、保障和改善民生上走在全国前列，在促进民族团结上走在全国前列，在繁荣发展少数民族文化上走在全国前列，在贯彻落实民族政策上走在全国前列。

5月25日 中共云南省委九届三次全会审议通过了《关于建设民族团结进步边疆繁荣稳定示范区的决议》和《中共云南省委 云南省人民政府关于建设民族团结进步边疆繁荣稳定示范区的意见》。

6月25日 《中共云南省委 云南省人民政府关于建设民族团结进步边疆繁荣稳定示范区的意见》（云发〔2012〕9号）正式印发，提出"以共同发展促进民族团结，以边疆繁荣促进边疆稳定"为指导思想，坚持"全面统筹、重点突破，立足跨越、先行先试，政策拉动、项目推进，群众至上、共建共享"四条基本原则，在民族经济发展、民生改善保障、民族文化繁荣、民族教育振兴、生态文明建设、民族干部培养、民族法制建设、民族理论研究、民族工作创新、民族关系和谐十个方面作出示范，实现少数民族和民族地区发展、民族团结进步事业、边疆繁荣开放三大新跨越，到2015年示范区建设取得明显成效，2020年全面建成示范区。

7月19日 云南省建设民族团结进步边疆繁荣稳定示范区动员大会以视频会议形式隆重召开，标志着示范区建设全面启动。省委书记作动员讲话，省委副书记、省长主持会议，国家民委党组成员、纪检组组长致词，省级有关领导在昆明主会场出席会议；全省各州市、县（市区）设分会场，共2万人参加会议。

8月 国家民委组织再版的云南民族工作老领导王连芳同志所著《云南民族工作回忆》一书出版，对云南民族工作的历史经验给予充分肯定，并向国家有关部门和全国各省区市推介。

8月22日 由省委宣传部、省民委和云南网共同举办的"云南建设民族团结进步边疆繁荣稳定示范区网上系列访谈"活动举办第一期。访谈活动共五期，云南网连续五周，每周三上午举行一期网络视频图文直播访谈活动，每期时长45分钟。

9月29日 《中共云南省委办公厅 云南省人民政府办公厅关于印发〈建设民族团结进步边疆繁荣稳定示范区主要任务分工方案〉的通知》（云办通〔2012〕37号）正式下发。

12月5日 国务院在红河州弥勒县召开"云南省加快推进民族团结进步边疆繁荣稳定示范区建设专题汇报会"。中共中央政治局委员、国务院副总理回良玉出席会议并讲话，国家民委主要领导主持会议。回良玉副总理充分肯定了云南示范区建设的阶段性成绩，进一步提出示范区建设的要求，指出：把云南建成我国民族团结进步边疆繁荣稳定示范区，是中央统筹国内国际两个大局、着眼全局和长远发展作出的重大战略决策。要求把示范区建设的过程，作为全面落实党的十八大精神的过程，作为深入实践科学发展观的过程，作为贯彻落实党的民族政策的过程，让示范区建设真正在全国起到示范作用。国家民委主要领导充分肯定了云南把民族工作融入全省经济社会发展各项工作中的好经验和好做法，希望云南再接再厉，继续努力，不断总结、充实和完善"云南经验"，把云南真正建设成为全国民族团结进步边疆繁荣稳定的示范区。

2013 年

1月9日 省委民族工作领导小组会议在昆明召开。会议决定，从2013年开始，用3年时间，结合十大示范，实施示范区建设3121示范点创建工程（简称"3121工程"），即在全省范围内重点联系3个自治州，选择10个县、20个乡镇、100个自然村（社区）作为示范点，按照"重点突破、以点带面、形成经验、示范全省"的要求，以跨越发展促进民族团结、以边疆繁荣促进边疆稳定，推动各示范点到2015年率先达到"少数民族和民族地区发展实现新跨越，民族团结进步事业实现新跨越，边疆繁荣开放实现新跨越"的示范区建设目标，从不同方面为全面建成示范区发挥示范带动作用。

2月21日 省民委向各州市人民政府印发关于《实施示范区建设3121示范点创建工程方案》的通知。

4月9—12日 全国政协副主席、国家民委主任王正伟率国家民委调研组，深入文山、红河、大理、丽江等地就云南民族工作和示范区建设进行专题调研。王正伟强调，要加快民族团结进步边疆繁荣稳定示范区建设步伐，把示范区建设与经济社会发展相结合，与城镇化建设相结合，与脱贫致富相结合，与文化保护与旅游开发相结合，与生态文明建设相结合，积极探索民族工作有效途径，巩固和发展民族团结良好局面。王正伟表示，国家民委将义不容辞地为云南示范区建设搞好服务，一是始终关心重视，二是全力提供支持，三是积极协调争取，四是共同总结升华。

4月17日 全省民委系统示范区建设暨经济工作综合培训会在昆明举行。会议就示范区建设示范点创建工程监督检查、年度目标管理责任考核、示范区建设政策推进和理论研究工作、信息报送工作进行了专题培训。

5月7日 省政府尹建业副省长就推进示范区建设工作到省民委调研，指出：当前示范区建设工作要突出贯彻落实好全国政协副主席、国家民委主任王正伟同志在云南调研时提出的"五个结合"，突出抓好"四个规划"落实和今年的三项重点工作，切实维护民族团结和社会和谐稳定。

5月16日 省委主要领导在2013年第10期《求是》杂志上发表了题为《和睦相处 和衷共济 和谐发展——扎实推进云南民族示范区建设》的文章，从继承民族工作优良传统、保障民族团结边疆稳定、推进民族经济跨越发展、改善民族兄弟的民生、抓好民族人才队伍建设、繁荣发展优秀民族文化、创新民族工作思路和方法等七个方面深刻阐述了推进云南示范区建设的时代意义和具体要求。

7月4—5日 省民委和省财政厅共同组织召开了"云南省民族团结进步边疆繁荣稳定示范区建设示范点创建工程"建设规划专家评审会，对10个示范县、25个示范乡镇建设规划进行了评审。

7月23日 省长李纪恒、副省长尹建业率省直有关部门负责同志，就云南省民族团结进步边疆繁荣稳定示范区建设进行调研，召开专题会议。会议提出，举全省之力又好又快推进示范区建设。会议要求，在加快推进示范区建设中，要突出抓好跨越发展、民生改善、民族团结、典型示范、资源整合、工作机制等几个方面的工作，确保示范区建设不断取得新成效。会议决定，在"3121工程"的基础上启动实施"十县百乡千村万户示范点创建工程"三年行动计划。会后，省政府办公厅就本次会议的内容形成了专题会议纪要。

9月17日 省委办公厅、省政府办公厅联合下发《关于成立云南省民族团结进步边疆繁荣稳定示范区建设领导小组的通知》，决定成立云南省民族团结进步边疆繁荣稳定示范区建设领导小组，由省委书记、省人大常委会主任任组长，省委副书记、省长任常务副组长，省委常委、省委统战部部长、副省长任副组长，省委、省政府28个委办厅局主要负责人为成员。示范区建设领导小组办公室设在省民委，负责示范区建设领导小组的日常工作，办公室主任由赵立雄同志兼任。

10月8—12日 省民委在省委党校举办了为期4天的"云南民族团结进步边疆繁荣稳定示范区建设示范点创建工程"专题培训班，邀请国家民委、省审计厅领导和省委党校专家授课，省民委领导作专题辅导讲座。全省民委系统共120人参加了培训。

10月29—30日 国家民委、云南省政府在大理白族自治州召开云南省民族团结进步边疆繁荣稳定示范区建设现场推进会暨专家座谈会，实地考察示范区建设情况，总结提升云南民族工作和示范区建设的经验，部署下一步示范区建设工作。全国人大民族委员会副主任委员吴仕民，国家民委副主任陈改户，省政府副省长尹建业出席会议并讲话。会上，国家民委授予云南省民委"国家民委民族理论政策研究基地"牌匾，成立了云南民族团结进步边疆繁荣稳定示范区建设专家咨询委员会。

12月7日 《人民日报》头版头条刊发了题为《民族大家庭 携手往前赶》的新闻综述，重点报道了近年来云南民族地区在基础设施建设、特色经济发展、自我发展能力提升等方面所取得的喜人成就，对云南民族工作和云南民族团结进步边疆繁荣稳定示范区建设给予了充分肯定。

2014年

1月3日 习近平总书记收到云南省贡山独龙族怒族自治县干部群众来信后回信："获悉高黎贡山独龙江公路隧道即将贯通，十分高兴，谨向独龙族的乡亲们表示祝贺！独龙族群众居住生活条件比较艰苦，我一直惦念着你们的生产生活情况。希望你们在地方党委和政府的领导下，在社会各界帮助下，以积极向上的心态迎战各种困难，顺应自然规律，科学组织和安排生产生活，加快脱贫致富步伐，早日实现与全国其他兄弟民族一道过上小康生活的美好梦想。"

1月5日 由云南省和中国社会科学院联合开展的"云南省民族团结进步边疆繁荣稳定示范区建设研究"课题专题调研在昆明启动。省委常委、省委宣传部部长赵金出席启动会并讲话。

3月20日 云南省民族团结进步边疆繁荣稳定示范区建设领导小组全体会议在昆明举行。省委书记、示范区建设领导小组组长出席会议并作重要讲话。省长、示范区建设领导小组常务副组长主持会议并作会议总结，全体成员单位负责人出席会议。会议原则通过了《云南省民族团结进步边疆繁荣稳定示范区建设领导小组工作规则》。

3月23—25日 中共中央政治局常委、全国政协主席俞正声到楚雄彝族自治州武定县调研，充分肯定了云南省民族宗教工作取得的成绩，强调要加强对民族宗教工作的领导，落实好党的民族宗教政策，进一步加快云南民族团结进步边疆繁荣稳定示范区建设，确保民族和睦、宗教和顺、社会和谐稳定。

4月19—24日 省民委在省委党校举办了为期5天的"第二期民族团结进步边疆繁荣稳定示范区建设"专题培训班，全省各级民族工作部门120余人参加培训。

4月23—25日 省人大常委会副主任刀林荫率队视察怒江州民族团结进步边疆

繁荣稳定示范区建设情况，对怒江州示范区建设工作给予了充分肯定，并对下一阶段工作提出要求。

5月13日　省示范区建设领导小组印发《云南省民族团结进步边疆繁荣稳定示范区建设领导小组工作规则》。

6月　根据示范区建设领导小组会议要求，由国家民委、中共云南省委、云南省人民政府联合摄制的电视专题纪录片《一家人过日子——云南故事》正式开机拍摄。

6月　《云南省民族团结进步边疆繁荣稳定示范区建设·专家论文集（第一辑）》由云南民族出版社出版。论文集汇集了省内外民族学专家学者的相关研究，全方位、多角度地体现了云南民族工作暨民族团结进步边疆繁荣稳定示范区建设取得的理论成果。

6月5—30日　根据《云南省民族团结进步边疆繁荣稳定示范区建设2013年目标管理责任书》等考核奖励办法，省民委以抽查方式完成了对全省16个州市示范区建设情况及示范点创建情况的目标责任制考核。

6月11—13日　中央书记处书记、全国政协副主席杜青林在云南昆明调研民族工作时强调，要坚定不移贯彻落实中央关于民族工作的方针政策，结合云南实际，不断探索民族工作新经验、新做法，推动民族团结进步边疆繁荣稳定示范区建设取得新成效。

7月14日　云南省十二届人大常委会第23次主任会议审议了《云南省人民政府关于民族团结进步边疆繁荣稳定示范区建设推进情况的报告》和《云南省人大常委会视察组关于视察民族团结进步边疆繁荣稳定示范区建设推进情况的报告》。

7月25—27日　云南省第十二届人大常委会第十次会议在昆明召开，省民委主任赵立雄受省政府委托向省人大常委会全体会议作了《关于民族团结进步边疆繁荣稳定示范区建设推进情况的报告》。常委会分四个组审议了《报告》，对《报告》给予了充分肯定。

9月23日　中国社会科学院与云南省委、省政府在北京召开云南民族团结进步边疆繁荣稳定示范区建设理论研讨会。中国社科院党组副书记、常务副院长赵胜轩，云南省委常委、省委宣传部部长赵金出席会议并讲话。研讨会上，中国社科院、中央民族大学、云南省民委、云南民族大学、云南省社科院等单位的数十名专家学者从理论战略高度全面系统总结了示范区建设的经验和成绩。会后出版了《民族团结云南经验——"民族团结进步边疆繁荣稳定示范区"调研报告》。

10月9日　云南省委、省政府召开干部大会，传达学习中央民族工作会议精神。省委主要领导就云南省学习、宣传、贯彻中央民族工作会议精神作出安排部署，强调要认真做好云南省民族工作会议暨第七次民族团结进步表彰大会的筹备工作，制定云南省贯彻中央民族工作会议精神的实施意见，认真研究云南省少数民族和民族地区发展的重大问题，扎实推进民族团结进步边疆繁荣稳定示范区建设。省委、省人大常委会、省政府、省政协领导班子成员，省委和省级国家机关副厅以上干部参加会议。

10月10日 云南民族干部学院在云南民族大学举行揭牌仪式，标志着云南民族干部学院正式成立。

10月19日 中共云南省委、省政府与国家九部委在北京共同召开了"贯彻中央民族工作会议精神推进云南民族团结进步边疆繁荣稳定创建工作省部联席会议"。全国政协副主席、国家民委主任王正伟主持会议并讲话；中共云南省委书记李纪恒，省委副书记、代省长陈豪出席会议并讲话。会议指出，云南要深入贯彻落实中央民族工作会议精神，积极探索具有中国特色、云南特点的民族工作路子，在六个方面走在全国前列。国家民委副主任陈改户，教育部副部长鲁昕，国家发展改革委副秘书长范恒山，民政部副部长顾朝曦，财政部副部长胡静林，中国证监会副主席刘新华，国务院扶贫办党组成员蒋晓华等出席会议并就云南提出需要解决的困难和问题给予答复。云南省副省长尹建业，交通运输部、住房和城乡建设部、国家民委有关司局和云南省相关部门负责同志出席会议。会议形成了国家九部委支持云南民族地区加快发展的9个方面、14项政策措施。

10月26日 代省长陈豪主持召开省政府第50次常务会议，传达学习了贯彻中央民族工作会议精神推进云南民族团结进步边疆繁荣稳定创建工作省部联席会议精神，审议通过了落实云南民族团结进步边疆繁荣稳定创建工作省部联席会议、加快建设面向西南开放重要桥头堡部际联席会议第三次会议研究协调事项任务分工方案。

11月 省委办公厅下发了《关于调整部分省级议事协调机构的通知》（云办通〔2014〕49号），其中对示范区建设领导小组领导作出如下调整：李纪恒同志任组长，陈豪同志任常务副组长，尹建业同志任副组长。

11月3—4日 省委书记李纪恒、代省长陈豪一同深入贡山独龙族怒族自治县独龙江乡，宣讲党的十八届四中全会精神和中央民族工作会议精神，对集中力量实施整族帮扶、整乡推进的云南模式进行调研总结。

11月18日 省委副书记、代省长陈豪到省民族宗教事务委员会进行调研，指出：要扎实推进民族团结进步边疆繁荣稳定示范区建设，重点加快实施"十大示范""十县百乡千村万户示范点创建工程"等项目，着力探索具有中国特色、云南特点的民族工作路子；要将示范区建设的政策和项目更加具体化，积极创新突破，与保障和改善民生、促进宗教和谐结合起来，确保各族人民共享改革发展成果。

12月17日 省民族宗教委邀请33家省厅局级单位召开加强民族工作加快民族地区繁荣发展政策咨询会，研究征求有关云南省贯彻落实中央民族工作会议精神，进一步加强民族工作、加快民族地区经济社会繁荣发展的政策建议。

12月20日 由云南省民族宗教事务委员会主办、云南省少数民族新闻工作者协会承办的首届云南民族团结进步边疆繁荣稳定示范区建设电视纪实作品大赛圆满结束。本次大赛历时8个月，选送参评作品34件，经评选委员会专家评选，最终27件作品获奖。参赛作品围绕"民族团结进步 边疆繁荣稳定"主题，采用纪实手法，通过展现民族团结进步示范区建设中涌现出的大量先进典型，生动地展现了云南少数民族用勤劳和智慧建设家乡、打造幸福生活的壮阔图景。

2015年

1月15日 省委理论学习中心组以贯彻中央民族工作会议精神、做好新形势下民族工作为主题，进行2015年第1次集体学习。国家民委副主任陈改户应邀到会作辅导报告。省委书记李纪恒主持并发表重要讲话，强调要坚持统一和自治相结合、民族因素和区域因素相结合，以区域开发带动民族地区发展，以改革开放增强民族地区内生动力，着力加快民族地区全面建成小康社会步伐，着力推动民族团结、社会和谐、人民幸福，着力构筑中华民族共有精神家园，着力提高依法管理民族事务能力，着力抓好民族团结进步边疆繁荣稳定示范区建设。

1月16日 省委民族工作会议暨第七次民族团结进步表彰大会在昆明召开。会议深入学习贯彻中央民族工作会议精神，总结全省民族工作取得的成就和经验，表彰为促进民族团结进步、边疆繁荣稳定作出突出贡献的模范集体和模范个人，研究部署新形势下云南民族工作。省委书记李纪恒在会议上强调，"各民族都是一家人，一家人都要过上好日子"是云南民族工作的立足点，是中国特色解决民族问题正确道路在云南的具体实践，必须作为全省民族工作和示范区建设的主线一以贯之。省委副书记、代省长陈豪出席会议并讲话，国家民委副主任陈改户出席会议并致词。大会以视频会议的形式开到县，省委、省人大、省政协、省军区、省高级人民法院、省人民检察院的领导在主会场出席了会议；省直各部门、人民团体、国有企业副主任，16个州（市）党委政府主要领导、分管领导、民族宗教事务委员会主任，129个县（市、区）党委政府主要负责人，以及受表彰的模范集体代表和模范个人共约1.2万人在主会场或各分会场参加会议。

1月19—21日　中共中央总书记、国家主席、中央军委主席习近平在云南考察调研，对云南经济社会发展取得的成绩和各项工作给予了充分肯定。强调"为把云南建设成为我国民族团结进步、边疆繁荣稳定的示范区不懈奋斗"仍然是云南民族工作的总任务，要求云南"努力成为我国民族团结进步示范区"，特别指出"云南民族关系亲密融洽，云南民族工作成绩突出，这是云南最可宝贵的财富"，并就着力推进民族团结进步事业作出了重要部署。

1月23日　云南省领导干部大会在昆明召开。会议传达学习了习近平总书记考察云南重要讲话精神，对全面贯彻落实习近平总书记考察云南重要讲话精神、在更高起点上谋划和推动云南发展进行了部署。省委书记李纪恒发表讲话，省委副书记、代省长陈豪主持会议，省政协主席罗正富等出席会议。

1月29日　《国家民委通报》（第3期）全文刊载李记恒同志在云南省委民族工作会议暨第七次民族团结进步表彰大会上题为《各民族都是一家人　一家人都要过上好日子》的讲话，供全国各省、自治区、直辖市及新疆生产建设兵团民族工作部门借鉴学习。

2月3日　省民族宗教委召开学习贯彻习近平总书记考察云南重要讲话精神座谈会。来自省内高等院校、科研机构和党政机关的17位专家学者和少数民族干部出席座谈会，分享自己对习近平总书记系列重要讲话精神和考察云南重要讲话精神的学习体会，并就进一步做好云南省民族宗教工作提出建议。

2月11日　2015年云南省民族宗教工作会议在昆明召开。会议主要任务是深入学习贯彻习近平总书记在云南考察工作时的重要讲话精神，全面贯彻落实中央、省委民族工作会议，全国民委主任会议和全国宗教工作会议精神，对做好民族团结进步示范区建设作出具体安排。会上，省民族宗教委主任赵立雄与各州市民委（宗教局）主要负责人签订云南民族团结进步示范区建设2015年目标责任书。

3月2—20日　根据《云南省民族团结进步边疆繁荣稳定示范区建设2014年度目标管理责任书》等考核奖励办法，省示范区建设领导小组办公室完成了对全省16个州市示范区建设情况及示范点创建情况的目标责任制考核。

3月24日　《中共云南省委　云南省人民政府关于加强和改进新形势下民族工作的实施意见》（云发〔2015〕6号）正式印发实施。

4月2日　《中共云南省委关于深入贯彻落实习近平总书记考察云南重要讲话精神闯出跨越式发展路子的决定》（云发〔2015〕9号）正式印发实施。《决定》就推动民族团结进步边疆繁荣稳定，努力建设我国民族团结进步示范区作了部署。

4月9—12日　全国政协副主席、国家民委主任王正伟先后深入保山市和怒江傈僳族自治州，围绕中央民族工作会议精神的贯彻落实和推进民族团结进步示范区建设等情况进行考察调研，要求全省各级各部门严格落实中央民族工作会议精神，全面贯彻落实党的民族政策，抢抓机遇，扎扎实实做好增进民族团结、推动民族地区跨越发展的各项工作，促进各民族共同团结奋斗、共同繁荣发展。

4月13—14日 全国民族团结进步创建活动经验交流现场会在大理白族自治州召开。全国政协副主席、国家民委主任王正伟出席会议并讲话，中共云南省委书记李纪恒出席会议并致辞，国家民委副主任陈改户主持会议，副省长尹建业出席会议。云南、青海、甘肃、广西、贵州5省区在大会上交流了开展创建活动的经验和成效。来自各省、自治区、直辖市、新疆生产建设兵团民族工作部门主要负责人、部分省区创建活动领导小组办公室负责人及公安部边防局、中国铁路总公司宣传部相关负责人共120人参加了会议。

4月15—17日 中共中央政治局委员、中央统战部部长孙春兰在云南调研，强调全面贯彻好中央民族工作会议精神是当前民族工作的重中之重，要按照习近平总书记对建设民族团结进步示范区的要求，深化民族团结进步创建活动，促进各民族交往交流交融，共同建设中华民族共有的精神家园。中央统战部副部长斯塔，中央社会主义学院党组副书记、副院长周宁参加调研。省委书记李纪恒陪同调研，省政协主席罗正富出席调研座谈会。

4月26日 全国首个民族团结进步协同创新中心在云南民族大学揭牌，并举行该中心首届学术委员会会议，来自10多所高校和科研机构的30余名专家学者出席会议。

5月15日 中央党校举办省部级干部民族工作专题研讨班，专门安排了"云南民族工作的实践与探索"课程。受云南省委书记李纪恒和省长陈豪的委托，省人民政府党组成员、资政刘平前往授课，交流介绍了云南民族工作和民族团结进步示范区建设的做法、成效和经验。

6月30日 云南省省长陈豪主持召开省政府第66次常务会议。会议审议并原则通过《中共云南省委 云南省人民政府关于加快建设民族团结进步示范区的实施意见》和《云南省深入实施兴边富民工程改善沿边群众生产生活条件三年行动计划（2015—2017年）》。

7月8日 云南省委召开常委会，省委书记李纪恒主持会议。会议审议通过《中共云南省委 云南省人民政府关于加快建设民族团结进步示范区的实施意见》。

7月17日 云南中烟工业公司、省烟草专卖局（公司）对口帮扶以保山市施甸县布朗族和德宏州陇川县阿昌族为重点的整乡推进、整族帮扶工作正式启动实施，计划5年投入14亿元。

7月24日 省政协在昆明就推进云南民族团结进步示范区建设召开专题协商会。

省政协副主席马开贤出席会议并讲话。省示范区建设领导小组办公室作工作报告，省政协民族宗教事务委员会、民革云南省委以及部分示范区建设领导小组成员单位负责同志和专家学者交流发言。

7月28日 云南省民族宗教事务委员会、怒江州政府与中国移动云南公司在昆明签署战略合作协议，共建"移动互联网＋民族团结进步示范区"信息化平台，副省长尹建业出席并见证签约仪式。云南省民族宗教事务委员会主任赵立雄、怒江州委书记童志云、中国移动云南公司总经理马奎出席仪式。

7月31日 省政府在昆明召开《云南省深入实施兴边富民工程改善沿边群众生产生活条件三年行动计划（2015—2017年）》启动工作视频会议。省委副书记、省长陈豪作重要讲话，省委常委、常务副省长李江主持会议，副省长尹建业，省军区副政委刘华荣，省公安边防总队总队长陈定武，省政府秘书长李邑飞出席会议。省发展改革委、省民族宗教委、省住建厅、省扶贫办作表态发言。全省8个边境州市、25个边境县市、110个沿边乡镇和19个沿边农场负责人在当地分会场参加会议。

8月8—9日 省委副书记、省长陈豪在文山壮族苗族自治州调研，强调要深入贯彻落实习近平总书记考察云南重要讲话精神，扎实推进"沿边三年行动计划"，让边境一线各族群众率先实现小康，增强各族群众对国家的自豪感和荣誉感，增强对守土固边的责任感和使命感。

8月9—15日 第十届全国少数民族传统体育运动会开幕式在鄂尔多斯举行。云南代表团团结拼搏，取得优异成绩。竞赛项目，云南代表团共获得10个一等奖、40个二等奖和27个三等奖，比上届获奖总数多出了8个，位列全国第三，是云南省参加全国少数民族传统体育运动会以来成绩最好的一次。表演项目，云南省参赛的10个项目也获得8个一等奖，2个二等奖的好成绩，一等奖总数位列全国第一，继续保持了表演项目强省的地位。

8月10日 《中共云南省委 云南省人民政府关于加快建设民族团结进步示范区的实施意见》（云发〔2015〕20号）正式印发实施。《意见》提出了站在新的历史起点上加快推进民族团结进步示范区建设的10项重点工作，并明确了任务分工。

9月8日 云南省民族团结进步示范区建设领导小组会议在昆明召开。省委书记、省人大常委会主任、省示范区建设领导小组组长李纪恒出席会议并讲话。他强调，全省上下要把思想和行动统一到习近平总书记的重要指示精神上来，把民族团结进步示范区建设摆在更加突出的重要位置，践行"三严三实"和"忠诚干净担当"要求，一件事接着一件事、一年接着一年地扎实推进，干在实处、走在前列，奋力开创民族团结进步事业新局面，决不辜负党中央和习近平总书记的期望，决不辜负各族群众的期待，为谱写好中国梦的云南篇章作出新的更大贡献。省委副书记、省长、省示范区建设领导小组常务副组长陈豪主持会议并讲话。

10月9—16日　国家民委办公厅在中央民族干部学院举办首期"云南少数民族干部培训班"，云南省少数民族县处级干部50人参加了培训。

10月25—31日　省委组织部主办、省委党校和省民族宗教委承办的云南省跨越发展专题培训班第四专题"云南民族团结进步示范区建设专题培训班"在省委党校举办。

11月10日　省委宣传部、省民族宗教事务委员会、云南民族大学在昆明召开建设民族团结进步示范区理论研讨会。省委常委、省委宣传部部长赵金出席并讲话。省级有关单位负责同志，来自中央党校、国家民委、中国社科院，湖北、四川、贵州及省内大专院校、科研院所的专家学者参加研讨会。

2016年

1月12—13日　由国家民族事务委员会和省委、省政府联合摄制，全面反映云南省民族团结进步事业发展历程和成就的大型电视专题纪录片《一家人　过日子——云南故事》在中央电视台首播。国家民族事务委员会副主任丹珠昂奔，省委常委、省委宣传部部长赵金担任顾问。该片以"各民族都是一家人，一家人都要过上好日子"为主题，通过生动故事，深刻反映云南民族工作最核心的理念和做法，对于进一步深入贯彻习近平总书记考察云南重要讲话精神、营造民族团结进步示范区建设良好氛围具有重要的现实意义。

1月22日　为加快推进少数民族和民族地区脱贫发展、同步小康进程，按照省委、省政府部署，省民族宗教委制定下发了《云南民族团结进步示范区建设"十县百乡千村万户示范创建工程"三年行动计划（2016—2018年）》。

9月13日　国家民委命名大理白族自治州为"全国民族团结进步创建活动示范州"。

9月1—30日　省民族宗教委组织开展了对第一轮"十县百乡千村万户"示范创建工程的考核验收，并形成考核验收报告。同时，组织开展了民族团结进步示范区建设专项纪律检查初检工作，并形成初检工作报告。

11月19—24日　省民族宗教委和云南省社会主义学院共同举办"2016年度云南民族团结进步示范区建设专题培训班"。

11月24日　省人民政府第102次常务会议原则审议通过《云南民族团结进步示

范区建设规划（2016—2020年）》。

12月7日　中共云南省委统战部、云南省民族宗教事务委员会共同授予云南民族村"云南民族团结进步示范园"荣誉称号，并在云南民族村举行揭牌仪式。

12月13日　中央统战部、国家宗教局印发《中央统战部、国家宗教事务局关于表彰第三届全国创建和谐寺观教堂先进集体和先进个人的决定》（国宗发〔2016〕129号），云南省迪庆州香格里拉市云登寺、巍山县巍宝山青霞宫、昭通市昭阳元龙清真寺等14个寺观教堂被命名为先进集体。德宏州盈江县乐园寺住持 释了凡、腾冲市滇滩镇云峰社区云峰山住持李宗稳、昆明市伊斯兰教协会南城清真寺阿訇马子富等5人被命名为先进个人。

12月16日　国家民委与云南省政府在北京续签《建设民族团结进步示范区合作协议》。国家民委主任巴特尔、副主任刘慧、副主任陈改户、专职委员张京泽出席，云南省委书记陈豪、代省长阮成发、副省长陈舜、省政府秘书长何金平出席；刘慧副主任主持签字仪式，巴特尔主任和陈豪书记分别作了重要讲话，陈舜副省长汇报云南示范区建设工作情况并和陈改户副主任签署《合作协议》。国家民委相关司室负责同志，省发展改革委、省教育厅、省民族宗教委、省文化厅、省政府驻京办负责同志出席签字仪式。

12月26日　省民族理论学会和省民族理论政策研究基地在昆明共同举办"云南创建民族团结进步示范区的实践与探索"研讨会，省政协副主席、省民族理论学会会长王承才出席并讲话。

12月26日　国家民委办公厅印发《国家民委关于命名第四批全国民族团结进步创建活动示范单位的决定》（民委发〔2016〕172号），云南省砚山县、马龙县永发村、楚雄市栗子园社区、云南民族大学等10个单位被命名为全国民族团结进步创建活动示范单位。

12月26日　国家民委办公厅印发《国家民委关于命名第五批全国民族团结进步教育基地的决定》（民委发〔2016〕171号），云南省西双版纳州博物馆、昭通市罗炳辉将军纪念馆被命名为全国民族团结进步教育基地。

12月27日　国家民委命名西双版纳傣族自治州为"全国民族团结进步创建活动示范州"。

2017年

1月10日 省委常委会审议通过《云南民族团结进步示范区建设规划（2016—2020年）》。

2月4日 中共云南省委、云南省人民政府印发《云南省建设我国民族团结进步示范区规划（2016—2020年）》（云发〔2017〕8号）。规划明确了云南省建设我国民族团结进步示范区的总体思路、主要任务、保障措施。规划提出实施6项工程、30个项目，到2020年，通过着力补齐少数民族和民族地区全面建成小康社会的短板、着力增强少数民族和民族地区跨越式发展的动力、着力促进民族团结和宗教和谐，实现全面小康同步、公共服务同质、法治保障同权、精神家园同建、社会和谐同创，在民生持续改善、发展动力增强、民族教育促进、民族文化繁荣、民族团结创建、民族事务治理等6个方面作出示范。

2月22日 省民族宗教委在昆明举行《云南省建设我国民族团结进步示范区规划（2016—2020年）》新闻发布会，会议由马开能副主任主持，徐畅江副主任发布并且回答记者提问。新华社云南分社、中国新闻社云南记者站、人民网、云南广播电视台等21家中央驻滇新闻媒体及省级新闻媒体参加了会议。

3月1日 省民族团结进步示范区建设领导小组办公室组织召开领导小组成员单位联络员会议。

3月 签订2017年度示范区建设年度任务承诺书，27个省级示范区建设领导小组成员单位共承诺任务140项，承诺投入资金约771.8亿元。

4月17日 民族团结进步示范区建设工作推进会议在昆明召开。会议进一步学习贯彻习近平总书记考察云南重要讲话精神、中央民族工作会议精神和省第十次党代会精神，通报示范区建设情况，部署下一阶段工作。省委书记、示范区建设领导小组组长陈豪出席会议并讲话，省长、示范区建设领导小组常务副组长阮成发主持会议并提出贯彻要求。省委、省政府有关领导，示范区建设领导小组成员和联络员，省民族宗教委领导及机关全体干部职工、委属单位班子成员230余人参加了会议。会议以电视电话会议形式召开，各州（市）、县（市、区）设立了分会场，共7600多人在分会场参加了视频会议。

6月 省民族宗教委出版反映民族团结进步示范区建设画册《一家人过日子》。

8月 民族文化精品"中华民族一家亲"银雕屏风参加"砥砺奋进的五年"大型成就展，国家民委领导现场观摩了作品。

8月14日 云南省民族文化宫项目正式立项。

12月11—16日 云南省第十届民族民间歌舞乐展演在玉溪举办，全省16个州（市）、22个民族的63个非物质文化遗产歌舞乐节目，1000多名传承人、民间艺人参加展演，共产生10个金奖、12个银奖、19个铜奖、22个优秀奖。

12月16日 楚雄州被国家民委命名为全国民族团结进步示范州，石林县等10个地区和单位被命名为全国民族团结进步创建示范区（单位）。

12月 省民族团结进步示范区建设领导小组、省委民族宗教工作领导小组合并成立省委民族团结进步示范区建设暨民族宗教工作领导小组。

2018年

1月15—18日 云南省首届传统戏剧曲艺汇演在昆明举办，汇演由省文化和旅游厅、省民族宗教委共同主办，来自省滇剧院、省花灯剧院和14个州市专业剧团、民间剧社及非遗传承人共500余人，参加了33个传统戏 剧曲艺剧（节）目的演出，涵盖12个传统戏剧种类和6个曲艺种类。

2月9日 示范区建设领导小组办公室组织召开了领导小组成员单位联络员会议。

3月 签订2018年度示范区建设年度任务承诺书，27个省级示范区建设领导小组成员单位共承诺任务128项，承诺投入资金约696.8亿元。

6月19日 副省长和良辉带队赴国家民委，向国家民委主任巴特尔、副主任石玉钢汇报示范区建设情况，邀请国家民委牵头组织到云南开展示范区建设调研指导。

7月16—17日 全国政协副主席，中央统战部副部长，国家民委党组书记、主任巴特尔赴大理州调研民族团结进步创建工作。

7—9月 7月17—29日，中央统战部、国家民委联合调研组深入楚雄、文山、红河、普洱、临沧5州市开展了实地调研。9月1—9日，国家民委邀请《求是》杂志赴德宏、保山、怒江、大理4州市开展补充调研，形成《关于云南贯彻落实习近平总书记建设民族团结进步示范区重要指示情况的专题调研报告》。

8月 国家民委《民族工作简报》（第45期）专文刊发《云南推进扶贫开发和示范区建设"双融合 双促进"》。8月29日省委书记陈豪批示："望民族宗教事务委员会继续加强'双融合双促进'工作，在国家民委指导下，把民族团结进步示范区建设抓得更加扎实有效。"

9月14日 省政府办公厅印发实施《云南省深入实施兴边富民工程改善沿边群众生产生活条件三年行动计划（2018—2020年）》。

9月5—14日 省民族宗教委邀请新华社、人民日报社、云南日报社、云南广播电视台等中央及省级20家媒体组成媒体采访团，深入昆明、昭通、普洱等地进行采访宣传报道，刊发云南民族宗教工作的典型经验。

9月20日　实施改善沿边群众生产生活条件三年行动计划现场工作推进会在文山州麻栗坡县召开。

9月　省民族宗教委与云南网合作开设民族频道。

10月30日　全省党的民族宗教理论政策专题培训班在省委党校开班，省委副书记李秀领出席开班式并做专题辅导。

11月　全国政协副主席、中央统战部副部长、国家民委党组书记、主任巴特尔赴云南调研，充分肯定云南民族团结进步创建成绩，希望云南以建设民族团结进步示范区为抓手，铸牢中华民族共同体意识，确保民族团结、社会稳定、边疆稳固。

11月19日　省人民政府第25次常务会议听取了省民族宗教委关于民族团结进步示范区建设情况的汇报。

12月4—13日　云南省第十一届少数民族传统体育运动会在临沧市举行，全省16个州市和云南师范大学、云南民族大学共18个代表团，2788名运动员、领队、教练员，角逐14个大项131个小项及4个表演类项目的比赛，竞赛项目共产生147个金奖，表演类节目共产生18个金奖。

12月7日　《云南民族团结进步示范区建设"十县百乡千村万户示范创建工程"三年行动计划（2019—2021年）》印发。

12月12日　十届省委常委会第109次（扩大）会议听取省人民政府党组关于民族团结进步示范区建设情况的汇报。

12月17日　省民族宗教委与世博旅游集团签署《关于建设民族团结进步示范区的战略合作协议》。

12月29日　普洱市被国家民委命名为全国民族团结进步示范市，禄劝县等12个地区和单位被命名为全国民族团结进步示范区（单位）。

12月　第二轮"十县百乡千村万户"示范创建工程实施完成，2016—2018年投入中央和省级民族专项资金19.93亿元，实施了10个示范县、101个示范乡镇（特色乡镇）、1461个示范村（特色村、社区）建设。

12月　《云南民族团结进步示范区建设可复制经验调查研究》获2018年度国家民委社会科学研究成果奖（调研报告类）一等奖。

2019 年

1月31日　《云南省民族团结进步示范区建设条例》经云南省第十三届人民代

表大会第二次会议审议通过，自2019年5月1日施行。

2月 由省民族宗教委组织实施的民族文化保护传承和"双百"工程被列为2019年全省10件惠民实事之一。

4月 签订2019年度示范区建设年度任务承诺书，26个省级示范区建设领导小组成员单位共承诺任务129项，承诺投入资金约531.2亿元。

4月10日 习近平总书记给贡山县独龙江乡群众回信，勉励独龙族群众"脱贫只是第一步，更好的日子还在后头。希望乡亲们再接再厉、奋发图强，同心协力建设好家乡、守护好边疆，努力创造独龙族更加美好的明天！"

8月27日 省民政厅印发《进一步加强民政领域民族团结进步示范区建设措施的通知》。

9月3日 省委办公厅、省政府办公厅印发《关于全面深入持久开展民族团结进步创建工作铸牢中华民族共同体意识的实施意见》。

9月8日 第十一届全国少数民族传统体育运动会在河南郑州开幕。云南省代表团总人数545人，参加了全部17个竞赛大项和3类10个表演项目比赛。竞赛项目共获得10个一等奖，36个二等奖，41个三等奖；表演项目获得7个一等奖和3个二等奖，一等奖数量蝉联全国第一；云南代表团获得第十一届全国少数民族传统体育运动会体育道德风尚奖。

9月27日 全国民族团结进步表彰大会在北京举行。中共中央总书记、国家主席、中央军委主席习近平出席大会并发表重要讲话，要求以铸牢中华民族共同体意识为主线，把民族团结进步事业作为基础性事业抓紧抓好。大会由李克强总理主持。会议共表彰665个模范集体、812个模范个人，其中云南省有39个模范集体、42个模范个人。

9月29日 云南省建设我国民族团结进步示范区座谈会在昆明召开。省委书记陈豪出席会议并讲话，省长阮成发主持，省委副书记王予波出席，省领导、省级有关部门和单位负责同志、各州（市）负责同志共94人参加会议。

9月29日 "铸牢中华民族共同体意识 建设全国民族团结进步示范区——中国特色解决民族问题正确道路的云南实践"专题展览开展。展览分为"习近平总书记的亲切关怀""云南民族工作的光辉历程""云南民族工作的生动实践""云南民族工作的经验启示""谱写云南民族工作新篇章"五个部分，全面、翔实、生动地展现云南民族工作。省委书记陈豪、省长阮成发参观了展览并给予充分肯定。展览被评为云南省庆祝中国共产党成立100周年"十大陈列展览精品"，自2019年10月1日起在云南民族博物馆正式向国内外观众免费开放并将长期展出。

10月9日 由省民族宗教委主办的"同心圆梦彩云南——云南省宗教界庆祝中

华人民共和国成立70周年文艺演出"在云南省大剧院举行,云南五大宗教教职人员和信众代表900余人欢聚一堂,共庆伟大祖国70华诞。

10月15日 中共中央办公厅《工作情况交流》(第14期)印发《云南守好民族团结这条"生命线"扎实推进民族团结进步示范区建设》专文。

11月16—21日 云南省第十一届民族民间歌舞乐展演在大理州举办,来自全省16个州(市)18个民族的近千名传承人、民间艺人和基层文化工作者共展演了69个民族民间歌舞乐节目,产生10个金奖、12个银奖、18个铜奖、29个优秀奖、5个传承奖和4个优秀组织奖、12个组织奖。

11月18日 省委副书记王予波到省民族宗教委调研,强调要着力提升民族宗教事务治理能力水平,高标准推进民族团结进步示范区建设。

11月19日 央视新闻联播头条播放了"云南:守好民族团结'生命线'"的新闻,时长5分23秒,报道了云南省贯彻落实习近平总书记对云南工作重要指示精神,扎实推进全国民族团结进步示范区建设的情况,引起社会各界强烈反响。

11月26日 2019年"民体杯"全国民族健身操推广大赛在云南民族大学开幕,来自全国各省、自治区、直辖市民族宗教事务委员会(局)、体育局和全国高校组织的23支代表队500余人参加比赛。国家民委党组成员、副主任郭卫平出席开幕式。

11月27日 《云南省建设我国民族团结进步示范区规划(2016—2020年)中期评估报告》及《2016—2018年度"十县百乡千村万户示范创建工程"项目评估总结报告》编制完成。

12月9日 昆明市、红河州被国家民委命名为全国民族团结进步示范州(市),沧源县等10个地区和单位被命名全国民族团结进步示范区(单位)。

12月 省民族宗教委、省扶贫办制定出台《云南省推进民族团结进步示范区建设与扶贫开发"双融合、双促进"实施意见》。

12月31日 云南省民族文化宫建设项目主体工程封顶。

2020年

1月19日 "守好民族团结生命线·续写民族团结誓词碑"主题活动在云南民族村民族团结广场举行。活动由省民族宗教委、昆明市人民政府主办,普洱市人民政府、昆明滇池国家旅游度假区管理委员会协办。

1月19—21日 习近平总书记考察云南,充分肯定云南"民族团结进步不断巩固",

要求云南在建设我国民族团结进步示范区上不断取得新进展。

4月24日 省人大常委会副主任纳杰到省民族宗教委调研，就加强民族宗教工作法治建设进行座谈交流。

4月27日 省委办公厅、省政府办公厅印发《云南省边境小康示范村建设方案》，决定率先打造30个"基础牢、产业兴、环境美、生活好、边疆稳、党建强"的边境小康示范村，为全面建设现代化边境小康村奠定基础。

5月15日 省政府办公厅印发《关于加强传统村落保护发展的指导意见》，强调加大云南省25个世居少数民族，特别是16个跨境少数民族、15个独有少数民族以及多民族杂居传统村落的保护力度。

6月 2019年度省级党群系统决策科学研究课题"新时代深入开展民族团结进步示范区建设的目标和路径研究"结题，咨询报告《明晰目标路径　健全指标体系——推进云南民族团结进步示范区建设标准化规范化》刊登在省委政策研究室《政研专报》（2020年第4期），获2019年度国家民委社会科学研究成果（调研报告类）一等奖。

6—7月 签订2020年度示范区建设年度任务承诺书，26个省级示范区建设领导小组成员单位共承诺任务129项，承诺投入资金约501亿元。

8月11日 省民族宗教委印发《关于命名第一批民族团结进步示范县示范单位的决定》，命名2740个地区和单位为第一批"云南省民族团结进步示范县示范单位"。

8月17—21日 中宣部第三批"走向我们的小康生活"主题采访走进云南，各家央媒在重要版面、重要时段、重点网页聚焦云南，描绘了一幅幅小康云南的新画卷。

8月21日 省民族宗教委印发《云南省民族团结进步示范县示范单位命名管理办法》和《云南省民族团结进步教育基地命名管理办法》。

8月23日 第十二届全国少数民族文化创作骏马奖揭晓，云南省3位少数民族作家作品获奖。

9月3日 全国人大常委会专题调研组赴云南开展调研，围绕"十四五"规划编制和深入推进兴边富民行动举行座谈。

9月15日 云南省第八次民族团结表彰大会在昆明举行。省委书记陈豪讲话，省委副书记王予波主持会议，省政协主席李江出席会议。大会对50个全省民族团结进步模范集体和100名模范个人进行了表彰。

11月3日 云南省民族宗教委与青海、四川、陕西、西藏、宁夏、甘肃、新疆等省（区）及新疆生产建设兵团民族宗教委（局）签订《西部九省（区、建设兵团）少数民族流动人口优质服务科学管理暨妥善处置涉及民族因素矛盾纠纷跨区域联动协作协议》。

11月6日 云南省民族宗教委与重庆市民族宗教委签订《少数民族流动人口服务管理跨区域协调合作协议书》。

11月14日 随着最后的9个贫困县正式退出贫困县序列，怒族、傈僳族实现整族脱贫，至此，全省88个贫困县全部实现脱贫摘帽，11个"直过民族"和人口较少民族历史性告别绝对贫困，实现整族脱贫。

11月17日 大理市入选国家民委第四批少数民族流动人口服务管理示范城市名单。

11月23日 云南省第二届传统戏剧曲艺汇演在蒙自市开幕，共有36个剧（节）目参加为期4天的汇演。

11月30日 省政府印发《云南省民族团结进步示范区建设条例实施细则》。

12月1日 省委副书记、代省长王予波赴省民族宗教委调研民族团结进步示范区建设工作，要求在全面加强党对民族宗教工作的领导、铸牢中华民族共同体意识、加快民族地区高质量发展、依法治理民族宗教事务上作出示范，推动示范区建设不断取得新进展。

12月10日 昆明市、曲靖市、昭通市、玉溪市、红河州、文山州、西双版纳州、大理州、临沧市民族宗教委（局）签订《云南省九州（市）少数民族流动人口服务管理跨区域联动协作协议书》。

12月15日 省民族宗教委举办学习贯彻党的十九届五中全会精神宣讲报告会，副省长和良辉同志进行专题辅导。

12月29日 省民族宗教委印发《关于命名第二批民族团结进步示范单位的决定》，命名261个单位为第二批"全省民族团结进步示范单位"。

12月 省教育厅、省民族宗教委命名1065所民族团结进步教育示范学校。

2021年

1月18日 省财政厅印发《云南省财政厅关于贯彻落实进一步推动云南民族工作创新发展的实施意见》。

1月19日 文山州、怒江州、迪庆州被国家民委命名为全国民族团结进步示范州，腾冲市等11个地区和单位被命名为全国民族团结进步示范单位。

2月4日 云南省少数民族流动人口服务管理示范城市经验交流现场会暨蒙自市创建第五批全国少数民族流动人口服务管理示范城市启动会议在蒙自市召开。

2月27日 省民族宗教委与云南日报报业集团、云南广播电视台分别签署推进民族团结进步示范区建设全媒体宣传合作框架协议。

3月 中央统战部副部长，国家民委党组书记、主任陈小江赴云南调研，希望云南以示范区建设为引领，努力续写云南民族团结进步事业新篇章。

4月 省人大常委会开展《云南省民族团结进步示范区建设条例》执法检查调研。

4月20日 省教育厅、省委宣传部、省委统战部、省民族宗教委印发《关于做好〈深化新时代学校民族团结进步教育指导纲要〉贯彻落实工作的通知》。

4月27日 "奋斗百年路 启航新征程"云南省庆祝中国共产党成立100周年系列新闻发布会第一场——民族团结进步示范区建设专题发布会在海埂会堂召开。

4月28日 云南省启动《中国少数民族文物图谱》（云南卷）编纂工作。

4月28日 铸牢中华民族共同体意识系列展之"百花齐放彩云南——'十三五'云南民族文化优秀成果展"在云南民族博物馆开展。

5月7日 全省民族团结进步创建工作现场推进会在昆明召开。省委常委、省委统战部部长杨亚林出席会议并讲话，副省长和良辉主持会议。会议强调以铸牢中华民族共同体意识为主线，坚持全域创建，创新推进民族团结进步创建联盟建设。16个州（市）民族宗教委（局）签订《共创民族团结进步联盟框架协议》，文山州、昭通市、曲靖市、西双版纳州民族宗教委（局）和广西百色市民族宗教委（局）签订两省（区）五州（市）民族团结进步创建联盟公约。

6月3日 省民族宗教委、省体育局印发《云南省少数民族传统体育运动会组织管理办法》。

6月9日 省体育局、省民族宗教委印发《云南省少数民族传统体育基地建设管理办法（试行）》。

6月10日 云南省铸牢中华民族共同体意识理论与实践研讨会在红河州举办，会议就"铸牢中华民族共同体意识的理论研究"和"铸牢中华民族共同体意识的云南实践"进行了研讨。

7月14日 省民族宗教委制定出台《云南省铸牢中华民族共同体意识研究基地命名管理办法（试行）》，命名首批22个省级研究基地。

7月21日 省委办公厅、省政府办公厅印发《云南省建设现代化边境小康村规划（2021—2025年）》。建设范围覆盖374个沿边行政村（社区）的3824个自然村。

7月4日 受国家民委邀请赴京参加庆祝中国共产党成立100周年大会的云南团代表在昆明进行座谈交流，深入学习领会习近平总书记"七一"重要讲话精神，分享观礼感受，展望未来发展。省委常委、省委统战部部长杨亚林出席座谈会并讲话。

7月11日 省文化和旅游厅、省民族宗教委举办第十一届云南省新剧(节)目展演。

7月 省民族宗教委制作的微视频《民族团结进步示范区云南这样建》在2021年云南网络正能量"五个一百"征集展播活动中入选"100部云南网络正能量动漫音视频精品"。铸牢中华民族共同体意识系列展之"百花齐放彩云南——'十三五'云南民族文化优秀成果展"入选国家文物局2021年度"弘扬中华优秀传统文化、培育社会主义核心价值观"主题展览推介项目名单。

8月9日 省政府第119次常务会议听取省民族宗教委关于示范区建设情况及示范区规划编制情况汇报。

8月19日 习近平总书记给沧源县边境村的老支书们回信，勉励他们发挥模范带头作用，引领乡亲们建设好美丽家园，维护好民族团结，守护好神圣国土。

8月31日—9月24日 第六届全国少数民族文艺会演在北京举办，云南省参演剧目民族舞剧《幸福花山》获"圆梦奖"优秀剧目奖、舞台美术奖，民族歌剧《小河淌水》获"圆梦奖"音乐创作奖。同时，云南20名少数民族代表以及演职人员代表受到党和国家领导人接见。

9月7日 十届省委常委会第251次会议听取省人民政府党组关于示范区建设工作情况的汇报，审议通过《云南省建设我国民族团结进步示范区规划（2021—2025年）》。

9月 在云南农业大学、昆明理工大学、西南林业大学开办民族团结进步示范班。

10月 完成《云南省建设我国民族团结进步示范区规划（2016—2020年）》总结评估工作。

10月21日 云南省民族宗教委与河北省民族宗教委签订《少数民族流动人口服务管理跨区域协调合作协议书》，与江苏省民族宗教委签订《少数民族流动人口服务管理合作协议》。

10月25日 省委、省政府印发《云南省建设我国民族团结进步示范区规划（2021—2025年）》。该规划为省级重点专项规划，由省民族宗教委负责编制。规划明确了"十四五"时期示范区建设的总体思路、主要任务和保障措施等，设置了5项主要目标、20个具体指标、5项主要任务和32个工程、项目、计划。

11月2日 国家民委《民族工作简报》（第43期）专文刊发"云南以铸牢中华民族共同体意识为主线 编制实施建设我国民族团结进步示范区规划"，发各省（区、市）民族工作部门学习借鉴。

11月10日 省委常委、省委统战部部长杨亚林到省民族宗教委调研，强调要坚定不移铸牢中华民族共同体意识和坚持我国宗教中国化方向，不断巩固全省民族团结、宗教和顺良好局面。

11月17—18日 云南省边境小康示范村建设总结暨现代化边境小康村建设启动现场会在沧源县召开，省委书记王宁出席会议并讲话，全面部署现代化边境小康村建设的各项工作。省长王予波主持会议。省级有关部门和 8 个边境州市、25 个边境县市负责人参加会议。

11 月 24 日 《云南省宗教事务条例》经省第十三届人民代表大会常务委员会第二十七次会议通过，自 2022 年 1 月 1 日施行。

11 月 云南省第十二届民族民间歌舞乐展演以"线上展演"方式举行。

12 月 16 日 德宏州、丽江市等 16 个地区和单位被国家民委命名为第九批"全国民族团结进步示范区示范单位"。

12 月 20—21 日 云南省少数民族传统体育锦标赛在丽江市举行，共设射弩、陀螺和民族健身操 3 个项目，来自全省 15 个州市（德宏州除外）代表队的 463 名运动员参加比赛。

12 月 22 日 国家民委和省委、省政府在普洱市宁洱县举行民族团结誓词碑建碑 70 周年纪念会。国家民委副主任赵勇，省委常委、省委统战部部长邱江出席会议并讲话，副省长和良辉主持会议。

12 月 23 日 省民族宗教委印发《云南省民族团结进步"十县百乡千村万户"示范引领建设工程三年行动计划（2022—2024 年）》。

12 月 27 日 省民族宗教委印发《云南省民族宗教事务委员会关于命名第三批全省民族团结进步示范县示范单位的决定》，命名 306 个地区和单位为第三批全省民族团结进步示范县示范单位，同日，印发《关于命名第一批全省民族团结进步教育基地的决定》，命名西南联大博物馆等 47 个单位为第一批全省民族团结进步教育基地。

12 月 "铸牢中华民族共同体意识"作为单设指标纳入全省综合考评指标体系。

12 月 第三轮"十县百乡千村万户"示范引领建设工程实施完成。2019—2021 年，省民族宗教委共安排资金 24.08 亿元，支持州市实施 16 个示范县、100 个示范乡镇、1544 个示范村（社区）建设。

2022 年

1 月 由省文化和旅游厅、省民族宗教委实施的"文化大篷车·千乡万里行"惠民演出和民族优秀文化保护传承工程被列为 2022 年全省 10 件惠民实事之一。

2 月 省委统一战线工作领导小组办公室印发成立《中华民族交往交流交融史料汇编·云南卷》编纂工作领导小组的通知。领导小组由省委常委、统战部部长担任组长,省民族宗教委主任担任副组长,省委宣传部、省民族宗教委、省教育厅、省文化和旅游厅、省文物局、省社会科学院等部门分管领导为成员,领导小组办公室设在省民族宗教委示范创建处。

2月28日 省委民族工作会议在昆明召开,省委书记王宁出席会议并讲话,强调民族团结进步示范区建设的核心要义是铸牢中华民族共同体意识、根基是民族团结、关键是发展进步、目标是示范引领,要求共筑思想根基,构筑中华民族共有精神家园;共建美丽家园,加快民族地区现代化发展步伐;共守民族团结,促进各民族广泛交往交流交融;共创善治良序,增强民族事务治理能力;共护边疆安宁,守住民族领域安全底线。省长王予波主持会议并提出贯彻要求,省委常委、省委统战部部长邱江作会议总结。省委副书记石玉钢、省政协主席李江出席会议。

2月 人民银行昆明中心支行印发《关于金融支持云南省建设我国民族团结进步示范区推进实现共同富裕的意见》。

3—4月 签订2022年度示范区建设年度任务承诺书,35个省级相关部门共承诺任务139项,承诺投入资金约498亿元。

3—6月 示范区建设领导小组办公室组织各州市党委开展示范区建设经验总结调研,对16个州市上报的调研报告进行评审,共评出一等奖4篇、二等奖6篇、三等奖6篇。在6月29日全省民族团结进步创建现场推进会上宣读了评审结果并颁发了证书。

4月8日 省民族宗教委与云南文化产业投资控股集团有限责任公司签订合作框架协议,共同推进新时代云南民族工作和文化产业高质量发展。

4月28日 《中华民族交往交流交融史料汇编·云南卷》编纂工作部署会暨编委会第一次会议在昆明召开,对编纂工作进行全面部署。

4月28日 省民族宗教委召开铸牢中华民族共同体意识宣讲团动员会。

4月28日 省民族宗教委与迪庆州政府签订建设民族团结进步示范区的标杆的合作协议。

5月6日 省委统战部、省民族宗教委印发《"石榴红"工程行动方案》。

5月18日 省民族宗教委印发《云南省铸牢中华民族共同体意识主题教育实践基地命名管理办法(试行)》。

5月18日 省民族宗教委印发《构筑中华民族共有精神家园实施"枝繁干壮工程"三年行动计划(2022—2024年)》。

5月20日 全省现代化边境小康村建设现场推进会在保山市召开。

5月31日 省民族宗教委与文山州政府就共同努力推进文山州平远片区"铸牢中华民族共同体意识示范区、民族地区乡村振兴示范区、社会治理体系和治理能力现代化标志区"建设签署合作协议。

6月2日 省民族宗教委、省文化和旅游厅印发《关于开展民族团结进步创建"进景区"的指导意见》。

6月9日 全省现代化边境小康村建设现场推进会在文山州召开。

6月29日 全省民族团结进步创建现场推进会在澄江市召开，省委常委、省委统战部部长杨宁出席会议并讲话，要求以铸牢中华民族共同体意识为主线，着力打造新时代民族团结进步创建工作升级版。副省长和良辉主持会议。

6月30日 省民族宗教委、云南广播电视台共同合作推出的云南省铸牢中华民族共同体意识实地探访系列节目"同心筑梦"在云南卫视正式播出。

7月11—15日 全国政协副主席卢展工率全国政协党外委员专题视察团赴云南，围绕"铸牢中华民族共同体意识"开展专题视察。8月形成视察报告，充分肯定"云南民族工作的生动实践为促进民族团结进步、铸牢中华民族共同体意识提供了'云南样本'，贡献了'云南经验'，书写了中国特色解决民族问题正确道路的云南篇章"。

7月19日 省民族宗教委、省统计局制定出台《云南省建设我国民族团结进步示范区统计监测报表制度》，对示范区建设情况开展动态定量及定性数据监测、统计和评价。

7月21日 省委统战部、省民族宗教委、省发展改革委、省公安厅、省人力资源和社会保障厅、省国资委、省乡村振兴局、省工商联印发《关于贯彻各族群众互嵌式发展计划的实施意见》。

8月11日 省委在海埂会堂召开"云南这十年"系列新闻发布会·民族团结进步示范区建设专场发布会。

8月23日 省财政厅印发《关于财政支持民族团结进步示范区建设的实施意见》。

8月23日 团省委印发《打造边境团建长廊示范带助力云南省现代化边境小康村建设三年行动方案（2022—2024年）》。

9月1日 全省现代化边境小康村建设典型引路经验交流现场会在西双版纳州勐海县召开。

9月20日 第十二届少数民族传统体育运动会在丽江市开幕，省长王予波宣布开幕。本届民族运动会设竞赛项目和表演项目，其中竞赛项目设13个大项133个小项，表演项目设4类。

9月21日 "石榴红"工程、各民族交往交流交融"三项计划"暨第十二届少数民族传统体育运动会民族大联欢启动仪式在丽江市举行。

9月28日 省委统战部、省民族宗教委、省发展改革委、省教育厅、省乡村振兴局、共青团云南省委印发《关于贯彻落实各族青少年交流计划的实施意见》。

11月12日　全省现代化边境小康村建设现场推进会在怒江州贡山县召开。

11月15日　省民族工作委员制委员及联络会议、省民族宗教工作协调机制成员及联络员会议在昆明召开。省民族工作委员制32家委员单位、省民族工作协调机制21家成员单位、省宗教工作协调机制19家成员单位参加会议。

11月21日　云南省民族团结进步促进会成立大会暨一届一次会员大会在昆明召开。

11月22日　省委常委、省委统战部部长、省委教育工委书记杨宁到省民族宗教委宣讲党的二十大精神，就全省民族宗教工作、民族地区教育工作进行调研座谈。杨宁强调，要以党的二十大精神为统领，深入学习领会习近平总书记关于加强和改进民族工作的重要思想、关于宗教工作和教育工作的重要论述，牢牢把握新形势新任务，以铸牢中华民族共同体意识为主线，深入推进我国宗教中国化，不断提升民族宗教事务治理能力，以"办好人民满意的教育"为目标，优先发展民族地区教育事业，不断满足各族群众对"上好学"的需求，促进义务教育均衡发展和城乡一体化，努力开创全省民族宗教工作新局面。

11月23日　省文化和旅游厅、省民族宗教委、省发展改革委印发《关于贯彻旅游促进各民族交往交流交融计划的实施意见》。

11月23日　省民族宗教委、省发展改革委、省财政厅、省住房和城乡建设厅、省文化和旅游厅、省乡村振兴局印发《云南省民族村寨旅游提升工程三年行动（2023—2025年）》。

12月16日　省教育厅、省民族宗教委、省财政厅、省人力资源和社会保障厅下发《关于开展铸牢中华民族共同体意识教育示范学校创建试点工作的通知》，全省首批300所学校列为试点。

12月29日　中央统战部以电视电话会议形式召开首届全国宗教界先进集体和先进个人表彰大会。云南宗教界11个集体和5名个人荣获表彰。

12月30日　省民族宗教委命名昆明市盘龙区、中共昭通市委办公室等492个地区和单位为"第四批全省民族团结进步示范县示范单位"。

后记

  把云南建设成为我国民族团结进步示范区并不断取得新进展,是习近平总书记2015年1月和2020年1月两次考察云南时的殷殷嘱托,是习近平总书记亲自为云南发展擘画的三大定位之一。2015年以来,云南省委、省政府牢记习近平总书记嘱托,团结带领全省各族人民推动示范区建设取得了阶段性明显成效,迈上了新台阶。

  为深入贯彻落实习近平总书记关于加强和改进民族工作的重要思想和考察云南时的重要讲话精神,总结云南坚定不移走中国特色开展民族工作的正确道路,以铸牢中华民族共同体意识为主线建设我国民族团结进步示范区的经验与成效,并加以理论解读和提升,云南省民族宗教事务委员会联合云南大学民族学与社会学学院编写了本书。

  本书由总报告、理论荟萃、工作调研、专家视角、案例研究、州市风采等部分组成,并收录了云南民族团结进步示范区建设规划和大事记。本书着重于理论建构、经验研究和案例描述分析。在理论建构方面,致力于为新时代铸牢中华民族共同体意识、推进示范区建设提供社会科学理论支撑;在经验研究方面,充分展示示范区建设的做法、成效和经验;在案例描述分析方面,立体呈现云南各民族"中华民族一家亲,同心共筑中国梦"的时代面貌。由于民族团结进步示范区建设涉及面广,时间跨度长,难免有局限性,特别是作为理论上探讨,具有开创性质,难免有不妥之处,请读者予以谅解。

  本书的编撰得到了云南省民族宗教事务委员会、云南大学等单位领导和同志们的关心帮助,各州市党委政府和民族宗教工作部门也给予了大力支持,云南省民族宗教事务委员会刀芳、徐睿、王金虎、谷季蓉、张梦妍,云南大学胡洪斌、伍奇、杨四代、曹诗婕、王佳馨等同志付出了辛勤的努力,在此一并致谢。

云南省民族宗教事务委员会
2023年12月